Die russische Aktiengesellschaft

Studien des Instituts für Ostrecht München

Begründet von Professor Dr. Reinhart Maurach
Herausgegeben von
Professor Dr. Friedrich-Christian Schroeder,
Dres. h. c., Regensburg

Band 77

PL ACADEMIC RESEARCH

Florian Plagemann

Die russische Aktiengesellschaft

Darstellung aus Sicht des ausländischen Investors

PL ACADEMIC RESEARCH

Bibliografische Information der Deutschen Nationalbibliothek
Die Deutsche Nationalbibliothek verzeichnet diese Publikation in der Deutschen Nationalbibliografie; detaillierte bibliografische Daten sind im Internet über http://dnb.d-nb.de abrufbar.

Zugl.: Gießen, Univ., Fachbereich Rechtswissenschaft, Diss., 2014

Umschlaggestaltung:
© Olaf Gloeckler, Atelier Platen, Friedberg

Gedruckt auf alterungsbeständigem,
säurefreiem Papier.

D 26
ISSN 0073-8492
ISBN 978-3-631-65631-0 (Print)
E-ISBN 978-3-653-04877-3 (E-Book)
DOI 10.3726/978-3-653-04877-3

PL Academic Research ist ein Imprint der Peter Lang GmbH.

Peter Lang – Frankfurt am Main · Bern · Bruxelles · New York · Oxford · Warszawa · Wien

Diese Publikation wurde begutachtet.

www.peterlang.com

Inhaltsübersicht

Inhaltsverzeichnis

Abkürzungsverzeichnis

a.A.	anderer Ansicht
a.a.O.	am angegebenen Orte
Abs.	Absatz
a.F.	alte Fassung
AG	Aktiengesellschaft
AHK-Kurzinfo	Deutsch-Russische Auslandshandelskammer Kurzinfo (Zeitschrift)
AktG RF	Föderales Gesetz über Aktiengesellschaften der Russischen Föderation
AktG BRD	Aktiengesetz der Bundesrepublik Deutschland
AktO RSFSR	Ordnung des Ministerrates der RSFSR über die Aktiengesellschaften
Alt.	Alternative
AnlegerschutzG RF	Föderales Gesetz über den Schutz der Rechte und legitimen Interessen von Investoren auf dem Wertpapiermarkt der Russischen Föderation
ArbGB RF	Arbeitsgesetzbuch der Russischen Föderation
Art.	Artikel
AuslInvG RF	Föderales Gesetz über ausländische Investitionen in der Russischen Föderation
AuslInvG bzgl. strategisch bedeutender Unternehmen RF	Föderales Gesetz über das Verfahren der Durchführung ausländischer Investitionen in Unternehmen, die eine strategische Bedeutung für die Sicherung der Landesverteidigung und Sicherheit des Staates haben
BankG RF	Föderales Gesetz über Banken und Banktätigkeit in der RSFSR der Russischen Föderation
BanktätigkeitsG RF	Gesetz über Banken und Banktätigkeit der Russischen Föderation
Bd.	Band
BewertungsG RF	Föderales Gesetz über die Bewertung der Russischen Föderation

BGB BRD	Bürgerliches Gesetzbuch der Bundesrepublik Deutschland
BGBl.	Bundesgesetzblatt (amtliches Bekanntmachungsblatt)
BGH	Bundesgerichtshof
BiB	Biznes i banki [Geschäft und Banken] (Zeitschrift)
BK RF	Bodenkodex der Russischen Föderation
BRD	Bundesrepublik Deutschland
Bsp.	Beispiel
bzgl.	bezüglich
bzw.	beziehungsweise
CCZ	Corporate Compliance Zeitschrift (Zeitschrift)
ChiP	Chosjajstvo i pravo [Wirtschaft und Leben] (Zeitschrift)
DB	Der Betrieb (Zeitschrift)
DBA	Abkommen zwischen der Bundesrepublik Deutschland und der Russischen Föderation zur Vermeidung der Doppelbesteuerung auf dem Gebiet der Steuern vom Einkommen und vom Vermögen
ders.	derselbe
DevG RF	Föderales Gesetz über Devisenregulierung und die Devisenkontrolle der Russischen Föderation
d.h.	das heißt
diesbzgl.	dies bezüglich
DividendenO RF	Ordnung des Wirtschafts- und Finanzministeriums der RF über das Verfahren der Auszahlung von Dividenden auf Aktien und Zinsen auf Obligationen der Russischen Föderation
eastlex	Fachzeitschrift für Recht und Steuern in Mittel- und Osteuropa (Zeitschrift)
EiŽ	Ekonomika i žizn' [Wirtschaft und Leben] (Zeitschrift)
EU	Europäische Union
EUR	Euro
etc.	et cetera
f.	folgende

ff.	fortfolgende
FKZB	Federal'naja Komissija po rynku cenych bumag [Föderale Kommission für den Wertpapiermarkt], vgl. Art. 40 Pkt. 1 WpMG RF
FOWI	Forschungsinstitut für mittel- und osteuropäisches Wirtschaftsrecht
FSFR	Federal'naja Služba po rynku cenych bumag [Föderaler Dienst für den Finanzmarkt]
FZ	Federal'nyj Zakon [Föderales Gesetz]
gAG	geschlossene Aktiengesellschaft
GbR	Gesellschaft bürgerlichen Rechts
gem.	gemäß
ggf.	gegebenenfalls
GmbH	Gesellschaft mit beschränkter Haftung
GmzH	Gesellschaft mit zusätzlicher Haftung
GmbHG RF	Föderales Gesetz über Gesellschaften mit beschränkter Haftung der Russischen Föderation
GmbHR	GmbH-Rundschau (Zeitschrift)
Hdb des Kartellrechts	Handbuch des Kartellrechts
Hdb Wirtschaft und Recht in Osteuropa	Handbuch für Wirtschaft und Recht in Osteuropa
Hg.	Herausgeber
h.Lit.	herrschende Literatur
h.M.	herrschende Meinung
i.d.R.	in der Regel
ILF	Institute for Law and Finance
insb.	insbesondere
InvG RF	Föderales Gesetz über die Investitionstätigkeit in der Russischen Föderation in Form von Kapitalanlagen
i.S.d.	im Sinne des/der
IStR	Internationales Steuerrecht (Zeitschrift)
i.V.m.	in Verbindung mit

JOR	Jahrbuch für Ostrecht (Zeitschrift)
Jun.	Juni
JZ	Juristenzeitung (Zeitschrift)
KöKoAktG	Kölner Kommentar zum Aktiengesetz
KONtakt	Kieler Ostrecht Notizen (Zeitschrift)
LandwBodenG RF	Föderales Gesetzes über den Rechtsverkehr mit landwirtschaftlichen Grundstücken
Lit.	Literatur
Ltd.	Limited
LizenzG RF	Föderales Gesetz über die Lizenzierung einzelner Tätigkeiten der Russischen Föderation
MüHdb GesR	Münchner Handbuch Gesellschaftsrecht
MüKoAktG	Münchner Kommentar zum Aktiengesetz
m.w.N.	mit weiteren Nachweisen
m.Anm.	mit Anmerkungen
n.F.	neue Fassung
NJW	Neue Juristische Wochenschrift (Zeitschrift)
Nov.	November
Nr.	Nummer
NZG	Neue Zeitschrift für Gesellschaftsrecht (Zeitschrift)
NZI	Neue Zeitschrift für das Recht der Insolvenz und Sanierung (Zeitschrift)
oAG	Offene Aktiengesellschaft
OECD	Organisation for Economic Co-operation and Development (Organisation für wirtschaftliche Zusammenarbeit und Entwicklung)
OCC	Osteuropa Consulting Center
OHG	Offene Handelsgesellschaft
OMV-Telegramm	Ost- und Mitteleuropa Verein e.V. Telegramm (Zeitschrift)
OsteuropaR	Osteuropa Recht (Zeitschrift)
Pkt.	Punkt

Pos.	Position
PPP-Projekte	Public Private Partnership-Projekt
RabelsZ	Rabels Zeitschrift für ausländisches und internationales Privatrecht (Zeitschrift)
RechnungslegungsG RF	Föderales Gesetz *über* die buchhalterische Rechnungslegung der Russischen Föderation
RegG RF	Föderales Gesetz *über* die staatliche Registrierung der juristischen Personen und Einzelunternehmer der Russische Föderation
ReprO RF	Verordnung des Ministerrates über die Eröffnung und Betreibung einer Repräsentanz in der SSSR
RF	Russische Föderation bzw. Russländische Föderation
RG	Rossijskaja Gazeta [Russische Zeitung] (Zeitschrift und amtliches Bekanntmachungsblatt)
RIW	Recht der internationalen Wirtschaft (Zeitschrift)
Rn.	Randnummer
ROW	Recht in Ost und West (Zeitschrift)
RSFSR	Rossiskaja Sovetskaja Federativnaja Socialističeskaja Respublika [Russische Sozialistische Föderative Sowjetrepublik]
Rspr.	Rechtsprechung
RUB	Russischer Rubel
russ.	russisch
S.	Seite
s.o.	siehe oben
sog.	sogenannt
SPP RSFSR	Sobranie postanovleni pravitel'stva sojuza Sovetskich Socialističeskich Respublik [Verordnungsblatt der Regierung der UdSSR]
SSSR	Sojuz Sovetskich Socialističeskich Respublik [Union der Sozialistischen Sowjetrepubliken]
SteuerG RF	Steuergesetz der Russischen Föderation
s.u.	siehe unten

SZ RF	Sobranie zakonodatel'stva Rossiskoj Federacii (Gesetzessammlung)
u.a.	unter anderem
u.ä.	und ähnlich
UdSSR	Union der Sowjetischen Sozialistischen Republiken
UN	United Nations (Vereinte Nationen)
usw.	und so weiter
VAS RF	Vysši Arbitražnyj Sud Rossiskoj Federacii [Oberstes Wirtschaftsgericht der RF]
VDRW-Mitteilungen	Vereinigung für deutsch-russisches Wirtschaftsrecht e.V. Mitteilungen (Zeitschrift)
VerbSchG RF	Gesetz über den Schutz der Rechte des Verbrauchers der Russischen Föderation
Verf RF	Verfassung der Russischen Föderation
VersicherungswesenG RF	Gesetz über die Organisation des Versicherungswesens in der Russischen Föderation
VFKZB RF	Vestnik Federal'noj Komissii po rynku cenych bumag Rossiskoj Federacii [Bote der Föderalen Kommission für den Wertpapiermarkt der RF] (Veröffentlichungsblatt)
vgl.	vergleiche
VolksunternehmenG RF	Föderales Gesetz über die Besonderheiten der rechtlichen Regelung der Aktiengesellschaften der Arbeiter (Volksunternehmen)
Vorbem.	Vorbemerkung
VVAS RF	Vestnik Vysšego Arbitražnogo Suda Rossiskoj Federacii [Bote des Obersten Wirtschaftsgerichts der RF] (Veröffentlichungsblatt)
VVS RSFSR	Vedomosti Verchovnogo Soveta RSFSR [Veröffentlichungsblatt des Obersten Sowjets der RSFSR] (Veröffentlichungsblatt)
VW	Versicherungswirtschaft (Zeitschrift)
WettbG RF	Föderales Gesetz über den Wettbewerbsschutz der Russischen Föderation

WGO-MfOR	Die wichtigsten Gesetzgebungsakte in den Ländern Ost- und Südosteuropas Monatshefte für Osteuropäisches Recht (Zeitschrift)
WiRO	Zeitschrift für Wirtschaft und Recht in Osteuropa (Zeitschrift)
WM	Wertpapiermitteilungen, Zeitschrift für Wirtschafts- und Bankrecht (Zeitschrift)
wörtl.	wörtlich
WOS	Wirtschaftsrecht der osteuropäischen Staaten
WpMG RF	Föderales Gesetz über den Wertpapiermarkt der Russischen Föderation
z.B.	zum Beispiel
Zakon	[Gesetz]
ZEuP	Zeitschrift für Europäisches Privatrecht (Zeitschrift)
ZGB RF	Zivilgesetzbuch der Russischen Föderation
ZGR	Zeitschrift für Unternehmens- und Gesellschaftsrecht (Zeitschrift)
Ziff.	Ziffer
ZIP	Zeitschrift für Wirtschaftsrecht (Zeitschrift)
ZollK RF	Zollkodex der Russischen Föderation

Literaturverzeichnis

Monographien

Allenhofer, Anke/Plagemann, Florian Das Eigentum im Recht der Russischen Föderation, Rechtssystematische Betrachtung des Eigentums im russischen Verfassungsrecht und Zivilrecht, LIT-Verlag, Berlin 2007.

Arzinger, Rainer Russisches Wirtschaftsrecht, Grundeigentum-Verlag, 2. Aufl., Berlin 2002.

Bamberger, Heinz Georg/Roth, Herbert Beck'scher Online-Kommentar BGB, C.H. Beck, München, Stand: 1.8.2010.

Baumbach, Adolf/Hueck, Alfred (Hg.) GmbH-Gesetz, Gesetz betreffend die Gesellschaften mit beschränkter Haftung, C.H. Beck, München, 19. Aufl. 2010.

Becker, Christian/Pachtchenko, Tatjana Gesellschaftsrecht in Russland, Eine Einführung mit vergleichenden Tabellen. Unter Einbeziehung des neuen GmbH-Gesetzes vom 8. Februar 1998, Jehle-Rehm, Berlin 1998.

Binz, Mark/Sorg, Martin Die GmbH & Co. KG im Gesellschafts- und Steuerrecht, C.H. Beck, München, 11. Aufl. 2010.

Boës, Axel Die Gesellschaft mit beschränkter Haftung im russischen und deutschen Recht, Peter Lang Verlag, Frankfurt am Main, 2007 [Hochschulschrift].

Borisov, A. N. Kommentarij k federal'nomu zakonu „Ob obščscestvach s ograničennoj otvetstvennost'ju" [Kommentar zum Föderalen Gesetz „Über Gesellschaften mit beschränkter Haftung"], „Justicinform" 2010, in: Datenbank Konsultant (russ.).

Braginskij, Michail Isakovič Kommentarij časti pervoj Graždanskogo Kodeksa dlja predprinimatel'ej [Kommentar zum Ersten Teil des ZGB für Unternehmer], Chozjajstvo i pravo, Moskau, 1995 (russ.).

Bratabovskij, S. N./Smuškin, A. B. Kommentarij k federal'nomu zakonu „Ob inostranich investicijach v Rossijskoj Federacii" [Kommentar Föderalen Gesetz „Über ausländische Investitionen in der Russischen Föderation"], 2005, in: Datenbank Konsultant (russ.).

Breidenbach, Stephan (Hg.) Handbuch Wirtschaft und Recht in Osteuropa: WiRO, 103. Ergänzungslieferung – Stand: 04/2012, C.H. Beck, München.

Brunner, Georg Wirtschaftsrecht der osteuropäischen Staaten: WOS, 133. Ergänzungslieferung – Stand: 10/2002, Nomos, Baden-Baden, 2002.

Cepov, G. V. Akcionernyje obščestva: teorija i praktika [Aktiengesellschaften, Theorie und Praxis], Moskau, 2007 (russ.).

Dobrovol'skij, Vladislav Ivanovič Problemy korporativnogo prava v arbitrazhnoj praktike [Gesellschaftsrechtliche Probleme in der Praxis der Wirtschaftsgerichte], Moskau, 2006 (russ.).

Fanger, Henrik Direktinvestitionen in Russland, Erich Schmidt Verlag, Bielefeld 2002.

Fischer, Thomas Das System der Kapitalaufbringung und Kapitalerhaltung der Aktiengesellschaft und Gesellschaft mit beschränkter Haftung im russischen und deutschen Recht, Peter Lang Verlag, Frankfurt am Main, 2009 [Hochschulschrift].

Fleck, Thilo Das Recht auf privates Grundeigentum in Russland, BWV - Berliner Wissenschafts-Verlag, Berlin, 2007.

Frank, Sergey (Hg.) Investmentguide Russland: Personal, Recht, Steuern und Kommunikation in der Praxis, C.H. Beck, München, 2009.

Geibel, Stephan/Süßmann, Rainer (Hg.) Wertpapiererwerbs- und Übernahmegesetz: (WpÜG); Kommentar, C.H. Beck, München, 2. Aufl. 2008,

Genkin, Dimitrij (Hg.) Sowjetisches Zivilrecht in 8 Bänden, Deutscher Zentralverlag, Berlin, ab 1953.

Göckeritz, Wolfgang/Wedde, Rainer Das neue russische GmbH-Recht: Einführung und Textsammlung (Broschiert), BWV - Berliner Wissenschafts-Verlag, Berlin, 2009.

Goette, Wulf (Hg.) Münchener Kommentar zum Aktiengesetz in drei Bänden Bd. 1, C. H. Beck, München, 3. Aufl. 2008.

Happ, Wilhelm Aktienrecht: Handbuch - Mustertexte - Kommentar, Heymann, Köln, 3. Aufl. 2007.

Heeg, Volker Die Finanz- und Haftungsverfassung russischer Kapitalgesellschaften, Tenea, Berlin, 2003.

Hoffmann-Becking, Michael (Hg.) Münchner Handbuch des Gesellschaftsrechts, Band 4: Aktiengesellschaften, C.H. Beck, München, 3. Aufl. 2007, 1694 S.

Höhmann, Hans-Hermann (Hg.) Spontaner oder gestalteter Prozess? : die Rolle des Staates in der Wirtschaftstransformation osteuropäischer Länder, Nomos, Baden-Baden, 1999.

Horn, Norbert (Hg.) Die Neugestaltung des Privatrechts in Mittelosteuropa und Osteuropa, C.H. Beck, München, 2002.

Hüffer, Uwe Aktiengesetz; Kommentar, C.H. Beck, München, 9. Aufl. 2010, 2021 S.

Iann, Max Deutsch-russische Joint-ventures als internationale Kooperationsform; Peter Lang Verlag, Frankfurt am Main, 1997.

Jauernig, Othmar (Hg.) Bürgerliches Gesetzbuch mit Allgemeinem Gleichbehandlungsgesetz (Auszug); Kommentar, C.H. Beck, München, 13. Aufl. 2009, 2176 S.

Kapellmann, Klaus D./Messerschmidt, Burkhard VOB: Teile A und B; Vergabe- und Vertragsordnung für Bauleistungen; mit Vergabeverordnung (VgV), C.H. Beck, München, 3. Aufl. 2010, 1571 S.

Keller, Ansgar Joint-ventures in den GUS-Staaten; Gabler, Wiesbaden, 1995.

Kessler, Viktor Die sichtbare Hand des Staates, Eine rechtsökonomische Analyse russischer Staatskorporationen, BWV - Berliner Wissenschafts-Verlag, Berlin, 2013.

Klemm, Bernd Die Entwicklung des russischen Rechts der Kapitalgesellschaften, Berlin-Verlag Spitz, Berlin, 1996.

Korjakovcev, V. G. Kommentarij k federal'nomu zakonu „Ob akcionernych obščestvach“ [Kommentar zum Föderalen Gesetz „Über Aktiengesellschaften“], Moskau, 2007 (russ.).

Kruse, Tilmann W. Die personalistische Kapitalgesellschaft russischen Rechts, Peter Lang Verlag, Frankfurt am Main, 2002.

Krüßmann, Thomas M. Privatisierung und Umstrukturierung in Russland: zur Rolle des Rechts als Instrument struktureller Wirtschaftsreform im Übergang zur Marktwirtschaft, Berlin-Verlag Spitz, Berlin, 2003.

Kuhlmann, Jens/Ahnis, Erik Konzern- und Umwandlungsrecht, C.F. Müller, Heidelberg, 2007.

Levin, Ilya Olympische Winterspiele in Soci, Staatlich-private Bewältigung eines Mega-Projekts in einem reichen Staat, BWV - Berliner Wissenschafts-Verlag, Berlin, 2014.

Lüdemann, Volker Das Recht der Aktiengesellschaft in Rußland – Von den Anfängen bis zum Aktiengesetz von 1996, Vandenhoeck & Ruprecht, Osnabrück, 2001.

Makowskaja, A. A. Prawowye posledstwija nedejstwitelnosti reshenij obshego sobranija aktionerow [Rechtliche Folgen unwirksamer Beschlüsse der allgemeinen Aktionärsversammlung], Moskau, 2006 (russ.).

Mereminskaja, Elina Durchbrechung der Haftungsbeschränkung eines GmbH-Gesellschafters : eine rechtsvergleichende Untersuchung nach dem deutschen und russischen Recht, Peter Lang Verlag, Frankfurt am Main, 2002.

Mindach, Christel Rechtstipps für Exporteure. Russische Föderation, Bundesagentur für Außenwirtschaft (bfai), Köln, 2. Aufl. 2002.

Müller, Welf (Hg.) Beck'sches Handbuch der Personengesellschaften, C.H. Beck, München, 3. Aufl. 2009.

Murzin, D.W. Graždanskij kodeks Rossijskoj Federacii. S postatejnym priloženiem materialov praktiki Konstitionnogo Suda RF, Verhovnogo Suda RF, vysschego Arbitražnogo Suda RF [Zivilgesetzbuch der Russischen Föderation. Entscheidungspraxis des Verfassungsgesrichts, des Obersten Gerichts und des Obersten Wirtschaftsgerichts der Russischen Föderation], 2. Aufl., NORMA-INFRA, Moskau, 2001 (russ.).

Nußberger, Angelika (Hg.) Einführung in das russische Recht, C.H. Beck, München, 2010, 357 S.

OCC Osteuropa Consulting Center (Hrsg.) Die Entwicklung der Unternehmensstruckturen im Transformationsprozess der Russischen Föderation, Berlin-Verlag Spitz, Berlin, 1997.

Oesterle, Michael-Jörg Joint-ventures in Russland, Gabler, Wiesbaden, 1993.

Rabensdorf, Renate Die Durchgriffshaftung im deutschen und russischen Recht der Kapitalgesellschaften: eine rechtsvergleichende Untersuchung, Peter Lang Verlag, Frankfurt am Main, 2009.

Raiser, Thomas/Veil, Rüdiger Recht der Kapitalgesellschaften : Ein Handbuch für Praxis und Wissenschaft. Aktiengesellschaft, Kommanditgesellschaft auf Aktien, Gesellschaft mit beschränkter Haftung, Kapitalgesellschaft & Co., Umwandlungsrecht, Konzernrecht, Internationales Gesellschaftsrecht, Franz Vahlen, München, 5. Aufl. 2009.

Rebmann, Kurt/Säcker, Franz Jürgen/Rixecker, Roland Münchner Kommentar zum Bürgerlichen Gesetzbuch in 11 Bänden, C.H. Beck, München, 4. Aufl. 2006.

Resch, Irma Unternehmensrecht in Russland zwischen Privatisierung und Staatswirtschaft, Nomos, Baden-Baden, 2005.

Ries, Julian Der Minderheitenschutz im russischen Kapitalgesellschaftsrecht im Vergleich zum deutschen Recht, Utz Verlag Wissenschaft, München, 2001.

Šapkina, Galina Sergeevna (Hg.) Kommentarij k federal'nomu zakonu „Ob akcionernych obščestvach" [Kommentar zum Föderalen Gesetz „Über Aktiengesellschaften"], Izdatel'stvo Bek, Moskau, 1996 (russ.).

Schmidt, Karsten /Lutter, Marcus Aktiengesetz: Kommentar, Verlag Dr. Otto Schmidt, Köln, 2. Aufl. 2010.

Schramm, Hans-Joachim Kapitalmarktrecht in der Russischen Föderation, Univ., Diss., Köln, 1998.

Schröder, Christian (Hg.) Die neuen Kodifikationen in Russland, Berlin-Verlag Spitz, Berlin, 2. Aufl. 1999, 321 S.

Schulte/Pohl Joint-Venture-Gesellschaften, RWS-Verlag, Köln, 2. Aufl. 2008.

Schwarz, Benno Investieren in Russland, Rechtliche Grundlagen, steuerliche Zusammenhänge und wirtschaftliche Rahmenbedingungen, Berliner Wissenschaftsverlag, Berlin, 1996, 319 S.

Sergeev, A.P. Kommentarij k Graždanskomu kodeksu Rossijskoj Federacii, čast' pervaja [Kommentar zum 1. Teil des ZGB RF], Prospekt, 2010, in: Datenbank Konsultant (russ.).

Solotych, Stefanie Das Zivilgesetzbuch der Russischen Föderation - Erster Teil, Nomos, Baden-Baden, 2. Aufl. 1997.

Solotych, Stefanie Das Zivilgesetzbuch der Russischen Föderation - Zweiter Teil, Nomos, Baden-Baden, 2001.

Staudinger, Julius von Kommentar zum Bürgerlichen Gesetzbuch mit Einführungsgesetz und Nebengesetzen, Sellier-de Gruyter, Berlin 2002.

Suchanov, Evgenij Graždanskoe pravo, tom 1, Učebnik [Zivilrecht, Band 1, Lehrbuch], Izdatel'stvo Bek, Moskau, 1. Aufl. 1994 (russ.).

Suchanov, Evgenij Graždanskoe pravo, tom 2, Učebnik [Zivilrecht, Band 2, Lehrbuch], Izdatel'stvo Bek, Moskau, 1. Aufl. 1994 (russ.).

Teljukina, Marina Victorovna Kommentarij k federal'nomu zakonu „Ob akcionernych obščestvach" [Kommentar zum Föderalen Gesetz „Über Aktiengesellschaften"], WoltersKluwer, Moskau, 2005 (russ.).

Telke, Jürgen Russisches Konzernrecht, Berliner Wissenschaftsverlag, Berlin, 2013, 239 S.

Theisen, Manuel René Der Konzern : betriebswirtschaftliche und rechtliche Grundlagen der Konzernunternehmung, Verlag C.E. Poeschel, Stuttgart, 2. Aufl. 2000.

Thiel, Matthias Joint-ventures in der Russländischen Föderation, Berlin-Verlag Spitz, Berlin, 1995.

Tichomirov, M. Ju. Kommentarij k federal'nomu zakonu „Ob akcionernych obščestvach" [Kommentar zum Föderalen Gesetz „Über Aktiengesellschaften"], Jurinformcentr, Moskau, 2. Aufl. 1999 (russ.).

Totev, K. Yu. Konkurentnoe pravo [Wettbewerbsrecht], Kontrakt, 2000, 126 S. (russ.).

Vitrjanskij, V.V./Suchanov, Evgenij A. Novyj Graždanskij Kodeks Rossiskoj Federacii „Ob akcionernych obščestvach i drugich juridičeskich licach" [Das neue Zivilgesetzbuch der Russischen Föderation über Aktiengesellschaften und andere juristische Personen], Ekonomika i Žizn', Moskau, 1995 (russ.).

Wächtershäuser, Friedrich Das Gesellschaftsrecht des internationalen Joint Ventures, Peter Lang Verlag, Frankfurt am Main, 1992.

Wiedemann, Gerhard (Hg.) Handbuch des Kartellrechts, C.H. Beck, München, 2. Aufl. 2008, 1870 S.

Widmann, Siegfried/Mayer, Dieter (Hg.) Umwandlungsrecht, Bd. 7, Stollfuß, Bonn, 107. Ergzlfg. 2009, Anhang 3 Russische Föderation.

Wieting Gesetzliche Alterssicherungssysteme in Transformation am Beispiel Australiens, Russlands und Deutschlands, Verlag Versicherungswirtschaft GmbH, Karlsruhe, 1999, S. 445.

Wistinghausen, Christian von/Wilke, Natalia Investitionen in Russland, Beiten-Burkhardt, 2008.

Wyes-Scheel, Claudia Die Gründung der Aktiengesellschaft nach russischem Recht, dissertation.de, Berlin, 2002, 273 S.

Zöllner, Wolfgang (Hg.) Kölner Kommentar zum Aktiengesetz, Heymanns, Köln, 3. Aufl. ab 2004.

Aufsätze

Afanasyeva, Anna Besteuerung von materiellen Datenträgern in der Russischen Föderation, WiRO 2009, 260.

Amwrossow, Alexej I./Sydow, Fernando Folch von Russische Föderation: Gesetz zur Registrierung juristischer Personen, WiRO 2002, 47.

Arnold, Hans Zivilgesetzbuch der Russischen *Föderation im Entstehen,* RIW 1995, 897.

Avilov, G. E. Neue Entwicklungen im russischen Aktienrecht, VDRW-Mitteilungen Nr. 18–19 (11/2000), 1.

Balayan, Oxana Durchgriffshaftung im neuen russischen Zivilgesetzbuch, WiRO 1995, 313.

Bauer, Klaus-Albert GmbH und Aktiengesellschaft im neuen russischen Zivilgesetzbuch – eine kurze Einführung, WiRO 1995, 97.

Bauer-Mitterlehner, Ingeborg Chronik der Rechtsentwicklung in Osteuropa: Russische Föderation, WiRO 2001, 342.

Bauer-Mitterlehner, Ingeborg/Karimullin, Rustem/Micheler, Eva Einführung in das russische Aktienrecht, Arbeitspapier Nr. 101 des Forschungsinstituts für mittel- und osteuropäisches Wirtschaftsrecht, Wien, 2003.

Boës, Axel Beschränkung der Vertretungsmacht von Organen russischer Aktiengesellschaften, RIW 2008, 841.

Brocksted, Kai-Christian Russische Föderation: Auslandsinvestitionsgesetz, WiRO 1999, 455.

Brockstedt, Kai-Christian Russische Föderation: Investitionsgesetz, WiRO 1999, 215.

Bruder, Henning/DuCharme, Stephan Corporate Governance in Russland, WiRO 2001, 225.

Chalin, D. Ot etogo zakona ni cholodna ni zarko [Über dieses Gesetz, weder kalt noch warm], EiŽ, Nr. 11, März 1999 (russ.).

Chanturia, Lado Aktuelle Entwicklungen im russischen Gesellschaftsrecht der GUS, Institute for Law and Finance, Working Paper Series No. 92, 11/2008.

Chanturia, Lado Chancen und Schatten des Self-Enforcing-Modells im postsowjetischen Russland, WiRO 2009, 97–103.

Chebounov, Anton Qualifikationskonflikt bei Auslegung des Betriebsstättenbegriffes nach Art. 5 DBA-Russland, Teil A: Aus russischer Sicht, IStR 2002, 372.

Eberli, Tatiana/Agamagomedova, Saniyat Neues Markenrecht – Änderungen des 4. Teils ZGB der Russischen Föderation WiRO 2014, 42.

Gärtner, Wolfram Grundlegende Entscheidungen zur Anwendung des DBA zwischen der Bundesrepublik Deutschland und der Russischen Föderation, WiRO 2013, 174.

Galander, Tanja Paradigmenwechsel im russischen GmbH Recht?, OMV-Telegramm 2009 Nr. 4, 3.

Golovnenkov, Pavel Rechtliche Stellung von ausländischen Kreditorganisationen im russischen Banksystem, WiRO 2003, 136.

Grub, Stefan Vertragsschluss mit russischen Kapitalgesellschaften, WiRO 1999, 281.

Gutbrod, Max Das neue russische Aktienrecht, WGO-MfOR 1996, 29.

Gutbrod, Max Das neue russische GmbH-Recht, GmbHR 1998, R 173.

Gutbrod, Max/Plagemann, Florian Zur Typisierung von Leistungsverträgen im russ. Recht, WiRO 2008, 33.

Hansson, Elena Gestaltungsmöglichkeiten im reformierten russischen GmbH-Recht, WiRO 2011, 97.

Heeg, Volker Durchgriffshaftung im russischen Recht der Kapitalgesellschaften, WiRO 2000, 1.

Heid, Peter Die Inhaltskontrolle des Vertrages der Publikumspersonengesellschaft nach AGB-Grundsätzen, DB 1985, Beil. 4.

Heidemann, Thomas Die GmbH in der Russischen Föderation, GmbHR 2002, 732.

Heidemann, Thomas/Thum, Oliver Das deutsch-russische Doppelbesteuerungsabkommen, WiRO 1997, 121.

Himmelreich, Antje Chronik der Rechtsentwicklung in Osteuropa: Russische Föderation, WiRO 2013, 307.

Himmelreich, Antje Chronik der Rechtsentwicklung in Osteuropa: Russische Föderation, WiRO 2013, 239.

Himmelreich, Antje Chronik der Rechtsentwicklung in Osteuropa: Russische Föderation, WiRO 2012, 248.

Himmelreich, Antje Chronik der Rechtsentwicklung in Osteuropa: Russische Föderation, WiRO 2012, 183.

Himmelreich, Antje Chronik der Rechtsentwicklung in Osteuropa: Russische Föderation, WiRO 2010, 114.

Himmelreich, Antje Chronik der Rechtsentwicklung in Osteuropa: Russische Föderation, WiRO 2009, 308.

Himmelreich, Antje Chronik der Rechtsentwicklung in Osteuropa: Russische Föderation, WiRO 2009, 115.

Himmelreich, Antje/Douglas, Alexandra Russische Föderation: Vierter Teil des Zivilgesetzbuchs – Teil 1, WiRO 2009, 340.

Himmelreich, Antje/Douglas, Alexandra Russische Föderation: Vierter Teil des Zivilgesetzbuchs – Teil 2: Allgemeine Bestimmungen (Art. 1242–1254), WiRO 2009, 371.

Himmelreich, Antje/Komissarov, Alexander Russische Föderation: Gesetz über die Sonderwirtschaftszonen in der Russischen Föderation Teil 1: Einführung und Übersetzung der Kapitel 1–4, WiRO 2010, 18.

Himmelreich, Antje/Komissarov, Alexander Russische Föderation: Gesetz über die Sonderwirtschaftszonen in der Russischen Föderation Teil 2: Einführung und Übersetzung der Kapitel 6–10, WiRO 2010, 45. *Huber, Hans-Peter/Skoupil, Christoph* Erläuterungen des Obersten Gerichts der Russischen Föderation zum Korruptionsstrafrecht, WiRO 2014, 111.

Kalss, Susanne ECLR Gesellschaftsrecht in den Ländern Mittel- und Osteuropas, ZGR 2000, 819.

Kapoguzov, Evgeny Verwaltungsreform in Russland: Grundprämissen, Besonderheiten, Zwischenbilanz, DÖV 2008, 810.

Karimullin, Rustem Schutz der Minderheitsanleger in Russland, Arbeitspapier Nr. 84 des Forschungsinstituts für mittel- und osteuropäisches Wirtschaftsrecht, Wien, 2001.

Kassmann, Christian Formen des Baulanderwerbs in der Russischen Föderation, WiRO 2010, 289.

Kettler, Stefan Hans, Das Patent-, Kennzeichen- und Urheberrecht nach dem Vierten Buch des russischen ZGB, OsteuropaR 2009, 329.

Kireenkov, Alexej/Wedde, Rainer Pflichtangebot und Squeeze-out im russischen Aktienrecht, eastlex 2006, 170.

Knaul, Andreas/Klaus, Ulrich Russisches Gesetz über Sonderwirtschaftszonen, WiRO 2007, 70.

Knaul, Andreas/Tscherenew, Andreas Fusionskontrollrecht in der russischen Föderation, WiRO 2006, 267.

Krüßmann, Thomas M. Finanz-Industrie-Gruppen in der Russischen Föderation, WiRO 1996, 447.

Kruse, Tillmann W. Private Equity in Russland: Gesellschafts- und steuerrechtliche Rahmenbedingungen, RIW 2007, 256.

Kurdjukov, Dimitrij/Lorenz, Jörn Der mittelbare Eigentumserwerb an staatlichen Grundstücken in der Russischen Föderation, WiRO 2003, 266.

Lang, Carsten Die russische Versicherungswirtschaft Unkonventionelle Produkte und mangelhafte Regulierung – Verband gibt Anstöße zu Reformen VW 2001, 1322.

Lewina, Galina/Zielke, Rainer Russische Föderation: Grundzüge der Rechnungslegung, WiRO 1997, 411.

Malevannyy, Nikita Übernahmeregelungen in Deutschland und Russland und die EU-Übernahmerichtlinie, OsteuropaR 2011, 343.

Mereminskaja, Elina Durchgriffshaftung im System des Gläubigerschutzes nach russischem GmbH-Recht, WiRO 2001, 369.

Micheler, Eva Das neue russische Aktiengesetz im Überblick, WiRO 1996, 81.

Micheler, Eva Sacheinlagen bei Gründung von Aktiengesellschaften und GmbH nach dem russischen Recht, WiRO 1996, 121.

Michels, Nicole Russische Föderation: Gesetz „Über die Bewertungstätigkeit", WiRO 2003, 48.

Mindach, Christel Russische Föderation: Erste Teilnovelle des Zivilgesetzbuches, WiRO 2013, 207.

Mindach, Christel Russische Föderation: Zweite Teilnovelle des Zivilgesetzbuches – Teil 1, WiRO 2013, 335.

Mindach, Christel Russische Föderation: Zweite Teilnovelle des Zivilgesetzbuches – Teil 2, WiRO 2013, 373.

Mindach, Christel Russische Föderation: Weitere Teilnovelle des Zivilgesetzbuches ändert IPR, WiRO 2014, 53.

Müller, Michael Das neue russische Auslandsinvestitionsgesetz, WiRO 1999, 401.

Müller, Michael Neues russisches Devisenrecht in der Praxis – Teil I, WiRO 2006, 193.

Müller, Michael Neues russisches Devisenrecht in der Praxis – Teil II, WiRO 2006, 230.

Müller, Michael/Bartholomy, Marc/Müller, Gregor Gesetz der Russischen Föderation „Über die Aktiengesellschaften", RIW Beilage zu Heft 4/1996.

Mundry, Thomas Russland Reformiert GmbH, AHK-Kurzinfo vom 26.1.2009.

Nachmann, Josef/Wienhold, Olesya Russische Föderation: Gesetz über die Verhinderung der Korruption, WiRO 2009, 146.

Oeltze, Thomas/Heischkel, Swantje Die Struktur des russischen Körperschaftssteuergesetzes, IStR 2003, 698.

Paulsen, Björn/Saenko, Anna Russische Föderation: Föderales Gesetz „Über das Verfahren der Durchführung ausländischer Investitionen in Unternehmen, die eine strategische Bedeutung für die Sicherung der Landesverteidigung und Sicherheit des Staates haben" Teil 1, WiRO 2009, 78.

Paulsen, Björn/Saenko, Anna Russische Föderation: Föderales Gesetz „Über das Verfahren der Durchführung ausländischer Investitionen in Unternehmen, die eine strategische Bedeutung für die Sicherung der Landesverteidigung und Sicherheit des Staates haben" Teil 2, WiRO 2009, 110.

Plagemann, Florian Satzungsstrenge im russischen Aktienrecht – Zum Spannungsfeld zwischen Vertragsautonomie und Satzungsstrenge im russischen Aktienrecht, WiRO 2011, 231.

Plagemann, Florian Wirtschaftsgerichtsbarkeit im russischen Recht, Voraussetzungen und Folgen gerichtlicher und außergerichtlicher Streitbeilegung in Russland Teil 1, WiRO 2011, 262.

Plagemann, Florian Wirtschaftsgerichtsbarkeit im russischen Recht, Voraussetzungen und Folgen gerichtlicher und außergerichtlicher Streitbeilegung in Russland Teil 2, WiRO 2011, 293.

Plagemann, Florian Wirtschaftsgerichtsbarkeit im russischen Recht, Voraussetzungen und Folgen gerichtlicher und außergerichtlicher Streitbeilegung in Russland Teil 3, WiRO 2011, 334.

Plagemann, Florian Intelectual Property im russischen Recht – Teil 1, WiRO 2012, 353.

Plagemann, Florian Intelectual Property im russischen Recht – Teil 2, WiRO 2013, 8.

Primaczenko, Vladimir Kapitalgesellschaftsrecht in Russland: Kampf zwischen US-amerikanischem und kontinentaleuropäischem Model, KONtakt 3/2007 (Nr. 13), Dezember 2007, 4.

Pritzkow, Sebastian/Schreiter, Diana Beschränkung ausländischer Investitionen in Russland, OsteuropaR 2008, 157.

Radjuk, Anna Das neue russische GmbH-Recht, RIW 2009, 592.

Ratschkov, Ilja/Kalinina, Ekaterina Änderungen des russischen Gesetzes über die Konzessionsvereinbarungen, Neue Hoffnungen auf PPP-Projekte, WiRO 2009, 142.

Ries, Julian/Knaul, Andreas Russische Föderation: Steuergesetzbuch (Erster Teil) – Teil 1: Art. 1–29, WiRO 2000, 57.

Ries, Julian/Knaul, Andreas Russische Föderation: Steuergesetzbuch (Erster Teil) – Teil 2: Art. 30–60, WiRO 2000, 97.

Ries, Julian/Knaul, Andreas Russische Föderation: Steuergesetzbuch (Erster Teil) – Teil 3: Art. 61–86, WiRO 2000, 144.

Ries, Julian/Knaul, Andreas Russische Föderation: Steuergesetzbuch (Erster Teil) – Teil 4: Art. 87–142, WiRO 2000, 179.

Riewe, Anne Deike Aktuelles Internationales und ausländisches Insolvenzrecht Dezember 2009/Januar 2010, NZI 2010, 134.

Rogojine, Stanislav Das neue russische Wettbewerbsrecht, RIW 2007, 441.

Rodde, Christian/Abovski, Vladimir Eine kurze vergleichende Betrachtung des russischen Aktienrechts und dessen Gestaltungsmöglichkeiten, WiRO 2009, 33.

Rostock-Bagdasarova, Maria/Wedde, Rainer Bankenrecht Russlands I – Überblick und Aufsichtsrecht, WM 2010, 346.

Rybalkin, Ilja/Chebounov, Anton Die Möglichkeit der Finanzierung russischer Tochtergesellschaften im Hinblick auf russisches und deutsches Recht, WiRO 2000, 369.

Sadikov, Oleg Die Kodifikation des Internationalen Privatrechts Russlands, RabelsZ 67 (2003), 318.

Schlotter, Clemens/Silin, Andrey Corporate Compliance im Russlandgeschäft, CCZ 2010, 139.

Schmidt-Peter, Sabine Der Mehrwert des russischen Beitritts zur Welthandelsorganisation, 2012, abrufbar unter: http://www.swp-berlin.org/fileadmin/contents/products/arbeitspapiere/Schmidt-Peter_2012_WTO_Beitritt_Russland.pdf.

Schmitt, Hermann/Vogt, Thorsten Stärkung der Rechte von Aktionären - Reform des russischen Aktiengesetzes, RIW 2002, 762.

Schmitt, Hermann Joint Ventures in the Russian Foundation, Jan 2009, abrufbar unter: http://www.whitecase.com/files/Publication/255b764d-e306-417e-bd1a-3a6ab0bf8099/Presentation/PublicationAttachment/3f45c74f-1523-439a-b926-3b4ce60316e2/article_JointVenture_v3.pdf.

Schmook, Günther Der Betriebsstättenbegriff im russischen Steuerrecht und seine Bedeutung für die Gewinnbesteuerung ausländischer Unternehmen in der Russischen Föderation, WiRO 2005, 102.

Schramm Hans-Joachim Konzernrecht in Deutschland und Russland – ein Vergleich, KONtakt 3/2007 (Nr. 13), Dezember 2007.

Schütte, Ehrenfried Russland: Das Gesetz „Über die Versicherung" vom 27. November 1992 (I) Wiederaufnahme einer dreihundertjährigen Tradition, VW 1994, 61.

Schwarz, Benno Die staatliche Registrierungskammer beim Wirtschaftsministerium der Russischen Föderation, WiRO 1995, 314.

Schwarz, Benno/Nanaeva, Ethel Russland überarbeitet korruptionsrechtliche Regelungen im Hinblick auf seinen OECD-Beitritt, CCZ 2011, 207.

Seiffert, Wolfgang Die GmbH in Russland, ZEuP 1999, 931.

Sergeev, Alexander P. Aktionärsvereinbarungen: Zulässigkeit nach russischem Recht und Durchsetzbarkeit in Russland, Einige Aspekte der Abgrenzung der Kompetenzbereiche der Verwaltungsorgane von Aktiengesellschaften im russischen Recht, Wege zur rechtlichen Optimierung des Abschlusses „großer Geschäfte" durch Aktiengesellschaften, KONtakt 3/2007 (Nr. 13), Dezember 2007.

Sevillano, Svetlana Das neue russische Verbraucherschutzgesetz und seine Implikationen für Investoren, WiRO 2000, 361.

Sevillano, Svetlana Das russische Auslandsinvestitionsgesetz – eine erste Bilanz, WiRO 2000, 337.

Solotych, Stefanie Chronik der Rechtsentwicklung in Osteuropa: Russische Föderation, WiRO 1996, 437.

Solotych, Stefanie Chronik der Rechtsentwicklung in Osteuropa: Russische Föderation, WiRO 2001, 342, 344.

Solotych, Stefanie Chronik der Rechtsentwicklung in Osteuropa: Russische Föderation, WiRO 2003, 55, 56.

Solotych, Stefanie Chronik der Rechtsentwicklung in Osteuropa: Russische Föderation, WiRO 2004, 216, 217.

Sotbarn, Demian Verjährung im russischen Sach- und Kollisionsrecht, WiRO 2007, 7.

Spies, Axel Das neue russische Gesetz „Über Aktiengesellschaften", ROW 1996, 130.

Stein, Sergej Russische Föderation: Föderales Gesetz „Über die Investitionsgesellschaft" vom 28.11.2011, Nr. 335-FZ, SZ RF 2011, Nr. 49, Pos. 7029 WiRO 2013, 144.

Stein, Stephan Die Wirtschaft und das russische Recht, KONtakt 1-2/2009, 17.

Steininger, Andreas Das Russische Zivilgesetzbuch 4. Teil – Teil 1: Einführung, WiRO 2009, 193.

Steininger, Andreas Das Russische Zivilgesetzbuch 4. Teil – Teil 2, WiRO 2009, 2009, 235.

Steininger, Andreas Das Russische Zivilgesetzbuch 4. Teil – Teil 3, WiRO 2009, 2009, 266.

Stepanov, D. Pravovaja priroda ustava juridičeskogo lica [Rechtliche Umstände bzgl. der Satzung einer juristischen Person] ChiP 2000, Nr. 12, 54 (russ.).

Stiefel, Ernst Von der Berufung deutscher Juristen zum Aufbau des Rechts im Osten, JZ 1994, 109.

Stoljarskij, Alex/Wedde, Rainer Russland: Ausländische Investitionen in strategische Branchen, RIW 2009, 587.

Stoljarskij, Alex Neuregelungen im Bereich ausländischer Investitionen in Russland, AHK-Kurzinfo vom 21.7.2008.

Suchanov, Evgenij Das neue russische GmbH-Gesetz, RIW 1998, 706.

Suchanov, Evgenij Aktuelle Probleme des russischen GmbH-Rechts, JOR 41 (2000), S. 283.

Suchanov, Evgenij Chozjajstvennye obščestva i tovariščestva, proizvodstvennye i potrebitel'skiekooperativy [Wirtschaftliche Gesellschaften, Produktions- und Konsumentenkooperativen], Vestnik VAS 1995, Nr. 6, 100 (russ.).

Suchanov, Evgenij Zakon ob obščscestvach s ograničennoj otvetstvennost'ju [Das Gesetz über Gesellschaften mit beschränkter Haftung], ChiP 1998, Nr. 5 (russ.).

Suchanov, Evgenij A. Das neue russische GmbH-Gesetz, WiRO 1998, 706.

Sultanova, Natalia Immobilienrecht der Russischen Föderation, RIW 2002, 768.

Tabastajewa, Julianna/Stauber, Peter Russisches Franchiserecht - gesetzliche Regelungen und aktuelle Rechtsprechung, WiRO 2006, 38.

Telke, Jürgen Durchgriffshaftung im deutschen und russischen Gesellschaftsrecht, OsteuropaR 2011, 294.

Telke, Jürgen Russische Föderation: Ausländische Investitionen in strategisch wichtige Unternehmen, WiRO 2010, 108.

Trunk, Alexander/Fritzsche-Brandt, Annemarie Zum Zusammenhang von Rechtsfähigkeit und Neuregistrierungspflicht bei Gesellschaften in Russland, KONtakt 3/2007 (Nr. 13), Dezember 2007.

Trunk, Alexander Russland – ein Rechtsstaat?, KONtakt 1-2/2009 (Nr. 16), 10.

Ulmer, Peter/Ihrig, Steffen Ein neuer Anleihetyp: Zero-Bonds, ZIP 1985, 1169.

Wassermeyer, Franz Qualifikationskonflikt bei Auslegung des Betriebsstättenbegriffes nach Art. 5 DBA-Russland, Teil B: Aus deutscher Sicht, IStR 2002, 376.

Wedde, Rainer Neues im russischen Insolvenzrecht, WiRO 2003, 195.

Wedde, Rainer Anmerkungen zum Beschluss des Obersten Arbitragegerichts der RF vom 15.2.2005 Nr. 12856/04, eastlex 2006, 46.

Wedde, Rainer Aktuelle Änderungen im Russischen Aktienrecht, Auswirkungen auf die Praxis, VDRW-Mitteilungen 33–34 2007, S. 40.

Wedde, Rainer Anmerkungen zum Beschluss des Obersten Arbitragegerichts der RF vom 23.1.2007 Nr. 11578/06, eastlex 2007, 14.

Wedde, Rainer Anmerkungen zum Beschluss des Obersten Arbitragegerichts der RF vom 23.1.2007 Nr. 11578/06, eastlex 2007, 141.

Wedde, Rainer Anmerkungen zum Beschluss des Obersten Arbitragegerichts der RF vom 30.10.2007 Nr. 7769/07, eastlex 2008, 119.

Wedde, Rainer Anmerkungen zum Beschluss des Obersten Arbitragegerichts der RF vom 28.7.2009 Nr. 4016/09, eastlex 2010, 39.

Wellmann, Richard Investitionsstandort Russische Föderation: Wirtschaftsrecht, IStR 2008, 426.

Wellmann, Richard Investitionsstandort Russische Föderation: Steuerrecht, IStR 2008, 465–473.

Zielke, Rainer/Ozerov, Alexey Die Standards der Rechnungslegung in der Russischen Föderation (Teil 1), WiRO 2000, 161.

Zielke, Rainer/Ozerov, Alexey Die Standards der Rechnungslegung in der Russischen Föderation (Teil 2), WiRO 2000, 206.

Zielke, Rainer/Zielke, Alexandra Die russischen Finanz-Industriellen Gruppen als neue Chance für ausländische Investoren, WiRO 1999, 124.

Rechtsquellen

Abkommen zwischen der Bundesrepublik Deutschland und der Russischen Föderation zur Vermeidung der Doppelbesteuerung auf dem Gebiet der Steuern vom Einkommen und vom Vermögen (DBA); Abgedruckt in IStR 1996, Beiheft zu Heft 8, 1.

Abkommen zwischen der EU und der Russischen Föderation über Partnerschaft und Zusammenarbeit zwischen der EU und Russland vom 30.10.1997, SZ RF 1998, Nr. 16, Pos. 1902.

Abkommensmuster der OECD („OECD_MA") in der Fassung vom 20.09.1995, abrufbar unter: http://www.oecd.org/document/50/0,3343,de_34968570_34968855_41206066_1_1_1_1,00.html (engl. Version).

Aktiengesetz der Bundesrepublik Deutschland (AktG BRD) vom 6.9.1965, BGBBl I S. 1089.

Arbeitsgesetzbuch der Russischen Föderation (ArbGB RF) vom 30.12.2001, Nr. 297-FZ, SZ RF 7.1.2002, Nr. 1, Pos. 3, deutsche Übersetzung von *Kleinbub* Hdb Wirtschaft und Recht in Osteuropa, RUS 600.

Arbitragegerichtsprozessordnung der Russischen Föderation vom 5. Mai 1995, SZ RF 1995, Nr. 19, Pos. 1709; deutsche Übersetzung von *Wölk* Hdb Wirtschaft und Recht in Osteuropa, RUS 912.

Beschluss der Föderalen Kommission für den Wertpapiermarkt (FKZB) „Über die Offenlegung von Informationen im Wertpapiermarkt" vom 9.1.1997, Nr. 2, Vestnik FKZB 1/1997.

Beschluss der Föderalen Kommission für den Wertpapiermarkt (FKZB) „Über die Verabschiedung der Ordnung über Registereintragungen der Inhaber von Wertpapieren" vom 2.10.1997, Nr. 27, Ekonomika i Žizn' Nr. 51 1997.

Beschluss der Föderalen Kommission für den Wertpapiermarkt (FKZB) „Über zusätzliche Anforderungen an das Verfahren der Vorbereitung, der Einberufung und der Durchführung der Allgemeinen Aktionärsversammlung" vom 31.5.2002, Nr. 17/ps, RG 18.7.2002, Nr. 130.

Beschluss der Regierung der RF Nr. 319 vom 17.5.2002, SZ RF Nr. 20 20.5.2002, Pos. 1872.

Beschluss der Regierung der RF „Über das Verfahren zur Festlegung des Zollwerts der Waren, die die Zollgrenze der RF passieren" vom 13.8.2006, Nr. 500.

Beschluss des 8. Arbitrageberufungsgerichts vom 2.3.2009, Nr. A75–2374/08, in: Datenbank Konsultant.

Beschluss des Föderalen Arbitragegerichts des Moskauer Bezirks vom 28.5.2001, Nr. KA-A40/2452-01, in: Datenbank Garant.

Beschluss des Föderalen Arbitragegerichts des Moskauer Bezirks vom 8.4.2009, Nr. KG-A41/2362-09, in: Datenbank Konsultant.

Beschluss des Föderalen Arbitragegerichts des Nordkaukasus-Bezirks vom 12.2.2004, Nr. F08-5444/2003, in: Datenbank Garant.

Beschluss des Föderalen Arbitragegerichts des Nordkaukasus-Bezirks vom 11.6.2002, Nr. F08-1914/2002, in: Datenbank Konsultant.

Beschluss des Föderalen Arbitragegerichts des Nord-West-Bezirks vom 15.4.2002, Nr. A52-3405/01-1, in: Datenbank Garant.

Beschluss des Föderalen Arbitragegerichts des Nord-West-Bezirks vom 8.7.2002, Nr. A13-1125/02-12, in: Datenbank Garant.

Beschluss des Föderalen Arbitragegerichts des Ostsibirischen Bezirks vom 11.11.2002, Nr. A10-2136/01-13-F02-3890/03-S2, A10-949/02-15-F02-3890/03-S2, in: Datenbank Konsultant.

Beschluss des Föderalen Arbitragegerichts des Ostsibirischen Bezirks vom 14.2.2008, Nr. A19-11027/07-F02-218/08, in: Datenbank Konsultant.

Beschluss des Föderalen Arbitragegerichts des Urals vom 20.2.2007, Nr. V09-605/07-S6, in: Datenbank Konsultant.

Beschluss des Föderalen Arbitragegerichts des Westsibirischen Bezirks vom 14.10.2010, Nr. A45-26588/2009, in: Datenbank Konsultant.

Beschluss des Föderalen Arbitragegerichts des Westsibirischen Bezirks vom 20.8.1998, Nr. F04/1217-219/A75-98, in: Datenbank Konsultant.

Beschluss des Föderalen Arbitragegerichts des Westsibirischen Bezirks vom 2.8.1999, Nr. F04/1535-364/A27-99, in: Datenbank Garant.

Beschluss des Föderalen Arbitragegerichts des Westsibirischen Bezirks vom 11.10.2007, Nr. F04-7219/2007 (39298-A45-16), in: Datenbank Konsultant.

Beschluss des Föderalen Arbitragegerichts des Wolga-Bezirks vom 16.10.2001, Nr. A12-7556/00-S13, in: Datenbank Garant.

Beschluss des Föderalen Arbitragegerichts des Wolga-Vjatka Bezirks vom 4.7.2001, Nr. A28-951/01-4/12, in: Datenbank Garant.

Beschluss des Föderalen Arbitragegerichts des Zentralbezirks vom 18.11.2003, Nr. A48-2261/03-10, in: Datenbank Garant.

Beschluss des Obersten Arbitragegerichts der RF vom 6.4.1999, Nr. 329/99, in: Datenbank Konsultant.

Beschluss des Obersten Arbitragegerichts der RF vom 1.2.2000, Nr. 5784/99, in: Datenbank Konsultant.

Beschluss des Obersten Arbitragegerichts der RF vom 21.5.2002, Nr. 12419/01, in: Datenbank Garant.

Beschluss des Obersten Arbitragegerichts der RF vom 27.8.2002, Nr. 1720/02, VVAS 2002, Nr. 12, Pos. 26, in: Datenbank Konsultant.

Beschluss des Obersten Arbitragegerichts der RF vom 12.11.2002, Nr. 6288/02, in: Datenbank Garant.

Beschluss des Obersten Arbitragegerichts der RF vom 21.10.2003, Nr. 10030/03, in: Datenbank Garant.

Beschluss des Obersten Arbitragegerichts der RF vom 15.2.2005, Nr. 12856/04, VVAS 2005, Nr. 6; m.Anm. *Wedde* eastlex 2006, 46.

Beschluss des Obersten Arbitragegerichts der RF vom 23.1.2007, Nr. 11578/06, VVAS 2007, Nr. 4, Pos. 148; m.Anm. *Wedde* eastlex 2007, 141, in: Datenbank Garant.

Beschluss des Obersten Arbitragegerichts der RF vom 30.10.2007, Nr. 7769/07, VVAS 2008, Nr. 1, Pos. 97; m.Anm. *Wedde* eastlex 2008, 119.

Beschluss des Obersten Arbitragegerichts der RF vom 12.2.2008, Nr. 13051/07, in: Datenbank Garant.

Beschluss des Obersten Arbitragegerichts der RF vom 28.7.2009, Nr. 4016/09, VVAS 2009 Nr. 1; m.Anm. *Wedde* eastlex 2010, 39.

Beschluss des Obersten Arbitragegerichts der RF vom 6.4.2010, Nr. 17536/09, VVAS 2010, in: Datenbank Konsultant.

Beschluss des Obersten Arbitragegerichts der RF vom 22.3.2012 Nr. 14613/11, Az. A60-41550/2010-S4, in: Datenbank Konsultant.

Beschluss des Obersten Arbitragegerichts der RF vom 23.10.2012, Nr. 7508/12, in: Datenbank Konsultant.

Beschluss des Plenums des Obersten Gerichts der RF vom 1.7.1996, Nr. 6 und des Obersten Arbitragegerichts der RF Nr. 8, VVAS RF 1996, Nr. 9, in: Datenbank Konsultant, m.Anm. *Solotych* WiRO 1996, 437.

Beschluss des Plenums des Obersten Gerichts der RF vom 2.4.1997, Nr. 4 und des Obersten Arbitragegerichts der RF Nr. 8, deutsche Übersetzung von Göckeritz, WOS Bd. II/1, Abtlg. III 3 a) 2.)

Beschluss des Plenums des Obersten Arbitragegerichts der RF vom 9.6.1998, Nr. 1225/98, in: Datenbank Konsultant.

Beschluss des Plenums des Obersten Gerichts der RF vom 18.11.2003, Nr. 19 und des Obersten Arbitragegerichts der RF vom 20.11.2003, Nr. 20, VVAS 2004, Nr. 1, in: Datenbank Konsultant.

Beschluss des OLG Frankfurt am Main vom 16.2.2007 - 5 W 43/06, NZG 2007, 310.

Bodenkodex (BK RF) vom 30.10.2001, SZ RF 2001, Nr. 44, Pos. 4147.

Brief des Zollamts der RF Nr. 01-15/21733, in Tamozhennye vedomosti (Zollamtsblatt), 1999, Nr. 10.

Companies Act UK 1985, abrufbar unter: http://www.legislation.gov.uk/ukpga/1985/6/contents.

Erlass der Föderalen Kommission für den Wertpapiermarkt (FKZB) „Über die Empfehlung zur Verabschiedung eines Corporate Governance Kodex“ vom 4.4.2002, Nr. 421/r, VFKZB 30.4.2002, Nr. 4, englische Version abrufbar unter: http://www.ecgi.org/codes/documents/final_code_english.pdf.

Erlass der Föderalen Kommission für den Wertpapiermarkt (FKZB) vom 4.4.2002, Nr. 03-1169/r, VFKZB 30.9.2003, Nr. 9.

Föderales Gesetz „Über Aktiengesellschaften“ (AktG RF) vom 26.12.1995, Nr. 208-FZ, SZ RF 1996, Nr. 1, Pos. 1; deutsche Übersetzung von *Lenga/Solotych* Hdb Wirtschaft und Recht in Osteuropa, RUS 350.

Föderales Gesetz „Über ausländische Investitionen in der RF“ vom 09.07.1999, Nr. 160-FZ, SZ RF 1999, Nr. 28, Pos. 3493; deutsche Übersetzung von *Brockstedt/Kleinbub* Hdb Wirtschaft und Recht in Osteuropa, RUS 380.

Föderales Gesetz „Über Banken und Bankentätigkeit in der RSFSR“ (BankG RF) vom 3.2.1996, Nr. 17-FZ, SZ RF 1996, Nr. 6, Pos. 492; deutsche Übersetzung von *Reinsch* Hdb Wirtschaft und Recht in Osteuropa, RUS 500.

Föderales Gesetz „Über das Inkrafttreten des Bodengesetzbuches der Russischen Föderation“ vom 25.10.2001, Nr. 137-FZ, SZ RF 2001, Nr. 44, Pos. 4148.

Föderales Gesetz „Über das Verfahren der Durchführung ausländischer Investitionen in Unternehmen, die eine strategische Bedeutung für die Sicherung der Landesverteidigung und Sicherheit des Staates haben“ (AuslInvG bzgl. strategisch bedeutender Unternehmen RF) vom 7.5.2008, Nr. 57-FZ, SZ RF 2008, Nr. 18, Pos 1941; deutsche Übersetzung von *Paulsen/Saenko* WiRO 2009, 78.

Föderales Gesetz „Über den Mindestlohn“ vom 19.6.2000, FZ-82, SZ RF 2000, Nr. 26, Pos. 2729.Föderales Gesetz „Über den Rechtsverkehr mit landwirtschaftlichen Grundstücken“ vom 24.7.2002, Nr. 101-FZ, SZ RF 2002, Nr. 30, Pos. 3018.

Föderales Gesetz „Über den Schutz der Rechte und legitimen Interessen von Investoren auf dem Wertpapiermarkt“ (AnlegerschutzG RF) vom 5.3.1999, Nr. 46-FZ, SZ RF 1999, Nr. 10, Pos. 1163, deutsche Übersetzung von *Göckeritz*, in: WOS Band II/1, Abtlg. VIII 2 h.

Föderales Gesetz „Über den Wertpapiermarkt“ (WpMG RF) vom 22.4.1996, Nr. 39-FZ, SZ RF 1996, Nr. 17, Pos. 1918, deutsche Übersetzung von *Bauer/Reinsch/Wipplinger* Hdb Wirtschaft und Recht in Osteuropa, RUS 350; im Einzelnen wird die Ausgabe der Aktien durch Art. 19–25 WpMG RF geregelt.

Föderales Gesetz „Über den Wettbewerbsschutz“ (WettbG RF) vom 26.7.2006, Nr. 135-FZ, SZ RF 2006, Nr. 31, Pos. 3434, deutsche Übersetzung, vgl. *Kleinbub* Hdb Wirtschaft und Recht in Osteuropa, RUS 400.

Föderales Gesetz „Über Devisenregulierung und die Devisenkontrolle“ (DevG RF) vom 10.12.2003, Nr. 173-FZ, SZ RF 15.12.2003, Nr. 50, Pos. 4859; deutsche Übersetzung von *Müller* Hdb Wirtschaft und Recht in Osteuropa, RUS 550.

Föderales Gesetz „Über die Änderung von Art. 1 des Föderalen Gesetzes „Über den Mindestlohn““ vom 3.12.2012, FZ-232, in: Datenbank Garant.

Föderales Gesetz „Über die Bekämpfung der rechtswidrigen Verwendung von Insiderinformationen und Marktmanipulation und über die Änderung bestimmter Rechtsakte der RF“ vom 27.7.2010, Nr. 224-FZ, in: Datenbank Konsultant.

Föderales Gesetz „Über die Besonderheiten der rechtlichen Regelung der Aktiengesellschaften der Arbeiter (Volksunternehmen)“ (VolksunternehmenG RF) vom 19.7.1998, Nr. 115-FZ, SZ RF 1998, Nr. 30, Pos. 3611.

Föderales Gesetz „Über die Bewertungstätigkeit“ (BewertungsG RF) vom 29.7.1998, Nr. 135-FZ, SZ RF 1998, Nr. 31, Pos. 3813; deutsche Übersetzung von *Michels* WiRO 2003, 48.

Föderales Gesetz „Über die buchhalterische Rechnungslegung“ (RechnungslegungsG RF) vom 21.11.1996, Nr. 129-FZ, SZ RF 25.11.1996, Nr. 48, Pos. 5369.

Föderales Gesetz „Über die Eintragung von Änderung von Art. 1473 des vierten Teils des ZGB RF“ vom 8.11.2008, Nr. 201-FZ, SZ RF 10.11.2008, Nr. 45, Pos. 5147.

Föderales Gesetz „Über die Eintragung von Änderung von Art. 50 des ersten Teils des ZGB RF“ vom 6.12.2011, Nr. 393-FZ, SZ RF 2011, Nr. 50, Pos. 7335.

Föderales Gesetz „Über die Eintragung von Änderungen und Ergänzungen in das Föderale Gesetz ‚Über Aktiengesellschaften‘“ vom 7.8.2001, Nr. 120-FZ, SZ RF 2001, Pos. 3423.

Föderales Gesetz „Über die Eintragung von Änderungen und Ergänzungen in das Föderale Gesetz ‚Über Aktiengesellschaften‘“ vom 31.10.2002, Nr. 134-FZ, SZ RF 2002, Nr. 45, Pos. 4436.

Föderales Gesetz „Über die Eintragung von Änderungen und Ergänzungen in das Föderale Gesetz ‚Über Aktiengesellschaften‘“ vom 3.6.2009, Nr. 115-FZ, SZ RF 8.6.2009, Nr. 23, Pos. 2770.

Föderales Gesetz „Über die Eintragung von Änderungen und Ergänzungen in das Föderale Gesetz ‚Über Aktiengesellschaften‘“ vom 27.12.2009, Nr. 352-FZ, SZ RF 28.12.2009, Nr. 52, Pos. 6428.

Föderales Gesetz „Über die Eintragung von Änderungen und Ergänzungen in das Föderale Gesetz ‚Über Aktiengesellschaften‘“ vom 19.7.2009, Nr. 205-FZ, SZ RF 20.7.2009, Nr. 29, Pos. 3642.

Föderales Gesetz „Über die Eintragung von Änderungen und Ergänzungen in das Föderale Gesetz ‚Über ausländische Investitionen in der RF‘“ vom 16.11.2011, Nr. 322-FZ, SZ RF 2011, Nr. 47, Pos. 6612.

Föderales Gesetz „Über die Insolvenz (den Bankrott)" vom 26.10.2002, Nr. 127-FZ, SZ RF 28.10.2002, Nr. 43, Pos. 4190.

Föderales Gesetz „Über die Investitionsgesellschaft" vom 28.11.2011, Nr. 335-FZ, SZ RF 2011, Nr. 49, Pos. 7029.

Föderales Gesetz „Über die Investitionstätigkeit in der Russischen Föderation in Form von Kapitalanlagen RF" vom 4.3.1999, Nr. 39-FZ, SZ RF 1999, Nr. 9, Pos. 1096; deutsche Übersetzung von *Brockstedt/Kleinbub* Hdb Wirtschaft und Recht in Osteuropa, RUS 320.

Föderales Gesetz „Über die Lizenzierung einzelner Tätigkeiten" (LizenzG RF) vom 8.8.2001, Nr. 128-FZ, SZ RF 2001, Nr. 33, Pos. 3436; deutsche Übersetzung von *Solotych* Hdb Wirtschaft und Recht in Osteuropa, RUS 810.

Föderales Gesetz „Über die Organisation des Versicherungswesens in der RF" vom 27.11.1992, Nr. 4015-1, RG 12.1.1993, Nr. 6.

Föderales Gesetz „Über die staatliche Registrierung der juristischen Personen und Einzelunternehmer" (RegG RF) vom 8.8.2001, Nr. 129-FZ, SZ RF 13.8.2001, Nr. 33, Pos. 3431, deutsche Übersetzung von *Amwrossow/vSydow* WiRO 2002, 47.

Föderales Gesetz „Über die Tätigkeit des Wirtschaftsprüfers" vom 30.12.2008, Nr. 307-FZ, SZ RF 5.1.2009, Nr. 1, Pos. 15.

Föderales Gesetz „Über die Verhinderung von Korruption" vom 25.12.2008, Nr. 273-FZ, SZ RF 29.12.2008, Nr. 52, Pos. 6228; deutsche Übersetzung mit Einführung von *Nachmann/Wienhold* WiRO 2009, 146.

Föderales Gesetz „Über die Wirtschaftspartnerschaften" vom 3.12.2011, Nr. 380-FZ, SZ RF 2011, Nr. 49, Pos. 7058.

Föderales Gesetz „Über Gesellschaften mit beschränkter Haftung" (GmbHG RF) vom 8.2.1998, Nr. 14-FZ, SZ RF 1998, Nr. 7, Pos. 785; deutsche Übersetzung von *Göckeritz/Wedde* Das neue russische GmbH-Recht, Berlin 2009, S. 47.

Föderales Gesetz „Über Sonderwirtschaftszonen in der Russischen Föderation" vom 22.7.2005, Nr. 116-FZ, SZ RF 2005, Nr. 30, Pos. 3127; deutsche Übersetzung von *Himmelreich/Komissarov* WiRO 2010, 18 und 45.

Gesetz „Über den Schutz der Rechte des Verbrauchers" (VerbrSchG RF) vom 2.7.1992, Nr. 2300–1, SZ RF 15.1.1996, Nr. 3, Pos. 140.

Gesetz „Über den Zolltarif" vom 21.5.1993, Nr. 5003-1, RG 5.6.1993, Nr. 107.

Gesetz „Über die Organisation des Versicherungswesens in der Russischen Föderation" (VersicherungswesenG RF) vom 27.11.1992, Nr. 4015-1, RG 12.1.1993, Nr. 6.

Gesetz „Über gerichtliche Klagen gegen Handlungen und Entscheidungen, die die Rechte und Freiheiten der Bürger verletzten“ vom 27.04.1993, VVS RF 1993, Nr. 8, Pos. 117.

Gesetz der RSFSR „Über ausländische Investitionen in der RSFSR“ vom 4.7.1991, Nr. 1545-1, VVS RSFSR 1991, Nr. 29, Pos. 1008.

Gesetz der RSFSR „Über Wettbewerb und Begrenzung monopolistischer Tätigkeit auf dem Warenmarkt“ vom 22.3.1991, Nr. 948-1, VVS RSFSR 1991, Nr. 16, Pos. 499, in: Datenbank Garant.

Gesetzentwurf Nr. 47538-6 zur Reform des russischen Zivilgesetzbuches (ZGB).

Informationsbrief des Präsidiums des Obersten Arbitragegerichts der RF vom 18.1.2011, Nr. 144.

Informationsbrief des Präsidiums des Obersten Arbitragegerichts der RF „Übersicht der Verhandlungspraxis von Streitigkeiten, die mit der Unterbringung und dem Verkehr von Aktien verbunden sind“ vom 21.4.1998, Nr. 33, VVAS RF 1998, Nr. 6.

Informationsschreiben des Föderalen Dienstes für den Finanzmarkt (FSFR) zu Kapitalerhöhungen und zur Unterkapitalisierung russischer Aktiengesellschaften vom 27.3.2012.

Modelgesetzgebung für die GUS-Staaten (Gesellschaftsrecht), WGO-MfOR 1998, 362.

New Yorker UN-Übereinkommen vom 10.06.1958, BGBl. II 1961, S. 200, vgl. auch www.un.or.at/uncitral/

Ordnung des Ministerrates der RSFSR „Über die Aktiengesellschaften“ vom 25.12.1990, Nr. 601, SPP RSFSR 1991, Nr. 6, Art. 92; deutsche Übersetzung von Schwartz WiRO 1993, 14.

Ordnung des Wirtschafts- und Finanzministeriums der RF „Über das Verfahren der Auszahlung von Dividenden auf Aktien und Zinsen auf Obligationen“ (DividendenO RF) vom 20.1.1992, BiB 1992, Nr. 6.

Pariser Verbandsübereinkommen vom 20.3.1883, BGBl. 1970 II, S. 391.

Rat beim Präsidenten der Russischen Föderation zur Kodifizierung und Vervollkommnung des bürgerlichen Rechts in seinem „Konzept zur Fortentwicklung des Rechts der juristischen Personen“ vom 16.3.2009, vgl. www.privlaw.ru.

Richtlinie 2004/25/EG des Europäischen Parlaments und des Rates vom 21.4.2004 betreffend Übernahmeangebote.

Steuergesetzbuch der Russischen Föderation vom 16. Juli 1998, SZ RF 3.8.1998, Nr. 31, Pos. 3824; deutsche Übersetzung von *Ries/Knaul* WiRO 2000, 57, 97, 144.

Ukaz des Präsidenten der RF „Über die Ordnung der staatlichen Registrierung von Subjekten unternehmerischer Tätigkeit“ vom 8.7.1994, Nr. 1482, SZ RF 1994, Nr. 11, Pos. 1194.

Ukaz des Präsidenten der RF „Über Maßnahmen zum Schutz der Rechte der Aktionäre und zur Sicherung der Interessen des Staates als Eigentümer und Aktionär“ vom 18.8.1996, Nr. 1210, SZ RF 1996, Nr. 35, Pos. 4142, deutsche Übersetzung von *Göckeritz*, WOS Bd. II/1, Abtlg. III 3 a) 1.).

Ukaz des Präsidenten der RF „Über Maßnahmen zur Sicherung der Aktionärsrechte“ vom 31.7.1995, Nr. 784, Pkt. 10, SZ RF 31.7.1995, Nr. 31, Pos. 3101.

Ukaz des Präsidenten der RF vom 21.10.2002, Nr. 1209, SZ RF 2002, Nr. 43, Pos. 4228.

Urteil des BGH, vom 29.1.2001 – II ZR 331/00 (Nürnberg), NJW 2001, 1056, 1061.

Verfassung der Russischen Föderation (Verf RF) vom 25.12.1993; deutsche Übersetzung von *Fincke*, abrufbar unter: http://www.constitution.ru/de/index.htm.

Verfügung des Verfassungsgerichts der RF Nr. 714-O-P vom 3.7.2007, in: Datenbank Konsultant.

Verfügung des Obersten Arbitragegerichts der RF vom 25.8.2008, Nr. 10825/08, in: Datenbank Konsultant.

Verfügung des Obersten Arbitragegerichts der RF vom 23.7.2009, Nr. VAS-8818/09, in: Datenbank Konsultant Plus.

Verordnung der Regierung der RF „Über die Regierungskommission zur Kontrolle über die Durchführung ausländischer Investitionen in der Russischen Föderation“ vom 6.7.2008, Nr. 510, SZ RF 14.7.2008, Nr. 28, Pos. 3382.

Verordnung des Föderalen Antimonopoldienstes „Über die Bestätigung des Verwaltungsreglements des Föderalen Antimonopoldienstes über die Erbringung einer staatlichen Dienstleistung hinsichtlich der Prüfung von Anfragen über die Zustimmungsbedürftigkeit von Rechtsgeschäften nach Art. 8 Teil 6 des Föderalen Gesetzes Nr. 57-FZ vom 29.4.2008 „Über die Art und Weise der Tätigung ausländischer Investitionen in Kapitalgesellschaften, die eine strategische Bedeutung für den Schutz der Landesverteidigung und der Staatssicherheit haben““ vom 20.1.2012, Nr. 23.

Verordnung des Föderalen Antimonopoldienstes „Über die Bestätigung des Verwaltungsreglements des Föderalen Antimonopoldienstes über die Erbringung einer staatlichen Dienstleistung hinsichtlich der Prüfung von Benachrichtigungen über den Erwerb von fünf und mehr Prozent der Aktien (Anteile) am Satzungskapital von für den Schutz der Landesverteidigung und

Staatssicherheit strategisch relevanten Kapitalgesellschaften durch einen ausländischen Investor oder eine Gruppe von Personen, zu der ein ausländischer Investor gehört" vom 25.5.2012, Nr. 337.

Verordnung des Finanzministeriums der RF und der Föderalen Kommission für den Wertpapiermarkt „Über die Verabschiedung der Ordnung und Bewertung der Reinaktiva von Aktiengesellschaften" vom 29.1.2003, Nr. 10n, 03–6/pz, RG 19.3.2003, Nr. 51.

Verordnung des Föderalen Dienstes für den Finanzmarkt (FSFR) vom 21.3.2006, Nr. 06–29/pz-n, in Datenbank Konsultant.

Verordnung des Föderalen Dienstes für den Finanzmarkt „Über die Verabschiedung einer Ordnung über die Offenlegung von Informationen des Emittenten von Emissionen am Wertpapiermarkt" vom 10.11.2006, Nr. 6-117/pz-n, Bulletin 22.1.2007, Nr. 4, in Datenbank Konsultant.

Verordnung des Föderalen Dienstes für den Finanzmarkt „Über die Verabschiedung von Standards für die Emission von Wertpapiere und die Registrierung von Prospekten von Wertpapieren" vom 25.1.2007 Nr. 07-4/pz-n, Bulletin 18.6.2007, Nr. 25, in: Datenbank Konsultant.

Verordnung des Föderalen Dienstes für den Finanzmarkt „Über die Bestätigung der Bestimmungen über zusätzliche Anforderungen an das Verfahren zur Vorbereitung, Einberufung und Durchführung einer Hauptversammlung der Aktionäre" vom 2.2.2012 Nr. 12-6/pz-n, VFKZB 30.9.2003, Nr. 9.

Verordnung des Föderalen Steuerdienstes „Über die Bestätigung von Formblättern und Anforderungen an die Ausfertigung von Dokumenten, die bei der staatlichen Registrierung juristischer Personen, von Individualunternehmern und Bauernwirtschaften (Farmbetrieben) bei der Registrierungsbehörde einzureichen sind" vom 25.1.2012, Nr. MMB-7-6/25@.

Verordnung des Ministerrates „Über die Eröffnung und Betreibung einer Repräsentanz in der SSSR" vom 30.11.1989, SP SSSR 1990, Nr. 1, Pos. 8.

Vertrag der BRD und der UdSSR über die Förderung und den gegenseitigen Schutz von Kapitalanlagen vom 13. Juni 1989, BGBl. 1990 II 342.

Zivilgesetzbuch der Russischen Föderation (ZGB RF) vom 30.11.1994, Nr. 230-FZ, SZ RF 1994, Nr. 32, Pos. 3301; deutsche Übersetzung von *Solotych* Hdb Wirtschaft und Recht in Osteuropa, RUS 200.

Zollkodex der Russischen Föderation (ZollK RF) vom 28.5.2003 Nr. 61-FZ, SZ RF 2003, Nr. 22, Pos. 2066.

A. Einleitung

I. Ausgangspunkt

Die vorliegende Arbeit soll die rechtlichen Rahmenbedingungen des russischen Aktienrechts erläutern. Die russische Aktiengesellschaft (AG) steht ausländischen Investoren als Rechtsform einer Tochtergesellschaft in Russland[1] zur Verfügung. In diesem Zusammenhang sollen Risiken und Chancen der gesellschaftsrechtlichen Gesetzgebung unter Einbeziehung entscheidender Rechtsprechung dargestellt werden.

Hierbei wird festgestellt, dass die gesellschaftsrechtliche Kodifizierung in Russland einen soliden gesetzlichen Rahmen für eine ausländische Investition darstellt. Einige Problempunkte gilt es zu kennen. Im Rahmen einzelvertraglicher Vereinbarungen kann diesen aber weitgehend begegnet werden, um den Interessen der Vertragsparteien gerecht zu werden. In diesem Sinne ist es möglich, mittels satzungsmäßiger Gestaltung und einzelvertraglichen Nebenabreden gegenseitige Verpflichtungen zu schaffen, die ein Engagement im russischen Rechtsraum in gesellschaftsrechtlicher Hinsicht kalkulierbar machen.

Dieses Ergebnis zeigt sich, nachdem die verschiedenen Investitionsmöglichkeiten aufgezeigt werden, die einem ausländischen Investor zur Verfügung stehen. Schwerpunktmäßig wird hierbei auf die russische Tochtergesellschaft in Form der Aktiengesellschaft eingegangen. Die Darstellung des russischen Aktienrechts soll dem ausländischen Investor einen Eindruck von Investitionschancen und -risiken geben.

II. Gang der Untersuchung

Ausgehend von der Darstellung der wirtschaftlichen Beziehungen zwischen Deutschland und Russland stellt sich die Frage, ob die Rechtsform der russischen AG tauglich ist, um Investitionen in Russland zu realisieren. Hierbei gilt es, die strukturellen Risiken[2] und Kosten gegen den zu erwartenden Ertrag abzuwägen.

---

1 Im Folgenden wird die Bezeichnung Russland als Äquivalent für den offiziellen Landesnamen Russische Föderation bzw. Russländische Föderation verwendet. Teilweise wird aufgrund der Übertragbarkeit etwa von Gesetzes- oder Gerichtsbezeichnungen das Kürzel RF für Russische/Russländische Föderation gebraucht; die Transliteration erfolgt nach DIN 1460.

2 Nicht selten müssen deutsche Investoren ein hohes Maß an Vertrauen aufbringen, welches grundsätzlich für *Joint Ventures* erforderlich ist, vgl. *Baumanns*, in: MüHdb GesR § 28 Rn. 3.

Diese Abwägung soll mittels der vorliegenden Exegese, die einen Überblick über die aktuelle (aktien-) gesellschaftsrechtliche Situation in Russland gibt, unterstützt werden.[3]

Im Zuge der Untersuchung werden die Rahmenbedingungen und Voraussetzungen für ein unternehmerisches Engagement (Kapitel B und C) insbesondere in Form eines Tochterunternehmens in Russland dargestellt. Daneben kommt auch ein Gemeinschaftsunternehmen unter Beteiligung eines ausländischen und eines russischen Investors in Frage. Im Hauptteil soll besonderes Augenmerk auf die Aktiengesellschaft als potentieller Rechtsträger für ein entsprechendes Projekt gelegt werden (Kapitel D und E).

Basierend auf dieser Darstellung werden in einem Résumé jene Regelungen genannt, welche Risikopotential mit sich bringen. Dazu werden Lösungsansätze bzgl. der jeweiligen (Einzel-) Probleme diskutiert (Kapitel F).

Die Arbeit schließt mit zusammenfassenden Thesen, um einen abschließenden Überblick zu gewähren (Kapitel G).

III. Die wirtschaftlichen Ausgangssituation

Russland war 2013 mit einem Umsatz von ca. EUR 53 Mrd. der wichtigste Handelspartner der Bundesrepublik in Osteuropa, noch vor Polen und Tschechien.[4] Trotz der Finanzkrise bleibt der russische Markt für viele deutsche Investoren von strategischer Bedeutung. Deutsche Unternehmen hatten während der letzten Jahre großen Anteil am russischen Import von Waren und Dienstleistungen.[5] Aufgrund dessen kommt es immer häufiger zu unmittelbaren Berührungspunkten

3 Weitere Problembereiche wie etwa das äußerst komplexe russische Steuerrecht können vorliegend nicht bearbeitet werden, hierzu vgl. sehr umfangreich m.w.N. *Fanger* Direktinvestitionen in Russland, 2002; *Frank/Wedde* Investmentguide Russland, Beck 2009; zur Wahl der passenden Gesellschaftsform unter steuerrechtlichen Gesichtspunkten im deutschen Recht, vgl. *Schulte/Pohl Joint-Venture*-Gesellschaften, 2. Aufl. 2008, Rn. 77 u. 254 ff.

4 Vgl. Jahrsbericht der Deutsch-Russischen Auslandshandelskammer 2013, S. 15, unter: http://russland.ahk.de/fileadmin/ahk_russland/2014/Publikationen/Jahresbericht/JB13-web.pdf.

5 Vgl. Angaben des Statistischen Bundesamts, unter: http://www.destatis.de/jetspeed/portal/cms/Sites/destatis/Internet/DE/Content/Statistiken/Internationales/InternationaleStatistik/Land/Europa/RussischeFoerderation,templateId=renderPrint.psml und Informationsübersicht der Handels- und Industriekammer der Russischen Föderation, http://www.hik-russland.de/nachrichten/wirtschaft/wirtschaftsdaten-russland-2007-200711213114.html.

mit dem russischen Gesellschaftsrecht. Die Zahl der in Russland vertretenen Unternehmen mit deutscher Kapitalbeteiligung blieb 2013 mit knapp 6.200 auf einem hohen Niveau.[6] Andererseits stieg auch der Umfang von russischen Direktinvestitionen in Deutschland in den letzten Jahren bis zur Finanzkrise an.[7] Entsprechendes gilt für den hohen Bedarf an ausländischen Teilnehmern an Infrastrukturmaßnahmen im Rahmen von PPP-Projekten in Russland.[8]

Das russische Gesellschaftsrecht musste nach dem der Perestroika folgenden Systemwechsel komplett neu geschaffen werden. In den 90er Jahren hat der russische Gesetzgeber mit dem Zivilgesetzbuch und einer Reihe von Spezialgesetzen die Grundlagen für ausländische Investitionen gelegt. Nunmehr steht in einer zweiten Phase die Anpassung der Gesetze an die aktuellen Anforderungen und die Korrektur von Fehlentwicklungen im Vordergrund.

Wie gezeigt wird, ist eine der attraktivsten Formen eines Engagements deutscher Investoren in Russland die Bildung eines Tochterunternehmens. Dieses Tochterunternehmen wird als rechtlich separate russische Wirtschaftseinheit in der Regel in Form eines abhängigen Unternehmens errichtet. Möglich und wirtschaftlich interessant kann daneben auch die Errichtung eines Gemeinschaftsunternehmens gemeinsam mit einem russischen Geschäftspartner sein.

Die von deutschen Investoren bevorzugte Gesellschaftsform des Tochterunternehmens in Russland ist – neben der russischen GmbH – vor allem die russische AG. Diese soll daher im Folgenden näher betrachtet werden.

---

6 Vgl. Jahresbericht der Deutsch-Russischen Auslandshandelskammer 2013, S. 15, unter: http://russland.ahk.de/fileadmin/ahk_russland/2014/Publikationen/Jahresbericht/JB13-web.pdf.

7 Vgl. Angaben des Statistischen Bundesamts, unter: http://www.destatis.de/jetspeed/portal/cms/Sites/destatis/Internet/DE/Content/Statistiken/Internationales/InternationaleStatistik/Thema/WirtschaftFinanzen/TabJahrbuch2501,property=file.pdf.

8 Vgl. im Einzelnen, *Ratschkov/Kalinina* WiRO 2009, 142 ff.; vgl. auch *Levin* Olympische Winterspiele in Soci, Staatlich-private Bewältigung eines Mega-Projekts in einem reichen Staat, 2014.

B. Gesetzesgrundlagen

I. Gesetzessystematik im russischen Recht

1. Die russische Gesetzgebung

Grundsätzlich war ein Engagement ausländischer Investoren in Russland von den politischen Eliten erwünscht.[9] Dementsprechend sollen ausländische Investoren durch verschiedene Maßnahmen staatlich gefördert werden.[10]

Die wirtschaftsrechtliche Normierung in Russland musste seit dem Zerfall der Sowjetunion komplett neu geschaffen werden. Zunächst wurden verschiedene Formen ausländischer Investitionen einzeln in Spezialgesetzen geregelt.[11] Die Tendenz geht nunmehr hin zu allgemein gültigen Regelungen, die sowohl ausländische als auch russische Unternehmen betreffen.[12] In diesem Sinne ist insgesamt eine deutliche Steigerung der wirtschaftlichen Handlungsfreiheit und größerer Rechtssicherheit festzustellen.[13]

Die für eine wirtschaftliche Betätigung entscheidenden Gesetze sind in Anlehnung an die kontinentaleuropäischen Rechtssysteme - insbesondere das holländische und das deutsche - entwickelt worden.[14] Dies gilt insbesondere für das ZGB RF von 1994.

Anders verhält es sich in Bezug auf das AktG RF, dessen Entstehung maßgeblich von US-amerikanischen Beratern betreut wurde.[15] Dies führt teilweise zu Unstimmigkeiten, die es zu kennen und zu beachten gilt.

---

9 Vgl. Jahresbotschaft des russischen Präsidenten *Medwedew* vom 12.11.2009; wiedergegeben und kommentiert von Russland aktuell unter: http://www.aktuell.ru/russland/politik/medwedew_modernisierung_ist_Ueberlebensfrage_3868.html; Süddeutsche Zeitung von Freitag, den 13. Nov. 2009, S. 1 u. 4.

10 Im Einzelnen zu den Rahmenbedingungen und den staatlichen Fördermaßnahmen, vgl. Osteuropa Consulting Center (OCC) Die Entwicklung der Unternehmensstrukturen im Transformationsprozess der Russischen Föderation, 1997, S. 328 ff.

11 Etwa Gesetz der RSFSR „Über ausländische Investitionen in der RSFSR" vom 4.7.1991, Nr. 1545-1, VVS RSFSR 1991, Nr. 29, Pos. 1008.

12 *Micheler* Hdb Wirtschaft und Recht in Osteuropa, RUS Kapitel C, Rn. 3.

13 Hieraus wird teilweise abgeleitet, dass die Russische Föderation sich auf dem Weg zum Rechtsstaat befindet, vgl. *Micheler* Hdb Wirtschaft und Recht in Osteuropa, RUS Kapitel C, Rn. 2.

14 *Micheler* Hdb Wirtschaft und Recht in Osteuropa, RUS Kapitel C, Rn. 3; *Solotych*, Das Zivilgesetzbuch der Russischen Föderation - Erster Teil, 2. Aufl. 1997, S. 15 f.

15 Dies ist vor allem der Entstehung geschuldet. Die Grundlagen der AG wurden im ZGB Anfang der 90er Jahre normiert, welches stark von kontinentaleuropäischen

Die entsprechenden Gesetze des russischen Rechts sind zunächst das *Zivilgesetzbuch*[16] (ZGB RF) mit seinen vier Teilen. Derzeit befindet sich das russische Zivilrecht in der Phase der Novellierung, die auch die Normierung in Bezug auf die russische AG betrifft. Die Umsetzung der umfassenden Reform des ZGB RF[17] gestaltet sich allerdings langwieriger und umständlicher, als vorgesehen. Nach der ersten Lesung des Reformvorhabens in der Duma am 27.4.2012 wurden die Reformen aufgespalten, um in acht einzelnen Lesungen (Blöcken) separat von der Duma beschlossen, vom Föderationsrat verabschiedet und daraufhin von Präsident Putin unterzeichnet zu werden.[18]

Neben der allgemein zivilrechtlichen Gesetzgebung sind insbesondere die gesellschaftsrechtlichen Normierungen hervorzuheben: das *Föderale Gesetz über Aktiengesellschaften*[19] (AktG RF), das *Föderale Gesetz über Gesellschaften mit beschränkter Haftung*[20] (GmbHG RF), das Föderale Gesetz *Über die staatliche Registrierung juristischer Personen*[21] (RegG RF), das *Föderales Gesetz über die Lizenzierung einzelner Tätigkeiten*[22] (LizenzG RF) und zuletzt die Gesetze betreffend Investitionen in der Russischen Föderation. Für sowohl russische als auch ausländische Investoren gilt außerdem das *Föderale Gesetz über die Investitionstätigkeit*

Beratern beeinflusst wurde. Die spezialgesetzlichen Regelungen entstanden Mitte der 90er unter Einfluss US-amerikanischer Berater. Eine letztendliche Entscheidung für eines der beiden Modelle blieb allerdings aus, sodass eine Art Mischform gegeben ist; vgl. auch *Primaczenko* KONtakt 3/2007, S. 4 ff.; *Chanturia* ILF Working Paper Series No. 92, 11/2008, 6.

16 „Zivilgesetzbuch der Russischen Föderation" vom 30.11.1994, Nr. 230-FZ, SZ RF 1994, Nr. 32, Pos. 3301; deutsche Übersetzung von *Solotych* Hdb Wirtschaft und Recht in Osteuropa, RUS 200.

17 Gesetzentwurf Nr. 47538-6 zur Reform des russischen Zivilgesetzbuches (ZGB).

18 Im Einzelnen zur Reform des ZGB RF, s.u. Kapitel B.I.2. S. 8.

19 Föderales Gesetz „Über Aktiengesellschaften" vom 26.12.1995, Nr. 208-FZ, SZ RF 1996, Nr. 1, Pos. 1; deutsche Übersetzung von *Lenga/Solotych* Hdb Wirtschaft und Recht in Osteuropa, RUS 350.

20 Föderales Gesetz „Über Gesellschaften mit beschränkter Haftung" vom 8.2.1998, Nr. 14-FZ, SZ RF 1998, Nr. 7, Pos. 785; deutsche Übersetzung von *Göckeritz/Wedde* Das neue russische GmbH-Recht, Berlin 2009, S. 47 ff.

21 Föderales Gesetz „Über die staatliche Registrierung der juristischen Personen und Einzelunternehmer" vom 8.8.2001, Nr. 129-FZ, SZ RF 13.8.2001, Nr. 33, Pos. 3431, deutsche Übersetzung von Amwrossow/vSydow WiRO 2002, 47 ff.

22 Föderales Gesetz „Über die Lizenzierung einzelner Tätigkeiten" vom 8.8.2001, Nr. 128-FZ, SZ RF 2001, Nr. 33, Pos. 3436; deutsche Übersetzung von *Solotych* Hdb Wirtschaft und Recht in Osteuropa, RUS 810.

in der Russischen Föderation in Form von Kapitalanlagen[23] (InvG RF) und darüber hinaus für ausländische Investoren das *Föderale Gesetz über ausländische Investitionen in der Russischen Föderation*[24] (AuslInvG RF) und das *Föderale Gesetz über das Verfahren der Durchführung ausländischer Investitionen in Unternehmen, die eine strategische Bedeutung für die Sicherung der Landesverteidigung und Sicherheit des Staates haben*[25] (AuslInvG bzgl. strategisch bedeutender Unternehmen RF). In steuerrechtlicher Hinsicht ist das *Steuergesetz RF*[26] (SteuerG RF) zu beachten. In diesem Zusammenhang ist für deutsche Investoren auch das *Abkommen zwischen der Bundesrepublik Deutschland und der Russischen Föderation zur Vermeidung der Doppelbesteuerung auf dem Gebiet der Steuern vom Einkommen und vom Vermögen*[27] (DBA) von wesentlicher Bedeutung.

Ebenfalls von Bedeutung ist daneben das *Abkommen über Partnerschaft und Zusammenarbeit zwischen der BRD und Russland,*[28] welches die BRD und die UdSSR im Jahre 1983 geschlossen haben und welches die Russische Föderation als Rechtsnachfolgerin der UdSSR weiterhin rechtlich bindet.[29] Eine Ergänzung erfolgt durch das *Abkommen zwischen der EU und der Russischen Föderation über Partnerschaft und Zusammenarbeit zwischen der EU und Russland.*[30]

---

23 Föderales Gesetz „Über die Investitionstätigkeit in der Russischen Föderation in Form von Kapitalanlagen RF" vom 25.2.1999, Nr. 39-FZ, SZ RF 1999, Nr. 9, Pos. 1096; deutsche Übersetzung von *Brockstedt/Kleinbub* Hdb Wirtschaft und Recht in Osteuropa, RUS 320.

24 Föderales Gesetz „Über ausländische Investitionen in der RF" vom 9.7.1999, Nr. 160-FZ, SZ RF 1999, Nr. 28, Pos. 3493; deutsche Übersetzung von *Brockstedt/Kleinbub* Hdb Wirtschaft und Recht in Osteuropa, RUS 380.

25 Föderales Gesetz „Über das Verfahren der Durchführung ausländischer Investitionen in Unternehmen, die eine strategische Bedeutung für die Sicherung der Landesverteidigung und Sicherheit des Staates haben" vom 7.5.2008, Nr. 57-FZ, SZ RF 2008, Nr. 18, Pos. 1941; deutsche Übersetzung von *Paulsen/Saenko* WiRO 2009, 78.

26 Steuergesetzbuch der Russischen Föderation Teil 1 vom 31.7.1998, Nr. 146-FZ, SZ RF 3.8.1998, Nr. 31, Pos. 3824; Steuergesetzbuch der Russischen Föderation Teil 2 vom 5.8.2000, Nr. 117-FZ, SZ RF 2000, Nr. 32, Pos. 3340; deutsche Übersetzung von *Ries/Knaul* WiRO 2000, 57 ff.; 97 ff.; 144 ff.; 179 ff.

27 Abgedruckt in IStR 1996, Beiheft zu Heft 8, S. 1 ff.; siehe hierzu auch *Gärtner* WiRO 2013, 174.

28 Vertrag der BRD und der UdSSR über die Förderung und den gegenseitigen Schutz von Kapitalanlagen vom 13.6.1989, BGBl. 1990 II 342.

29 *Micheler* Hdb Wirtschaft und Recht in Osteuropa, RUS Kapitel C, Rn. 6.

30 Abkommen zwischen der EU und der Russischen Föderation über Partnerschaft und Zusammenarbeit zwischen der EU und Russland vom 30.10.1997, SZ RF 1998, Nr. 16, Pos. 1902.

Zuletzt sind auch völkerrechtliche Verträge und die allgemein anerkannten Prinzipien und Normen des Völkerrechts - gem. Art. 15 Verf RF[31] auch ohne Transformation - Bestandteil des russischen Rechtssystems.[32] Soweit russische Gesetze gegen diese völkerrechtlichen Mindeststandards verstoßen, finden sie keine Anwendung.[33]

2. Die Reform des ZGB RF

Schon seit längerem wurde eine umfassende Zivilrechtsreform in Russland diskutiert. Diese sieht erhebliche Änderungen in allen Teilen des ZGB RF vor.

Insbesondere aufgrund von erheblichen Unstimmigkeiten in Bezug auf die Reform des Gesellschaftsrechts wurde das zunächst einheitliche Reformprojekt[34] auf verschiedene Blöcke verteilt.

Zum Zeitpunkt der Drucklegung des Werkes[35] war der erste Block der ZGB RF-Novelle - Kapitel 1-4 ZGB RF[36] - schon beschlossen, geprüft und unterzeichnet und ist zum 01.03.2013 in Kraft getreten.[37]

Daneben wurden der zweite[38] und der dritte[39] Block der ZGB RF-Novelle beschlossen, geprüft und unterzeichnet. Sie traten jeweils zum 1.9.2013 und zum 1.10.2013 in Kraft. Zuletzt erfolgten Neuerungen im Bereich des Internationalen Privatrecht - geregelt im 3. Teil ZGB RF –, die zum 1.11.2013 in Kraft traten.[40]

---

31 Verfassung der Russischen Föderation vom 25.12.1993; deutsche Übersetzung von *Fincke*, abrufbar unter: http://www.constitution.ru/de/index.htm.

32 *Micheler* Hdb Wirtschaft und Recht in Osteuropa, RUS Kapitel C, Rn. 6.

33 *Micheler* Hdb Wirtschaft und Recht in Osteuropa, RUS Kapitel C, Rn. 6.

34 Beschluss vom 16.11.2012, Nr. 1150-GD; ursprünglich Gesetzentwurf Nr. 47538-6, erste Lesung am 27.4.2012.

35 Stand April 2014.

36 Föderales Gesetz „Über Änderungen der Kapitel 1, 2, 3 und 4 des Ersten Teils des Zivilgesetzbuches" vom 30.12.2012, Nr. 302-FZ, zunächst Teilgesetzentwurf Nr. 47538-6/1.

37 Siehe hierzu im Einzelnen *Mindach* WiRO 2013, 207.

38 Föderales Gesetz „Über Änderungen des Zivilgesetzbuches" vom 7.5.2013, Nr. 100-FZ, RG 13.5.2013, Nr. 6075, zunächst Teilgesetzentwurf Nr. 47538-6/4.

39 Föderales Gesetz „Über Änderungen des Zivilgesetzbuches" vom 2.7.2013 Nr. 142-FZ, RG 5.7.2013, Nr. 6121, zunächst Teilgesetzentwurfs Nr. 47538-6/3; siehe hierzu im Einzelnen *Mindach* RFmmung zur Vornahme eines rines rechtsgeschafts in Art.m in Russland diskutiert. WiRO 2013, 335 ff. und 2014, 53 ff.

40 Föderales Gesetz „Über Änderungen des Zivilgesetzbuches" vom 30.9.2013 Nr. 260-FZ, zunächst Teilgesetzentwurf Nr. 47538-6/2.

Die Änderungen betrafen vor allem Wirksamkeitsvoraussetzungen von Rechtsgeschäften (Allgemeines Schuldrecht), Stellvertretung und Bevollmächtigung, Anforderungen an die Beschlussfassung von Hauptversammlungen juristischer Personen und Verjährungsregelungen.[41]

Wesentliche Ergänzungen bzgl. der Beschlussfassung innerhalb der Hauptversammlung finden sich in den Art. 181.1–181.5 ZGB RF n.F.[42]

Daneben sind für die vorliegende Bearbeitung insbesondere die Regelungen zur Stellvertretung gem. Art. 174 Pkt. 1 ZGB RF n.F. von Bedeutung.[43] Ebenfalls normiert wurde eine Regelung zum Zustimmungserfordernis zur Vornahme eines Rechtsgeschäfts in Art. 157.1 ZGB RF.[44]

Zwar wird nach wie vor keine Legaldefinition des Wertpapierbegriffes eingeführt, allerdings werden die existierenden Regelungen spezifiziert[45] und u.a. Vorschriften zum gutgläubigen Erwerb eingeführt.[46] Der Teilgesetzentwurf Nr. 47538-6/2 der ZGB RF-Novelle betreffend Kapitel 4 des Ersten Teils des ZGB RF umfasst Änderungen bzgl. der Grundzüge des Gesellschaftsrechts.[47] Beschluss, Prüfung und Unterzeichnung dieses Teilgesetzentwurfs wurden aufgrund von Unstimmigkeiten mehrfach verschoben. Nunmehr ist ein Inkrafttreten noch 2014 vorgesehen.

Die mittels Teilgesetzentwurf Nr. 47538-6/2 beabsichtigten Änderungen umfassen Regelungen des ZGB RF in Bezug auf die juristischen Personen u.a. auch die Aktiengesellschaft.

Insbesondere sind hier Regelungen zum *numerus clausus* von nichtkommerziellen juristischen Personen zu nennen. Außerdem sollen die Gesellschaftsform der sog. geschlossenen Aktiengesellschaft (gAG)[48] und die der Gesellschaftsform der Gesellschaft mit zusätzlicher Haftung (GmzH)[49] ersatzlos gestrichen werden.

---

41 Im Einzelnen *Mindach* RFmmung zur Vornahme eines rines rechtsgeschafts in Art.m in Russland diskutiert. WiRO 2013, 207 ff., 335 ff. und 2014, 53 ff.

42 Hierzu im Einzelnen s.u. Kapitel E.IV.2.d), S. 102.

43 Im Einzelnen s.u. Kapitel E.VIII.3, S. 248.

44 So etwa bei Grossgeschäften, im Einzelnen s.u. Kapitel E.IV.2.c)(5), S. 98.

45 Im Einzelnen s.u. Kapitel E.VII, S. 215.

46 Im Einzelnen s.u. Kapitel E.VII.7.c), S. 233.

47 Teilgesetzentwurfs Nr. 47538-6/2.

48 Im Einzelnen s.u. Kapitel E.II, S. 72.

49 Im Einzelnen s.u. Kapitel A.II.3, S. 65.

Im Konzernrecht soll der Begriff des verbundenen Unternehmens einheitlich mittels Beispielkatalog geregelt werden.[50]

Bei Gründung von juristischen Personen soll in Zukunft lediglich noch ein Gründungsdokument in Gestalt der Satzung („*ustav*") erforderlich sein.[51] Ergänzend soll eine Mustersatzung ausgearbeitet werden.[52]

Die Sorgfaltspflicht der Mitglieder einzelner Organe der Gesellschaft und deren Haftung werden umfassend definiert.[53] Schadensersatzansprüche gegenüber Mehrheitsgesellschafter und Personen, die tatsächlichen Einfluss auf die Geschicke der Gesellschaft haben, sollen erleichtert werden.[54]

Reorganisation und Liquidation werden modifiziert. Hier soll für Liquidationen im gerichtlichen oder außergerichtlichen Verfahren ein Katalog an Liquidationsgründen eingeführt werden.[55]

Eine Regelung zum Mindestsatzungskapital ist in Zukunft nur noch in den spezialgesetzlichen Regelungen vorgesehen.[56] Zusätzlich zur Regelung im AktG RF soll auch das ZGB RF eine Normierung zu Gesellschaftervereinbarungen (*Shareholder Agreements*) enthalten.[57]

Die russische Aktiengesellschaft ist neben dem ZGB RF im Einzelnen in einem Spezialgesetz, dem AktG RF, geregelt. Daher betreffen die Neuerungen zwar einige wesentliche Punkte, die technische Umsetzung im Einzelnen ist allerdings nach wie vor im AktG RF geregelt, welches zunächst nicht reformiert wird.

3. Gesetzeskonkurrenzen

Problematisch ist das Verhältnis zwischen dem ZGB RF und den jeweiligen Spezialgesetzen, insbesondere dem GmbHG RF und dem AktG RF. In der russischen Rechtswissenschaft ist nicht endgültig geklärt, ob die spezialgesetzlichen Regelungen – etwa das GmbHG RF oder das AktG RF – Vorrang vor dem

50 Im Einzelnen s.u. Kapitel C.V.2, S. 47 ff.
51 Im Einzelnen s.u. Kapitel E.III.2.d), S. 80.
52 Im Einzelnen s.u. Kapitel E.III.2.d), S. 80.
53 Im Einzelnen s.u. Kapitel E.IX.3, S. 254.
54 Im Einzelnen s.u. Kapitel E.IX.4, S. 255.
55 Im Einzelnen s.u. Kapitel E.X.3, S. 267.
56 Im Einzelnen s.u. Kapitel E.VI.2.b), S. 162.
57 Im Einzelnen s.u. Kapitel E.V.7, S. 128.

(allgemeinen) ZGB RF haben. Letztendlich ist wohl ausschlaggebend, dass es sich beim ZGB RF nicht um ein einfaches Gesetz, sondern vielmehr um die russische Wirtschaftsverfassung handelt, sodass diesem Gesetz besondere Bedeutung zukommt und es daher Vorrang vor anderen spezialgesetzlichen Regelungen hat.

Für einen Vorrang der spezialgesetzlichen Regelungen spricht, dass die spezialgesetzlichen Regelungen anders als der allgemeine Teil des ZGB RF nicht bloß schnell eine neue Wirtschaftsverfassung schaffen sollten. Daneben wird argumentiert, dass es sich bei den Spezialgesetzen um vorrangige Gesetze aufgrund Spezialität handelt. Hierfür spricht, dass es sich bei dem ZGB RF formal wie auch bei dem GmbHG RF und dem AktG RF um ein Föderales Gesetz handelt und demnach keine Sonderstellung zu erkennen ist.[58] Darüber hinaus deuten systematische Überlegungen auf den spezialgesetzlichen Vorrang von GmbHG RF und AktG RF gegenüber dem ZGB RF hin, da es sich beim ZGB RF wohl vielmehr um eine Art Programmsatz als um eine konkrete Einzelregulierung der jeweiligen Gesellschaftsformen handelt.[59]

Für einen Vorrang des ZGB RF spricht die grundsätzliche Intention der russischen Gesetzgebung mit dem ZGB RF ein allgemeingültiges, über allem schwebendes Gesetz zu schaffen. Diese exponierte Stellung des ZGB RF ist in Art. 3 Pkt. 2 ZGB RF auch gesetzlich fixiert.[60] Daher wird in der russischen Literatur vom ZGB RF als *primus inter pares* gesprochen. Es soll Grundideen vorgeben, die durch die Spezialgesetze umgesetzt werden.[61] Diese Sichtweise mag für einen deutschen Juristen fremd erscheinen, ist allerdings sozial-historisch bedingt und erscheint daher sinnvoll. Die Einführung des ZGB RF hatte bzw. hat neben der Schaffung eines funktionsfähigen Zivilrechtssystems auch eine erzieherische Zielsetzung.[62]

58 *Göckeritz/Wedde* Das neue russische GmbH-Recht, S. 13; *Fischer* Das System der Kapitalaufbringung und Kapitalerhaltung der Aktiengesellschaft und der Gesellschaft mit beschränkter Haftung im russischen und deutschen Recht, S. 41; *Seiffert* ZEuP 1999, 931, 938 f.

59 Im Einzelnen, vgl. *Kruse* Die personalistische Kapitalgesellschaft russischen Recht, S. 74 ff.; *Heidemann* GmbHR 2002, S. 732.

60 *Göckeritz/Wedde* Das neue russische GmbH-Recht, Berlin 2009, S. 13.

61 *Fischer* Das System der Kapitalaufbringung und Kapitalerhaltung der Aktiengesellschaft und der Gesellschaft mit beschränkter Haftung im russischen und deutschen Recht, S. 41.

62 Vgl. auch *Seiffert* ZEuP 1999, 931, 938.

II. Spezialgesetzliche Regelungen betreffend ausländische Investoren

1. Allgemeines

Ausländische Investitionen in Russland sind vorwiegend durch das AuslInvG RF,[63] durch das auch für ausländische Investoren geltende InvG RF[64] und in steuerrechtlicher Hinsicht bzgl. deutscher Investitionen durch das DBA[65] geregelt. Daneben gilt es, in einigen Branchen das AuslInvG bzgl. strategisch bedeutender Unternehmen RF[66] zu beachten. Diese Gesetze beinhalten einige Beschränkungen und Kontrollmöglichkeiten des russischen Staates. Auf der anderen Seite gewährleisten sie grundlegende Rechte für ausländische Investoren in einem fremden Rechtsraum.

Die Absicht des AuslInvG RF ist es, die heimische Wirtschaft durch das Werben von ausländischem Kapital, Know-how, sowie von ausländischer Technologie und Führungskompetenz für Russland zu stärken.[67] Ziel ist es, internationalen Vereinbarungen und Investment-Standards zu entsprechen.[68] Grundsätzlich versucht das AuslInvG RF sicherzustellen, dass ausländische Investoren gegenüber heimischen Unternehmern – mit einigen föderalgesetzlich geregelten Ausnahmen[69] – nicht

---

63 Föderales Gesetz „Über ausländische Investitionen in der RF" vom 9.7.1999, SZ RF 1999, Nr. 28, Pos. 3493; deutsche Übersetzung von *Brockstedt/Kleinbub* Hdb Wirtschaft und Recht in Osteuropa, RUS 380.

64 Föderales Gesetz „Über die Investitionstätigkeit in der Russischen Föderation in Form von Kapitalanlagen RF" vom 4.3.1999, Nr. 39-FZ, SZ RF 1999, Nr. 9, Pos. 1096; deutsche Übersetzung von *Brockstedt/Kleinbub* Hdb Wirtschaft und Recht in Osteuropa, RUS 320.

65 Abgedruckt in IStR 1996, Beiheft zu Heft 8, S. 1 ff.; siehe hierzu auch *Gärtner* WiRO 2013, 174.

66 Föderales Gesetz „Über das Verfahren der Durchführung ausländischer Investitionen in Unternehmen, die eine strategische Bedeutung für die Sicherung der Landesverteidigung und Sicherheit des Staates haben" vom 7.5.2008, Nr. 57-FZ, SZ RF 2008, Nr. 18, Pos. 1941; deutsche Übersetzung von *Paulsen/Saenko* WiRO 2009, 78.

67 *Baker&McKenzie* Doing Business in Russia, 2006, S. 6.

68 *Baker&McKenzie* Doing Business in Russia, 2006, S. 6.

69 So etwa Ausnahmen zum Schutz der Grundlagen der verfassungsmäßigen Ordnung, der guten Sitten, der Gesundheit, der Rechte und berechtigten Interessen anderer Personen sowie zur Wahrung der Landesverteidigung und der Staatssicherheit (z.B. Föderales Gesetz „Über das Verfahren der Durchführung ausländischer Investitionen in Unternehmen, die eine strategische Bedeutung für die Sicherung der Landesverteidigung und Sicherung des Staates haben" vom 7.5.2008, Nr. 57-FZ, SZ RF 2008, Nr. 18, Pos. 1941; deutsche Übersetzung von *Paulsen/Saenko* WiRO 2009, 78;

benachteiligt werden.[70] Hierdurch sollen ausländische Investoren Zugang zu den größten Teilen der russischen Wirtschaft erhalten.[71] Teilweise wird allerdings moniert, dass das Gesetz lediglich dem Interesse des russischen Staates an ausländischen Investitionen dient, Motive der ausländischen Investoren allerdings nicht ausreichend gewürdigt werden.[72]

2. InvG RF

Das AuslInvG RF ist der zentrale Teil eines Gesetzessystems zum Schutz des ausländischen Investors.[73] Neben dem AuslInvG RF ist auch das InvG RF auf ausländische Investoren anzuwenden.[74] Es beinhaltet einzelne Garantien, die auch für ausländische Investoren gelten,[75] u.a. Gleichbehandlung der Investoren durch die öffentliche Hand, Transparenz bzgl. Investitionsentscheidungen, Rechtsweggarantie der Investoren, Schutz des investierten Kapitals. Diese Garantien sind sehr weit gefasst, stehen allerdings lediglich unter einem einfachen Gesetzesvorbehalt.[76] Ob hierdurch ein tatsächlicher Schutz gewährt wird, ist daher fraglich.[77] Es handelt sich somit vielmehr um eine Art allgemeine Erklärung zum Schutz der Investoren, als um ein konkretes Regelwerk, aus dem unmittelbare Ansprüche abzuleiten wären.

Positiv ist festzuhalten, dass die Vergabe öffentlicher Aufträge durch Ausschreibungen zu erfolgen hat und dass die örtliche Selbstverwaltung angehalten ist, selbstständig Regelungen zur Wirtschaftsförderung zu erlassen.[78] Demnach sind Organe der örtlichen Selbstverwaltung berechtigt, Einzelfragen betreffend ausländische Investitionen insoweit selbst zu regeln, als dass entsprechende

Föderales Gesetz „Über Banken und Bankentätigkeit in der RSFSR“ (BankG RF) vom 3.2.1996, Nr. 17-FZ, SZ RF 1996, Nr. 6, Pos. 492; deutsche Übersetzung von *Reinsch* Hdb Wirtschaft und Recht in Osteuropa, RUS 500; Föderales Gesetz „Über die Organisation des Versicherungswesens in der RF“ vom 27.11.1992, Nr. 4015-1, RG vom 12.1.1993, Nr. 6.

70 *Baker&McKenzie* Doing Business in Russia, 2006, S. 6.

71 Präambel AuslInvG RF; *Sevillano* WiRO 2000, 337.

72 *Sevillano* WiRO 2000, 337.

73 Präambel AuslInvG RF.

74 Müller WiRO 1999, 401.

75 *Brockstedt* WiRO 1999, 215.

76 Art. 23 AuslInvG RF; *Brockstedt* WiRO 1999, 215.

77 So wird das InvG RF als „zahn- aber nicht bedeutungslos“ bezeichnet, vgl. *Chalin* EiŽ, Nr. 11, März 1999, S. 2.

78 *Brockstedt* WiRO 1999, 215 f.

Regelungen nicht gegen Föderale Gesetze verstoßen und im Kompetenzbereich der Subjekte liegen.[79] Es gilt daher, die zusätzlichen Voraussetzungen in den einzelnen Subjekten genau zu prüfen, da hier erhebliche Standortvorteile zu erzielen sind.[80] Dies gilt insbesondere für sog. Sonderwirtschaftszonen, die erhebliche Investitionserleichterungen etwa im Bereich der Besteuerung mit sich bringen können.[81]

3. AuslInvG RF

a) *Anwendungsbereich*

Der Schutzbereich des AuslInvG RF ist in Art. 1 AuslInvG RF festgelegt. Demnach werden ausländische natürliche und juristische Personen, sonstige ausländische Organisationen, staatenlose natürliche Personen und internationale Organisationen erfasst, die zur Durchführung von Investitionen in Russland berechtigt sind. Da neben ausländischen natürlichen und juristischen Personen auch solche Organisationen, die nicht juristische Person sind, in den Schutzbereich des AuslInvG RF fallen, erfasst es auch die deutschen Personengesellschaften.[82]

Der Begriff der Investition als solche wird im AuslInvG RF nicht legaldefiniert.[83] Vielerorts entscheidend ist die Unterscheidung zwischen „normalen“ Investoren und sog. vorrangigen oder prioritären Investitionsprojekten (Prioritätsi nvestitionsvorhaben).[84] Ein Prioritätsinvestitionsvorhaben setzt voraus:

- dass das Gesamtvolumen der ausländischen Direktinvestition mindestens RUR 1 Mrd. (ca. EUR 23 Mio.) oder der Anteil des ausländischen Investors am Mindestkapital der Gesellschaft mindestens RUR 100 Mio. (ca. EUR 2,3 Mio.) beträgt; und
- dass das Investitionsprojekt in das Verzeichnis der Prioritätsinvestitionsvorhaben der russischen Regierung aufgenommen wurde.[85]

---

79 Art. 4 AuslInvG RF; *Sevillano* WiRO 2000, 337, 338 f.; *Brockstedt* WiRO 1999, 215 f.

80 Mit Beispielen, vgl. *Sevillano* WiRO 2000, 337, 338 f.; *Brockstedt* WiRO 1999, 215 f.

81 Föderales Gesetz „Über Sonderwirtschaftszonen in der Russischen Föderation“ vom 22.7.2005, Nr. 116-FZ, SZ RF 2005, Nr. 30, Pos. 3127; deutsche Übersetzung von *Himmelreich/Komissarov* WiRO 2010, 18 ff. und 45 ff.; vgl. im Einzelnen *Knaul/Klaus* WiRO 2007, 70 ff.

82 *Müller* WiRO 1999, 401; *Brockstedt* WiRO 1999, 455.

83 *Sevillano* WiRO 2000, 337, 338.

84 Art. 2 Pkt. 1 5. Alt. AuslInvG RF; *Sevillano* WiRO 2000 337, 340.

85 Vgl. *Bratabovskiy/Smuschkin* Kommentar zum AuslInvG RF, 2005, Art. 2, Nr. 34.

Zu beachten ist darüber hinaus, dass das AuslInvG RF ausschließlich für Investitionen in den realen Sektor gilt. Hierunter fallen nicht die Anlage von Kapital in Banken oder Versicherungen.[86] Ebenso wenig erfasst sind Investitionen in nicht kommerzielle Organisationen.[87]

b) Garantien

(1) Gleichbehandlungsgrundsatz

Wichtigster und grundlegender Regelungsinhalt des AuslInvG RF ist die Gleichstellung des ausländischen mit dem heimischen Investor.[88] Eine Ausnahme gilt zum Schutz der Grundlagen der verfassungsmäßigen Ordnung, der guten Sitten, der Gesundheit, der Rechte und berechtigten Interessen anderer Personen, sowie zur Wahrung der Landesverteidigung und der Staatssicherheit.[89] Im Ergebnis bieten diese Rechtsbegriffe mangels Bestimmbarkeit allerdings keinen ausreichend kalkulierbaren Rechtsschutz.[90]

(2) Rechtsschutz

Dem ausländischen Investor soll ein bedingungsloser Schutz seiner Rechte gewährt werden.[91] Hiermit korreliert die unbedingte Möglichkeit der gerichtlichen Rechtsdurchsetzung bzw. des gerichtlichen Schutzes.[92] Dass diese Ziele vom AuslInvG RF und von spezialgesetzlichen Regelungen allerdings nicht immer eingehalten werden, wird im Folgenden dargelegt.

Zum Schutz dieser Ziele wird auch eine Staatshaftung für den Fall einer Amtspflichtverletzung, d.h. einer unrechtmäßigen Handlung durch Organe des Staates, die ursächlich für einen Schaden sind, garantiert.[93]

(3) Übertragbarkeit von Rechten und Pflichten

Dem ausländischen Investor steht es frei, seine Rechte und Pflichten auf andere Personen zu übertragen. Eine solche Übertragung soll „in Übereinstimmung mit der zivilrechtlichen Gesetzgebung“ erfolgen.[94] Ob eine Übertragung dem

86 *Brockstedt* WiRO 1999, 455; *Sevillano* WiRO 2000, 337, 338.
87 *Brockstedt* WiRO 1999, 455; *Sevillano* WiRO 2000, 337, 338.
88 Präambel und Art. 4 Pkt. 1 AuslInvG RF.
89 Art. 4 Pkt. 2 AuslInvG RF; *Müller* WiRO 1999, 401.
90 Ebenso *Sevillano* WiRO 2000, 337, 340.
91 Art. 5 Pkt. 1 AuslInvG RF.
92 Art. 10 AuslInvG RF.
93 Art. 5 Pkt. 2 AuslInvG RF; *Müller* WiRO 1999, 401, 402.
94 Art. 7 Pkt. 1 AuslInvG RF.

russischen Recht unterliegt oder ausländischen Rechtsordnungen unterworfen werden kann, ist nicht eindeutig geklärt.[95]

(4) Beschlagnahme und Verstaatlichung

Ausländische Investoren sind gegen Beschlagnahme oder Verstaatlichung geschützt, soweit eine solche Möglichkeit nicht durch ein Föderales Gesetz vorgesehen ist.[96] Sollte es in einem föderalgesetzlich vorgesehenen Fall zu einer Beschlagnahme oder Verstaatlichung kommen, ist der Investor entsprechend den gesetzlichen Vorgaben in voller Höhe zu entschädigen.[97] Die Höhe der Entschädigung ist im AuslInvG RF nicht im Einzelnen geregelt, sodass hier Unklarheit besteht.[98] Darüber hinaus sind auch Höhe und Umfang des zu ersetzenden Schadens unklar und nicht wie im AuslInvG RF von 1991 geregelt.[99]

(5) Gewinn- und Vermögenstransfer

Ausländische Investoren sind laut Gesetzestext berechtigt, ihre Gewinne in Russland frei zu verwenden oder sie ins Ausland zu transferieren, soweit sie die gesetzlich vorgesehenen Steuern und Abgaben geleistet haben.[100]

Dieser Grundsatz wird allerdings durch die Verpflichtung aller Unternehmen zum zwangsweisen Verkauf eines Teils ihrer in Russland erwirtschafteten Devisenerlöse eingeschränkt, was im Ergebnis lediglich einen teilweisen Transfer ermöglicht.[101] Ohnehin wird das russische Devisenrecht[102] als den Devisenfluss stark behindernd und somit Investitionen hemmend bewertet.[103]

---

95 *Müller* WiRO 1999, 401, 402; zumindest der Übergang auf ein staatliches Organ aus dem Herkunftsland des Investors, welches dem Investor eine Sicherheit gegeben hatte, richtet sich nach dem Recht des Herkunftslandes.

96 Art. 8 Pkt. 1 AuslInvG RF.

97 Art. 8 Pkt. 2 AuslInvG RF; zur Unterscheidung zwischen Beschlagnahme und Verstaatlichung und zum entsprechenden Verfahren, vgl. *Allenhöfer/Plagemann* Das Eigentum im Recht der Russischen Föderation, 2007, S. 50 ff.

98 *Sevillano* WiRO 2000 337, 339.

99 *Sevillano* WiRO 2000 337, 339.

100 Art. 11 AuslInvG RF; *Sevillano* WiRO 2000 337, 339; *vWistinghausen/Wilke* Investitionen in Russland, S. 12.

101 Art. 21 Föderales Gesetz „Über Devisenregulierung und die Devisenkontrolle" (DevG RF) vom 10.12.2003, Nr. 173-FZ, SZ RF 15.12.2003, Nr. 50, Pos. 4859; deutsche Übersetzung von *Müller* Hdb Wirtschaft und Recht in Osteuropa, RUS 550; *Sevillano* WiRO 2000 337, 339.

102 Zum Ganzen vgl. *Müller* WiRO 2006, 193 ff.; 230 ff.

103 *Sevillano* WiRO 2000 337, 339; relativ optimistisch bzgl. des russischen Devisenrechts *Müller* WiRO 2006, 193; 2006, 230.

Ähnlich problematisch wirken sich Beweisschwierigkeiten in Bezug auf den Transfer von investiertem Know-how und geistigem Eigentum aus.[104] Know-how und geistiges Eigentum sind an sich frei (zurück) transferierbar.[105] Allerdings ist nicht ersichtlich, wie der Beweis geführt werden soll, dass es sich ursprünglich um investiertes Vermögen handelt.[106] Zumindest denkbar wäre eine Art Bestätigung bei Einführung zu erwirken, zu welchem Zweck das Vermögen verwendet werden soll. Ob eine solche Bestätigung allerdings ausgestellt geschweige denn anerkannt wird, ist mehr als fraglich und hängt wohl von der jeweiligen Zollstelle ab.

(6) Teilnahme am Wertpapierhandel und an Privatisierungen

Jeder ausländische Investor ist berechtigt, am russischen Wertpapierhandel[107] entsprechend der russischen Gesetzgebung teilzunehmen.[108] Hierbei gilt seit 1999 keine gesonderte Registrierungspflicht für ausländische Investoren mehr.[109] Auch ein Recht ausländischer Investoren, sich an Privatisierungen zu beteiligen, ist statuiert.[110]

(7) Erwerb und Pacht von Grund und Boden

Das AuslInvG RF stellt den Ausländer in Bezug auf den Erwerb von Grundeigentum im Sinne der Verf RF[111] grundsätzlich mit dem Inländer gleich.[112] Allerdings gilt dies nur, solange keine spezialgesetzliche Regelung etwas anderes vorsieht.[113] Spezielle Regelungen existierten in Form des *Bodenkodex RF*[114] (BK RF) und des *Föderalen Gesetzes über den Rechtsverkehr mit landwirtschaftlichen Grundstücken*[115] (LandwBodenG RF).

---

104 Zum Intelectual Property in Russland ausführlich, vgl. *Eberli/Agamagomedova* WiRO 2014, 42; *Plagemann* WiRO 2012, 353 und 2013, 8.

105 Art. 12 AuslInvG RF.

106 *Sevillano* WiRO 2000 337, 339.

107 Art. 13 AuslInvG RF.

108 *Sevillano* WiRO 2000 337, 339 f.; *Müller* WiRO 1999, 401, 402.

109 *Müller* WiRO 1999, 401, 402.

110 Art. 14 AuslInvG RF.

111 Art. 63 Pkt. 3 Verf RF; vgl. zum Baulanderwerb im Allgemeinen, *Kassmann* WiRO 2010, 289 ff.; zum Immobilienrecht im Allgemeinen *Sultanova* RIW 2002, 768 ff.

112 Art. 14 AuslInvG RF.

113 Art. 4 Pkt. 1 AuslInvG RF.

114 „Bodenkodex“ vom 30.10.2001, SZ RF 2001, Nr. 44, Pos. 4147.

115 Föderales Gesetz „Über den Rechtsverkehr mit landwirtschaftlichen Grundstücken“ vom 24.7.2002, Nr. 101-FZ, SZ RF 2002, Nr. 30, Pos. 3018.

Nach dem BK RF ist der Erwerb von Grundeigentum durch Ausländer möglich, unterliegt aber speziellen Einschränkungen.[116] Diese Einschränkungen und die historische Entwicklung führen zu einer verbreiteten aber nicht zutreffenden Ansicht in der russischen Literatur, wonach Ausländern lediglich die Pacht möglich sein soll und daher zu empfehlen ist.[117]

Zu beachten ist aber, dass Ausnahmetatbestände für ausländische natürliche oder juristische Personen[118] dann nicht anwendbar sind, wenn es sich bei dem Erwerbenden um ein Unternehmen in russischer Rechtsform handelt. Nichts anderes gilt, wenn diese (russische) Gesellschaft zu 100 % in ausländischer Hand ist.[119] Dies spricht für ein Engagement des ausländischen Investors in Form einer russischen Gesellschaft, da ein Grundstückserwerb zumindest in städtischen Regionen dann problemlos möglich ist.[120]

In Bezug auf Grundstücksflächen mit landwirtschaftlicher Zweckbestimmung gilt das LandwBodenG RF. Dies besagt, dass Ausländern kein Grunderwerb gestattet ist, sondern lediglich die Möglichkeit einer Pacht für die Dauer von max. 49 Jahren bestehen.[121] Dies gilt auch für solche russischen Gesellschaften, an denen Ausländer mit 50 % oder mehr beteiligt sind.[122]

c) *Versteinerungsklausel* (grandfathering)

(1) Allgemeines

Die Versteinerungsklausel gem. Art. 9 AuslInvG RF dient der Rechtssicherheit für ausländische Investoren und ist ein international anerkanntes Instrument, um ausländische Investoren zu werben.[123] Die vorliegende russische Klausel wird als *technisch schlecht gelungen*[124] oder *ungenau erarbeitet*[125] bezeichnet und

---

116 Art. 5 Pkt. 2 BK RF; *Fleck* Das Recht auf privates Grundeigentum in Russland, 2007, S. 196; *Kurdjukov/Lorenz* WiRO 2003, 266, 269.

117 M.w.N. *Fleck* Das Recht auf privates Grundeigentum in Russland, 2007, S. 196 ff, Fn. 759.

118 Z.B. Art. 15 Pkt. 3 BK RF; Art. 30 Pkt. 12 BK RF i.V.m. Art. 34 BK RF.

119 *Fleck* Das Recht auf privates Grundeigentum in Russland, 2007, S. 120.

120 In diesem Sinne auch *Kurdjukov/Lorenz* WiRO 2003, 266, 267.

121 Art. 3 i.V.m. 9 Pkt. 3 LandwBodenG RF.

122 *Fleck* Das Recht auf privates Grundeigentum in Russland, 2007, S. 196; *Resch*, Unternehmensrecht in Russland zwischen Privatisierung und Staatshaftung, 2006, S. 73 f.

123 Allgemein zu Versteinerungsklauseln, vgl. *Spickhoff*, in: BeckOK, 2008, EGBGB Art. 27 Rn. 24 ff.

124 *Sevillano* WiRO 2000 337, 340.

125 *Müller* WiRO 1999, 401, 403 in Bezug auf den materiellen Schutzbereich der Versteinerungsklausel.

schafft durch die hohe Dichte unbestimmter Rechtsbegriffe erhebliche Unsicherheiten.[126] Daher ist die Anwendbarkeit teilweise überhaupt in Frage zu stellen.[127] Der Schutz ist an bestimmte Voraussetzungen bzgl. des Investors gebunden, ist zeitlich begrenzt und hat einen eingeschränkten materiellen Umfang.

(2) Personeller Schutzbereich

Geschützt sind zunächst alle Unternehmen, deren Anteil ausländischer Investoren am Mindestkapital min. 25 % beträgt.[128] Daneben sind alle Unternehmen (auch heimische)[129] geschützt, die unter den Begriff des Prioritätsinvestitionsvorhabens[130] fallen.[131]

Für die verschiedenen Arten ausländischer Investitionen gilt, dass die durch den ausländischen Investor eingebrachten Vermögenswerte zielgerichtet bei der Durchführung des Projekts eingesetzt werden müssen;[132] wobei die Anforderungen an die Zielgerichtetheit in der Praxis unklar sind.[133]

(3) Zeitlicher Schutzbereich

Die Anwendung sich negativ auswirkender Regelungen ist unter den genannten Voraussetzungen für einen Zeitraum von höchstens sieben Jahren ausgeschlossen.[134] Der Schutz endet schon vorher, sobald das Investierte Kapital durch wirtschaftliche Tätigkeit (wieder) verdient wurde (sog. „Rückflussdauer des Investitionsprojekts"). Der Zeitraum beginnt zu laufen, sobald das Projekt mittels „direkter Investitionen" unterstützt wird. Eine „direkte Investition" in diesem Sinne liegt in folgenden Fällen vor:

- Erwerb von nicht weniger als 10 % der Geschäftsanteile am Mindestkapital einer Kapitalgesellschaft durch einen ausländischen Investor;
- Einbringung einer Kapitaleinlage in das Vermögen einer in Russland gegründeten Filiale einer ausländischen juristischen Person; oder

---

126 Ebenso *Sevillano* WiRO 2000 337, 340; *Müller* WiRO 1999, 401, 403.

127 *Müller* WiRO 1999, 401, 403.

128 Art. 9 Pkt. 1 Abs. 2 AuslInvG RF.

129 Schutz nun auch für inländische Investoren, Art. 9 AuslInvG RF; vgl. *Sevillano* WiRO 2000 337, 340 Fn. 8.

130 S.o. Kapitel A.I.3.a), S. 12.

131 Art. 9 Pkt. 1 Abs. 1 AuslInvG RF.

132 *Sevillano* WiRO 2000 337, 340.

133 *Sevillano* WiRO 2000 337, 340.

134 Art. 9 Pkt. 2 AuslInvG RF.

- Ausübung einer Leasinggebertätigkeit für bestimmte Ausrüstung, soweit der Zollwert[135] mindestens RUR 1 Mio. (ca. EUR 23.000,-) beträgt.

Der Zeitraum endet automatisch mit dem Ablauf von sieben Jahren oder vor dem Ablauf von sieben Jahren, wenn Rentabilität eingetreten ist; sprich: sobald das investierte Kapital zurückgeflossen ist. Dies ist der Fall, wenn der Reingewinn auch unter Anrechnung der getätigten Investitionen und Abschreibungen positiv ist.[136]

Eine Verlängerung der Sieben-Jahres-Frist ist durch die Regierung im Einzelfall möglich und regelmäßig wohl auch erforderlich.[137] Dies setzt voraus, dass:

- es sich um ein Prioritätsinvestitionsvorhaben im Produktions- oder Infrastrukturbereich handelt;
- der Gesamtumfang der ausländischen Investition min. RUR 1 Mrd. (ca. EUR 23 Mio.) beträgt.

Hier hat die russische Regierung allgemeingültige Differenzierungskriterien bzgl. des Inhalts der einzelnen Projekte festzulegen.[138]

(4) Materieller Schutzbereich

Geschützt wird durch Art. 9 AuslInvG RF vor negativen Auswirkungen neuer gesetzlicher oder untergesetzlicher Rechtsakte und vor Änderungen bereits existierender Rechtsakte.[139] Im Einzelnen sind folgende Änderungen erfasst:[140]

- Erhöhung der Einfuhrzölle (ausgenommen Maßnahmen zum Schutz der wirtschaftlichen Interessen der RF bei der Verwirklichung des Außenhandels mit Waren gem. der Gesetzgebung der RF);

---

135 Das Verfahren zur Festlegung des Zollwerts in Russland wird durch den Zollkodex der RF ([ZollK RF] vom 28. 5. 2003, Nr. 61-FZ, SZ RF 2003, Nr. 22, Pos. 2066) und das Gesetz „Über den Zolltarif" (Nr. 5003-1 vom 21. 5. 1993, RG vom 5.6.1993, Nr. 107) sowie durch den Beschluss der Regierung der RF „Über das Verfahren zur Festlegung des Zollwerts der Waren, die die Zollgrenze der RF passieren" vom 13. 8. 2006, Nr. 500 (im Hinblick auf die Waren, die eingeführt werden) geregelt; vgl. *Afanasyeva* WiRO 2009, 260.

136 *Sevillano* WiRO 2000 337, 340; *Müller* WiRO 1999, 401, 403.

137 *Sevillano* WiRO 2000 337, 340.

138 *Müller* WiRO 1999, 401, 403.

139 *Müller* WiRO 1999, 401, 402.

140 Art. 9 Pkt. 1 AuslInvG RF.

- Erhöhung der föderalen Steuern (ausgenommen Akzisen und Mehrwertsteuer auf in Russland produzierte Waren);
- Erhöhung von Beiträgen in *außerbudgetäre Fonds*[141] (ausgenommen Beiträge in den staatlichen Pensionsfonds der RF)[142];
- Erhöhung der steuerlichen Gesamtbelastung[143] (ausgenommen Schutz bezweckende Einfuhrzölle, Akzisen und Mehrwertsteuer auf in Russland produzierte Waren und Beiträge in den staatlichen Pensionsfonds der RF);
- Festlegung von Verbots- oder Beschränkungsregelungen bzgl. der Gesamtsteuerbelastung und anderen Rechtsvorschriften.

(5) Ausnahmen

Ausnahmen von dieser Regelung sind möglich und unter bestimmten Voraussetzungen – zum Schutz der Grundlagen der verfassungsmäßigen Ordnung, der guten Sitten, der Gesundheit, der Rechte und berechtigten Interessen anderer Personen sowie zur Wahrung der Landesverteidigung und der Staatssicherheit – durch die Regierung zu beschließen.[144] Hierbei wird insbesondere der Schutz von berechtigten Interessen als wenig bestimmbar angesehen, da hiermit alle möglichen Verschlechterungen zu rechtfertigen wären.[145]

Liegt tatsächlich eine Ausnahme aus einem der oben genannten Gründe vor, kann es zu Nachzahlungsforderungen gegenüber dem privilegierten Unternehmen kommen, die nach einem durch die russische Regierung bestimmten Verfahren zu erfolgen haben.[146] Dies setzt zusätzlich eine Pflichtverletzung voraus,[147] wobei nicht erkennbar ist, welche Pflichtverletzungen im Einzelnen hiervon erfasst sind.[148] Erneut zeigt sich, dass ein Schutzmechanismus durch Ausnahmeregelungen, die wenig bestimmbar sind, unterlaufen wird.

141 An Sozialversicherungsträger abzuführende Beiträge; Müller WiRO 1999, 401, 402.

142 Zum russischen Alterssicherungssystem, vgl. *Wieting* Gesetzliche Alterssicherungssysteme in Transformation am Beispiel Australiens, Russlands und Deutschlands, 1999.

143 Gesamtumfang der Einfuhrzölle, föderalen Steuern und der Beiträge an staatliche außerbudgetäre Fonds.

144 Art 9 Pkt. 4 AuslInvG RF.

145 *Sevillano* WiRO 2000 337, 340 f.

146 Art. 9 Pkt. 5 AuslInvG RF; *Sevillano* WiRO 2000 337, 340 f.

147 Art. 9 Pkt. 5 a.E. AuslInvG RF.

148 Eine „*Ungenauigkeit im Verweis*“ beklagend, *Müller* WiRO 1999, 401, 403.

d) *Zollrechtliche Erleichterungen*

Gem. Art. 16, 17 AuslInvG RF sind Vergünstigungen oder Befreiungen in Bezug auf solche Leistungen vorgesehen, die unmittelbar als Einlage des ausländischen Investors in das Mindestkapital der Gesellschaft fließen.[149] Diese Begünstigungen betreffen ebenfalls ausschließlich Prioritätsinvestitionsvorhaben[150] und solche Unternehmen, bei denen ein ausländischer Investor mit min. 30 % am Mindestkapital beteiligt ist.[151] Kleine und mittelständische Investoren sind hingegen vom Wortlaut nicht erfasst, sodass diese den regulären zollrechtlichen Regelungen unterfallen müssten.[152] Allerdings wurde im Vorfeld durch das staatliche Zollamt der RF angekündigt:

> *„Bis zu einer entsprechenden Änderung der oben genannten Gesetze [„Über den Zolltarif", „Über die Mehrwertsteuer", „Über die Akzisen" (Anm.)] werden aufgrund des Inkrafttretens des Gesetzes „Über ausländische Investitionen in der RF" die geltenden Bedingungen und Verfahren der Gewährung von Vergünstigungen und Befreiungen im Bereich der Zollabgaben für die einzuführenden Vermögenswerte, die als Sacheinlage für das Satzungskapital der Unternehmen mit ausländischen Investoren eingeführt werden, angewandt."*[153]

Im Einzelnen setzt dies voraus, dass die Vermögenswerte nicht akzisepflichtig sind, als Mindesteinlage eingebracht werden und diese nicht überschreiten, dass sie innerhalb des satzungsmäßig vorgesehenen Zeitraums zur Einbringung des Mindestkapitals eingeführt werden und, dass alle Gründungsdokumente des Unternehmens rechtmäßig registriert wurden.[154]

Diese Regelung, die der Novellierung aus dem Jahre 1999 entstammt, verschlechterte die Situation der mittelständischen und kleinen Unternehmer – vorher ebenfalls unter die Zollbefreiung fallend – erheblich, da sie nun zollpflichtig sind. Einem investorenfreundlichen Klima wird hierdurch kein Vorschub geleistet.[155]

---

149 *Müller* WiRO 1999, 401, 403.

150 S.o. Kapitel A.I.3.a), S. 12.

151 *Brockstedt* WiRO 1999, 455.

152 *Sevillano* WiRO 2000 337, 341; *Brockstedt* WiRO 1999, 455; *Müller* WiRO 1999, 401, 403.

153 Brief des Zollamts der RF, Nr. 01-15/21733, in Tamozhennye vedomosti (Zollamtsblatt), 1999, Nr. 10.

154 *Sevillano* WiRO 2000 337, 341.

155 Ebenso. *Sevillano* WiRO 2000 337, 341; *Brockstedt* WiRO 1999, 455; *Müller* WiRO 1999, 401, 403.

Ebenso wenig unter die Begünstigungen oder Befreiungen der Art. 16 und 17 AuslInvG RF fallen solche Vermögenswerte, die für die Eigenproduktion bestimmt sind.[156]

4. AuslInvG bzgl. strategisch bedeutender Unternehmen RF

Das AuslInvG bzgl. strategisch bedeutender Unternehmen RF bezweckt den Schutz bestimmter Schlüsselindustrien[157] durch den Staat. Dies erfolgt vorwiegend durch eine Genehmigungs- oder Meldepflicht bzgl. bestimmter Rechtsgeschäfte[158] ausländischer natürlicher oder juristischer Personen mit „strategisch bedeutenden" Unternehmen.[159] Hierunter fallen vor allem auf Kontrollerwerb gerichtete Rechtsgeschäfte ausländischer Rechtsträger.[160] Erfasst sind selbstverständlich auch Rechtsträger, an denen ein oder mehrere ausländischen Rechtsträger mehrheitlich beteiligt sind.

Ein strategisch bedeutendes Unternehmen im Sinne dieses Gesetzes ist *ein in der Russischen Föderation gegründetes Unternehmen*, das im Katalog des Art. 6 AuslInvG bzgl. strategisch bedeutender Unternehmen RF genannt ist.[161] Dieser erfasst 42 Tätigkeiten u.a. im Bereich Verteidigungsindustrie, Flugzeugbau, Raumfahrt, Atomindustrie, Gewinnung von Bodenschätzen föderaler Bedeutung oder Medien.[162]

Der Genehmigung unterliegen zunächst solche Rechtsgeschäfte, die zur unmittelbaren oder mittelbaren Kontrolle über strategisch bedeutende Unternehmen durch ausländische Investoren führen.[163] Kontrolle in diesem Sinne ist

---

156 Etwa Rohstoffe, Halbfertigprodukte u.ä., vgl. *Müller* WiRO 1999, 403.

157 Im Einzelnen vgl. den Katalog in Art. 6 AuslInvG RF; siehe auch *Telke* WiRO 2010, 108 f.

158 Wörtlich ist im russ. die Rede vom Vollzug des Rechtsgeschäfts, worunter wohl auch das Verpflichtungsgeschäft zu verstehen ist, vgl. *Paulsen/Saenko* WiRO 2009, 78, 79 Fn. 1; vgl. auch *Telke* WiRO 2010, 108, 111.

159 *Paulsen/Saenko* WiRO 2009, 78 f.; *Telke* WiRO 2010, 108, 109.

160 *Paulsen/Saenko* WiRO 2009, 78 f.

161 Art. 3 Pkt. 1, Nr. 2 AuslInvG bzgl. strategisch bedeutender Unternehmen RF.

162 Art. 6 AuslInvG bzgl. strategisch bedeutender Unternehmen RF.

163 Art. 7 AuslInvG bzgl. strategisch bedeutender Unternehmen RF zählt die einzelne Rechtsgeschäfte auf, welche erfasst sind, Pkt. 4 dient darüber hinaus als Auffangtatbestand, da hierüber alle sonstigen Rechtsgeschäfte erfasst sind, welche die sonstigen Voraussetzungen erfüllen (ausl. Investor; bedeutsames Unternehmen; Kontrolle); vgl. *Paulsen/Saenko* WiRO 2009, 79; vgl. zur Kontrolle eines Unternehmens Kapitel C.V.2.b), S. 41 ff.

neben Mitbestimmungsrechten und Einwirkungsmöglichkeiten auf die Besetzung der Organe einer Gesellschaft (etwa durch Satzung bzw. Gesellschaftsvertrag oder Vertrag) zumindest dann gegeben, wenn mehr als 50 % der Stimmberechtigten Aktien (AG) bzw. des Satzungskapitals (GmbH) in der Hand des ausländischen Gesellschafters liegen.[164] Daneben reicht aber auch aus, dass durch *ähnliche vertragliche Gestaltungen* Kontrolle ausgeübt werden kann, was den Tatbestand erheblich öffnet.[165] In Bezug auf ein strategisch bedeutendes Unternehmen, welches Rohstoffvorkommen von föderaler Bedeutung nutzt, gilt die entsprechende Grenze ab 25 % der Stimmberechtigten Aktien (AG) bzw. des Satzungskapitals (GmbH).[166]

Besondere Restriktionen gelten für direkte Beteiligungen ausländischer Staaten bzw. Beteiligungen von Gesellschaften, die staatlich Kontrolliert sind, an Unternehmen in den entsprechenden Branchen. Hierunter fallen auch während der Finanzkrise gestützte Banken.[167] Kontrolle über strategisch wichtige Unternehmen durch Staatsfonds ist daher komplett verboten[168] und ein Zulassungsverfahren ist schon bei geringeren Beteiligungen durchzuführen.[169]

Das Anmeldungs- bzw. Zustimmungsverfahren wird durch das AuslInvG bzgl. strategisch bedeutender Unternehmen RF und weiteren untergesetzlichen Rechtsakten normiert.[170] Ein entsprechender Antrag ist bei der Föderalen

164 Art. 3 Pkt. 1, Nr. 3 i.V.m. Art. 5 Pkt. 1 u. 2 i.V.m. Art. 7 Pkt. 1, Nr. 1 AuslInvG bzgl. strategisch bedeutender Unternehmen RF; im Einzelnen s.u. Kapitel C.V.2.b)(2), S. 42.

165 *Telke* WiRO 2010, 108, 109; hierbei könnte es sich etwa um einen Beherrschungsvertrag handeln, vgl. *Pritzkow/Schreiter* OsteuropaR 2008, 162.

166 Art. 3 Pkt. 1, Nr. 3 i.V.m. Art. 5 Pkt. 5 i.V.m. Art. 7 Pkt. 1, Nr. 2 AuslInvG bzgl. strategisch bedeutender Unternehmen RF; die Grenze wurde jüngst von 10 % auf 25 % angehoben (Föderales Gesetz „Über die Eintragung von Änderungen und Ergänzungen in das Föderale Gesetz ‚Über ausländische Investitionen in der RF'" vom 16.11.2011, Nr. 322-FZ, SZ RF 2011, Nr. 47, Pos. 6612).

167 *Schmitt/Melnikov* Hdb Wirtschaft und Recht in Osteuropa, RUS Kap. D.I Rn. 191.

168 Art. 2 Pkt. 2 AuslInvG bzgl. strategisch bedeutender Unternehmen RF.

169 So etwa bei staatlichen Beteiligungen im Bereich der Förderung von Bodenschätzen föderaler Bedeutung, vgl. Art. 2 Pkt. 3 AuslInvG bzgl. strategisch bedeutender Unternehmen RF; im Einzelnen, vgl. *Telke* WiRO 2010, 108, 110; vgl. zu den Voraussetzungen auch *Stoljarskij* AHK-Kurzinfo vom 21.7.2008.

170 Im Einzelnen *Stoljarskij/Wedde* RIW 2009, 587, 590.

Antimonopolbehörde der RF[171] als zuständiger Behörde einzureichen.[172] Die Prüfung erfolgt daraufhin unter Hinzuziehung weiterer staatlicher Einrichtungen wie dem Geheimdienst (FSB) und der interministeriellen Behörde für Staatsgeheimnisse.[173] Eine entsprechende Prüfung soll innerhalb von höchstens 30 Tagen erfolgen.[174]

Im Einzelnen ist es trotz der detaillierten Regulierung fraglich, an was die Bewertung des Antrags zu messen sein wird.[175] Den Behörden ist ein erheblicher Spielraum eingeräumt, der keiner Kontrolle durch bestimmbare Faktoren unterliegt. Darüber hinaus ist zu befürchten, dass der Antragsteller sensible Informationen preiszugeben hat, um seinen Antrag zu begründen. Dies kann der Fall sein, ohne dass eine Bewilligung absehbar wäre.[176] Etwas Abhilfe könnte lediglich ein Antrag auf Vorprüfung beim Föderalen Anitimonopoldienst der RF schaffen.[177] Das Ergebnis dieser Anfrage ist innerhalb von 30 Tagen der betroffenen Person und der Regierungskommission für die Kontrolle über die Tätigung ausländischer Investitionen in der RF mitzuteilen.[178] Allerdings

171 Zur Antimonopolbehörde RF, vgl. Art. 22 ff. Föderalen Gesetzes „Über den Wettbewerbsschutz" (WettbG RF) vom 26.7.2006, Nr. 135-FZ, SZ RF 2006, Nr. 31, Pos. 3434, deutsche Übersetzung von *Kleinbub* Hdb Wirtschaft und Recht in Osteuropa, RUS 400.

172 Verordnung der Regierung der RF „Über die Regierungskommission zur Kontrolle über die Durchführung ausländischer Investitionen in der Russischen Föderation" vom 6.7.2008, Nr. 510, SZ RF 14.7.2008, Nr. 28, Pos. 3382.

173 *Telke* WiRO 2010, 108, 110 f.; *Stoljarskij/Wedde* RIW 2009, 587, 590.

174 Beschluss des Föderalen Antimonopoldienstes „Über die Bestätigung des Verwaltungsreglements des Föderalen Antimonopoldienstes über die Erbringung einer staatlichen Dienstleistung hinsichtlich der Prüfung von Benachrichtigungen über den Erwerb von fünf und mehr Prozent der Aktien (Anteile) am Satzungskapital von für den Schutz der Landesverteidigung und Staatssicherheit strategisch relevanten Kapitalgesellschaften durch einen ausländischen Investor oder eine Gruppe von Personen, zu der ein ausländischer Investor gehört" vom 25.5.2012, Nr. 337.

175 *Telke* WiRO 2010, 108, 111; *Stoljarskij/Wedde* RIW 2009, 587, 590; *Stoljarskij* AHK-Kurzinfo vom 21.7.2008.

176 *Telke* WiRO 2010, 108, 111.

177 So auch *Stoljarskij* AHK-Kurzinfo vom 21.7.2008.

178 Verordnung des Föderalen Antimonopoldienstes „Über die Bestätigung des Verwaltungsreglements des Föderalen Antimonopoldienstes über die Erbringung einer staatlichen Dienstleistung hinsichtlich der Prüfung von Anfragen über die Zustimmungsbedürftigkeit von Rechtsgeschäften nach Art. 8 Teil 6 des Föderalen Gesetzes Nr. 57-FZ vom 29.4.2008 „Über die Art und Weise der Tätigung ausländischer Investitionen in Kapitalgesellschaften, die eine strategische

entfaltet eine entsprechende Vorprüfung keinerlei Bindungswirkung und vermag somit keine Rechtssicherheit zu begründen.[179] Insbesondere aufgrund dieser Unsicherheit ist es zu empfehlen, für den Fall der Versagung einer geplanten bzw. erfolgten Beteiligung vertragliche Absprachen mit zukünftigen Investitionspartnern zu treffen.[180] Dies scheint umso erforderlicher, da eine Rechtsfolge durch das Gesetz nicht eindeutig geregelt ist.[181] Gegen die ergangene Entscheidung ist der Rechtsweg zum Obersten Arbitragegericht der RF[182] eröffnet.[183] Für die Prüfung ist ein Zeitraum von zwei bis sechs Monaten einzuplanen.[184]

Im Ergebnis birgt die Regulierung viel Spielraum für behördliche Willkür oder politische Einflussnahme und leistet Investitionen daher keinen Vorschub.[185] Vielmehr wird die Rechtsunsicherheit erhöht und der potentielle Investor auf diesem Wege abgeschreckt.[186] Ob die russische Wirtschaft es sich in

---

Bedeutung für den Schutz der Landesverteidigung und der Staatssicherheit haben" vom 20.1.2012, Nr. 23.

179 Art. 8 Pkt. 6 AuslInvG bzgl. strategisch bedeutender Unternehmen RF; *Stoljarskij/Wedde* RIW 2009, 587, 590 f.

180 *Telke* WiRO 2010, 108, 111; *Paulsen/Saenko* WiRO 2009, 78, 79.

181 *Telke* WiRO 2010, 108, 111; *Paulsen/Saenko* WiRO 2009, 78, 79; Art. 15 AuslInvG bzgl. strategisch bedeutender Unternehmen RF normiert lediglich die Unwirksamkeit des zum Kontrollerwerb führenden Rechtsgeschäfts, nicht aber sonstige Begleit- oder Folgemaßnahmen.

182 Bei der Arbitragegerichtsbarkeit handelt es sich, anders als die Bezeichnung vermuten lässt, nicht um eine Schiedsgerichtsbarkeit im klassischen Sinne, sondern um staatliche Gerichtsbarkeit mit dem Zuständigkeitsbereich in Wirtschaftsstreitigkeiten. Diese Übersetzungsproblematik gilt es zu beachten, da es sich bei einem Urteilsspruch des Arbitragegerichts nicht um einen nach New Yorker UN-Konvention vollstreckbaren Schiedsspruch handelt. Im Falle mangelnder vertraglicher Bestimmung kann es daher im Streitfall zu schwierigen Auslegungsfragen kommen. Die tatsächliche Bezeichnung für die russische Schiedsgerichtsbarkeit, die bei der Formulierung von Verträgen und der Übersetzung von Urteilen zu nutzen ist, heißt *tretejskij sud* (wörtl. etwa drittes Gericht) oder *kommerčeskij arbitražnij sud* (wörtl. etwa kommerzielles Schiedsgericht). Im Folgenden wird der Einheitlichkeit halber die Begrifflichkeit Arbitragegericht (Zivilgericht in Bezug auf Streitgegenstände, die wirtschaftliche Tätigkeit betreffen) verwendet; zur Wirtschaftsgerichtsbarkeit im Ganzen siehe *Plagemann, Florian* WiRO 2011, 262, WiRO 2011, 293 und WiRO 2011, 334.

183 Art. 11 Pkt. 7 AuslInvG bzgl. strategisch bedeutender Unternehmen RF; *Stoljarskij/Wedde* RIW 2009, 587, 590; *Telke* WiRO 2010, 108, 111.

184 *Schmitt/Melnikov* Hdb Wirtschaft und Recht in Osteuropa, RUS Kap. D.I Rn. 190.

185 *Stoljarskij/Wedde* RIW 2009, 587, 591; *Telke* WiRO 2010, 108, 112.

186 *Stoljarskij/Wedde* RIW 2009, 587, 591; *Paulsen/Saenko* WiRO 2009, 78, 79.

Zukunft weiterhin leisten kann, durch entsprechende Umsetzung des Gesetzes potentielle ausländische Investoren zu verprellen, bleibt abzuwarten.

III. Anzuwendendes Recht

1. Allgemeines

Die Vertragspartner, die auf dem russischen Hoheitsgebiet tätig werden wollen sind nicht entsprechend der zivilrechtlichen Vertragsautonomie[187] frei in der Wahl der Vertrags- bzw. Gesellschaftstypen. Im russischen (Vertrags-) Recht gilt grundsätzlich: Es ist alles das möglich, was gesetzlich erlaubt ist, alles andere ist verboten.[188] Dieser positivistische Ansatz, der historisch bedingt ist, führt dazu, dass an sich nur jene Regelungen dispositiv sind, die als solche gekennzeichnet sind.[189] Beim russischen Kapitalgesellschaftsrecht handelt es sich somit um in weiten Teilen zwingendes Recht, dessen Flexibilität vom Vorliegen gesetzlicher Öffnungsklauseln abhängig ist.[190]

Nach dem AuslInvG RF stehen bei der Wahl der Gesellschaftsform für ein Unternehmen jegliche vom russischen Gesetzgeber normierte Gesellschaftsformen des russischen Gesellschaftsrechts zur Verfügung.[191] Die Wahl einer ausländischen Unternehmensform mit Sitz in Russland ist nicht möglich. Ein etwaiges Interesse der Vertragsparteien, dem Vertrag (Unternehmensform) das geltende Recht des Heimatlandes des Investors zu Grunde zu legen oder gar ein „neutrales Rechtssystem" zu wählen, kann somit nicht entsprochen werden.

2. IPR

Das russische IPR folgt gem. Art. 1202 Pkt. 2 ZGB RF strikt der Gründungstheorie und unterstellt die AG und ihre rechtlichen Beziehungen dem Recht

187 Fraglich ist ob dem russischen Vertragsrecht eine Vertragsautonomie vergleichbar mit der deutschen Vertragsautonomie bekannt ist. Die speziellen Normierungen verschiedenster Vertragstypen deutet eher auf eine Art Vertragsformenpflicht hin, vgl. *Gutbrod/Plagemann* WiRO 2008, 33, 37; dies wird als Reaktion auf ungewohnte Vertragsautonomie im russischen Recht verstanden, *Solotych*, Das Zivilgesetzbuch der Russischen Föderation – Zweiter Teil, 2001, S. 17 f.

188 *Solotych*, Das Zivilgesetzbuch der Russischen Föderation – Erster Teil, 2. Aufl. 1997, S. 20.

189 Im Einzelnen, vgl. *Seiffert* ZEuP 1999, 931, 936; *Solotych*, Das Zivilgesetzbuch der Russischen Föderation – Erster Teil, 2. Aufl. 1997, S. 20.

190 *Kruse* RIW 2007, 256, 257.

191 *Thiel* Joint-ventures in der Russländischen Föderation, Spitz 1995, S. 61; nunmehr Art. 20 AuslInvG RF.

des Gründungsortes.[192] Ist eine Gesellschaft mit Sitz im Ausland in Russland wirtschaftlich tätig, können Gläubiger allerdings nunmehr Ersatzansprüche gegenüber Gesellschaftern, Aktionären und sonstigen beherrschenden Personen auch nach russischem Recht geltend machen.[193] Das russische internationale Privatrecht ist in den Dritten Teil des ZGB RF integriert.[194] Im Einzelnen werden Fragen der Anknüpfung, Qualifikation, Rück- und Weiterverweisung, Feststellung von Auslandsrecht, *ordre public* umfassend geregelt.[195]

Grundlage stellt auch hier das Prinzip der engsten Verbindung[196] dar, das immer dann eingreift, wenn keine spezielle Regelung erfolgte.[197]

3. *Off-Shore-Gesellschaft*

Aus verschiedenen Gründen war eine gesellschaftsrechtliche Verbindung mit anderen Gesellschaftern in Form einer russischen Gesellschaft bisher nicht sehr attraktiv. Dementsprechend herrscht auch unter russischen Juristen nach wie vor Skepsis gegenüber dem russischen Gesellschaftsrecht.[198] So war bisher das unabdingbare Austrittsrecht eines jeden Gesellschafters in der russischen GmbH[199] bislang stets ein Grund für die Wahl von *Off-Shore-Strukturen*.[200] Daneben sind auch in steuerrechtlicher Hinsicht die Gestaltungsmöglichkeiten von Rechtsformverbindungen wie einer GmbH & Co. KG gering, da bis auf die Einfache Gesellschaft alle russischen Gesellschaftsformen juristische Personen und damit voll körperschaftssteuerpflichtig sind.[201] Im Ergebnis bot es sich daher für den Fall eines Gemeinschaftsunternehmens bisher an, eine

---

192 *Göckeritz/Wedde* Das neue russische GmbH-Recht, Berlin 2009, S. 18; *Kindler*, in: MüKoBGB, 4. Aufl. 2006, Internationales Handels- und Gesellschaftsrecht Rn. 488; *Sadikov* RabelsZ 67 (2003), 318, 330; zu den bisherigen Änderungen durch die ZGB RF-Novelle siehe im Einzelnen *Mindach* WiRO 2014, 53.

193 Art. 1202 Pkt. 4 ZGB RF.

194 Im Einzelnen *Solotych* WiRO 2002, 41; *Mindach* IPRax 2002, 309.

195 *Hausmann*, in: Staudinger, 2003, Anh. Zu Art. 4 EGBGB Rn. 461.

196 Art. 1211 ZGB RF n.F.

197 Art. 1186 Pkt. 2 ZGB RF; zum Ganzen im Einzelnen *Hausmann*, in: Staudinger, 2003, Anh. Zu Art. 4 EGBGB Rn. 461 ff.

198 *Schmitt/Melnikov* Hdb Wirtschaft und Recht in Osteuropa, RUS Kap. D.I Rn. 6.

199 Im Einzelnen *Boës* Die Gesellschaft mit beschränkter Haftung im russischen und deutschen Recht, 116 ff.

200 *Radjuk* RIW 2009, 592, 593.

201 *Arzinger/Galander* Russisches Wirtschaftsrecht, 2. Aufl. 2002, S. 76; *Micheler* Hdb Wirtschaft und Recht in Osteuropa, RUS Kapitel C, Rn. 17; zur Körperschaftssteuer im russischen Recht vgl. *Oeltze/Heischkel* IStR 2003, 698.

entsprechende Gesellschaft unter Beteiligung der Gemeinschaftsunternehmer in einer ausländischen Jurisdiktion zu gründen (*Off-Shore-Gesellschaft*). Dieser Muttergesellschaft ist dann ein in Russland ansässiges 100-% iges Tochterunternehmen unterzuordnen.[202]

Insbesondere die innergesellschaftliche Organisation entsprechend international anerkannten Grundsätzen – etwa in Bezug auf rechtlich bindende Gesellschaftervereinbarungen, *Option-Agreements* – erscheint in anderen Jurisdiktionen oftmals besser möglich.[203]

Aus steuerlicher Sicht kann die Verbindung einer deutschen Personengesellschaft mit einer russischen Betriebsstätte[204] eine vorteilhafte Form der Investition sein.[205] Auch wurde darüber nachgedacht, einem solchen ausländischen Gemeinschaftsunternehmen anstatt eines Tochterunternehmens eine Niederlassung in Russland unterzuordnen,[206] was allerdings aufgrund des geringeren Handlungsspielraums und des vollumfänglichen Haftungsdurchgriffs in der Regel nicht zu empfehlen sein wird.[207] Wohl aber könnte es sich aus arbeitsrechtlichen Gründen anbieten, neben dem Tochterunternehmen auch eine Repräsentanz zu unterhalten.[208] Daneben bietet sich zur Erkundung des Potenzials die Repräsentanz als relativ preisgünstige Einstiegsmöglichkeit in den russischen Markt an.[209]

---

202 *Mundry* AHK-Kurzinfo vom 26.1.2009; *Radjuk* RIW 2009, 592, 593; *Micheler* Hdb Wirtschaft und Recht in Osteuropa, RUS Kapitel C, Rn. 195 die daneben auch die Eröffnung einer Repräsentanz vorschlägt, um auch die daraus resultierenden arbeitsrechtlichen Vorteile nutzen zu können.

203 *Schmitt* Joint Ventures in the Russian Federation, 2009, S. 9, abrufbar unter: http://www.whitecase.com/files/Publication/255b764d-e306-417e-bd1a-3a6ab0bf8099/Presentation/PublicationAttachment/3f45c74f-1523-439a-b926-3b4ce60316e2/article_JointVenture_v3.pdf.

204 Zum Begriff der Betriebsstätte im russischen Recht *Schmook* WiRO 2005, 102 ff.

205 *Wellmann* IStR 2008 465, 473.

206 *Micheler* Hdb Wirtschaft und Recht in Osteuropa, RUS Kapitel C, Rn. 194.

207 Im Einzelnen zu den Unterschieden zwischen den verschiedenen Investitionsformen s.u. Kapitel C, S. 31 ff.

208 Mitarbeiter einer Repräsentanz können ohne Arbeitserlaubnis in Russland tätig werden und genießen Erleichterungen bei der Ausstellung eines russischen Visums. Daneben führt eine Anstellung bei einem Tochterunternehmen anders als eine Anstellung bei einer Repräsentanz oder Zweigniederlassung zur Sozialversicherungspflicht nach den russischen Vorschriften. Zuletzt können Güter für den nichtkommerziellen Bedarf zollbegünstigt eingeführt werden und Mietzahlungen können mehrwertsteuerbegünstigt sein; zum Ganzen s.u. Kapitel C.III.2, S. 35.

209 *Wellmann* IStR 2008 465, 473.

Insbesondere unter haftungsrechtlichen Gesichtspunkten und zur Vermeidung von Problemen bei der Gewinnabgrenzung kann jedoch auch die Gründung einer russischen Kapitalgesellschaft vorteilhaft sein. Stets ist zu bedenken, dass die zwischengeschaltete Gesellschaft als Muttergesellschaft selbstverständlich nach den Vorgaben des russischen Rechts haftet. Daher bieten sich aus gesellschaftsrechtlichen, sicherheitsrechtlichen[210] und prozessrechtlichen Gesichtspunkten[211] die Errichtung einer ausländischen Muttergesellschaft an.

Im Zusammenhang mit entsprechenden mehrstöckigen Konzernstrukturen ist das *Chaining-Verbot* zu beachten. Demnach ist es verboten, dass eine Einpersonengesellschaft selbst 100 %-ige Mutter einer Gesellschaft ist. Dies kann das Zwischenschalten weiterer Gesellschaften erforderlich machen.[212]

Insbesondere in steuerlicher Hinsicht vorteilhaft für eine solche mehrstöckige Konzernstruktur waren stets die Niederlande oder Zypern.[213]

IV. Fazit

Das russische Zivilrecht befindet sich derzeit in der Phase der Novellierung, die auch die Normierung in Bezug auf die russische AG betrifft. Die umfassende Reform des ZGB RF gestaltet sich allerdings langwieriger und umständlicher, als vorgesehen. Es liegt ein Teilgesetzentwurf bzgl. Der gesellschaftsrechtlichen Vorgaben im ZGB RF vor, der bisher noch nicht beschlossen wurde.

Insgesamt lässt sich feststellen, dass die allgemein zivilrechtliche Gesetzgebung, einschließlich der gesellschaftsrechtlichen Gesetzgebung, vom Regelungsumfang

---

210 Pfandrechte an Anteilen und Aktien, *Schmitt/Melnikov* Hdb Wirtschaft und Recht in Osteuropa, RUS Kap. D.I Rn. 8.

211 Vollstreckbarkeit von Forderungen, *Schmitt/Melnikov* Hdb Wirtschaft und Recht in Osteuropa, RUS Kap. D.I Rn. 8.

212 Zum Ganzen, s.u. Kapitel E.V.2, S. 105.

213 *Radjuk* RIW 2009, 592, 593; *Schmitt* Joint Ventures in the Russian Federation, 2009, abrufbar unter: http://www.whitecase.com/files/Publication/255b764d-e306-417e-bd1a-3a6ab0bf8099/Presentation/PublicationAttachment/3f45c74f-1523-439a-b926-3b4ce60316e2/article_JointVenture_v3.pdf; auf die Einzelnen steuerlichen Aspekte eines wirtschaftlichen Engagements in Russland kann im Folgenden aus Platzgründen nicht eingegangen werden, vgl. hierzu im Einzelnen *Arzinger/Galander* Russisches Wirtschaftsrecht, 2. Aufl. 2002, S. 367 ff.; *Wellmann* IStR 2008 465 ff.; *Heidemann/Thum* WiRO 1997, 123.

und der Kodifizierung zunächst westlichen Standards entspricht;[214] wobei es in Bezug auf das russische Aktienrecht unterlassen wurde, sich für das kontinentaleuropäische oder das US-amerikanische Modell zu entscheiden.

Überraschend für den deutschen Betrachter ist und bleibt die Tatsache, dass Vertragsautonomie nur soweit herrscht, als dies durch das Gesetz ausdrücklich vorgesehen ist. Es gilt stets zu beachten, dass lediglich alles das möglich ist, was gesetzlich erlaubt ist, alles andere ist verboten. Bei den gesetzlichen Vorgaben des Kapitalgesellschaftsrechts handelt es sich somit um in weiten Teilen zwingendes Recht, dessen Flexibilität vom Vorliegen gesetzlicher Öffnungsklauseln abhängig ist.

Das AuslInvG RF wurde bei seiner Einführung insbesondere von der internationalen Wirtschaft und Rechtswissenschaft herbeigesehnt, erhoffte man sich doch eine konsequente Gleichstellung ausländischer Investoren und somit eine erhebliche Verbesserung des Investitionsklimas in Russland. Diese Erwartungen wurden weitestgehend nicht erfüllt.

Zwar lässt sich festhalten, dass keine gesonderte Registrierungspflicht bei Handel mit Unternehmensanteilen für ausländische Investoren besteht. Allerdings sind Erleichterungen in Bezug auf Zollbestimmungen nun nur für Prioritätsinvestitionsvorhaben bzw. große Unternehmen vorgesehen und auch die Versteinerungsklausel gilt nur für Prioritätsinvestitionsvorhaben und große Beteiligungen. Der Mittelstand scheint wenig von Interesse zu sein. Zuletzt sind auch im Falle von Beschlagnahme und Verstaatlichung keine eindeutigen Entschädigungsregelungen vorgesehen, sodass auch hier große Rechtsunsicherheit besteht. Im Großen und Ganzen scheint das Gesetz lediglich dem Interesse des russischen Staates an ausländischen Investitionen zu dienen. Nicht gewürdigt werden hingegen die Motive der fremden Unternehmer.

Auch die gesetzlich vorgesehene Versteinerungsklausel verfehlt das offiziell angestrebte Ziel. Es gilt festzuhalten, dass lediglich Großinvestoren in den Genuss der entsprechenden Privilegierungen kommen, der Mittelstand davon allerdings nicht profitieren kann. Darüber hinaus sind Regelungen bzgl. Nachzahlungsforderungen mitsamt ihren tatbestandlichen Voraussetzungen so wenig bestimmt, dass eine verlässliche Auskunft hierüber nur selten möglich sein wird. Aufgrund der unbestimmten Formulierungen werden die Schutzvorschriften durch die Ausnahmen wieder ausgehebelt. Dem Unternehmer ist somit dringend zu raten, im Falle einer Privilegierung ausreichend Kapitalrücklagen zu

---

214 Vgl. auch *Trunk* KONtakt 1-2/2009, 10, 14 f., der das eigentliche Problem in der Rechtsanwendung (Korruption, behördliche Willkür) sieht.

bilden, sodass die Regierung nicht über Nachzahlungsforderungen die Zahlungsfähigkeit und dadurch die Abwicklung herbeiführen kann.

Daneben ist auch das AuslInvG bzgl. strategisch bedeutender Unternehmen RF in seiner aktuellen Fassung dem Investitionsklima nicht dienlich. Insbesondere die Dichte an unbestimmten Rechtsbegriffen und der den Gerichten und den Behörden wiederholt eingeräumte, weite Ermessensspielraum führt zu Rechtsunsicherheit.

C. Investitionsformen für ausländische Unternehmer

I. Allgemeines

In concreto bieten sich für ausländische Investoren in der Russischen Föderation verschiedene Arten eines Engagements an: in Frage kommt ein Engagement im Rahmen unmittelbarer vertraglicher Beziehungen mit inländischen Geschäftspartnern (C.II), die Errichtung einer Repräsentanz oder einer Zweigniederlassung auf dem Gebiet der Russischen Föderation (C.III), die ganzheitliche oder teilweise Beteiligung an einem schon bestehenden russischen Unternehmen (C.IV) und die Gründung eines Tochterunternehmens bzw. eines Gemeinschaftsunternehmens in Zusammenarbeit mit einem (wohl russischen) Investor (C.V).

Die bloße Exporttätigkeit wird bei erfolgreichem Verlauf die steigenden Bedürfnisse eines nicht bloß temporären Engagements nicht mehr befriedigen können. Daher wird ein langfristig orientierter Investor über kurz oder lang die Möglichkeiten einer dauerhaften Präsenz vor Ort prüfen. Insbesondere der Kontakt zu wichtigen lokalen Kunden und die selbstständige Teilnahme an Messen können so stärker forciert werden.[215] Daneben sind die Risiken für den Investor aufgrund der Haftungsbegrenzungen der Kapitalgesellschaften kalkulierbar und das Handeln unter einer russischen Firma schafft Vertrauen im Markt und verleiht Seriosität.[216] Zuletzt sind einige Rechtsgeschäfte oder Handlungen russischen (juristischen) Personen möglich, für die sich ein ausländischer Investor ansonsten anderer Geschäftspartner bedienen müsste.[217]

II. Engagement im Rahmen vertraglicher Beziehungen

Einem Unternehmen, das den russischen Markt erschließen will, ohne mittels Betriebsstätte oder gar Tochtergesellschaft auf russischem Territorium tätig zu werden, steht die Möglichkeit offen, über direkten oder indirekten Vertrieb Waren abzusetzen.[218] Direkter Vertrieb bedeutet Vertrieb durch den Produzenten direkt an den Endverbraucher. Beim indirekten Vertrieb bedient

215 *Stoljarskij/Wedde*, in: Frank/Wedde (Hg.) Investmentguide Russland, 2009, 107.

216 *Stoljarskij/Wedde*, in: Frank/Wedde (Hg.) Investmentguide Russland, 2009, 107; so etwa der Erwerb von Grund und Boden, s.o. Kapitel A.I.3.b)(7), S. 16.

217 *Stoljarskij/Wedde*, in: Frank/Wedde (Hg.) Investmentguide Russland, 2009, 107.

218 *Schneider* Hdb Wirtschaft und Recht in Osteuropa, RUS Kapitel B.III. Rn. 144 ff.

sich der Produzent eines Dritten, der die Waren an den Endverbraucher weiterleitet. In beiden Fällen sind Bindeglied zwischen dem ausländischen Unternehmer und dem russischen Markt lediglich entsprechende vertragliche Vereinbarungen. Direkte Handelsbeziehungen lassen sich über sog. Exportkreditversicherungen absichern.[219] So lassen sich etwa das Forderungsausfallrisiko des Exporteurs bei Zahlungsunwillig- oder -unfähigkeit seines Abnehmers absichern. Zumindest die Zusammenarbeit mit einem russischen Unternehmen auf Grundlage eines Kooperationsvertrags[220] erfordert zwingend einen ständigen Geschäftspartner vor Ort und ermöglicht weder eine unabhängige wirtschaftliche Betätigung noch ein selbstständiges Auftreten als Rechtssubjekt in Russland.[221]

Diese Arten des Engagements bieten sich daher nur an, soweit Produktion und Vertrieb vor Ort nicht selbst ausgeführt werden sollen.[222] Dies behindert allerdings die Kommunikation mit dem (End-) Kunden und erhöht die Abhängigkeit von Geschäftspartnern vor Ort. Insbesondere den in Russland üblicherweise umfangreichen Lizenzierungs- und Genehmigungspflichten ist regelmäßig nur als russische Gesellschaft (inländische juristische Person) gerecht zu werden.[223]

Zuletzt gilt es zu bedenken, dass auch ein Engagement mittels inländischer Geschäftspartner nichts an möglichen Haftungsrisiken ändert, die zu Ansprüchen der russischen Geschäftspartner gegenüber der ausländischen Gesellschaft führen können.[224] Auch ausländische Unternehmer sind insbesondere vom restriktiven russischen Verbraucherschutz nicht ausgenommen.[225]

III. Errichtung einer Repräsentanz oder Zweigniederlassung

1. Allgemeines

Gem. Art. 55 ZGB RF ist in Russland die Gründung einer Repräsentanz oder einer Zweigniederlassung durch ein (übergeordnete) juristische Person möglich.

---

219 Im Einzelnen hierzu WiRO 1999, 224.

220 Hierbei wird es sich in der Regel um einen Auftrags-, Kommissions- oder Agenturvertrag handeln, vgl. *Schneider* Hdb Wirtschaft und Recht in Osteuropa, RUS Kapitel B.III. Rn. 147.

221 *Stoljarskij/Wedde*, in: Frank/Wedde (Hg.) Investmentguide Russland, 2009, 107.

222 *Stoljarskij/Wedde*, in: Frank/Wedde (Hg.) Investmentguide Russland, 2009, 107.

223 *Stoljarskij/Wedde*, in: Frank/Wedde (Hg.) Investmentguide Russland, 2009, 107.

224 *Stoljarskij/Wedde*, in: Frank/Wedde (Hg.) Investmentguide Russland, 2009, 107.

225 *Sevillano* WiRO 2000, 361 ff.; zum russischen Verbraucherschutz im Einzelnen *Mindach* Rechtstipps für Exporteure, 2002.

Es handelt sich in beiden Fällen um Unterabteilungen eines Unternehmens, welche nicht am Ort des Unternehmenssitzes lokalisiert sind. Diese Unterabteilungen dienen dazu, Interessen der (Ober-) Gesellschaft wahrzunehmen. Die Obergesellschaft muss juristische Person sein, sodass es einer deutschen GbR nicht möglich ist, eine entsprechende Unterabteilung in Russland zu gründen und zu betreiben.[226]

Sowohl Repräsentanz als auch Zweigniederlassung erlangen ihren rechtlichen Status erst mit Registrierung, die somit konstituierenden Charakter hat.[227] Voraussetzungen für die Gründung bzw. Registrierung sowohl einer Repräsentanz als auch einer Zweigniederlassung sind:[228]

- Antragsformular über die Zulassung einer Repräsentanz bzw. einer Zweigniederlassung;
- Beschluss einer Ordnung (Satzung) durch die (übergeordnete) juristische Person, welche die Vertretung der juristischen Person regelt;
- Registrierung der Repräsentanz bzw. Zweigniederlassung beim staatlichen Register für juristische Personen;
- Vollmachtsurkunde der (übergeordneten) juristischen Person, welche den Leiter und den Umfang seiner Vertretungsberechtigung beinhaltet; erforderlich ist auch die Bevollmächtigung des Leiters, den Antrag auf Zulassung und Eintragung der Repräsentanz bzw. Zweigniederlassung im Namen der ausländischen juristischen Person zu stellen;
- Gesellschaftsvertrag bzw. Satzung der juristischen Person, in dem die Repräsentanz bzw. Zweigniederlassung genannt wird (ggf. ist eine Vertrags- bzw. Satzungsänderung erforderlich);
- Handelsregisterauszug, der die Eintragung der juristischen Person bestätigt;
- Bestätigung der entsprechenden ausländischen Steuerbehörden über die Registrierung als Steuerzahler unter Angabe der Steuernummer;
- Empfehlung der Hausbank der juristischen Person, welche eine Bestätigung der Kreditwürdigkeit beinhaltet;

---

226 *Chebounov* IStR 2002, 372, 373; *Wassermeyer* IStR 2002, 376, 377; *Schmitt/Melnikov* Hdb Wirtschaft und Recht in Osteuropa, RUS Kap. D.I Rn. 2.

227 *Arzinger/Galander* Russisches Wirtschaftsrecht, 2. Aufl. 2002, S. 117.

228 Zum Ganzen vgl. die Liste der für eine Registrierung erforderlichen Dokumente bei *Arzinger/Galander* Russisches Wirtschaftsrecht, 2. Aufl. 2002, S. 119, 409; vgl. auch *Becker*, Gesellschaftsrecht in Russland, 1998, S. 55; *Baker&McKenzie* Doing Business in Russia, 2006, S. 10.

- Zulassungskarte, welche die erforderlichen Angaben über die Repräsentanz bzw. die Zweigniederlassung beinhaltet und von einem bevollmächtigten Vertreter der juristischen Person unterschrieben wurde;
- Bestätigung über die Anmietung eines Gewerberaumes;
- zwei Empfehlungsschreiben russischer Unternehmen, mit welchen die ausländische juristische Person in Geschäftsbeziehungen steht;
- außerhalb Moskaus ist darüber hinaus eine Bestätigung erforderlich, welche die Koordinierung mit den regionalen Behörden über die Gründung der Repräsentanz bzw. der Zweigniederlassung bestätigt;
- Bestätigung über die Zahlung der Registrierungsgebühren;[229]
- für die Zulassung einer Zweigniederlassung darüber hinaus eine Experteneinschätzung des für die Branche zuständigen Ministeriums; und
- für ausländische Gründer von Repräsentanz oder Zweigniederlassung regelt das AuslInvG RF, dass die Unterlagen in entsprechender Übersetzung und die erforderlichen Wertangaben in russischen Rubel zu bezeichnen sind.[230]

Der Antrag richtet sich an eine der zuständigen Stellen, wobei hierfür im Falle der Repräsentanz mehrere Stellen in Frage kommen. Für Repräsentanzen können die Industrie- und Handelskammer oder die Staatliche Registrierungskammer RF[231] beim Justizministerium der Russischen Föderation, in speziellen Bereichen andere Institutionen (z.B. die Zentralbank der Russischen Föderation für den Bankensektor) zuständig sein.[232] Die Registrierung einer Zweigniederlassung hat hingegen zwingend bei der Föderalen Registrierungskammer RF beim Justizministerium der Russischen Föderation zu erfolgen.[233] Zu beachten ist, dass alle Dokumente bestenfalls auf dem Briefkopf des Unternehmens, wenn nicht in russischer Sprache, dann in Form einer Übersetzung durch einen zugelassenen Übersetzer notariell beglaubigt und legalisiert bzw. apostilliert vorzulegen sind.[234]

---

229 Zu den Gebühren im Einzelnen *vWistinghausen/Wilke* Investitionen in Russland, S. 8, 12.

230 Art. 24 AuslInvG RF.

231 Die einheitliche Staatliche Registrierungskammer RF ist dem Wirtschaftsministerium untergeordnet, vgl. im Einzelnen *Schwarz* WiRO 1995, 314.

232 *Baker&McKenzie* Doing Business in Russia, 2006, S. 10; vgl. hierzu *Schwarz* WiRO 1995, 314.

233 *Baker&McKenzie* Doing Business in Russia, 2006, S. 10.

234 Im Einzelnen *Becker*, Gesellschaftsrecht in Russland, 1998, S. 55 f.; *Arzinger/Galander* Russisches Wirtschaftsrecht, 2. Aufl. 2002, S. 117.

Eine Zulassung erfolgt in der Regel für eine Zeitspanne von drei Jahren mit der Berechtigung, diese verlängern zu lassen.[235]

2. Repräsentanz

Die Repräsentanz[236] ist die Unterabteilung eines Unternehmens, welche in allgemeiner Weise die Interessen des Unternehmens vertreten soll.[237] Sie ist spezialgesetzlich in der *Verordnung des Ministerrates über die Eröffnung und Betreibung einer Repräsentanz in der SSSR*[238] (ReprO RF) vom 30.11.1989 geregelt.

Eine Repräsentanz kann auf dem Gebiet Russlands nicht selbst unternehmerisch tätig werden und somit keine Einkünfte erzielen.[239] Zur Unterstützung der übergeordneten juristischen Person kann sie Waren lagern, ausstellen, ausliefern, Informationen beschaffen oder Werbung machen.[240] Daneben kann die Repräsentanz lediglich vorbereitend und unterstützend für die übergeordnete juristische Person tätig werden.[241] Sie unterliegt daher auch nicht der russischen Gewinnbesteuerung, obwohl der ausländische Unternehmer mit seinen Produkten vor Ort präsent sein kann.[242] D.h. aber auch, dass die Produkte nicht durch die Repräsentanz veräußert bzw. zur Gewinnerzielung verwendet werden können.[243]

Es handelt sich bei einer Repräsentanz nicht um eine juristische Person.[244] Dementsprechend unterliegt die Repräsentanz auch keiner selbstständigen Haftung.[245]

Ausländische Mitarbeiter einer Repräsentanz können ohne Arbeitserlaubnis in Russland tätig werden und genießen Erleichterungen bei der Ausstellung

---

235 *Baker&McKenzie* Doing Business in Russia, 2006, S. 10.

236 *Predstavitel'stvo* – wörtl. etwa Vertretung, wird im Folgenden der Verständlichkeit halber ausschließlich als Repräsentanz bezeichnet.

237 Art. 55 Pkt. 1 ZGB RF; *Arzinger/Galander* Russisches Wirtschaftsrecht, 2. Aufl. 2002, S. 117.

238 Verordnung des Ministerrates „Über die Eröffnung und Betreibung einer Repräsentanz in der SSSR" vom 30.11.1989, SP SSSR, 1990, Nr. 1, Pos. 8.

239 *Becker*, Gesellschaftsrecht in Russland, 1998, S. 55.

240 Pkt. 3 ReprO RF.

241 *Becker*, Gesellschaftsrecht in Russland, 1998, S. 55.

242 *Becker*, Gesellschaftsrecht in Russland, 1998, S. 55.

243 *Becker*, Gesellschaftsrecht in Russland, 1998, S. 55.

244 Heeg WiRO 2000, 1, 2; *Becker*, Gesellschaftsrecht in Russland, 1998, S. 55.

245 *Arzinger/Galander* Russisches Wirtschaftsrecht, 2. Aufl. 2002, S. 117.

eines russischen Visums.[246] Daneben führt die Anstellung ausländischer Mitarbeiter bei einem Tochterunternehmen anders als bei einer Repräsentanz oder Zweigniederlassung zur Sozialversicherungspflicht nach den russischen Vorschriften.[247] Zuletzt können Güter für den nichtkommerziellen Bedarf zollbegünstigt eingeführt werden und Mietzahlungen können mehrwertsteuerbegünstigt sein.[248]

Die Vertretung einer Repräsentanz und dessen Umfang ergibt sich gem. Art. 55 Pkt. 3 ZGB aus einer konkreten Bevollmächtigung oder aus der Satzung. Gegen die Vollmacht durch Satzung bzw. Ordnung über die Repräsentanz haben sich das oberste Gericht und das oberste Wirtschaftsgericht gewandt.[249] Demnach ist für eine rechtswirksame und bindende Erklärung des (Repräsentanz-) Leiters eine ausdrückliche Vollmacht erforderlich.[250] Darüber hinaus ist bei der Überprüfung von Verträgen stets sowohl die Satzung bzw. Ordnung der Repräsentanz als auch die Vollmacht selbst zu überprüfen, sodass faktisch beide Dokumente erforderlich sind.[251] Eine Berechtigung des Leiters zur Untervollmacht setzt ebenfalls diese *Formalia* voraus.[252]

3. Zweigniederlassung

Die Zweigniederlassung[253] ist eine Unterabteilung eines Unternehmens, welche berechtigt ist alle oder einen Teil der Funktionen des Unternehmens auszuüben, worunter auch die Vertretung fällt.[254]

Bei einer Zweigniederlassung handelt es sich formell nicht um eine juristische Person, die auch nicht selbstständig haftet.[255] Die Behandlung als selbstständige

246 *Micheler* Hdb Wirtschaft und Recht in Osteuropa, RUS Kapitel C, Rn. 38.

247 *Arzinger/Galander* Russisches Wirtschaftsrecht, 2. Aufl. 2002, S. 119.

248 *Micheler* Hdb Wirtschaft und Recht in Osteuropa, RUS Kapitel C, Rn. 38.

249 Beschluss des Plenums des Obersten Gerichts der RF vom 1.7.1996, Nr. 6 und des Obersten Arbitragegerichts der RF Nr. 8 (Pkt. 17 Abs. 2), VVAS RF 1996, Nr. 9, in: Datenbank Konsultant, m.Anm. *Solotych* WiRO 1996, 437.

250 *Arzinger/Galander* Russisches Wirtschaftsrecht, 2. Aufl. 2002, S. 118.

251 Beschluss des Plenums des Obersten Gerichts der RF vom 1.7.1996, Nr. 6 und des Obersten Arbitragegerichts der RF Nr. 8 (Pkt. 17 Abs. 2), VVAS RF 1996, Nr. 9, in: Datenbank Konsultant, m.Anm. *Solotych* WiRO 1996, 437.

252 *Arzinger/Galander* Russisches Wirtschaftsrecht, 2. Aufl. 2002, S. 118.

253 *Filial* – wörtl. Filiale, wird im Folgenden der Verständlichkeit halber ausschließlich als Zweigniederlassung bezeichnet.

254 Art. 55 Pkt. 1 ZGB RF; *Arzinger/Galander* Russisches Wirtschaftsrecht, 2. Aufl. 2002, S. 117.

255 *Arzinger/Galander* Russisches Wirtschaftsrecht, 2. Aufl. 2002, S. 117.

juristische Person kann aber erfolgen, soweit sie zwar als Zweigniederlassung gegründet wurde, aber im Rechtsverkehr wie eine selbstständige juristische Person auftritt.[256] Teilweise wird auch vertreten, dass hierfür schon die – lediglich steuerrechtlich relevante – selbstständige Bilanzierung einer Zweigniederlassung dazu führt, dass sie wie eine juristische Person zu behandeln ist.[257] Dem wird berechtigter Weise entgegengehalten, dass dies eine illegitime Vermengung von steuerrechtlichen mit gesellschaftsrechtlichen Vorschriften darstellt.[258]

Die Zweigniederlassung handelt durch ihren Leiter. Hier gelten keine Besonderheiten im Vergleich zum Leiter einer Repräsentanz.[259] Dementsprechend richten sich auch die Voraussetzungen für die direkte rechtliche Bindung des Unternehmens durch Abgabe von Erklärungen durch die Zweigniederlassung bzw. durch deren Leiter nach dem zur Repräsentanz gesagten.[260]

Die Zweigniederlassung hat in ihrer Bilanz gesondert aufzuführen, welche Einlagen durch eine ausländische juristische Person geleistet wurden.[261]

4. Fazit

Der Unterschied zwischen Repräsentanz und Zweigniederlassung ist der weitere Aktionsradius einer Zweigniederlassung, in der Form, dass für das Unternehmen rechtsverbindliche Erklärungen abgegeben werden können. Dagegen unterliegt die Zweigniederlassung im Gegensatz zur Repräsentanz auch der russischen Gewinnbesteuerung und Mitarbeiter einer Repräsentanz werden arbeitsrechtlich erheblich privilegiert. Ansonsten ist die Repräsentanz wie die Zweigniederlassung zu behandeln.

Hiervon abzugrenzen sind die nichtkommerzielle Repräsentanz und die Betriebsstätte, die lediglich in steuerrechtlicher Hinsicht von Bedeutung sind.[262]

Sowohl die Repräsentanz als auch die Zweigniederlassung haben gegenüber einem Tochterunternehmen in Form einer juristischen Person den Vorteil, dass sie weder eine Stammeinlage benötigen, noch ihre Liquidation erforderlich ist.

---

256 *Mursin* Zivilgesetzbuch der Russischen Föderation, 2001, S. 91; *Arzinger/Galander* Russisches Wirtschaftsrecht, 2. Aufl. 2002, S. 117.

257 *Braginski* Kommentar zum I. Teil des ZGB, 1995, S. 89.

258 *Arzinger/Galander* Russisches Wirtschaftsrecht, 2. Aufl. 2002, S. 118.

259 Vgl. hierzu oben Kapitel C.III.2, S. 35 f.

260 S.o. Kapitel C.III.2, S. 35 f.; *Arzinger/Galander* Russisches Wirtschaftsrecht, 2. Aufl. 2002, S. 117, 118.

261 *vWistinghausen/Wilke* Investitionen in Russland, S. 12.

262 Hierzu im Einzelnen *Arzinger/Galander* Russisches Wirtschaftsrecht, 2. Aufl. 2002, S. 118 f.

Daneben sind die Buchführungsregeln vereinfacht und der Umfang der Vertretungsmacht des Leiters ist stärker eingrenzbar als der eines Geschäftsführers eines Tochterunternehmens.[263]

Demgegenüber kann weder Repräsentanz noch Zweigniederlassung im eigenen Namen handeln. Außerdem haften ausländische juristische Person direkt für Verbindlichkeiten der Repräsentanz bzw. Zweigniederlassung.[264]

Die Gründung und Unterhaltung sowohl einer Repräsentanz als auch einer Zweigniederlassung ist mit (für russische Verhältnisse üblichen) hohen organisatorischen und behördlichen Schwierigkeiten verbunden. Trotzdem sieht sich der Unternehmer mit einer umfassenden Haftung konfrontiert. Gerade unter diesem Gesichtspunkt scheint eine Repräsentanz oder Zweigniederlassung wenig attraktiv. Sicherer ist daher die Gründung eines selbstständigen Tochterunternehmens, welches die umfassende Handlungsfreiheit und gleichzeitig die erwünschte Haftungsbeschränkung mit sich bringt.

IV. Beteiligung an einem bestehenden russischen Unternehmen

Neben der Initiierung einer Unternehmung in Form der Neugründung einer untergeordneten Unternehmenseinheit, ist es auch denkbar, dass der (ausländische) Investor (teilweise) Anteile an einer bestehenden russischen Gesellschaft übernimmt (*Share Deal*). Der *Share Deal* in Bezug auf eine russische Aktiengesellschaft richtet sich nach den allgemeinen Anforderungen, welche an die Übertragung von Aktien zu stellen sind.[265]

Auch ein *Share Deal* unterliegt der Normierung von InvG RF, AuslInvG RF und AuslInvG bzgl. strategisch bedeutender Unternehmen RF.[266]

Daneben können wettbewerbsrechtliche Fragen bzw. Genehmigungen erforderlich sein, sobald der Erwerb von über 20 % der Anteile durch eine Person (Personengruppe) einer bestehenden kommerziellen Organisation erfolgt (gilt nicht für Neugründungen).[267]

263 *Arzinger/Galander* Russisches Wirtschaftsrecht, 2. Aufl. 2002, S. 118.
264 *Arzinger/Galander* Russisches Wirtschaftsrecht, 2. Aufl. 2002, S. 118.
265 Zur Übertragung von Aktien im Einzelnen s.u. Kapitel E.VII.7, S. 197.
266 *Telke* WiRO 2010, 108, 109 f.; *Knaul/Tscherenew* WiRO 2006, 267 ff.
267 *Knaul/Tscherenew* WiRO 2006, 267, 268.

V. Die russische Tochtergesellschaft

1. Wahl des Engagements

An einem dem deutschen Recht entsprechenden Konzernrecht[268] mangelt es im russischen Recht.[269] Lediglich die Finanz-Industriellen Gruppen[270] sind mit dem deutschen Konzern vergleichbar. Trotzdem existieren gemeinschaftliche Unternehmen in der russischen Terminologie. Es wird zwischen verschiedenen Arten der untergeordneten oder gemeinschaftlichen Unternehmen unterschieden. Maßgeblich hierbei ist der Grad der Beteiligung der übergeordneten Gesellschaft.

Gesetzlich normiert sind die Tochtergesellschaft, die abhängige Gesellschaft und das Gemeinschaftsunternehmen bzw. *Joint Venture*. Bei allen diesen Unternehmensformen handelt es sich um nach russischem Recht zu gründende juristische Personen,[271] die einen oder mehrere Gesellschafter haben, nach den allgemeinen Regeln steuerpflichtig sind und als Deviseninländer gelten.[272] Die zoll- und aufenthaltsrechtlichen Privilegien, die für Repräsentanzen vorgesehen sind, finden hier keine Anwendung.[273]

Die abhängige Gesellschaft liegt bei einer Beteiligung von 20 % vor.[274] Eine Tochtergesellschaft setzt eine Beherrschung durch die Muttergesellschaft voraus.[275] Das Gemeinschaftsunternehmen erfordert eine in der Regel paritätische oder fastparitätische Beteiligung der verschiedenen Muttergesellschaften.

In diesem Sinne sind sowohl Tochtergesellschaften, als auch das Gemeinschaftsunternehmen regelmäßig abhängige Gesellschaft, wobei Tochtergesellschaft und Gemeinschaftsunternehmen besonderen gesetzlichen Vorgaben unterliegen.

---

268 Zum Russischen Konzernrecht siehe schon *Schramm* KONtakt 3/2007, Dezember 2007.

269 *Mereminskaja* Durchbrechung der Haftungsbeschränkung eines GmbH-Gesellschafters, S. 58; im russischen ist daher von Ober- bzw. Hauptgesellschaft die Rede (*osnovnoj* – wörtl. etwa primär), im Folgenden ist aufgrund der besseren Übertragbarkeit trotzdem von Mutter- und Tochtergesellschaft die Rede; zum Ganzen im Einzelnen *Telke*, Russisches Konzernrecht.

270 Hierzu s.o. *Zielke/Zielke* WiRO 1999, 124 ff.; *Krüßmann* WiRO 1996, 447 ff.

271 Zum anzuwenden Recht, s.o. Kapitel 0, S. 25.

272 *Micheler* Hdb Wirtschaft und Recht in Osteuropa, RUS Kapitel C, Rn. 67.

273 S.o. Kapitel C.III.2, S. 35 f.; *Micheler* Hdb Wirtschaft und Recht in Osteuropa, RUS Kapitel C, Rn. 68.

274 Art. 106 ZGB RF; Art. 6 Pkt. 4 GmbHG RF; Art. 6 Pkt. 4 AktG RF.

275 Art. 105 Pkt. 1 ZGB RF; Art. 6 Pkt. 2 GmbHG RF; Art. 6 Pkt. 2 AktG RF; *Micheler* Hdb Wirtschaft und Recht in Osteuropa, RUS Kapitel C, Rn. 69; *Arzinger/Galander* Russisches Wirtschaftsrecht, 2. Aufl. 2002, S. 50.

2. Tochtergesellschaft

a) Allgemeines

Das russische Recht definiert den Konzernbegriff nicht legal. Vielmehr wird sich begrifflich an der Tochtergesellschaft orientiert.[276] Nach russischem Recht liegt eine Tochtergesellschaft (*dočernee chozjajstvennoe obščestvo* – wörtl. wirtschaftliche Tochtergesellschaft) dann vor, wenn eine andere Gesellschaft aufgrund einer überwiegenden Beteiligung an ihrem Satzungskapital, aufgrund eines Vertrages oder auf eine andere Weise die Möglichkeit hat, die von dieser Gesellschaft zu treffenden Entscheidungen zu bestimmen.[277]

Die ZGB RF-Novelle sieht die Einführung eines einheitlichen Beispielkatalogs vor, der Unsicherheiten im Zusammenhang mit der Begrifflichkeit beseitigen soll.[278]

In der Praxis problematisch ist, dass auch bzgl. der Beherrschung auf eine andere Weise die Beweispflicht beim Behauptenden liegt.[279] Die Beherrschung dürfte allerdings regelmäßig schwerfallen, sodass sich hierauf stützende Haftungsfälle in Zukunft die Ausnahme bleiben dürften.[280]

b) Beherrschung

(1) Allgemeines

Die Möglichkeit, Entscheidungen zu bestimmen, setzt eine Beherrschung des Unternehmens voraus. Eine Beherrschung kann kraft überwiegender Beteiligung, kraft Vertrages oder auf andere Weise zustande kommen.

(2) Überwiegende Beteiligung

Im russischen Recht ist fraglich, wann von einer überwiegenden Beteiligung zu sprechen ist. Für den Fall einer Beteiligung der beherrschenden Gesellschaft ist

---

276 Art. 6 Pkt. 2 AktG RF; Art. 6 GmbHG RF; *Mereminskaja* Durchbrechung der Haftungsbeschränkung eines GmbH-Gesellschafters, 58; zum russischen Konzernrecht im Einzelnen siehe *Telke* Russisches Konzernrecht.

277 Art. 105 Pkt. 1 ZGB RF; Art. 6 Pkt. 2 GmbHG RF; Art. 6 AktG RF; *Micheler* Hdb Wirtschaft und Recht in Osteuropa, RUS Kapitel C, Rn. 69; *Arzinger/Galander* Russisches Wirtschaftsrecht, 2. Aufl. 2002, S. 50.

278 Teilgesetzentwurf Nr. 47538-6/2.

279 Art. 65 ArbitrageGO RF.

280 *Heeg* WiRO 2000, 1, 3; dass in diesen Fällen inzwischen eine Beweislastumkehr gilt, wie sie *Arzinger/Gallander* andeuten, ist bisher nicht ersichtlich, vgl. *Arzinger/Galander* Russisches Wirtschaftsrecht, 2. Aufl. 2002, S. 55.

die Höhe der erforderlichen Beteiligung nicht eindeutig gesetzlich normiert. Die Ansichten hierzu schwanken dementsprechend zwischen 10 % und 50 %.[281] Es wird davon ausgegangen, dass eine Beteiligung dann überwiegend ist, wenn die potentielle Muttergesellschaft aufgrund ihrer Beteiligungshöhe über eine Stimmenmehrheit verfügt, um eine Beschlussfassung in der Hauptversammlung selbst herbeiführen zu können.[282] Da gesetzlich nicht differenziert wird, welche Entscheidungen durch die Muttergesellschaft beeinflussbar sein sollen, ist davon auszugehen, dass zumindest 50 % plus eine Stimme für eine Beherrschung in diesem Sinne ausreichen.[283]

(3) Vertragliche Einflussnahmemöglichkeit

Eine Beherrschung durch Vertrag bedeutet, dass die Tätigkeit der Tochtergesellschaft der Muttergesellschaft unterstellt wird. Hierbei kann es sich um eine beliebige schuldrechtlichen Vereinbarung handeln, die lediglich nicht rechtswidrig sein darf.[284]

Hierunter fallen insbesondere Vereinbarungen, die es der Muttergesellschaft ermöglichen, die Organe der Tochtergesellschaft zu bestimmen. Aus kompetenzrechtlichen Gründen ist hierfür allerdings neben der vertraglichen Vereinbarung eine Regelung in der Satzung der Tochtergesellschaft erforderlich. Im Ergebnis handelt es sich also nicht um eine schuldrechtliche Vereinbarung, sondern vielmehr um eine satzungsmäßige Kompetenzübertragung.[285]

Daneben wird überlegt, durch Übertragung der Geschäftsführung auf einen Verwalter Beherrschung herzustellen.[286] Dies scheint allerdings unlogisch, da dann jeder Fall der Geschäftsführung durch eine externe Verwaltungsgesellschaft zu einer Beherrschung führen würde, was nicht dem Sinn und Zweck der

281 *Arzinger/Galander* Russisches Wirtschaftsrecht, 2. Aufl. 2002, S. 50; *Heeg* WiRO 2000, 1, 2; sehr früh von einer Beherrschung ausgehend etwa *Sergeev* Kommentar zum I. Teil des ZGB, 2010, Art. 105 Pkt. 3, in: Datenbank Konsultant.

282 *Mereminskaja* Durchbrechung der Haftungsbeschränkung eines GmbH-Gesellschafters, 59.

283 Etwas anderes muss natürlich gelten, wenn die Satzung der Tochtergesellschaft ein höheres Quorum für sämtliche Beschlüsse vorsieht; so zur GmbH *Mereminskaja* Durchbrechung der Haftungsbeschränkung eines GmbH-Gesellschafters, 60.

284 *Mereminskaja* Durchbrechung der Haftungsbeschränkung eines GmbH-Gesellschafters, 60.

285 Eingehend zum Ganzen, vgl. *Mereminskaja* Durchbrechung der Haftungsbeschränkung eines GmbH-Gesellschafters, 60 f.

286 *Mereminskaja* Durchbrechung der Haftungsbeschränkung eines GmbH-Gesellschafters, 62.

Verwaltungsgesellschaft und der Beherrschung entsprechen dürfte. Vielmehr wird die verwaltete Gesellschaft durch die Haftungsvorschriften bzgl. der einzelnen Organe geschützt.[287]

Zuletzt wird eine Beherrschung im Rahmen von wirtschaftlicher Abhängigkeit thematisiert. Insbesondere werden in diesem Zusammenhang Franchise-[288] oder Lizenzverträge genannt. Dies wird kritisiert, da wirtschaftliche Bindung stets zu einer Verflechtung führt. Daher wird darüber hinaus verlangt, dass die Verbindung dauerhaft und im Ganzen prägend zu sein hat.[289] Diese Kritik überzeugt nicht, da für vertragliche Verbindungen Zivil- und Vertragsrecht zur Verfügung stehen. Insbesondere ist hier der Schutz vor Knebelverträgen zu nennen.

Zu beachten ist in diesem Zusammenhang auch, dass der Erwerb von Rechten durch eine Person (Personengruppe), welche die Kontrolle über eine Organisation ermöglichen (u.a. der Abschluss von Beherrschungsverträgen), stets zu einer Genehmigungspflicht i.S.d. Fusionskontrollrechts führt.[290]

(4) Beherrschung in sonstiger Weise

Auch die Beherrschung auf eine andere Weise gem. Art. 6 Pkt. 2 AktG RF ist nicht eindeutig bestimmt. Es handelt sich um eine generalklauselartige Auffangnorm, die dazu dient, auf alle Formen der Einflussnahme entsprechend reagieren zu können.[291]

Unter eine Beherrschung in sonstiger Weise fällt insbesondere die personelle Verflechtung der Leitungsorgane der Gesellschaft. Werden Vertreter eines Gesellschafters in die Leitungsorgane der untergeordneten Gesellschaft entsendet ist eine – für die Beherrschung erforderliche – theoretische Einflussnahmemöglichkeit gegeben.[292]

Daneben ist von einer Einflussnahmemöglichkeit auszugehen, sobald einem Gesellschafter Sonderrechte eingeräumt wurden.[293] Diese Sonderrechte können

---

287 A.A. *Mereminskaja* Durchbrechung der Haftungsbeschränkung eines GmbH-Gesellschafters, 62.

288 *Tabastajewa/Stauber* WiRO 2006, 38.

289 *Mereminskaja* Durchbrechung der Haftungsbeschränkung eines GmbH-Gesellschafters, 63.

290 *Knaul/Tscherenew* WiRO 2006, 267, 268.

291 *Mereminskaja* Durchbrechung der Haftungsbeschränkung eines GmbH-Gesellschafters, 64.

292 *Mereminskaja* Durchbrechung der Haftungsbeschränkung eines GmbH-Gesellschafters, 64; *Heeg* WiRO 2000, 1, 3.

293 Zu Gesellschaftervereinbarungen, s.u. Kapitel E.V.7, S. 128 f.

verbindliche Weisungsbefugnisse einzelner Gesellschafter gegenüber der Gesellschaft bzw. den Gesellschaftsorganen begründen. So etwa das Recht die Geschäftsführung zu bestimmen, was eindeutig eine Einflussnahmemöglichkeit begründet.[294] Daneben ist die Gestattung von Mehrstimmrechten bzw. von Stimmanteilen in der Hauptversammlung unabhängig von der Höhe des Geschäftsanteils eines Gesellschafters denkbar.[295] Auch solche Privilegierungen können zu einer Einflussnahme führen.[296]

Auch die gemeinsame Beherrschung durch verschiedene Muttergesellschaften, die alleine jeweils keine beherrschende Einflussmöglichkeit haben, begründet eine Einflussnahmemöglichkeit. Dies erfordert, dass die entsprechenden Unternehmen ihre Einflussmöglichkeiten koordiniert wahrnehmen.[297]

Zuletzt scheint es denkbar, dass faktischer Einfluss ausgeübt wird. Dieser kann durch persönliche Beziehungen bzw. Abhängigkeiten einzelner Leitungsorgane von der Muttergesellschaft zustande kommen oder etwa durch die Ausübung von Druck (z.B. Nötigung oder Erpressung) erzeugt werden.[298]

c) Bestimmung der Entscheidung

Durch die Beherrschung muss die Möglichkeit bestehen, Entscheidungen des Unternehmens zu bestimmen. Erforderlich ist ein Ursächlichkeitszusammenhang zwischen der Art der Beherrschung und der entsprechenden Handlung.

Unter den Begriff der Entscheidung fallen die Beschlussfassung der Hauptversammlung und jegliches Handeln der Geschäftsführung.[299]

Die Möglichkeit, Entscheidungen eines Unternehmens zu bestimmen, wird regelmäßig vermutet, soweit eine Beherrschung vorliegt.[300]

---

294 *Arzinger/Galander* Russisches Wirtschaftsrecht, 2. Aufl. 2002, S. 50 f.; *Heeg* WiRO 2000, 1, 3.

295 S.u. Kapitel E.V.7, S. 128.

296 *Mereminskaja* Durchbrechung der Haftungsbeschränkung eines GmbH-Gesellschafters, 66; *Heeg* WiRO 2000, 1, 3.

297 *Mereminskaja* Durchbrechung der Haftungsbeschränkung eines GmbH-Gesellschafters, 66.

298 *Mereminskaja* Durchbrechung der Haftungsbeschränkung eines GmbH-Gesellschafters, 63; *Heeg* WiRO 2000, 1, 3.

299 Im Einzelnen *Mereminskaja* Durchbrechung der Haftungsbeschränkung eines GmbH-Gesellschafters, 67.

300 *Arzinger/Galander* Russisches Wirtschaftsrecht, 2. Aufl. 2002, S. 51.

3. Abhängige Gesellschaft

Eine abhängige Gesellschaft (*zavisimoe chozjajstvennoe obščestvo* – wörtl. abhängige wirtschaftliche Gesellschaft) ist eine Gesellschaft, an deren Stamm- oder Grundkapital eine andere Gesellschaft (Muttergesellschaft) mit mindestens 20 % beteiligt ist.[301] Eine solche Beteiligung ist zu veröffentlichen.[302] Ansonsten gelten für die abhängige Gesellschaft als eigenständige juristische Person die allgemeinen Vorschriften.

4. Das Gemeinschaftsunternehmen (*Joint Venture*)

a) *Allgemeines*

Das Gemeinschaftsunternehmen (*sovmestnoe predprijatie* – wörtl. gemeinsame wirtschaftliche Betätigung) wurde in den 80er Jahren zur Kapitalisierung der sowjetischen Wirtschaft geschaffen. Es handelte sich dabei um eine separate privatwirtschaftliche Gesellschaftsform, die neben den staatlichen Gesellschaftsformen existieren sollte. Sie ermöglichte erstmals die Gründung einer Gesellschaft durch ausländische Investoren auf dem Staatsgebiet der Sowjetunion.[303] Seit Einführung der kapitalgesellschaftsrechtlichen Regelungen sind Normierungen zur Gesellschaftsform des Gemeinschaftsunternehmens aufgehoben worden.[304]

Seit Anfang der 90er Jahre existiert die Möglichkeit, Kapitalgesellschaften unter Beteiligung von verschiedenen – auch ausländischen – Investoren zu errichten.[305] Ziel ist die Zusammenarbeit zur Erreichung eines gemeinsamen wirtschaftlichen Zweckes.[306] Insbesondere wurde dieses Erfordernis damit begründet, dass ein ausländischer Investor unbedingt einen ortsansässigen Berater benötigt, der vor allen Dingen auch in soziokultureller Hinsicht in der Lage ist, die Interessen des Unternehmens zu vertreten und über entsprechende

---

301 Art. 106 ZGB RF; Art. 6 Pkt. 4 GmbHG RF; Art. 6 Pkt. 4 AktG RF.

302 Art. 106 ZGB RF; Art. 6 Pkt. 4 GmbHG RF; Art. 6 Pkt. 4 AktG RF.

303 *Micheler* Hdb Wirtschaft und Recht in Osteuropa, RUS Kapitel C, Rn. 172.

304 *Micheler* Hdb Wirtschaft und Recht in Osteuropa, RUS Kapitel C, Rn. 173.

305 *Schmitt* Joint Ventures in the Russian Federation, 2009, abrufbar unter: http://www.whitecase.com/files/Publication/255b764d-e306-417e-bd1a-3a6ab0bf8099/Presentation/PublicationAttachment/3f45c74f-1523-439a-b926-3b4ce60316e2/article_JointVenture_v3.pdf.

306 *Micheler* Hdb Wirtschaft und Recht in Osteuropa, RUS Kapitel C, Rn. 176; zum *Joint Venture* im Allgemeinen, vgl. *Oesterle* Joint Ventures in Russland, Gabler 1993, S. 36; *Iann* Deutsch-russische Jointventures als internationale Kooperationsform, 1997, S. 47; *Keller/Knigge* Joint Ventures in den GUS-Staaten, Gabler 1995, S. 15 ff.

Erfahrung im Markt verfügt.[307] Diese Marktexpertise bezieht sich insbesondere auch auf den Zusammenhang zwischen Politik und Wirtschaft und damit verbundene Kontakte, die in Russland als essentieller Teil einer Unternehmensplanung mit einzubeziehen sind.[308]

In jüngster Zeit wird das Erfordernis eines Gemeinschaftsunternehmens für ausländische Investoren allerdings bezweifelt, da politische, soziale und kulturelle Unterschiede erhebliches Reibungspotential bieten und auf der anderen Seite eine russische Beteiligung regelmäßig nicht erforderlich sein wird.[309] Eine Unterstützung mittels Beratung durch einen ortsansässigen Marktexperten ist auch durch vertragliche Vereinbarungen zu gewährleisten. Eine Unterstützung auf diesem Wege bietet wahrscheinlich sogar weniger Reibungspotential, da der Berater emotional nicht entsprechend an das Unternehmen gebunden ist und daher objektiver zu urteilen vermag.

Einige Ausnahmen sind hiervon allerdings zu nennen. Etwa was ein Engagement in Branchen betrifft, die relevant für die Sicherheit des Staates sind.[310] Der Erwerb von Anteilen von entsprechenden Unternehmen kann genehmigungsbedürftig oder anteilsmäßig nach oben hin begrenzt sein.[311] Gleiches gilt für den Erwerb von landwirtschaftlich genutzter Fläche, der einem 100 %-igen Tochterunternehmen eines ausländischen Investors nicht möglich ist.[312]

b) Begrifflichkeit des Joint Venture

Eine einheitliche Definition des *Joint Venture*-Begriffes konnte sich bisher nicht durchsetzen, ganz zu schweigen von einer Legaldefinition durch den Gesetzgeber, die nicht erfolgt ist.[313]

Ein Versuch der begrifflichen Eingrenzung könnte sein: *Ein Joint Venture ist eine spezielle Form grenzüberschreitender Projektkooperationen, bei der eine geringe Anzahl voneinander unabhängiger Partner mitunternehmerisch zusammenarbeiten, indem sie divergierende Projektbeiträge leisten.*[314] Es handelt sich um ein meist

307 *Stein* KONtakt 1-2/2009, 17, 21.

308 *Stein* KONtakt 1-2/2009, 17, 21.

309 *Wellmann* IStR 2008, 426, 428.

310 Im Einzelnen, s.o. Kapitel A.I.4, S. 22.

311 *Wellmann* IStR 2008, 426, 428.

312 Im Einzelnen, s.o. Kapitel A.I.3.b)(7), S. 16.

313 *Micheler* Hdb Wirtschaft und Recht in Osteuropa, RUS Kapitel C, Rn. 173.

314 Im Einzelnen zu den Voraussetzungen *Wächtershäuser* Das Gesellschaftsrecht des internationalen Joint Ventures, 1992, S. 30 ff.

grenzüberschreitendes, aufgabenspezifisches Gemeinschaftsunternehmen,[315] welchem verschiedene Konstellationen zu Grunde liegen können. Insbesondere zählen hierzu: ein Mangel an Kapital bzw. Know-how bei einem der Beteiligten; die Teilung eines hohen Risikos; gesetzlicher Zwang (sog. *per-country-limitation*, nationale Mindestbeteiligungsquoten, *Joint Venture*-Verordnungen, u.ä.); mangelnde regionale, sektorale, strukturelle Flexibilität; einseitig oder strategisch verteiltes Potenzial.

c) Konstruktion eines Joint Venture

(1) ***Contractual Joint Venture***

Bei einer Kooperation der einzelnen *Joint Venture*-Partner, die auf die Zusammenarbeit in einer Einfachen Gesellschaft in Form einer Innengesellschaft beschränkt ist, handelt es sich um ein sog. *Contractual Joint Venture.*[316] Hierbei soll gerade kein Unternehmen als eigenständiges Rechtssubjekt errichtet werden.[317] Es handelt sich typischerweise um eine zeitlich Begrenzte Zusammenarbeit, die beispielsweise den Zweck hat, ein gemeinsames Angebot abzugeben (sog. Bietergemeinschaft[318]) oder einen konkreten Auftrag auszuführen (Arbeitsgemeinschaft[319]).[320]

Da sich die vorliegende Betrachtung aber dem dauerhaften Engagement eines Investors in Russland widmet, wird dem *Contractual Joint Venture* keine weitere Aufmerksamkeit geschenkt.[321]

(2) ***Equity Joint Venture***

Vielmehr als das sog. *Contractual Joint Venture* ist vorliegend das sog. *Equity Joint Venture* von Interesse. Hierbei handelt es sich um die gemeinsame Beteiligung

315 *Theisen* Der Konzern, 1991, S. 38 f.

316 *Baumanns* MüHdb GesR § 28 Rn. 2.

317 *Wächtershäuser* Das Gesellschaftsrecht des internationalen Joint Ventures, 1992, S. 52.

318 Im Einzelnen zu verschiedenen Bietergemeinschaften vgl. *Angerer*, in: Geibel/Süßmann, WpÜG, 2. Auflage 2008, § 2 Rn. 18 ff.; *Messerschmidt/Thierau*, in: Kapellmann/Messerschmidt, VOB Teile A und B, VgV, 3. Aufl. 2010, Anhang VOB/B Baubeteiligte und Unternehmereinsatzformen Rn. 127.

319 Im Einzelnen zur Arbeitsgemeinschaft vgl. *Lübbig*, in: Wiedemann, Hdb des Kartellrechts, 2. Aufl. 2008, § 8 Rn. 228 ff.

320 *Baumanns* MüHdb GesR § 28 Rn. 2.

321 Im Einzelnen zum *Contractual Joint Venture*, vgl. *Wächtershäuser* Das Gesellschaftsrecht des internationalen Joint Ventures, 1992, S. 52 ff. m.w.N.

der *Joint Venture*-Partner an einem sog. Gemeinschaftsunternehmen – eine Personen- oder Kapitalgesellschaft – mit der Absicht, sich dauerhaft zu engagieren,[322] wobei die einzelnen Beteiligungen an dem Gemeinschaftsunternehmen nicht in Gesamthands- oder Bruchteilseigentum gehalten werden, sondern im Eigentum der *Joint Venture*-Partner verbleiben.[323]

Handelt es sich bei dem Gemeinschaftsunternehmen um eine Kapitalgesellschaft, liegt ein sog. *Doppelgesellschaft* vor.[324] Denn die *Joint Venture*-Partner sind dann gleichzeitig Gesellschafter des Gemeinschaftsunternehmens und einer einfachen Gesellschaft, welche dem Zweck dient, das Gemeinschaftsunternehmen zu betreiben.[325]

Die Unterscheidung zwischen einem Unter- oder Gleichordnungskonzern hat an sich keine Auswirkungen auf die Gesellschaftsform eines *Joint Venture*. Das klassische *Joint Venture* ist ein Tochterunternehmen, welches sich dadurch auszeichnet, dass die Gründer (Mutterunternehmen) zu gleichen Teilen an dem Gemeinschaftsunternehmen beteiligt sind.[326] Das *Joint Venture* ist als Tochterunternehmen von den Mutterunternehmen abhängig, es handelt sich um eine sog. mehrfache, einstufige Abhängigkeit.[327]

Auf der anderen Seite haftet aber auch das Mutterunternehmen gegenüber dem Tochterunternehmen.[328] Dies kann insb. im Falle von sich vertragswidrig verhaltenden Gesellschaftern interessant sein.[329] In diesem Fall kann dann das andere Mutterunternehmen als Gesellschafter des Gemeinschaftsunternehmens in dessen Namen gegen den sich vertragswidrig verhaltenden Gesellschafter vorgehen.[330]

---

322 *Baumanns* MüHdb GesR § 28 Rn. 2.

323 *Baumanns* MüHdb GesR § 28 Rn. 2.

324 *Baumanns* MüHdb GesR § 28 Rn. 2.

325 *Koppensteiner*, in: KöKoAktG, § 18 Rn. 34; *Kuhlmann/Ahnis* Konzern- und Umwandlungsrecht, 2007, Rn. 91; anders etwa bei einer Holding, welche selber das Gemeinschaftsunternehmen leitet, im Einzelnen vgl. *Bayer*, in: MüKoAktG § 15 Rn. 25 ff.; *Vetter*, in: Schmidt/Lutter AktG §15 Rn. 62 ff.

326 *Kuhlmann/Ahnis* Konzern- und Umwandlungsrecht, 2007, Rn. 48.

327 Im Einzelnen *Kuhlmann/Ahnis* Konzern- und Umwandlungsrecht, 2007, Rn. 49.

328 Zum Haftungsdurchgriff s.u. Kapitel E.IX.4, S. 217.

329 *Kuhlmann/Ahnis* Konzern- und Umwandlungsrecht, 2007, Rn. 644 ff.

330 Zur Doppelstufigkeit, da der Mutterkonzern sowohl Ansprüchen des Gemeinschaftsunternehmens selbst, als auch Ansprüchen der weiteren Mutterkonzerne ausgesetzt ist, vgl. *Kuhlmann/Ahnis* Konzern- und Umwandlungsrecht, 2007, Rn. 650.

VI. Fazit

Als unternehmerisches Engagement in Russland kommen verschiedene Arten, ein Unternehmen zu betreiben, in Frage. Zunächst ist es denkbar, als ausländischer Rechtsträger lediglich vertragliche Beziehungen mit Abnehmern in Russland zu unterhalten. Diese Kontakte können durch Errichtung einer Repräsentanz oder Niederlassung intensiviert werden. Zuletzt ist es möglich, mittels einer Tochtergesellschaft als russischer Rechtsträger – in der Regel wohl ausländisch beherrscht – am Markt aufzutreten.

Ein unternehmerisches Engagement in Russland mittels der Unterhaltung direkter vertraglicher Beziehungen oder Einrichtung einer Repräsentanz bzw. Niederlassung bietet sich nur an, soweit Produktion und Vertrieb vor Ort nicht selbst ausgeführt werden sollen. Mangelnde Kommunikationsmöglichkeit mit wichtigen lokalen (End-) Kunden und erhöhte Abhängigkeit von Geschäftspartnern vor Ort begründen relativ bald das Bedürfnis einer ständigen Präsenz des Investors. Die Risiken für den Investor sind mittels Haftungsbegrenzungen der Kapitalgesellschaften stärker kalkulierbar, das Handeln unter einer russischen Firma schafft Vertrauen und verleiht Seriosität und zuletzt erfordern einige Rechtsgeschäfte die Rechtsform einer russischen (juristischen) Person.

Im Ergebnis kommt aus den genannten Gründen in vielen Fällen allein ein Engagement mittels Gründung einer russischen Tochtergesellschaft in Frage. Hierbei wird es sich aufgrund des *numerus clausus* der Gesellschaftsformen im russischen Recht und dem Zwang der Anwendung des russischen Gesellschaftsrechts um einen russischen Rechtsträger handeln.

Der Konzernbegriff an sich ist dem russischen Recht fremd. Eine Ober-/ Unterordnungsstruktur ist trotzdem gesetzlich in Form des Tochterunternehmens vorgesehen. Entscheidendes Merkmal ist die Beherrschungsmöglichkeit der Tochtergesellschaft durch eine Muttergesellschaft. Diese kann in Form einer Beteiligung an der Tochtergesellschaft, durch vertragliche Bindungen oder in sonstiger Weise vorliegen. Im russischen Recht wird schon bei einer relativ geringen Unternehmensbeteiligung von einer Beherrschung ausgegangen. Dies hat verschiedenen Gründe, ist aber zumindest im Zusammenhang mit dem Haftungsdurchgriff in Konzernstrukturen stets mit zu bedenken. Daneben kann auch die vertragliche Einflussnahmemöglichkeit zu einer Beherrschung führen, soweit diese ein Weisungsrecht begründet. Zuletzt ist auch eine Beherrschung in sonstiger Weise möglich und kann zu einer Haftung der beherrschenden Gesellschaft führen. Dies ist zumindest insoweit problematisch, als dass dem entscheidenden Gericht erheblicher Ermessensspielraum zusteht, ab wann von einer Beherrschung auszugehen ist.

Die Errichtung eines Gemeinschaftsunternehmens wurde als Kapitalisierungsinstrument nach Öffnung der mittel- und osteuropäischen Märkte zunächst sehr häufig genutzt. In jüngerer Zeit hat die wirtschaftliche Bedeutung von Gemeinschaftsunternehmen insbesondere unter Teilnahme eines ausländischen und eines russischen Investors allerdings stark abgenommen. Ein Gemeinschaftsunternehmen ist an sich nicht zwingend. Erforderliche Partnerschaften für ausländische Unternehmer sind auch durch einzelvertragliche Vereinbarungen zu erreichen. Im Zweifel bürgen politisch, soziale und kulturelle Unterschiede zu viel Konfliktpotential. Ausnahmen gelten selbstverständlich, soweit Lizenzen erforderlich sind, die nicht durch russische Tochtergesellschaften zu erlangen sind, die im (Allein-) Eigentum eines ausländischen Investors stehen. Im Ergebnis bietet sich diese Art des Engagements wohl nur noch in einigen Branchen an, in welchen die Teilnahme eines inländischen Investors an einem Unternehmen zwingend vorausgesetzt wird.

D. Gesellschaftsformen im russischen Recht

I. Allgemeines

Wie im deutschen Gesellschaftsrecht wird auch im russischen Gesellschaftsrecht zwischen Personengesellschaft (*chozjastvennye* tovariščestvo) und Kapitalgesellschaft (obščestvo) unterschieden.

Nunmehr werden die juristischen Personen in Körperschaften und Einheitsunternehmen unterteilt. Es existieren kommerzielle (AG, GmbH) oder nichtkommerzielle Körperschaften (Verein, Verband). Die Unterteilung in gewerbliche und nicht gewerbliche Organisationen im russischen Recht[331] ist vorliegend nicht von Bedeutung, da es sich im Folgenden ausschließlich um wirtschaftlich tätige, d.h. gewerbliche Organisationen handelt. Gewerbliche Organisationen sind die (privaten) Wirtschaftsgesellschaften (AG, GmbH), die – der deutschen Genossenschaft vergleichbaren – Produktionsgenossenschaft und das unitarische Unternehmen als Betätigungsform der öffentlichen Hand für privatwirtschaftliches Handeln. Für ein privatwirtschaftliches, gewinnorientiertes Unternehmen stehen die Wirtschaftsgesellschaften zur Verfügung. Eine Unterscheidung zwischen kaufmännischem und nichtkaufmännischem Gewerbebetrieb existiert im russischen Recht nicht.[332] Ansonsten sind die Wirtschaftsgesellschaften vergleichbar mit den deutschen Handelsgesellschaften.[333]

Entscheidend ist weiterhin, dass – bis auf die Einfache Gesellschaft (vergleichbar mit der deutschen GbR) – alle Gesellschaften des russischen Rechts juristische Personen sind. Dies gilt auch für die Personengesellschaften. Die historisch bedingten Unklarheiten bzgl. der vermögensrechtlichen Beziehung zwischen Gesellschaft und Gesellschaftern sind mit Einführung des ZGB RF 1994 entfallen. Die hier zu behandelnden Personen- (Vollgesellschaft, Gesellschaft auf Vertrauen) und Kapitalgesellschaften (GmbH, AG) sind Eigentümer der von den Beteiligten geleisteten Einlagen und des daraus Erworbenen.[334] Die Gesellschafter haben lediglich einen schuldrechtlichen Anspruch auf Beteiligung am

---

331 Im Einzelnen dazu vgl. *Solotych* Hdb Wirtschaft und Recht in Osteuropa, EL 53 2003, RUS Kap. D.I Rn. 1 ff.; *Pashchenko*, in: Einführung in das russische Recht, 2010, S. 216 f.

332 Art. 66–106 ZGB RF; *Solotych* Hdb Wirtschaft und Recht in Osteuropa, EL 53 2003, RUS Kap. D.I Rn. 1 ff.

333 *Solotych* Hdb Wirtschaft und Recht in Osteuropa, EL 53 2003, RUS Kap. D.I Rn. 1.

334 *Solotych*, Das Zivilgesetzbuch der Russischen Föderation – Erster Teil, 2. Aufl. 1997, S. 29; *Arzinger/Galander* Russisches Wirtschaftsrecht, 2. Aufl. 2002, S. 29 f.

Gewinn und am Liquidationserlös.[335] Die Konstruktion der eigentumsähnlichen Rechte, wonach dem Träger der juristischen Person ein dingliches Recht an dem der juristischen Person zuzuordnenden Vermögen zu verleihen ist, existiert im privaten Wirtschaftsverkehr nicht mehr. Eigentumsähnliche Rechte sind lediglich im Falle von juristischen Personen, die im Eigentum der öffentlichen Hand stehen, möglich.[336]

Die Rechtsfähigkeit der juristischen Personen im russischen Recht führt – im Gegensatz zum deutschen Recht – auch zur Strafmündigkeit juristischer Personen. Dies ist insbesondere im Bereich der Wirtschaftskriminalität von Bedeutung. In diesem Zusammenhang sind auch Normierungen bzgl. Korruptionstatbeständen zu beachten.[337]

Der Vollständigkeit halber sei zuletzt noch auf die Gesellschaftsform der Staatskorporation hingewiesen, die staatliches Engagement im Rahmen unternehmerischer Betätigung ermöglichen soll.[338] Da ausländische Investoren allerdings regelmäßig nicht an direkter Kooperation mit staatlichen Unternehmen interessiert sein werden, wird diese Gesellschaftsform hier nicht näher erläutert.

II. Die verschiedenen Gesellschaftstypen

1. Vertragliche Bindungen

a) Einfache Gesellschaft

Die Einfache Gesellschaft (*prostoe tovariščestvo*) gem. Art. 1041 ff. ZGB RF (GbR) ist das russische Äquivalent zur deutschen GbR.

Im Gegensatz zu OHG (bzw. zur russischen Vollgesellschaft) und KG (bzw. zur russischen Gesellschaft auf Vertrauen) handelt es sich im Falle der GbR und der Einfachen Gesellschaft lediglich um ein Vertragsverhältnis i.S.d. BGB bzw.

---

335 *Solotych*, Das Zivilgesetzbuch der Russischen Föderation – Erster Teil, 2. Aufl. 1997, S. 29; *Arzinger/Galander* Russisches Wirtschaftsrecht, 2. Aufl. 2002, S. 29 f.

336 *Solotych*, Das Zivilgesetzbuch der Russischen Föderation – Erster Teil, 2. Aufl. 1997, S. 29.

337 Vgl. zur Korruption, Föderales Gesetz „Über die Verhinderung von Korruption" vom 25.12.2008, Nr. 273-FZ, SZ RF 29.12.2008, Nr. 52, Pos. 6228; deutsche Übersetzung mit Einführung von *Nachmann/Wienhold* WiRO 2009, 146–150; siehe auch *Huber/Skoupil* WiRO 2014, 111 ff.; *Schwarz/Nanaeva* CCZ 2011, 207.

338 Zum Ganzen ausführlich *Kessler* Die sichtbare Hand des Staates. Eine rechtsökonomische Analyse russischer Staatskorporationen, 2013.

ZGB RF.[339] Anders als die deutsche GbR,[340] ist die russische Einfache Gesellschaft, nicht (teil-) rechtsfähig. Sie ist aufgrund ihrer geringen Praktikabilität auch nicht als Grundform der russischen Gesellschaften anzusehen[341] und nicht in eine Personengesellschaft umzuwandeln.[342] Wie auch im deutschen Recht besteht für die russische Einfache Gesellschaft keine Eintragungspflicht.[343] Dies hängt u.a. damit zusammen, dass es sich weder um einen (teilrechtsfähigen) Rechtsträger wie im deutschen Recht, noch um eine juristische Person handelt.[344] Die Einfache Gesellschaft soll die Möglichkeit einer Zusammenarbeit bieten, ohne eine juristische Person gründen zu müssen.[345] Erfreulich ist insoweit, dass keine „Doppelbesteuerung", wie für reguläre juristische Personen erfolgt.[346] Wobei zu beachten ist, dass dies nicht für Einfache Gesellschaften gilt, an der ein ausländischer Investor direkt beteiligt ist.[347] Eine Körperschaftssteuer ist nämlich nicht abzuführen. Trotzdem eignet sich die Einfache Gesellschaft aufgrund der haftungstechnischen Vorgaben und der vertraglichen Organisationsstruktur lediglich für eine punktuelle, projektbezogene Zusammenarbeit.[348]

b) Investitionsgesellschaft

Als Sonderform der Einfachen Gesellschaft wurde mit Wirkung ab dem 1.1.2012 die Investitionsgesellschaft als neue Gesellschaftsform gesetzlich

339 *Heeg* Finanz- und Haftungsverfassung russischer Kapitalgesellschaften, 2003, S. 8, Fn. 56; *Pashchenko*, in: Einführung in das russische Recht, 2010, S. 216.

340 Vgl. nur BGH NJW 2001, 1061.

341 *Pashchenko*, in: Einführung in das russische Recht, 2010, S. 216.

342 Geregelt in Art. 1028 ff. ZGB RF; vgl. *Gutbrod/Plagemann* WiRO 2008, 33, 36; *Solotych* Hdb Wirtschaft und Recht in Osteuropa, EL 53 2003, RUS Kapitel D.I., Rn. 284 ff.; *Resch* Unternehmensrecht in Russland zwischen Privatisierung und Staatshaftung, 2006, S. 94.

343 *Arzinger/Galander* Russisches Wirtschaftsrecht, 2. Aufl. 2002, S. 76; *Solotych* Hdb Wirtschaft und Recht in Osteuropa, EL 53 2003, RUS Kap. D.I Rn. 287; *Solotych*, Das Zivilgesetzbuch der Russischen Föderation – Zweiter Teil, 2001, S. 85; a.A. wohl *Becker*, Gesellschaftsrecht in Russland, 1998, S. 16.

344 *Heeg* Finanz- und Haftungsverfassung russischer Kapitalgesellschaften, 2003, S. 8.

345 Dies begrüßend, *Arzinger/Galander* Russisches Wirtschaftsrecht, 2. Aufl. 2002, S. 76.

346 *Arzinger/Galander* Russisches Wirtschaftsrecht, 2. Aufl. 2002, S. 76.

347 *Schmitt* Joint Ventures in the Russian Federation, 2009, Fn. 3, abrufbar unter: http://www.whitecase.com/files/Publication/255b764d-e306-417e-bd1a-3a6ab0bf8099/Presentation/PublicationAttachment/3f45c74f-1523-439a-b926-3b4ce60316e2/article_JointVenture_v3.pdf.

348 *Arzinger/Galander* Russisches Wirtschaftsrecht, 2. Aufl. 2002, S. 76.

normiert.[349] Die Investitionsgesellschaft soll die Akquise von Kapital zur Projektfinanzierung erleichtern. Insbesondere im Bereich *Venture Capital* wurde hier nachbesserungsbedarf gesehen.[350]

Ziel ist es, die formalen Hürden möglichst gering und die Verwaltung so flexibel wie möglich zu hallten.[351]

Es handelt sich um einen Zusammenschluss von mindestens zwei und höchstens 50 Gesellschaftern bzw. Vertragspartnern für maximal 15 Jahre oder bis zur Zweckerreichung.[352] Die Investitionsgesellschaft basiert auf einem Gesellschaftervertrag und dient stets dem Zweck eines bestimmten Investments.[353] So etwa Erwerb bzw. Veräußerung von Anteilen an nichtbörslich notierten Kapitalgesellschaften oder Wirtschaftspartnerschaften oder von Finanzinstrumenten zu Termingeschäften. Der Vertrag über eine Investitionsgesellschaft bedarf der notariellen Beglaubigung.[354] Insb. in steuerlicher Hinsicht wurden darüber hinaus einige Ergänzungen implementiert. Ansonsten gilt das zur Einfachen Gesellschaft gesagte. Ob sich die Investitionsgesellschaft größerer Beliebtheit erfreuen wird als die Einfache Gesellschaft, bleibt abzuwarten.[355]

2. Personengesellschaften

a) Allgemeines

Sowohl im deutschen wie auch im russischen Recht werden die Personengesellschaften auch als Vertragsgesellschaften bezeichnet,[356] da zu ihrer Gründung lediglich ein Vertrag erforderlich ist. Im Gegensatz dazu bedarf es bei der Gründung einer Kapitalgesellschaft nach wie vor einer Satzung (sog. Satzungsgesellschaft);[357] ein zusätzlicher Gründungs- bzw. Kündigungsvertrag ist gem. der ZGB RF-Novelle daneben nicht mehr erforderlich.[358]

---

349 Föderales Gesetz „Über die Investitionsgesellschaft" vom 28.11.2011, Nr. 335-FZ, SZ RF 2011, Nr. 49, Pos. 7029; deutsche Übersetzung von *Stein* WiRO 2013, 144 ff.

350 *Stein* WiRO 2013, 144 ff.

351 *Stein* WiRO 2013, 144.

352 *Himmelreich* WiRO 2012, 183, 185.

353 *Himmelreich* WiRO 2012, 183, 185.

354 *Himmelreich* WiRO 2012, 183, 185.

355 Hiervon ausgehend *Stein* WiRO 2013, 144, 146.

356 *Stürmer*, in: Jauernig BGB, 13. Aufl. 2009, Einführung Abschnitt 8 Rn. 4; *Solotych*, Das Zivilgesetzbuch der Russischen Föderation – Erster Teil, 2. Aufl. 1997, S. 29.

357 *Solotych*, Das Zivilgesetzbuch der Russischen Föderation – Erster Teil, 2. Aufl. 1997, S. 29.

358 Teilgesetzentwurf Nr. 47538-6/2.

Im russischen Recht sind die den deutschen vergleichbaren Personengesellschaften die Vollgesellschaft (*polnoje tovariščestvo*) gem. Art. 69 ff. ZGB RF (OHG) und die Kommanditgesellschaft (*komanditnoe tovariščestvo*) bzw. Gesellschaft auf Vertrauen (*tovariščestvo na vere*) gem. Art. 82 ff. ZGB RF.[359] Ein Handelsgesetzbuch entsprechend dem deutschen HGB existiert nicht. Ziel war es für handels- und gesellschaftsrechtliche Fragen die allgemeinen Vorschriften des ZGB RF heranzuziehen, um die Einheitlichkeit des Rechtssystems sicherzustellen.[360]

Teilweise werden die Personengesellschaften in der russischen Wissenschaft als überflüssig angesehen.[361] Die Gesetzgebung wird in die Richtung gedeutet, dass die Errichtung von Kapitalgesellschaften den Personengesellschaften vorzuziehen ist.[362]

b) GmbH & Co. KG

Die in Deutschland attraktive Mischform zwischen Personen- und Kapitalgesellschaft in Form der GmbH & Co. KG ist in Russland grundsätzlich auch möglich, da die Kombination von verschiedenen Gesellschaftsformen im russischen Recht vorgesehen ist.[363] Ausdrücklich können auch Kapitalgesellschaften Gesellschafter von Personengesellschaften sein.[364]

---

359 Die der deutschen Kommanditgesellschaft vergleichbare russ. Personengesellschaft kann laut Art. 82 Abs. 4 S. 1 ZGB RF unter Kommanditgesellschaft (komanditnoe tovariščestvo) oder Gesellschaft auf Vertrauen (tovariščestvo na vere) firmieren, vgl. auch *Resch*, Unternehmensrecht in Russland zwischen Privatisierung und Staatshaftung, 2006, S. 90.

360 *Arnold* RIW 1995, 897, 902; *Heeg* Finanz- und Haftungsverfassung russischer Kapitalgesellschaften, 2003, S. 7.

361 Vgl. *Resch* Unternehmensrecht in Russland zwischen Privatisierung und Staatshaftung, 2006, S. 121.

362 *Resch*, Unternehmensrecht in Russland zwischen Privatisierung und Staatshaftung, 2006, S. 121.

363 *Solotych* Hdb Wirtschaft und Recht in Osteuropa, EL 53 2003, RUS Kapitel D.I., Rn. 8.

364 Art. 69 Pkt. 2, 82 Pkt. 3 ZGB RF wonach jegliche Person Gesellschafter einer Gesellschaft auf Vertrauen sein kann; *Arzinger/Galander* Russisches Wirtschaftsrecht, 2. Aufl. 2002, S. 76; *Fanger* Direktinvestitionen in Russland, 2002, S. 24; *Solotych* Hdb Wirtschaft und Recht in Osteuropa, EL 53 2003, RUS Kapitel D.I., Rn. 8; *Horn*, in: Die Neugestaltung des Privatrechts in Mittelosteuropa und Osteuropa, 2002, S. 40 f.; *Kruse* RIW 2007, 256, 258; *Sparfeld/Wagner*, in: Widmann/Mayer, Umwandlungsrecht, 2003, Anh. 3, RUS 18.

Als Komplementär sind neben in- auch ausländische Kapitalgesellschaften denkbar.[365] In Deutschland zunächst sehr attraktiv, weil steuerlich vorteilhaft, erfreut sich die GmbH & Co. KG auch aufgrund des geringeren Verwaltungsaufwandes einer hohen Beliebtheit.[366]

Auch im russischen Gesellschaftsrecht könnten die geringe Satzungs- bzw. Vertragsstrenge, die geringeren Eintragungsvoraussetzungen und die einfacher gestaltete Organisationsstruktur von Interesse sein.[367] Darüber hinaus wurden die Personengesellschaften teilweise als „eigentlicher Kern der wirtschaftlichen Gesellschaften" bezeichnet.[368] Empirisch hat sich bisher allerdings nicht bestätigt, dass die aufgezählten Vorteile ausreichen, um die Wahl dieser Gesellschaftsform zu begründen. Dementsprechend hat die GmbH & Co. KG wie alle anderen Personengesellschaften in Russland bisher kaum praktische Bedeutung erlangt.[369] Begründet wird dies damit, dass die vom deutschen Recht her bekannten Vorteile – Umgehung einer zweifachen Besteuerung und flexiblere Verwaltungsstrukturen – im russischen Recht nicht in dem Maße gegeben sind.[370] Insbesondere gelten keine Erleichterungen im Bereich der aufwändigen Buchführung,[371] da es sich bei der GmbH & Co. KG als Personengesellschaft auch um eine juristische Person handelt.[372]

Auch in steuerlicher Hinsicht gelten keine Besonderheiten.[373] Wie auch die Kapitalgesellschaften werden die Personengesellschaften (Vollgesellschaft und Gesellschaft auf Vertrauen) – anders als im deutschen Recht – weil sie juristische

---

365 *Kruse* RIW 2007, 256, 258.

366 Zum Ganzen *Binz/Sorg* Die GmbH & Co. KG, 11. Aufl. 2010, § 1; immer noch aktuell *Heid* DB 1985, Beil. 4, 1/2.

367 Im Einzelnen zur Organisationsstruktur einer GmbH & Co. KG russischen Rechts, vgl. *Kruse* RIW 2007, 256, 257 f.

368 *Vitrjanskij/Suchanov* S. 47; *Suchanov* VVAS 1995, Nr. 6, 100, 103; *Heeg* Finanz- und Haftungsverfassung russischer Kapitalgesellschaften, 2003, S. 8, Fn. 58.

369 Laut statistische Informationen zu den registrierten juristischen Personen existieren in Russland überhaupt nur knapp über tausend Vollgesellschaften und Kommanditgesellschaften von ca. 4,5 Mio. eingetragenen juristischen Personen, vgl. http://www.nalog.ru/html/docs/1ul_1210.xls.

370 *Heeg* Finanz- und Haftungsverfassung russischer Kapitalgesellschaften, 2003, S. 9.

371 *Heeg* Finanz- und Haftungsverfassung russischer Kapitalgesellschaften, 2003, S. 9.

372 *Kruse* RIW 2007, 256, 258; *Schwarz* Investieren in Rußland, Berlin Verlag, Berlin, 1996, S. 27.

373 Im Einzelnen zur Besteuerung einer GmbH & Co. KG russischen Rechts, vgl. *Kruse* RIW 2007, 256, 257 f.

Personen sind, separat besteuert.[374] Lediglich die Einfache Gesellschaft ist mangels Rechtssubjektsqualität nicht steuerpflichtig.[375]

Darüber hinaus ist festzuhalten, dass die niedrigen Anforderungen an das Mindestkapital einer Kapitalgesellschaft bzgl. GmbH und AG[376] kein Hindernis in der Rechtsformwahl darstellen.[377] Zu Beginn der Marktöffnung in Russland wurde angenommen, dass aufgrund mangelnder echter Konkurrenz kein Erfordernis existiert, persönliche Haftung zu übernehmen, um Seriosität zu signalisieren.[378] Dieser Ansatz dürfte inzwischen zu vernachlässigen sein, da es an echter Konkurrenz in Russland nicht mehr mangelt.[379] Die Übernahme eines persönlichen Haftungsrisikos als Vertrauensbildende Maßnahme könnte somit im Einzelfall von Interesse sein. Letzten Endes wird dem ausländischen Investor aufgrund der schwierigen Einschätzbarkeit und der zunächst kurzfristigen Planung trotz allem zu aller erst an einer Haftungsbeschränkung gelegen sein.

3. Kapitalgesellschaften

Die Kapitalgesellschaften im Recht der Russischen Föderation sind die GmbH und die GmzH gem. dem GmbHG RF[380] und die AG in Form der geschlossenen Aktiengesellschaft (gAG) und der Offenen Aktiengesellschaft (oAG) gem. dem AktG RF.[381] Die ZGB RF-Novelle sieht allerdings eine ersatzlose Streichung der Gesellschaftsformen der GmzH und der gAG vor.[382] Diese Gesellschaftsformen

---

374 *Arzinger/Galander* Russisches Wirtschaftsrecht, 2. Aufl. 2002, S. 76.

375 *Arzinger/Galander* Russisches Wirtschaftsrecht, 2. Aufl. 2002, S. 76.

376 S.u. Kapitel E.VI.2.b), S. 136.

377 *Heeg* Finanz- und Haftungsverfassung russischer Kapitalgesellschaften, 2003, S. 9; *Schwarz* Investieren in Rußland, Berlin Verlag, Berlin, 1995, S. 27.

378 So *Holloch* Das neue russische Wirtschaftsrecht insbesondere das Gesellschaftsrecht, in: *Schröder, Christian* (Hg.) Die neuen Kodifikationen in Russland, Berlin-Verlag Spitz, Berlin, 2. Aufl. 1999, S. 47, 54 f.

379 Ebenso *Heeg* Finanz- und Haftungsverfassung russischer Kapitalgesellschaften, 2003, S. 9, der dies mit dem Verweis auf die (Straßen-)Verkaufsbuden belegt, welche in der Regel in Form einer GmbH strukturiert sind.

380 Föderales Gesetz „Über Gesellschaften mit beschränkter Haftung“ vom 8.2.1998, SZ RF 1998, Nr. 7, Pos. 785; deutsche Übersetzung von *Göckeritz/Wedde* Das neue russische GmbH-Recht, Berlin 2009, S. 47 ff.

381 Föderales Gesetz „Über Aktiengesellschaften“ vom 26.12.1995, Nr. 208-FZ, SZ RF 1996, Nr. 1, Pos. 1; deutsche Übersetzung von *Lenga/Solotych* Hdb Wirtschaft und Recht in Osteuropa, RUS 350.

382 Teilgesetzentwurf Nr. 47538-6/2.

erlangten in der Praxis ohnehin nur geringe Bedeutung. GmzHs und geschlossene AGs sind dann in GmbH oder AG umzuwandeln.

Der Einfachheit halber sollen für die einzelnen Gesellschaftstypen nunmehr einheitliche Regelungen in Bezug auf Gründung, Gesellschaftsorgane und Reorganisation gelten.

Eine der deutschen UG (haftungsbeschränkt) oder der englischen Limited (Ltd.) vergleichbare Kapitalgesellschaft mit einem relativ geringen bzw. ohne satzungsgemäßes Kapitalerfordernis existierte im russischen Recht zunächst nicht. Mit Wirkung zum 1.7.2012 ist nun die Wirtschaftspartnerschaft als neue Rechtsform (kommerzielle Organisation) normiert worden;[383] entsprechend wurde das ZGB RF ergänzt.[384] Die Wirtschaftspartnerschaft soll als Gesellschaftsform insbesondere im Bereich der Innovation zum Einsatz kommen. Es handelt sich um eine juristische Person, an der sich mindestens zwei und höchstens 50 natürliche oder juristische Personen als Gesellschafter beteiligen können.[385] Die Verwaltung der Wirtschaftspartnerschaft steht auch Nichtgesellschaftern offen, so dass hierfür Mitarbeiter oder externe Berater herangezogen werden können. Grundlage der Wirtschaftspartnerschaft sind die Satzung und die Vereinbarung über die Verwaltung der Wirtschaftspartnerschaft. Die Vereinbarung über die Verwaltung der Wirtschaftspartnerschaft legt die an der Verwaltung beteiligten Personen und deren Befugnisse fest. Die Umwandlung einer juristischen Person in eine Wirtschaftspartnerschaft ist nicht möglich; andererseits kann die Wirtschaftspartnerschaft ausschließlich in eine AG umgewandelt werden.[386] Die Wirtschaftspartnerschaft haftet als selbstständiger Rechtsträger für Forderungen. Die Gesellschafter haften lediglich in Höhe ihrer Einlagen.[387] Ein Mindestsatzungkapital ist gesetzlich nicht vorgesehen. Ob sich die Wirtschaftspartnerschaft als Investitionsform in der Praxis durchsetzen wird, bleibt abzuwarten. Ob eine entsprechende Unternehmergesellschaft für ausländische Investoren allerdings von gesteigertem Interesse ist, gilt es anzuzweifeln, da die Höhe der Mindesteinlage sowohl für GmbH[388] als auch

383 Föderales Gesetz „Über die Wirtschaftspartnerschaften" vom 3.12.2011, Nr. 380-FZ, SZ RF 2011, Nr. 49, Pos. 7058.

384 Art. 50 Pkt. 2 ZGB RF ergänzt durch Föderales Gesetz vom 6.12.2011, Nr. 393-FZ, SZ RF 2011, Nr. 50, Pos. 7335.

385 *Himmelreich* WiRO 2012, 248, 250.

386 *Himmelreich* WiRO 2012, 248, 250.

387 *Himmelreich* WiRO 2012, 248, 250.

388 Gemäß Art. 14 Pkt. 1 Abs. 2 GmbHG RF min. RUR 10.000,- = EUR 255,-.

AG[389] bei weitem unter der im deutschen Recht erforderlichen Summe liegt.[390] Lediglich von Interesse wären Vereinfachungen der (formalen) Gründungsanforderungen und eine geringere Satzungsstrenge.

Im Ergebnis hängt die Wahl der Rechts- bzw. Gesellschaftsform von verschiedenen Faktoren ab, die es abzuwägen gilt. Für ein ausländisches Engagement kommen neben der GmbH[391] vor allem die AG in Frage.[392] Die Aktiengesellschaft russischen Rechts soll daher im Folgenden im Einzelnen dargestellt werden.

III. Fazit

Entscheidend für die Wahl der passenden Gesellschaftsform einer Tochtergesellschaft bzw. eines Gemeinschaftsunternehmens ist, welchem Zweck das Tochter- oder Gemeinschaftsunternehmen dienen soll.[393] Verfolgt wird in der Regel die Errichtung eines Unternehmens, welches in der Lage ist, gewinnorientiert zu wirtschaften und eigenständig nach außen hin aufzutreten.[394]

In diesem Sinne wird die gewünschte Gesellschaftsform in Deutschland die GmbH oder die GmbH & Co. KG oder auch die AG sein.[395] Dies bietet sich nicht zuletzt aufgrund der Haftungsbeschränkungen an.[396] Auch von Bedeutung sind bei dieser Wahl die vergleichsweise große satzungsmäßige Gestaltungsfreiheit und die ausgeprägten Mitspracherechte der jeweiligen Gesellschafter.[397] Wie dargestellt, sind (ausländische) Investoren in Russland auf die Wahl einer Gesellschaftsform

---

389 Gemäß Art. 26 AktG RF min. das Tausendfache des monatlichen Mindestlohns (RUR 100.000,- = EUR 2300,-), vgl. Kapitel E.VI.2.b), S. 136.

390 In Deutschland bzgl. der GmbH min. EUR 25.000,- (*Hueck/Fastrich*, in: Baumbach/Hueck, 19. Aufl. 2010, § 5 Rn. 4 f.) und bzgl. der AG min. EUR 50.000,- (*Hüffer*, 9. Aufl. 2010, § 7 Rn. 1 f.).

391 Zur GmbH vgl. im Einzelnen *Göckeritz/Wedde* Das neue russische GmbH-Recht, Berlin 2009; *Boës* Die Gesellschaft mit beschränkter Haftung im russischen und deutschen Recht, 2007; siehe auch *Hansson* WiRO 2011, 97 ff.

392 Sich auf die GmbH und die AG beschränkend *von Wistinghausen/Wilke* Investitionen in Russland, 2008, S. 14; *Baker&McKenzie* Doing Business in Russia, 2006, S. 13; *Micheler* Hdb Wirtschaft und Recht in Osteuropa, RUS Kapitel C, Rn. 166 ff.

393 Bei der *Doppelstufigkeit* (s.o.) bezieht sich die Überlegung selbstverständlich lediglich auf das gemeinsam geplante Unternehmen, vgl. *Schulte/Pohl* Joint-Venture-Gesellschaften, 2. Aufl. 2008, Rn. 64.

394 *Thiel* Joint-ventures in der Russländischen Föderation, Spitz 1995, S. 66.

395 *Raiser/Veil* Recht der Kapitalgesellschaften, 2006, § 4 Rn. 19.

396 Deshalb die Errichtung einer reinen Personengesellschaft ablehnend *Schulte/Pohl* Joint-Venture-Gesellschaften, 2. Aufl. 2008, Rn. 75.

397 *Schulte/Pohl* Joint-Venture-Gesellschaften, 2. Aufl. 2008, Rn. 64 f.

aus dem russischen Recht beschränkt.[398] Daneben gilt auch im russischen Recht der *numerus clausus* der Gesellschaftsformen,[399] sodass die Wahl der Gesellschaftsform auf eine der durch die russische Gesetzgebung normierten Gesellschaften zu begrenzen ist. Früher wurde in diesem Sinne vertreten, dass die sich am ehesten anbietende Gesellschaftsform eine AG sei,[400] wobei dies wohl eher dem Umstand geschuldet ist, dass es zu diesem Zeitpunkt noch kein reformiertes russisches GmbH-Gesetz gab.[401]

Gegen die Gesellschaftsform der AG spricht zunächst der formalistische Eintragungs- bzw. Anmeldungsprozess.[402] Daneben gelten auch im russischen Recht Satzungsstrenge[403] und Weisungsabhängigkeit der Geschäftsführung; für Tochter- oder Gemeinschaftsunternehmen erwünschte Flexibilität wird hierdurch beeinträchtigt.[404] Hemmend wirken sich auch erhöhte Publikationspflichten der AG aus.[405] Gesellschafterbeschlüsse in der GmbH sind regelmäßig im Umlaufverfahren möglich und die Einberufungs- und Durchführungsbestimmungen für die Hauptversammlung sind weniger umständlich.

Andererseits berechnet sich die Mehrheit bei Gesellschafterbeschlüssen innerhalb der GmbH nach der Gesamtzahl der Gesellschafter; daneben ist eine Reihe von Beschlüssen ausschließlich einstimmig möglich. Im Ergebnis ist erforderlich, dass einerseits alle Gesellschafter anwesend sind und andererseits alle Gesellschafter einstimmig votieren. Die Entscheidungsfindung bei mehreren Beteiligten mit verschiedenen Interessen wird sich somit durchaus kompliziert gestalten.[406] Daneben sind in Bezug auf die russische GmbH nach wie vor Probleme im Zusammenhang mit Gesellschafteraustritt und Abfindungszahlungen

398 S.o. Kapitel 0, S. 25.

399 *Kalss* ZGR 2000, 819, 829.

400 *Thiel* Joint-ventures in der Russländischen Föderation, Spitz 1995, S. 66.

401 Das aktuelle GmbHG RF wurde 1998 eingeführt und 2009 grundlegend novelliert, Föderales Gesetz „Über Gesellschaften mit beschränkter Haftung“ vom 8.2.1998, SZ RF 1998, Nr. 7, Pos. 785; deutsche Übersetzung von *Göckeritz/Wedde* Das neue russische GmbH-Recht, Berlin 2009, S. 47 ff.; siehe auch *Hansson* WiRO 2011, 97 ff.

402 Im Einzelnen zur Errichtung einer AG, s.u. Kapitel E.III.2.e), S. 69.

403 Zur Satzungsstrenge im russischen Aktienrecht siehe *Plagemann* WiRO 2011, 231 ff.

404 *Stengel*, in: HdbPersG § 21 Rn. 92; *Schulte/Pohl* Joint-Venture-Gesellschaften, 2. Aufl. 2008, Rn. 71; ebenso in Bezug auf das russ. Recht *Kruse* Die personalisierte Kapitalgesellschaft russischen Rechts, 2002, S. 365.

405 *Micheler* Hdb Wirtschaft und Recht in Osteuropa, RUS Kapitel C, Rn. 166.

406 *Micheler* Hdb Wirtschaft und Recht in Osteuropa, RUS Kapitel C, Rn. 168.

zu beachten.[407] Aktien hingegen können ohne notarielle Beglaubigung einfach übertragen werden.[408] In Bezug auf Minderheitenrechte und Informationspflichten bietet die AG dem Minderheitengesellschaft – aufgrund der strengeren formalen Anforderungen – ebenfalls ausgeprägteren Schutz.[409] Auch kann die strategische Ausrichtung hin zu einem größeren Gesellschafterkreis für eine AG ausschlaggebend sein. Steht schon während der Gründungsphase fest, dass der Gesellschafterkreis die Anzahl von 50 Personen überschreiten soll – etwa um zusätzliches Eigenkapital zu akquirieren –, ist von Anfang an auf die AG zurückzugreifen. Die Gesellschafteranzahl einer russischen GmbH ist auf 50 Personen begrenzt, sodass ab dem Zeitpunkt, in dem die Gesellschafterzahl 50 übersteigt eine Umwandlung gesetzlich vorgeschrieben ist.[410] Insbesondere wenn der Gesellschafterkreis zunächst nur wenige Teilhaber umfassen soll, später aber durch Hinzutreten neuer Gesellschafter weiteres Kapital akquiriert werden soll, bietet sich die AG an, da dies die aufwendige Umwandlung der GmbH in eine AG überflüssig macht.

Auch im russischen Recht existiert die Gesellschaftsform der KG bzw. der GmbH & Co. KG,[411] welche die Haftungsprivilegierung einer Kapitalgesellschaft und die volle Flexibilität einer Personengesellschaft mit sich bringt. Aus deutscher Sicht ist die GmbH & Co. KG aus steuerlichen Gründen in der Regel einer Kapitalgesellschaft vorzuziehen, da bei einer Personengesellschaft keine sog. „Zweifachbesteuerung" – zunächst Besteuerung der Gesellschaft und dann Besteuerung der gezogenen Gewinne beim Gesellschafter – erfolgt.[412] Eine

407 *Schmitt* Joint Ventures in the Russian Federation, 2009, S. 2, abrufbar unter: http://www.whitecase.com/files/Publication/255b764d-e306-417e-bd1a-3a6ab0bf8099/Presentation/PublicationAttachment/3f45c74f-1523-439a-b926-3b4ce60316e2/article_JointVenture_v3.pdf; siehe zum reformierten Austrittsrecht in der russischen GmbH im Einzelnen *Göckeritz/Wedde* GmbH Recht, S. 24; *Radjuk* RIW 2009, 592, 594.

408 *Schmitt/Melnikov* Hdb Wirtschaft und Recht in Osteuropa, RUS Kap. D.I Rn. 112; zur Übertragung von Aktien s.u. Kapitel E.VII.7, S. 226.

409 *Schmitt/Melnikov* Hdb Wirtschaft und Recht in Osteuropa, RUS Kap. D.I Rn. 112; zu den Minderheitenrechten im Einzelnen s.u. Kapitel E.V.6, S. 129.

410 Art. 7 Pkt. 3 GmbHG RF.

411 Zu dessen Existenz, vgl. *Resch*, Unternehmensrecht in Russland zwischen Privatisierung und Staatshaftung, 2006, S. 107; *Solotych* Hdb Wirtschaft und Recht in Osteuropa, EL 53 2003, RUS Kapitel D.I., Rn. 8, 47 f.

412 Zur Besteuerung von Personengesellschaften insbes. der GmbH & Co. KG und Kapitalgesellschaften im Einzelnen, vgl. *Watermeyer* Beck'sche HdbPersG, 3. Aufl. 2009, § 16 Rn. 65 ff.

GmbH & Co. KG als Gesellschaftsform für ein Tochter- oder Gemeinschaftsunternehmen ist nach der russischen Gesetzgebung grundsätzlich möglich, da die Kombination von verschiedenen Gesellschaftsformen im russischen Recht vorgesehen ist.[413] Ausdrücklich können auch Kapitalgesellschaften Gesellschafter von Personengesellschaften sein.[414] Allerdings existieren Steuervorteile im Vergleich zu den Kapitalgesellschaften – anders als in Deutschland – nicht,[415] sodass das Interesse an einer Personengesellschaft mit der Haftungsbeschränkung einer Kapitalgesellschaft entsprechend gering ist.

413 *Solotych* Hdb Wirtschaft und Recht in Osteuropa, EL 53 2003, RUS Kapitel D.I., Rn. 8.
414 Art. 69 Pkt. 2, 82 Pkt. 3 ZGB RF.
415 *Göckeritz/Wedde* Das neue russische GmbH-Recht, Berlin 2009, S. 10.

E. Die Aktiengesellschaft im Recht der Russischen Föderation

I. Allgemeines

Bei der russische AG[416] handelt sich um eine juristische Person i.S.d. Art. 48 ff. ZGB RF. Sie haftet als Kapitalgesellschaft mit ihrer Vermögensmasse für Verbindlichkeiten gegenüber Dritten.[417] Gem. Art. 49 Pkt. 1 Abs. 1 ZGB RF ist sie uneingeschränkt rechtsfähig,[418] wobei die Rechtsfähigkeit in den Gründungsdokumenten eingeschränkt werden kann.[419]

Bei einer AG handelt es sich um eine gewerbliche Organisation, deren Satzungskapital auf eine bestimmte Anzahl von Aktien verteilt ist, welche die Anteile der Teilnehmer (Aktionäre) an der Gesellschaft bescheinigen.[420]

Die AG wurde schon relativ früh im Rahmen des AktG RF[421] in das russische Zivil- bzw. Gesellschaftsrecht integriert. Dies liegt daran, dass es sich bei der AG um die bevorzugte Unternehmensform im Zuge der Privatisierungen handelte.[422]

---

416 Zur Aktiengesellschaft vgl. *Solotych* Hdb Wirtschaft und Recht in Osteuropa, EL 53 2003, RUS D.I. Rn. 130 ff.; *Arzinger/Galander* Russisches Wirtschaftsrecht, 2. Aufl. 2002, S. 98 ff.; *Klemm* Die Entwicklung des russischen Rechts der Kapitalgesellschaften, 1996, S. 283 ff.; *Resch*, Unternehmensrecht in Russland zwischen Privatisierung und Staatshaftung, 2006, S. 117 ff.; *Spies* ROW 1996, 130 ff.; *Micheler* WiRO 1996, 81 ff.; *Bauer* WiRO 1995, 97 ff.

417 Art. 2 Abs. 2 AktG RF.

418 Zur speziellen Rechtsfähigkeit, vgl. *Bratus*, in: Genkin (Hg.) Sowjetisches Zivilrecht, Band 1, S. 183 ff.

419 Im Einzelnen s.u. Kapitel E.III.2.i)(2), S. 75; vgl. *Kruse* Die personalistische Kapitalgesellschaft russischen Rechts S. 161; *Resch*, Unternehmensrecht in Russland zwischen Privatisierung und Staatshaftung, 2006, S. 96; zur Handlungsfähigkeit der Gesellschaft s.u. Kapitel E.VIII, S. 206; zur Unterscheidung zwischen Anfechtbarkeit und Nichtigkeit, s.u. Kapitel E.V.6.f)(4), S. 125.

420 Art. 2 Abs. 1 S. 1 AktG RF.

421 Föderales Gesetz „Über Aktiengesellschaften" vom 26.12.1995, SZ RF 1996, Nr. 1, Pos. 1; deutsche Übersetzung von *Lenga/Solotych* Hdb Wirtschaft und Recht in Osteuropa, EL 53 2003, RUS 350.

422 *Avilov* VDRW-Mitteilungen, Nr. 18–19 (11/2000), S. 1; *Primaczenko* KONtakt 3/2007, S. 4; zur Privatisierung im Einzelnen auch *Resch* Unternehmensrecht in Russland zwischen Privatisierung und Staatshaftung, 2006, S. 161 ff.; *Höhmann*

Die AG wird in Russland sowohl für Großunternehmen als auch für mittelständische oder Kleinbetriebe als Gesellschaftsform genutzt.[423]

II. Unterscheidung zwischen öffentlicher und privater Aktiengesellschaft

1. Allgemeines

Der Teilgesetzentwurf Nr. 47538-6/2 der ZGB RF-Novelle sieht vor, dass im russischen Recht nicht mehr gem. Art. 7 Pkt. 1 AktG RF zwischen der Aktiengesellschaft offenen und geschlossenen Typs unterschieden wird. Hierbei entspricht die oAG der deutschen AG, die gAG ist hingegen der angloamerikanischen *closed corporation* nachempfunden.[424] Bei diesen beiden Arten der AG handelt es sich um gleichberechtigte Typen derselben Rechtsform.[425]

Da die gAG teilweise für Überflüssig gehalten wurde, soll nunmehr ihre Abschaffung beschlossen werden.[426] Der praktischen Bedeutungslosigkeit der

(Hg.) Spontaner oder gestalteter Prozess?, 1999; *Blankenagel* Hdb Wirtschaft und Recht in Osteuropa RUS Kapitel A 1 ff.; 249 ff.

423 *Solotych* Hdb Wirtschaft und Recht in Osteuropa, EL 53 2003, RUS Kapitel D.I., Rn. 130; vgl. auch *Heeg* Finanz- und Haftungsverfassung russischer Kapitalgesellschaften, 2003, S. 7.

424 Im Unterschied zur gAG ist der oAG ein Auftreten am Kapitalmarkt möglich. Aktien der oAG können von Aktionären ohne vorherige Zustimmung der übrigen Aktionäre veräußert werden. Aktien einer gAG können hingegen lediglich an einen im voraus bestimmten Personenkreis übertragen werden, was in der Regel einem Vorkaufsrecht der Gründer entspricht und die Anzahl der Aktionäre darf 50 Personen nicht übersteigen; *Suchanov*, in: Die Neugestaltung des Privatrechts in Mittelosteuropa und Osteuropa, 2002, S. 129, 140; *Wedde* VDRW-Mitteilungen 33–34/2007, 40, 42; *Resch*, Unternehmensrecht in Russland zwischen Privatisierung und Staatshaftung, 2006, S. 117.

425 Beschluss des Plenums des Obersten Gerichts der RF vom 2.4.1997, Nr. 4 und des Obersten Arbitragegerichts der RF Nr. 8, Ziff. 10, deutsche Übersetzung von *Göckeritz*, WOS Bd. II/1, Abtlg. III 3 a) 2.); *Kruse* Die personalisierte Kapitalgesellschaft russischen Rechts S. 93 m.w.N.

426 So etwa der Rat beim Präsidenten der Russischen Föderation zur Kodifizierung und Vervollkommnung des bürgerlichen Rechts in seinem „Konzept zur Fortentwicklung des Rechts der juristischen Personen" vom 17.3.2009, vgl. www.privlaw.ru; *Kruse* Die personalisierte Kapitalgesellschaft russischen Rechts S. 93; Modelgesetzgebung für die GUS-Staaten (Gesellschaftsrecht), WGO-MfOR 1998, 362, 363; *Resch*, Unternehmensrecht in Russland zwischen Privatisierung und Staatshaftung, 2006, S. 117; zur Unterscheidung, vgl. m.w.N. *Klemm* Die Entwicklung des

gAG wurde zwar bisweilen widersprochen. Die Ansicht, dass die gAG aufgrund der geringen Unterscheidungsmerkmale ohne Bedeutung ist, überzeugt in theoretischer Hinsicht allerdings nicht; der Streit ist aber aufgrund der tatsächlichen Entwicklungen obsolet.[427]

Um den einzelnen Interessen auch in Zukunft gerecht zu werden, soll es laut ZGB RF-Novelle bloß eine einheitliche Aktiengesellschaft geben, deren Anteile öffentlich gehandelt werden – sog. öffentliche Aktiengesellschaft (*publichnoye aktsionernoye obschestvo*) – oder deren Anteile privat gehalten werden – sog. private Aktiengesellschaft (*nepublichnoye aktsionernoye obschestvo*).[428]

---

russischen Rechts der Kapitalgesellschaften, Berlin 1996, 119 ff.; *Kruse* Die personalisierte Kapitalgesellschaft russischen Rechts S. 68 ff.; *Suchanov* JOR 41 (2000), S. 283, 285 f.; *Resch*, Unternehmensrecht in Russland zwischen Privatisierung und Staatshaftung, 2006, S. 118.

427 Argumentiert wurde etwa damit, dass es den Gesellschaftern bzw. der Gesellschaft gerade darauf ankam, dass ein austretender Gesellschafter sich seine Anteile nicht aus dem Gesellschaftsvermögen auszahlen lassen kann, sondern die Gesellschafter in ihrem Privatvermögen belastet werden bzw. neue Gesellschafter hinzukommen. Mittels dieser Vinkulierung können sowohl das Gesellschaftsvermögen als auch die Gesellschafterzusammensetzung geschützt werden. Denn: sollte der austretende Gesellschafter weder unter den bisherigen Gesellschaftern, noch woanders Abnehmer für seine Aktien finden, würde der Marktwert sinken, ohne dass das Gesellschaftskapital hiervon betroffen wäre. Darüber hinaus ist eine Umwandlung einer geschlossenen Aktiengesellschaft in eine offene Aktiengesellschaft relativ unproblematisch, da neben der Registrierung lediglich eine Satzungs- und Firmenänderung, sowie möglicherweise ein Kapitalerhöhung erforderlich sind. Wohingegen die Umwandlung einer GmbH in eine oAG sich schwieriger gestaltet (Gläubigeraufruf, Übertragungsakt und Aktienrückkaufpflicht). Zuletzt stehen der AG wesentlich mehr Instrumente der (Eigen-) Kapitalbeschaffung zur Verfügung als der GmbH. Neben der Ausgabe von Aktien kommen hier insbesondere sonstige Wertpapiere in Frage. Für Gesellschafter die langfristig orientiert an einem Vertragspartner interessiert sind und daher an einer freien Handelbarkeit der Anteile kein Interesse haben, steht die gAG als Gesellschaftsform zur Verfügung. Daneben ist eine oAG dazu berechtigt, ihre Aktien zunächst ausschließlich einem geschlossenen Abnehmerkreis anzubieten, wobei eine Aktienausgabe nicht an die Bedingung geknüpft werden kann, dass diese später nicht an Dritte übertragen werden dürfen; siehe auch *Wedde* lediglich von einem „sich Annähern der gAG an die GmbH" sprechend vgl. *ders.* VDRW-Mitteilung 33–34/2007, 40, 42, unter Verweis auf *Heidemann* GmbHR 2002, 732; *Schramm* Kapitalmarktrecht in der Russischen Föderation, S. 89; *Solotych* Hdb Wirtschaft und Recht in Osteuropa, EL 53 2003, RUS Kapitel D.I., Rn. 13.

428 Teilgesetzentwurfs Nr. 47538-6/2.

2. Private Aktiengesellschaft

Aktiengesellschaften, die die Anforderungen an die öffentliche Handelbarkeit nicht erfüllen bzw. nicht bei einer Börse gelistet sind, sind private Aktiengesellschaften.[429]

Private Aktiengesellschaften unterliegen geringeren Anforderungen an die interne *Corporate Governance* – der geringere Gesellschafterkreis und der regelmäßig engere Kontakt unter den Gesellschaftern lässt den einzelnen Gesellschafter weniger schutzwürdig erscheinen. Daher ist die flexiblere Handhabung von Verfahrens- und Formvorschriften möglich. Dies umfasst insbesondere die Möglichkeit, folgende Entscheidungsbefugnisse von der Hauptversammlung auf Gesellschaftsorgane zu übertragen:

- Bestätigung von Jahresabschluss und Finanzbericht;
- Entscheidung über Beteiligungen an Tochtergesellschaften;
- Strategische Fokussierung auf bestimmte Betätigungsfelder.

Daneben können auch Verfahrens- und Formvorschriften etwa in Bezug auf die Hauptversammlung geändert oder erleichtert werden.

Im Gegensatz zu der früher existierenden geschlossenen Aktiengesellschaft ist für private Aktiengesellschaften kein obligatorisches Vorkaufsrecht der Gesellschafter vorgeschrieben bzw. vorgesehen – eine entsprechende satzungsmäßige Regelung steht der Gesellschaft allerdings frei.

III. Voraussetzungen

1. Mindestanforderungen

Eine russische AG erfordert zunächst die Errichtung einer juristischen Person. Als Gründungsdokument für alle juristische Person ist nunmehr lediglich die Satzung bzw. Gesellschafterabrede (*ustav*) erforderlich.[430] Außerdem sind eine Gründungsveranstaltung, die Registrierung und zumindest ein Gesellschafter zwingende Voraussetzungen.

---

429 Die Folgende Untersuchung konzentriert sich auf den praktisch relevanteren Fall – die öffentliche Aktiengesellschaft – sollte es in Bezug auf die private Aktiengesellschaft Besonderheiten zu beachten geben, wird dies an den entsprechenden Stellen erwähnt.

430 Im einzelnen s.u. Kapitel E.III.2.d), S. 80.

2. Gründungsformvorschriften und Eintragungserfordernis

a) Firma der Gesellschaft

Die AG hat ihre Rechtsform in der Firma zu benennen und erkennen zu lassen, d.h. sie muss stets den Zusatz „Aktiengesellschaft“ oder „AG“ in ihrer Bezeichnung führen.[431]

Die Bezeichnung muss in russischer Sprache[432] oder in Anlehnung an eine fremdsprachige Bezeichnung in russischer Transkription formuliert sein.[433] Verboten sind fremdsprachige Rechtsformzusätze,[434] Bezeichnungen bereits registrierter Gesellschaften und irreführende Bezeichnungen.[435]

Problematisch kann ein Firmenzusatz sein, der eine historische oder geographische Bedeutung hat. Dieser kann erlaubnisbedürftig und/oder gebührenpflichtig sein.[436] Die Verwendung von Hoheitsbezeichnungen wie Russland und abgeleitete Begriffe stand ab Einführung des vierten Teils des ZGB RF am 1.1.2008 nur noch staatlichen Unternehmen zur Verfügung,[437] wobei eine jüngste Gesetzesänderung[438] die Nutzung nach Genehmigung wieder ermöglicht.[439]

Der Schutz der Firma ist als Recht der Unternehmenskennzeichnung im vierten Teil des ZGB RF genauer geregelt. Die Schutzvoraussetzungen gelten allgemein für Unternehmen, d.h. sowohl für Einzelunternehmer als auch für juristische Personen.[440]

---

431 *Plagemann* WiRO 2013, 08, 11; *Becker*, Gesellschaftsrecht in Russland, 1998, S. 51.

432 Mit der russischen Sprache gleichzusetzen sind die Sprachen der Völker Russlands.

433 Art. 4 Pkt. 1 AktG RF; *Becker*, Gesellschaftsrecht in Russland, 1998, S. 51; vgl. auch die Problematik der Sprache und Bezeichnungen bei der GmbH, *Göckeritz/Wedde* Das neue russische GmbH-Recht, Berlin 2009, S. 18; *Solotych* Hdb Wirtschaft und Recht in Osteuropa, EL 53 2003, RUS Kapitel D.I., Rn. 66 ff.

434 Art. 4 Pkt. 1 Abs. 3 AktG RF.

435 Art. 54 Pkt. 4 ZGB RF.

436 Im Einzelnen *Solotych* Hdb Wirtschaft und Recht in Osteuropa, EL 53 2003, RUS Kapitel D.I., Rn. 67, so etwa die Verwendung von Attributen wie „international“ oder „überregional“; in Moskau dürfen Namen, die andere Städtebezeichnungen als Moskau beinhalten nicht registriert werden.

437 Art. 1473 ff. ZGB RF.

438 Föderales Gesetz „Über die Einführung von Änderung von Art. 1473 des vierten Teils des ZGB RF“ vom 8.11.2008, Nr. 201-FZ, SZ RF 10.11.2008, Nr. 45, Pos. 5147.

439 Art. 1473 Pkt. 4 Abs. 2 ZGB RF; *Göckeritz/Wedde* Das neue russische GmbH-Recht, Berlin 2009, S. 18; *Himmelreich* WiRO 2009, 56 58.

440 Art. 1473 ff. ZGB RF.

b) *Sitz der Gesellschaft*

Die Satzung muss den Sitz der AG festlegen. Er hat auf dem Hoheitsgebiet Russlands zu liegen.[441] Der Sitz richtet sich zunächst nach dem Ort der Registrierung der Gesellschaft. Die Registrierung hat in der Regel am Ort der Geschäftsführung zu erfolgen.[442]

Daneben kann die Gesellschaft auch eine juristische Adresse oder Korrespondenzadresse haben. Diese wird in der Regel in einen entsprechenden Vertrag aufgenommen. Der Versand an diese Adresse führt zur Wirksamkeit der Zustellung, auch wenn das Unternehmen die Adresse geändert hat, ohne diese Änderung anzuzeigen.[443]

Das russische IPR folgt strikt der Gründungstheorie und unterstellt die AG und ihre rechtlichen Beziehungen dem Recht des Gründungsortes.[444]

c) *Gründungsversammlung*

Es ist eine ordentlich vorbereitete und einberufene Gründungsveranstaltung abzuhalten. Hierbei sind die Gründung und die Satzung zu beschließen und die Organe zu bestimmen.[445]

d) *Gründungsvertrag*

Als Gründungsdokument für die russische AG ist nunmehr lediglich die Satzung bzw. Gesellschafterabrede (*ustav*) vorgesehen.[446] Zur besseren Handhabung sollen zukünftig Mustersatzungen zur Verfügung gestellt werden.

Während der Gründungsphase zwischen Gründungssitzung und Registrierung handelt es sich bei der zu gründenden AG um eine Einfache Gesellschaft,

---

441 Art. 4 Pkt. 2 AktG RF; *Becker*, Gesellschaftsrecht in Russland, 1998, S. 50.

442 Art. 8 Pkt. 2 RegG RF.

443 Zum Ganzen, *Arzinger/Galander* Russisches Wirtschaftsrecht, 2. Aufl. 2002, S. 40.

444 Im Einzelnen s.o. Kapitel B.III.2, S. 26; Art. 1202 ZGB RF; *Göckeritz/Wedde* Das neue russische GmbH-Recht, Berlin 2009, S. 18; *Kindler*, in: MüKoBGB, 4. Aufl. 2006, Internationales Handels- und Gesellschaftsrecht Rn. 488; *Sadikov* RabelsZ 67 (2003), 318, 330.

445 *Solotych* Hdb Wirtschaft und Recht in Osteuropa, EL 53 2003, RUS Kapitel D.I Rn. 140.

446 Die Gründung einer AG setzte früher zunächst einen Gründungs- bzw. Errichtungsvertrag voraus, in dem sich die Gesellschafter verpflichteten, alles für die Errichtung der Gesellschaft Erforderliche zu unternehmen; Art. 9 AktG RF; *Solotych* Hdb Wirtschaft und Recht in Osteuropa, EL 53 2003, RUS Kapitel D.I Rn. 138.

welche den Zweck der Gründung einer AG verfolgt.[447] Die Aufnahme eines Geschäftsbetriebs ist zu diesem Zeitpunkt in Ermangelung der Rechtssubjektsqualität noch nicht möglich.[448]

Die Registrierung der AG hat konstitutive Wirkung.[449] Erst mit der Eintragung erlangt die Gesellschaft allumfassende Rechtsfähigkeit.[450]

Der Mindestinhalt der Satzung richtet sich nach den allgemeinen Anforderungen und hat zum Zeitpunkt der Registrierung vorzuliegen.[451]

Ein separater Gründungsvertrag kann gem. Art. 9 Pkt. 2 AktG RF – entsprechend Art. 1041–1053 ZGB RF, welche die Gründung einer Einfachen Gesellschaft regeln[452] – zumindest folgende Angaben enthalten:

- Ergebnisse der Abstimmung der Gründungsgesellschafter und deren Inhalte;
- Beschluss zur Feststellung der Satzung; und
- Beschluss zur Feststellung der Wahl aller Leitungsorgane.

e) Registrierung

Registern in Russland kommt nunmehr Publizitätswirkung zu.[453] Juristische Personen können sich somit nur noch auf im Register eingetragene Tatsachen berufen, müssen allerdings auch eingetragene Tatsachen gegen sich gelten lassen. Dies soll nicht für solche Angaben gelten, die rechtswidrig ohne Wissen und Willen der juristischen Person eingetragen wurden.[454] Entsprechend soll zukünftig eine Werthaltigkeitsprüfung der Sache durch das entsprechende staatliche Register stattfinden, was keine Auswirkung auf die fünf-Tagesfrist haben soll.

---

447 S.u. Kapitel E.III.2.j), S. 76; *Fischer* Das System der Kapitalaufbringung und Kapitalerhaltung der Aktiengesellschaft und der Gesellschaft mit beschränkter Haftung im russischen und deutschen Recht, S. 138; *Solotych* Hdb Wirtschaft und Recht in Osteuropa, EL 53 2003, RUS Kapitel D.I Rn. 139.

448 S.u. Kapitel E.III.2.j), S. 76.

449 Vgl. Art. 8 Abs. 2 AktG RF.

450 Im Einzelnen zur Rechtsfähigkeit s.u. Kapitel E.III.2.i), S. 73.

451 Zur Satzung, s.u. Kapitel E.III.3, S. 80.

452 *Solotych* Hdb Wirtschaft und Recht in Osteuropa, EL 53 2003, RUS Kapitel D.I Rn. 139.

453 Art. 51 ZGB RF n.F., siehe auch *Himmelreich* WiRO 2013, 307, 308.

454 *Himmelreich* WiRO 2013, 307, 308.

Zur Vereinfachung des Registrierungsprozesses stehen Formblätter für die erforderlichen Dokumente zur Verfügung, die beim zuständigen Register einzureichen sind.[455]

Nunmehr ist es auch möglich, erforderliche Unterlagen in elektronischer Form bei den zuständigen Registerbehörden einzureichen. In diesem Fall erfolgt die Registrierung mittels qualifizierten Signaturschlüsselzertifikats und entsprechendem Signaturschlüssel. Eine Übermittlung der Dokumente ist durch den Antragsteller oder einen Notar möglich.

Die Registrierung einer russischen Aktiengesellschaft erfolgt gem. Art. 13 AktG RF entsprechend dem Registrierungsgesetz (RegG RF).[456] Besonderen Bestimmungen für die Registrierung von Unternehmen mit ausländischer Beteiligung existieren nicht mehr, was das Eintragungsverfahren vereinfacht hat.[457] Die Registrierung soll innerhalb von fünf Werktagen erfolgen[458] und setzt einen Antrag voraus.[459] Zuständige Behörde ist die Steuerbehörde am Ort des Sitzes der Gesellschaft.[460] Der Antrag auf Eintragung hat gem. Art. 12 RegG RF folgende Dokumente zu beinhalten:

- Unterzeichnetes Antragsformular der jeweiligen staatlichen Registrierungsbehörde;
- Glaubhaftmachung durch den Antragsteller, dass die Dokumente den gesetzlichen Anforderungen entsprechen und die gemachten Angaben zutreffend sind;

---

455 Verordnung des Föderalen Steuerdienstes „Über die Bestätigung von Formblättern und Anforderungen an die Ausfertigung von Dokumenten, die bei der staatlichen Registrierung juristischer Personen, von Individualunternehmern und Bauernwirtschaften (Farmbetrieben) bei der Registrierungsbehörde einzureichen sind" vom 25.1.2012, Nr. MMB-7-6/25@.

456 Föderales Gesetz „Über die staatliche Registrierung der juristischen Personen und Einzelunternehmer" vom 8.8.2001, Nr. 129-FZ, SZ RF, Nr. 33 vom 13.8.2001, Pos. 3431, deutsche Übersetzung von Amwrossow/vSydow WiRO 2002, 47 ff.; ausführlich zu den gesetzlichen Regelungen zum Registrierungsverfahren vgl. *Wyes-Scheel* Die Gründung der Aktiengesellschaft nach russischem Recht, 2001, III. Kapitel.

457 *Solotych* WiRO 2002, 212.

458 Art. 8 Pkt. 1 RegG RF; vgl. *Micheler* Hdb Wirtschaft und Recht in Osteuropa, RUS Kapitel C, Rn. 25; *Arzinger/Galander* Russisches Wirtschaftsrecht, 2. Aufl. 2002, S. 38.

459 Kritisiert wird, dass ein Ingangsetzen der fünf Tages Frist allerdings nur bei persönlicher Antragstellung möglich ist, zur GmbH, vgl. *Göckeritz/Wedde* Das neue russische GmbH-Recht, Berlin 2009, S. 19.

460 Art. 2 RegG RF i.V.m. Beschluss der Regierung der RF, Nr. 319 vom 17.5.2002, SZ RF, Nr. 20 20.5.2002, Pos. 1872.

- Glaubhaftmachung durch den Antragsteller, dass bei Gründung der Gesellschaft die gesetzlich erforderlichen Verfahren eingehalten wurden und die Einlagen entsprechend den in der Satzung vorgesehenen Fristen eingebracht wurden;
- Glaubhaftmachung durch den Antragsteller, dass in den gesetzlich vorgesehenen Fällen erforderliche Genehmigungen der bestimmten örtlichen Stellen oder örtlichen Selbstverwaltungsorgane vorliegen;
- Protokoll über den Gründungsbeschluss;
- Satzung;
- im Falle einer ausländischen juristischen Person als Gesellschafter einen Auszug aus dem Register juristischer Personen aus dem Herkunftsland;[461] und
- Beleg über die Zahlung der Eintragungsgebühren.

Bei der Registrierung einer AG erfolgt wie auch bei der Gründung einer GmbH nunmehr auch eine inhaltliche(!) Prüfung der Gründungsdokumente durch die Registerbehörden.[462] Eine Ablehnung des Antrags erfolgt demnach nicht nur bei Nichtvorlage der erforderlichen Dokumente oder bei Vorlage bei der nichtzuständigen Registrierungsbehörde.[463] Die kurze Registrierungsfrist soll trotzdem gewahrt werden. Darüber hinaus haben die Registerbehörden auch nach Eintragung immer die Möglichkeit, einen Antrag wegen groben Gesetzesverstoßes auf sofortige Liquidation der entsprechenden Gesellschaft bei Gericht zu stellen,[464] sodass eine inhaltliche Prüfung auch im Nachhinein nach wie vor möglich ist.

Die Publizitätswirkung setzt auf der anderen Seite zumindest Gutgläubigkeit voraus. Die Eintragung eines Widerspruchs beseitigt diese Gutgläubigkeit.[465]

---

461 Art. 20 AuslInvG RF.

462 Seit ZGB RF Reform nunmehr eindeutig geregelt in Art. 8.1 Pkt. 6 ZGB RF n.F.; entgegen dem früheren, lediglich formalen Prüfungsumfang Art. 23 RegG RF; *Fischer* Das System der Kapitalaufbringung und Kapitalerhaltung der Aktiengesellschaft und Gesellschaft mit beschränkter Haftung, S. 143.

463 Art. 23 RegG RF; *Fischer* Das System der Kapitalaufbringung und Kapitalerhaltung der Aktiengesellschaft und Gesellschaft mit beschränkter Haftung, S. 143.

464 Art. 61 Pkt. 2 Abs. 2 ZGB RF; *Fischer* Das System der Kapitalaufbringung und Kapitalerhaltung der Aktiengesellschaft und Gesellschaft mit beschränkter Haftung, S. 193.

465 Art. 8-1 Pkt. 7 ZGB RF n.F.

Die bei der Registrierung der Gesellschaft gemachten Angaben unterliegen der Geheimhaltungspflicht, sodass die offengelegten Angaben nicht zur steuerrechtlichen Verwertung weitergegeben werden dürfen.[466]

Im Falle der Unrichtigkeit von eingetragenen Tatsachen sind diese nach gerichtlicher Anfechtung auf Antrag des Betroffenen hin durch die Registerbehörden zu korrigieren.[467]

Entsteht durch die Weigerung der Eintragung oder eine unrichtige Eintragung ein Schaden, hat der Geschädigte einen Staatshaftungsanspruch gegenüber der Russischen Föderation.[468]

f) Mindesteinlage

Bis spätestens drei Monate nach der Registrierung sind 50 % des Satzungskapitals[469] einzuzahlen.[470] Die Einzahlung kann mittels Bar- oder Sacheinlage erfolgen. Die vollständige Rechtsfähigkeit der AG hängt von der Erbringung dieser Einlagen ab. Bis zur Einbringung von 50 % des Satzungskapitals kann die AG lediglich Gründungsgeschäfte[471] vornehmen.[472] In Ermangelung einer rechtsfähigen Vor-Gesellschaft bzw. der Rechtsfähigkeit vor Eintragung wird die Einrichtung eines Ansparkontos empfohlen, um die Einlagenleistung schon vor Eintragung zu ermöglichen.[473] Dies gilt umso mehr, als die Gesellschaft erst nach Eintragung rechtsfähig wird, soweit 50 % des Satzungskapitals eingezahlt sind.[474] Daneben ist auch zu bedenken, dass eine Übertragung von Aktien erst möglich ist, wenn alle Gründungsgesellschafter ihre Einlage vollständig erbracht haben.[475]

---

466 Entsprechend zur GmbH *Göckeritz/Wedde* Das neue russische GmbH-Recht, Berlin 2009, S. 18.

467 *Himmelreich* WiRO 2013, 307, 308.

468 *Himmelreich* WiRO 2013, 307, 308.

469 Zum Satzungskapital im Einzelnen, s.u. Kapitel E.VI.2, S. 135 ff.

470 Art. 34 Pkt. 1 Abs. 3 AktG RF.

471 Vorbereitende Tätigkeiten wie die Eröffnung eines Kontos, das Anmietung von Räumen, die Anwerbung von Personal etc.

472 *Solotych* Hdb Wirtschaft und Recht in Osteuropa, EL 53 2003, RUS Kapitel D.I Rn. 140; im Einzelnen s.u. Kapitel E.III.2.i), S. 73.

473 S.u. Kapitel E.VI.2.c)(2), S. 139.

474 S.u. Kapitel E.VI.2.c)(3), S. 139.

475 Sog. „Grundsatz der Simultangründung" Art. 25 Pkt. 2 Abs. 2 AktG RF; *Heeg* Finanz- und Haftungsverfassung russischer Kapitalgesellschaften, 2003, S. 95.

g) Ausgabe der Aktien

Mit Einbringung der Einlagen erfolgt auch die Ausgabe der Aktien, innerhalb der dreimonatigen Einbringungsfrist.[476] Diese richtet sich nach dem *Föderalen Gesetz über den Wertpapiermarkt der Russischen Föderation* (WpMG RF)[477] und nach den Emissionsstandards, die von der *Föderalen Kommission für den Wertpapiermarkt*[478] veröffentlicht werden.[479]

Für die Ausgabe der einzelnen (Gründungs-) Aktien ist ein zweistufiges (Registrierungs-) Verfahren erforderlich. Zunächst beschließen die Gründungsmitglieder in schriftlicher Form über die Unterbringung der Aktien.[480] Der Beschluss ist durch die Aufsichtsbehörde zu genehmigen bzw. zu registrieren.[481] Eine offene oder geschlossene Zeichnung von Aktien erfolgt zu diesem Zeitpunkt noch nicht. Die Aktien werden nach Genehmigung bzw. Registrierung bei den einzelnen Gründungsmitgliedern entsprechend den Geschäftsanteilen „untergebracht".[482] Diese Unterbringung ist in einen Bericht festzuhalten, aufgrund dessen die Registrierung der Emission bei der zuständigen Aufsichtsbehörde erfolgt.[483] Die Aufsichtsbehörde prüft die Unterbringung und den Umfang der eingebrachten Mittel.[484] Mit

---

476 *Solotych* Hdb Wirtschaft und Recht in Osteuropa, EL 53 2003, RUS Kapitel D.I Rn. 139.

477 Föderalen Gesetz „Über den Wertpapiermarkt" vom 22.4.1996, Nr. 39-FZ, SZ RF 1996, Nr. 17, Pos. 1918, deutsche Übersetzung von *Bauer/Reinsch/Wipplinger* Hdb Wirtschaft und Recht in Osteuropa, RUS 350; im Einzelnen wird die Ausgabe der Aktien durch Art. 19–25 WpMG RF geregelt.

478 Föderalen Kommission für den Wertpapiermarkt (FKZB), vgl. Art. 40 ff. WpMG RF, ursprünglich errichtet als eine Reaktion auf gravierende Finanzskandale, *Heeg* Finanz- und Haftungsverfassung russischer Kapitalgesellschaften, S. 131; *Schramm* Kapitalmarktrecht in der Russischen Föderation, S. 35 f., 43 ff., 290 f.

479 Verordnung des Föderalen Dienstes für den Finanzmarkt „Über die Verabschiedung von Standards für die Emission von Wertpapiere und die Registrierung von Prospekten von Wertpapieren" vom 25.1.2007, Nr. 07-4/pz-n, Bulletin 18.6.2007, Nr. 25, in: Datenbank Konsultant.

480 *Solotych* Hdb Wirtschaft und Recht in Osteuropa, EL 53 2003, RUS Kapitel D.I Rn. 145.

481 *Schramm*, in: Einführung in das russische Recht, 2010, S. 265.

482 *Solotych* Hdb Wirtschaft und Recht in Osteuropa, EL 53 2003, RUS Kapitel D.I Rn. 145.

483 Art. 25 WpMG RF; *Solotych* Hdb Wirtschaft und Recht in Osteuropa, EL 53 2003, RUS Kapitel D.I Rn. 145.

484 *Schramm*, in: Einführung in das russische Recht, 2010, S. 265.

Registrierung der Unterbringung bzw. Einlagenleistung in voller Höhe ist die Übertragung von Aktien an Dritte möglich.[485]

h) Gründungskosten

Die Gesellschafter der Gründungsgesellschaft haften bis zum Zeitpunkt der Eintragung gesamtschuldnerisch (solidarisch)[486] für die während der Gründungsphase entstehenden Forderungen.[487] Auch nach Registrierung, d.h. mit Entstehung der Gesellschaft, erfordert die Übertragung dieser Ansprüche auf die Gesellschaft einen Hauptversammlungsbeschluss, der eine nachträgliche Billigung der vorgenommenen Handlungen beinhaltet.[488]

i) Rechtsfähigkeit

(1) Entstehung der Rechtsfähigkeit

In der Gründungsphase zwischen Gründungsversammlung und Eintragung einer russischen Aktiengesellschaft handelt es sich bei der Vereinbarung über die Errichtung einer AG um eine nicht rechtsfähige Einfache Gesellschaft. Mangels Eintragung existiert weder eine Aktiengesellschaft noch – anders als in Deutschland – eine Vor-Gesellschaft als (selbstständiger) Rechtsträger. Dies bringt einige Probleme mit sich, da die Übertragung der Einlage erst ab dem Moment möglich scheint, ab dem die Gesellschaft Rechtsfähigkeit erlangt hat.[489] Das Gesetz sieht vor, dass die Einlagenleistung bis zu drei Monate nach Eintragung (sprich: nach Rechtsfähigkeit) der Gesellschaft möglich ist.[490] Diese Situation wird dadurch verkompliziert, dass der eingetragene Rechtsträger

---

485 Dies entspricht dem „Grundsatz der Simultangründung“, wonach eine Übertragung von Aktien erst dann möglich ist, wenn alle Gründungsgesellschafter ihre Einlage erbracht haben; vgl. Art. 25 Pkt. 2 Abs. 2 AktG RF; *Heeg* Finanz- und Haftungsverfassung russischer Kapitalgesellschaften, 2003, S. 95.

486 Gem. Art. 322 ZGB RF wird im russischen die Begrifflichkeit *solidarische Haftung* verwendet, der besseren Verständlichkeit halber heißt es im Folgenden gesamtschuldnerische Haftung.

487 *Solotych* Hdb Wirtschaft und Recht in Osteuropa, EL 53 2003, RUS Kapitel D.I Rn. 147.

488 Art. 10 Pkt. 3 AktG RF; *Solotych* Hdb Wirtschaft und Recht in Osteuropa, EL 53 2003, RUS Kapitel D.I Rn. 147.

489 *Fischer* Das System der Kapitalaufbringung und Kapitalerhaltung der Aktiengesellschaft und der Gesellschaft mit beschränkter Haftung im russischen und deutschen Recht, S. 138.

490 Art. 34 Pkt. 1 Abs. 2 AktG RF.

allumfassende Rechtsfähigkeit erst mit Leistung von mindestens 50 % der Einlagen erlangt.[491] Das restliche Satzungskapital ist innerhalb eines Jahres ab Gründung bzw. Eintragung zu entrichten.[492] Dies gilt unabhängig von der Art der Einlagenerbringung.[493]

Aufgrund dieser kumulativen Rechtsfähigkeitsvoraussetzungen ist die allumfassende Rechtsfähigkeit nicht durch die bloße Eintragung gewährleistet. Daneben ist auch das Vorhandensein des Mindestkapitals zum Zeitpunkt der Gründung nicht sichergestellt. Eine frühzeitige Staffelung der Einlagenleistung erscheint nicht möglich. Weniger vertraute Gesellschafter werden allerdings regelmäßig nicht leisten wollen, bevor nicht zumindest eine Teilleistung des anderen Gesellschafters erfolgte. Die allumfassende Rechtsfähigkeit der Gesellschaft kann somit von der Einlagenleistung einiger Gesellschafter abhängen.

Verschiedene Möglichkeiten bieten sich an, um dieses Dilemma in praktischer Hinsicht zu umgehen:

Zunächst ist es denkbar, die Einlagenleistung auf den Zeitraum nach der Eintragung zu verteilen. Innerhalb der Dreimonatsfrist sind dann zumindest 50 % des Satzungskapitals zu erbringen. Dies kann abhängig von der Art der zu erbringenden Einlage eine relativ kurz bemessene Frist sein. In diesem Zusammenhang gilt es auch zu bedenken, dass die Gesellschaft – abgesehen von Gründungsgeschäften – (noch) nicht rechtsfähig ist. Jegliche Rechtsgeschäfte gehen in diesem Zeitraum zu Lasten der Gründungsgesellschafter, die gesamtschuldnerisch haften.[494] Eine Übertragung von Verbindlichkeiten aus dieser „Nachgründungsphase" ist lediglich mit ausdrücklicher Zustimmung der Hauptversammlung möglich.[495]

Daneben ist eine treuhänderische Einlagenverwaltung denkbar. Um das Vorhandensein des Mindestkapitals zum Zeitpunkt der Gründung sicherzustellen, wird die Eröffnung eines sog. Ansparkontos empfohlen.[496] Hierbei handelt es sich um ein Konto, welches treuhänderisch verwaltet wird. Es steht für Einzahlungen schon vor Eintragung der Gesellschaft zur Verfügung, eine Entnahme ist

---

491 Art. 2 Pkt. 3 Abs. 2 AktG RF.

492 Art. 34 Pkt. 1 Abs. 1 AktG RF; *Baker&McKenzie* Doing Business in Russia, 2006, S. 20.

493 Art. 34 Pkt. 2 Abs. 1 AktG RF; anders als früher, als eine Sacheinlage sofort in voller Höhe zu leisten war.

494 Art. 10 Pkt. 3 Abs. 1 AktG RF.

495 Art. 10 Pkt. 3 Abs. 2 AktG RF.

496 *Fischer* Das System der Kapitalaufbringung und Kapitalerhaltung der Aktiengesellschaft und Gesellschaft mit beschränkter Haftung, S. 67.

aber bis zur Rechtsfähigkeit der Gesellschaft ausgeschlossen, da die Verfügung über dieses Konto nur der Gesellschaft selber gestattet ist. Diese kann allerdings erst mit Eintragung Rechtsfähigkeit erlangen, soweit zu diesem Zeitpunkt die erforderlichen Einlagen geleistet wurden. Ein Mittelabfluss ist somit im Ergebnis bis zur Eintragung ausgeschlossen und die Mittel stehen ab Eintragung automatisch der Gesellschaft zur Verfügung.[497]

(2) Umfang der Rechtsfähigkeit

Die AG ist grundsätzlich uneingeschränkt rechtsfähig.[498] Der Umfang der Rechtsfähigkeit richtet sich nach dem Unternehmenszweck und umfasst alle jene Rechtsgeschäfte, die in Verbindung mit der Zwecksetzung stehen.[499] Eine Beschneidung der Rechtsfähigkeit ist mittels satzungsmäßiger Regelung möglich.[500] Eine solche Beschränkung kann nützlich sein, um finanzielle Risiken auszuschließen.

Rechtsgeschäfte, welche die satzungsmäßige Zwecksetzung nicht umfasst, sind als ultra-vires-Rechtsgeschäft gem. Art. 170 ZGB RF unwirksam und somit anfechtbar.[501] Problematisch ist allerdings, dass die Anfechtbarkeit nicht zur Unwirksamkeit *ex tunc* führt, sodass entsprechende Erklärungen zunächst Wirksamkeit entfalten. Darüber hinaus ist für eine Anfechtbarkeit die Bösgläubigkeit des Vertragspartners erforderlich, welche die anfechtende Gesellschaft zu belegen hat.[502] Da Registern in Russland nunmehr Publizitätswirkung zukommt, ist ein bloßer Hinweis auf die Satzung hierfür wohl ausreichend.[503]

---

497 Vgl. zum Ganzen m.w.N. *Fischer* Das System der Kapitalaufbringung und Kapitalerhaltung der Aktiengesellschaft und Gesellschaft mit beschränkter Haftung, S. 67.

498 Art. 49 Pkt. 1 Abs. 1 ZGB RF; zur speziellen Rechtsfähigkeit, vgl. *Bratus*, in: Genkin (Hg.) Sowjetisches Zivilrecht, Band 1, S. 183 ff.

499 Art. 49 Pkt. 1 Abs. 1 ZGB RF.

500 *Kruse* Die personalistische Kapitalgesellschaft russischen Rechts S. 163; *Arzinger/Galander* Russisches Wirtschaftsrecht, 2. Aufl. 2002, S. 31.

501 *Kruse* Die personalistische Kapitalgesellschaft russischen Rechts S. 163 f.; *Resch*, Unternehmensrecht in Russland zwischen Privatisierung und Staatshaftung, 2006, S. 96; *Arzinger/Galander* Russisches Wirtschaftsrecht, 2. Aufl. 2002, S. 31.

502 *Kruse* Die personalistische Kapitalgesellschaft russischen Rechts S. 163; *Arzinger/Galander* Russisches Wirtschaftsrecht, 2. Aufl. 2002, S. 31.

503 Eine Risikominimierung mittels Einschränkung der Rechtsfähigkeit erforderte früher die Offenlegung der Satzung und den Beleg hierüber, was erheblichen zusätzlichen Aufwand bedeutete; siehe noch zur alten Rechtslage *Kruse* Die personalistische Kapitalgesellschaft russischen Rechts S. 163.

j) Vor-Gesellschaft

In der Gründungsphase nach Gründungsversammlung und vor Eintragung handelt es sich um eine Einfache Gesellschaft mit dem Zweck der Errichtung einer AG (Vor-AG).[504]

Problematisch ist, dass Einlageleistung erst möglich ist, wenn die Gesellschaft Rechtsfähigkeit erlangt hat.[505] Die Einlageleistung ist daher bis zu drei Monate nach Eintragung der Gesellschaft möglich.[506] Auch die Aufnahme des Geschäftsbetriebes ist somit aufgrund der persönlichen Gesellschafterhaftung erst nach Eintragung zu empfehlen.[507] Dies gilt umso mehr, als die Gesellschaft Rechtsfähigkeit ohnehin erst mit Leistung von mindestens 50 % der Einlagen erlangt.[508]

3. Satzung

Bei der Satzung der Gesellschaft handelt es sich um die Regelung der Verhältnisse zwischen der Gesellschaft und den einzelnen Gesellschaftern bzw. dem Rechtsverkehr.[509] Nicht Regelungsinhalt sind demnach die Beziehungen der Gesellschafter untereinander,[510] diese sind lediglich in einzelvertraglichen Nebenabreden zu regeln.[511] Vereinbarungen zwischen Gesellschaft und Gesellschaftern können aber eine Auswirkung auf die Beziehung der Gesellschafter untereinander haben (qualifizierte Mehrheiten; Vorkaufsrecht, Austrittsrecht etc.).

Die Mindestanforderungen an den Inhalt der Satzung einer russischen AG richten sich nach Art. 11 AktG RF. Die Satzung hat demgemäß folgende (Mindest-) Angaben zu enthalten:

- vollständige und abgekürzte Firmenbezeichnung der Gesellschaft;
- Sitz der Gesellschaft;

504 *Bauer-Mitterlehner/Karimullin/Micheler* FOWI Arbeitspapiere, Nr. 101, 29.

505 *Fischer* Das System der Kapitalaufbringung und Kapitalerhaltung der Aktiengesellschaft und der Gesellschaft mit beschränkter Haftung im russischen und deutschen Recht, S. 138.

506 Art. 34 Pkt. 1 Abs. 2 AktG RF; vgl. hierzu Kapitel E.III.2.f); S. 71.

507 S.o. Kapitel E.III.2.i)E.III.2.i), S. 73.

508 S.o. Kapitel E.VI.2.c)(3), S. 139.

509 *Suchanov* JOR 41 (2000), S. 283, 286.

510 *Suchanov* JOR 41 (2000), S. 283, 286.

511 Zu Gesellschaftervereinbarungen s.u. Kapitel E.V.7, S. 128.

- Anzahl, Nominalwert sowie die Gattungen der von der Gesellschaft ausgegebenen Aktien;[512]
- Rechte der Aktionäre entsprechend der Gattung ihrer Aktien;
- Höhe des Satzungskapitals der Gesellschaft;
- Struktur und Zuständigkeit der Leitungsorgane der Gesellschaft sowie das Verfahren ihrer Beschlussfassung;
- Verfahren der Vorbereitung und Durchführung der Hauptversammlung der Aktionäre, unter Auflistung der Punkte, über die nur mit qualifizierter Stimmenmehrheit oder einstimmig entschieden werden darf; und
- Angaben über Repräsentanzen und Zweigniederlassungen der Aktiengesellschaft.

Darüber hinaus können in der Satzung Beschränkungen der Anzahl der Aktien, die von Gesellschaftern gezeichnet werden können und ihres Gesamtnominalwertes sowie die maximale Anzahl von Stimmen, die einem Aktionär gewährt werden, festgelegt werden.[513]

4. Fazit

Erforderlich für die Gründung einer russischen AG sind Satzung bzw. Gründungsvertrag, Registrierung und Einlagenleistung. Der Sitz einer russischen AG hat auf dem Hoheitsgebiet Russlands zu liegen und die Firma unterliegt bei Verwendung von Hoheitsbezeichnungen der Registrierungspflicht.

Registern in Russland kommt nunmehr Publizitätswirkung zu. Für die Registrierung ist lediglich die Satzung bzw. der Gründungsvertrag als ein Gründungsdokument erforderlich. Dies soll das frühere Erfordernis von vergleichbar vielen Unterlagen abschaffen.[514] Die Registerbehörden selbst prüfen das Vorliegen der Anforderungen und sind berechtigt, eine Eintragung aus materiellen Gründen zu untersagen. Die Registerbehörden haben zudem die Möglichkeit, nach Eintragung einen Antrag auf Löschung der Gesellschaft bei Gericht zu stellen, wenn die materiellen Voraussetzungen nicht bzw. nicht mehr vorliegen.

Eine Vor-Gesellschaft als Rechtsträger existiert nicht, vielmehr handelt es sich bei der Vor-AG um eine Einfache Gesellschaft russischen Rechts, die nicht

---

512 Stamm- oder Vorzugsaktien, zur Unterscheidung s.u. Kapitel E.VII.3, S. 181 ff.

513 *Becker*, Gesellschaftsrecht in Russland, 1998, S. 43.

514 Dies war dem stark bürokratisch geprägten Verwaltungsverfahren in Russland im Allgemeinen geschuldet; zum Verwaltungsverfahren im Allgemeinen vgl. *Kapoguzov* DÖV 2008, 810; *Schmidt*, in: Einführung in das russische Recht, 2010, S. 77 ff.

selbst rechtsfähig ist. Ansprüche entstehen somit gegenüber den Gründungsgesellschaftern. Die Aufnahme des Geschäftsbetriebes ist daher erst nach Registrierung zu empfehlen. Die Leistung der Einlagen erfolgt nach Registrierung an die Gesellschaft oder vor Registrierung auf ein treuhänderisch verwaltetes Ansparkonto.

Die Gesellschaft ist grundsätzlich allumfassend rechtsfähig. Die Rechtsfähigkeit kann aber satzungsmäßig beschränkt werden, um wirtschaftliche Risiken zu minimieren. Die Anfechtbarkeit entsprechender Erklärungen setzt Böswilligkeit der Gegenseite voraus, die aufgrund der Publizitätswirkung russischer Registern nunmehr regelmäßig gegeben sein wird.

IV. Organisationsverfassung der Gesellschaft

1. Allgemeines

Organe der AG sind die Hauptversammlung (*obščee sobranie akcionerov* – wörtl. Allgemeine Versammlung bzw. Aktionärsversammlung), der Aufsichtsrat (wörtl. Direktorenrat), die Geschäftsführung (wörtl. Ausführendes bzw. Exekutivorgan) und der Revisor bzw. die Revisionskommission. Bei der interorganschaftlichen Kompetenzverteilung handelt es sich weder um ein monistisches noch um ein dualistisches System.[515] Normiert ist, dass das sog. Ausführende Organ (im Folgenden: Geschäftsführung) und der sog. Direktorenrat (im Folgenden: Aufsichtsrat) von der Aktionärsversammlung (im Folgenden: Hauptversammlung) gewählt werden. Der Aufsichtsrat soll dann aber mit stärkeren Management-Rechten ausgestattet sein als der deutsche Aufsichtsrat.[516] Darüber hinaus ist unter bestimmten Voraussetzungen Teilidentität zwischen Aufsichtsrat und Geschäftsführung möglich.[517] Es existieren demnach zwei Managementorgane.[518] Um eine vollständige Aufsicht und Kontrolle

515 Teilweise wird von einem „Hybrid", vgl. *Cepov* Aktiengesellschaften, 2007, S. 193, oder von einem „interessanten Mittelweg", vgl. *Wedde* VDRW-Mitteilungen 33–34/2007, 40, 42, gesprochen, zu der Unterscheidung zwischen monistischem oder dualistischem System, m.w.N. *Hoffmann-Becking/Wiesner*, in: MüHdbGesR, Bd. 4, § 19 Rn. 2; die Bezeichnungen sind von dem Gedanken geleitet, dem Verständnis ausländischer Investoren gerecht zu werden, siehe hierzu auch *Lüdemann* Das Recht der Aktiengesellschaft in Rußland, 2001, S. 148.

516 *Wedde* VDRW-Mitteilungen 33–34/2007, 40, 42.

517 S.u. Kapitel III. 4. d) (4), S. 101

518 Zu den Unterschieden i.E. s.u. Kapitel III. 4. d) (2) u. (3).

sicherzustellen, wurde als zusätzliches Kontrollgremium die Revisionskommission[519] geschaffen.[520]

Die Kompetenzverteilung in der AG – unterteilt in interorganschaftliche und intraorganschaftliche Kompetenzverteilung – dient auch im russischen Recht teilweise dem Minderheitenschutz; die Minderheit muss – zumindest in begrenztem Umfang – in der Lage sein, an der Beschlussfassung „ihrer" Gesellschaft zu partizipieren.

2. Hauptversammlung

a) Allgemeines

Die Hauptversammlung ist laut Gesetz – obwohl nicht primär mit verwaltenden Aufgaben betraut[521] – das oberste Leitungsorgan der AG.[522]

Der Hauptversammlung sind bestimmte Kompetenzen verliehen, die aus Gründen des Minderheitenschutzes und der Kompetenzverteilung innerhalb der Gesellschaft teilweise nicht übertragbar sind.

Die Hauptversammlung tagt in der Regel einmal im Jahr (jährliche Hauptversammlung) und wird vom Aufsichtsratsvorsitzenden geleitet.[523]

b) Einberufung

Die Hauptversammlung hat innerhalb von frühestens zwei Monaten, spätestens sechs Monaten nach Ende des Geschäftsjahres zusammenzukommen.[524] Das Geschäftsjahr endet in Russland einheitlich zum 31.12. jeden Jahres, sodass die Hauptversammlung für die Monate März bis Juni einzuberufen ist.[525]

Die Hauptversammlung ist durch den Aufsichtsrat, der auch die Tagesordnung festlegt, einzuberufen und alle erforderlichen Informationen bzgl. der Durchführung der Hauptversammlung sind den Gesellschaftern vor der Hauptversammlung zu übersenden bzw. zur Verfügung zu stellen.[526]

---

519 Im Einzelnen s.u. Kapitel III. 4. d) (4).

520 *Wedde* VDRW-Mitteilungen 33–34/2007, 40, 43.

521 Im Einzelnen hierzu, vgl. *Ries* Der Minderheitenschutz im russischen Kapitalgesellschaftsrecht im Vergleich zum deutschen Recht, S. 117.

522 Art. 47 Pkt. 2 AktG RF; v*Wistinghausen/Wilke* Investitionen in Russland, 2008, S. 24.

523 Art. 47 Pkt. 2 und 67 Pkt. 2 AktG RF.

524 Art. 47 Pkt. 1 Abs. 3 AktG RF.

525 Art. 14 Pkt. 1 RechnungslegungsG RF; vgl. auch *Ries* Der Minderheitenschutz im russischen Kapitalgesellschaftsrecht im Vergleich zum deutschen Recht, S. 118.

526 Art. 52 AktG RF; im Einzelnen s.u. Kapitel E.V.6.d), S. 113 ff. und Kapitel E.V.6.e), S. 117 ff.

Die Ladung und Information der Gesellschafter hat frühzeitig zu erfolgen und dient dem Schutz der Rechte von Minderheitsaktionären.[527] Die Zurverfügungstellung erforderlicher Informationen hat spätestens sieben Tage vor der Hauptversammlung zu erfolgen.[528]

c) Kompetenzen

(1) Allgemeines

Die Hauptversammlung ist in allen Fragen zuständig, in denen ihr durch Gesetz Entscheidungskompetenz zugewiesen wurde.[529] Einige dieser Kompetenzen sind disponibel, sodass sie satzungsmäßig auch dem Aufsichtsrat zur Entscheidung übertragen werden können. Gesetzlich nicht zugewiesene Kompetenzen stehen nicht der Hauptversammlung zu; Beschlussfassung über solche Fragen ist ausgeschlossen und ein entsprechender Beschluss ist anfechtbar.[530] Einige der Kompetenzen der Hauptversammlung können durch satzungsmäßige Regelung auf den Aufsichtsrat übertragen werden.[531] Die ausschließlichen Kompetenzen der Hauptversammlung sind die im Folgenden beschriebenen.

---

527 Einen effektiven Schutz bezweifelnd *Wedde* eastlex 2010, 39.

528 Verordnung des Föderalen Dienstes für den Finanzmarkt „Über die Bestätigung der Bestimmungen über zusätzliche Anforderungen an das Verfahren zur Vorbereitung, Einberufung und Durchführung einer Hauptversammlung der Aktionäre" vom 2.2.2012 Nr. 12-6/pz-n.

529 Eine komplette Auflistung ist zu finden bei *Schmitt* Joint Ventures in the Russian Federation, 2009, S. 2 Fn. 8, abrufbar unter: http://www.whitecase.com/files/Publication/255b764d-e306-417e-bd1a-3a6ab0bf8099/Presentation/PublicationAttachment/3f45c74f-1523-439a-b926-3b4ce60316e2/article_JointVenture_v3.pdf; siehe zum reformierten Austrittsrecht in der russischen GmbH im Einzelnen *Göckeritz/Wedde* GmbH Recht, S. 24; *Radjuk* RIW 2009, 592, 594.

530 Art. 48 Pkt. 3 AktG RF; *numerus clausus* an Beschlussgegenständen *Schmitt/Melnikov* Hdb Wirtschaft und Recht in Osteuropa, RUS Kap. D.I Rn. 162; *Ries* Der Minderheitenschutz im russischen Kapitalgesellschaftsrecht im Vergleich zum deutschen Recht, S. 117 f.

531 So etwa die Bestellung der Geschäftsführung der AG, Art. 48 Pkt. 1, Nr. 8 AktG RF oder die Kompetenz eine Kapitalerhöhung zu beschließen, vgl. Art. 65 Pkt. 1, Nr. 5 AktG RF.

(2) Grundlagenbeschlüsse

Zunächst ist die Hauptversammlung für alle jene Beschlüsse zuständig, welche die Grundlagen der Gesellschaft betreffen. Entsprechende Beschlussfassung bedarf unabdingbar einer ¾-Mehrheit.[532] Grundlagenbeschlüsse sind:

- Satzungsänderung (insbesondere im Zusammenhang mit der Änderung der Kapitalstruktur) gem. Art. 48 Pkt. 1 Nr. 1, 5, 6 und 7 AktG RF;[533]
- Liquidation gem. Art. 20 und 48 Pkt. 1 Nr. 3 AktG RF;
- Reorganisation bzw. Umwandlung gem. Art. 15–20 und 48 Pkt. 1 Nr. 2 AktG RF;
- Ankündigung der Ausgabe neuer Aktien gem. Art. 48 Pkt. 1 Nr. 5 AktG RF bzw. Rückkauf ausgegebener Aktien gem. Art. 48 Pkt. 1 Nr. 17 AktG RF.

(3) Kapitalerhöhung und -herabsetzung

Zuständig für eine Kapitalerhöhung und/oder eine -herabsetzung mittels Ausgabe bzw. Einziehung von Aktien oder der Erhöhung bzw. Herabsetzung des Nennwertes der Aktien ist die Hauptversammlung.[534] Beschlossen wird mit einfacher Mehrheit, soweit nicht die Satzung etwas anderes bestimmt.[535]

Zwar bedarf die Beschlussfassung über eine Kapitalerhöhung an sich lediglich einer einfachen Mehrheit, allerdings gilt für eine Kapitalerhöhung mittels der Ausgabe zusätzlicher Aktien das angesprochene Erfordernis einer ¾-Mehrheit für dessen Ankündigung. Der Beschluss über eine Kapitalerhöhung mittels der Ausgabe neuer Aktien ist somit mit einfacher Mehrheit möglich; die Ankündigung, in dessen Rahmen die Ausgabe zu erfolgen hat, bedarf hingegen einer qualifizierten Mehrheit.[536]

Die Kompetenz eine Kapitalerhöhung zu beschließen, ist im Falle einer satzungsmäßigen Regelung auf den Aufsichtsrat übertragbar, der im betreffenden Fall einstimmig über die Ausgabe neuer Aktien zu beschließen hat.[537] Allerdings kann dieser lediglich die Ausgabe von Aktien in maximal der Höhe beschließen, die durch die Satzung vorgesehen bzw. angekündigt ist.[538]

---

532 Art. 49 Pkt. 4 AktG RF.

533 Dies sind etwa Beschluss über die Ausschüttung bzw. die Höhe der Dividende, Beschluss über eine Kapitalerhöhung bzw. -herabsetzung usw.

534 Art. 48 Pkt. 1, Nr. 6 und 7 AktG RF.

535 *Ries* Der Minderheitenschutz im russischen Kapitalgesellschaftsrecht im Vergleich zum deutschen Recht, S. 129.

536 S.u. Kapitel E.VI.5, S. 152 ff.

537 Art. 28 Pkt. 2 AktG RF.

538 Art. 28 Pkt. 3 AktG RF.

(4) **Kontrollmaßnahmen**

Die Hauptversammlung übt auch Kontrollrechte gegenüber den Organen der Gesellschaft aus. Insbesondere ist sie zuständig für die Bestellung und die Abberufung des Aufsichtsrats.[539] Die Wahl des Aufsichtsrats erfolgt, soweit satzungsmäßig nicht etwas anderes statuiert ist, mittels kumulativer Abstimmung.[540]

Die Hauptversammlung ist auch für die Bestellung und die Abberufung der Mitglieder der Geschäftsführung zuständig, soweit diese Aufgabe nicht satzungsmäßig auf den Aufsichtsrat übertragen wurde.[541] In diesem Zusammenhang obliegt auch der Beschluss über die Übertragung der Geschäftsführung auf ein externes Verwaltungsorgan der Hauptversammlung.[542]

Auch die Mitglieder der Revisionskommission und der Wirtschaftsprüfer der Gesellschaft sind durch die Hauptversammlung zu bestellen.[543]

Zuletzt gibt sich die Hauptversammlung selbst eine Geschäftsordnung und bestimmt eine für den Ablauf und die Auszählung der Abstimmungen zuständige Zählkommission.[544]

Beschlüsse über eine Entlastung der einzelnen Organe sind im russischen Aktienrecht nicht vorgesehen.[545]

(5) ***Großgeschäfte***

Bei sog. *Großgeschäften*[546] ist eine Billigung durch den Aufsichtsrat oder die Hauptversammlung erforderlich.[547] Diese kann im Voraus oder nachträglich erfolgen.[548]

Großgeschäfte sind gem. Art. 78 AktG RF solche Rechtsgeschäfte, die eine unmittelbare oder mittelbare Verfügung über Vermögen der AG im Wert von mehr als 25 % des Bilanzwertes der Aktiva darstellen (*crown jewels*); ausgenommen sind solche Geschäfte, die im Rahmen der üblichen Geschäftstätigkeit vorgenommen

---

539 Art. 48 Pkt. 1, Nr. 4 AktG RF.

540 Art. 66 Pkt. 4 AktG RF; im Einzelnen zum Verfahren, s.u. Kapitel E.IV.3.b), S. 94.

541 Art. 48 Pkt. 1, Nr. 8 AktG RF.

542 Art. 69 Pkt. 4 AktG RF.

543 Art. 48 Pkt. 1, Nr. 10 AktG RF.

544 Art. 48 Pkt. 1, Nr. 12 und 13 AktG RF; v *Wistinghausen/Wilke* Investitionen in Russland, 2008, S. 24; *Ries* Der Minderheitenschutz im russischen Kapitalgesellschaftsrecht im Vergleich zum deutschen Recht, S. 118.

545 *Ries* Der Minderheitenschutz im russischen Kapitalgesellschaftsrecht im Vergleich zum deutschen Recht, S. 120.

546 *Krupnaja sdelka* – wörtl. großes bzw. bedeutendes Rechtsgeschäft.

547 Art. 78 Pkt. 1 AktG RF.

548 Art. 157.1 Pkt. 1 ZGB RF.

werden.[549] Um eine Umgehung zu vermeiden, sind auch untereinander verbundene Geschäfte erfasst.[550] Hierzu können auch solche Geschäfte zählen, die mit verschiedenen Vertragspartnern abgeschlossen wurden.[551] Bzgl. des Begriffs der Verbundenheit besteht allerdings Unklarheit.[552] Die Zustimmungspflicht schützt auch vor sog. Ausgründungen von Tochtergesellschaften, soweit die entsprechenden Grenzwerte erreicht werden.[553]

Über eine Billigung beschließt der Aufsichtsrat durch einstimmigen Beschluss. Soweit eine Beschlussfassung am Einstimmigkeitserfordernis scheitert, kann der Aufsichtsrat mittels Mehrheitsbeschluss die Hauptversammlung mit einfacher Mehrheit über eine Billigung beschließen lassen.[554] Übersteigt der Gegenwert des entsprechenden Rechtsgeschäfts 50 % der Aktiva der Gesellschaft, hat in jedem Fall die Hauptversammlung mit einer ¾-Mehrheit über die Billigung zu beschließen.[555]

Bei Verstoß gegen die Billigungspflicht handelt der Vertreter der Gesellschaft ohne Vertretungsmacht und das entsprechende Rechtsgeschäft ist durch die Gesellschaft oder einen Aktionär anfechtbar.[556] Anfechtbarkeit setzt nicht voraus, dass der Gesellschaft durch das entsprechende Rechtsgeschäft ein Schaden entstanden ist bzw. droht.[557] Der Anfechtbarkeit kann positive Kenntnis oder Kennenmüssen der andern Vertragspartei entgegengesetzt werden.[558]

---

549 *Becker*, Gesellschaftsrecht in Russland, 1998, S. 47; *Cepov* Aktiengesellschaften, 2007, S. 178; *Wedde* eastlex 2006, 46.

550 *Schmitt/Melnikov* Hdb Wirtschaft und Recht in Osteuropa, RUS Kap. D.I Rn. 208; *Wedde* eastlex 2006, 46.

551 Beschluss des Obersten Arbitragegerichts der RF vom 15.2.2005, Nr. 12856/04, VVAS 2005, Nr. 6, Pos. 59; m.Anm. *Wedde* eastlex 2006, 46.
Beschluss des Obersten Arbitragegerichts der RF vom 27.8.2002, Nr. 1720/02, VVAS 2002, Nr. 12, Pos. 26, in: Datenbank Konsultant.

552 *Wedde* eastlex 2006, 46.

553 *Schmitt/Melnikov* Hdb Wirtschaft und Recht in Osteuropa, RUS Kap. D.I Rn. 144.

554 Art. 79 Pkt. 2 Abs. 2 AktG RF.

555 Art. 79 Pkt. 3 AktG RF; *Ries* Der Minderheitenschutz im russischen Kapitalgesellschaftsrecht im Vergleich zum deutschen Recht, S. 123.

556 Art. 79 Pkt. 6 AktG RF; s.u. Kapitel E.V.6.f)(4), S. 125.

557 Beschluss des Obersten Arbitragegerichts der RF vom 12.2.2008, Nr. 13051/07, in: Datenbank Garant.

558 *Schmitt/Melnikov* Hdb Wirtschaft und Recht in Osteuropa, RUS Kap. D.I Rn. 209; es wird vertreten, dass Anfechtbarkeit das Kennen oder Kennenmüssen der andern Vertragspartei voraussetzt, hierbei handelt es sich um die analoge Anwendung von Art. 174 ZGB RF, *Suchanov* RIW 1998, 706, 708, die allerdings nicht durch die Rspr. aufgegriffen wurde, vgl. *Boës* RIW 2008, 841, 844.

Gesellschafter, die gegen ein entsprechendes *Großgeschäft* gestimmt oder nicht an der Hauptversammlung teilgenommen haben, sind berechtigt, sich ihre Aktien im Rahmen eines Andienungsrechtes von der Gesellschaft abkaufen zu lassen.[559] Ein Anfechtungsrecht entfällt in diesem Fall.

Im Falle des Zusammentreffens eines *Interessiertheits-* und eines *Großgeschäfts* sind die Regelungen bzgl. *Interessiertheitsgeschäfte* subsidiär.[560]

(6) *Interessiertheitsgeschäfte*

Im AktG RF ist neben dem *Großgeschäft* auch das sog. *Interessiertheitsgeschäft* geregelt.[561] Ein *Interessiertheitsgeschäft* liegt dann vor, wenn ein Gesellschafter der mindestens 20 % der stimmberechtigten Aktien hält oder Mitglied eines Verwaltungsorgans der Gesellschaft ist, an einem Vertragspartner der Gesellschaft wiederum selbst oder über eine *affiliierte* Person (Ehegatten, Kinder etc.)[562] mit 20 % beteiligt ist bzw. dort selbst oder indirekt an der Verwaltung beteiligt ist.[563] Zum Schutz der Mitgesellschafter besteht für (*interessierte*) Personen, die mindestens 20 % der stimmberechtigten Aktien der Gesellschaft halten, eine allgemeine Informationspflicht gegenüber dem Aufsichtsrat, der Revisionskommission und dem Wirtschaftsprüfer. Es ist offenzulegen, an welchen juristischen Personen sie direkt oder über *affiliierte Personen* mit mindestens 20 % beteiligt sind bzw. in welchen juristischen Personen sie Verwaltungsaufgaben wahrnehmen oder ob Geschäfte absehbar sind, an denen sie *interessiert* sein könnten.[564] Hierdurch sollen potentielle Verflechtungen offenbart werden, um Transparenz im rechtsgeschäftlichen Verkehr zu gewährleisten.[565]

Besteht eine *Interessiertheit* an einem bestimmten Rechtsgeschäft muss das entsprechende Rechtsgeschäft gebilligt werden. Auch hier kann die Billigung

---

559 Art. 75 Pkt. 1 AktG RF.

560 Art. 79 Pkt. 5 AktG RF.

561 Art. 81 ff. AktG RF.

562 Das Oberste Arbitragegericht hat hierzu eindeutig entschieden, dass es sich bei affiliierten Personen nicht ausschließlich um Einzelunternehmer handeln muss, Beschluss des Obersten Arbitragegerichts der RF vom 22.3.2012 Nr. 14613/11, Az. A60-41550/2010-S4, in: Datenbank Konsultant.

563 *Fischer* Das System der Kapitalaufbringung und Kapitalerhaltung der Aktiengesellschaft und der Gesellschaft mit beschränkter Haftung im russischen und deutschen Recht, S. 335 ff.; *Ries* Der Minderheitenschutz im russischen Kapitalgesellschaftsrecht im Vergleich zum deutschen Recht, S. 120 ff.

564 Art. 82 AktG RF.

565 *Ries* Der Minderheitenschutz im russischen Kapitalgesellschaftsrecht im Vergleich zum deutschen Recht, S. 121.

im Voraus oder nachträglich erfolgen.[566] Der Billigungsprozess richtet sich nach der Größe der Gesellschaft. Hat die Gesellschaft 1.000 oder weniger Gesellschafter, hat der Aufsichtsrat das Rechtsgeschäft durch Mehrheitsbeschluss zu billigen. Stimmberechtigt sind nur *nichtinteressierte* Aufsichtsratsmitglieder, wobei das satzungsmäßig statuierte, für die Beschlussfähigkeit erforderliche Quorum gegeben sein muss. Sind so viele Aufsichtsratsmitglieder *interessiert*, dass der Aufsichtsrat nicht beschlussfähig ist, hat die Hauptversammlung mit einfacher Mehrheit über die Billigung zu beschließen; wobei *Interessierte* auch im Rahmen des Hauptversammlungsbeschlusses kein Stimmrecht haben.[567] Hat die Gesellschaft mehr als 1.000 Gesellschafter, haben lediglich *die nichtinteressierten* und zusätzlich *unabhängigen* Aufsichtsratsmitglieder ein Stimmrecht beim entsprechenden Beschluss.[568] Unabhängigkeit in diesem Sinne setzt voraus, dass das Aufsichtsratsmitglied nicht selbst oder indirekt an der Verwaltung der Gesellschaft beteiligt ist.[569] Auch in diesem Fall geht bei Nichterreichen des erforderlichen Quorums die Zustimmungskompetenz auf die Hauptversammlung über, die mittels einfacher Mehrheit zu beschließen hat. Daneben ist die Hauptversammlung immer dann mit einfacher Mehrheit für die Billigung zuständig, wenn der Umfang des entsprechenden Rechtsgeschäfts 2 % der *Reinaktiva*[570] der Gesellschaft übersteigt oder das Rechtsgeschäft eine Aktientransaktion von mehr als 2 % der bisher ausgegebenen Aktien betrifft.[571]

Bei Verstoß gegen die Billigungspflicht handelt der Vertreter der Gesellschaft ohne Vertretungsmacht und das entsprechende Rechtsgeschäft ist anfechtbar.[572] Daneben ist die entsprechende *interessierte Person* für möglicherweise entstandene Schäden in die Haftung zu nehmen.[573]

Die Billigung eines Interessiertheitsgeschäfts ist dann nicht erforderlich, wenn das Ausführende Organ der einzige Gesellschafter der AG ist, wenn alle Gesellschafter interessiert sind, im Falle der Reorganisationen bzw. Fusion, bei

---

566 Art. 157.1 Pkt. 1 ZGB RF.

567 Art. 83 Pkt. 3 AktG RF; *Ries* Der Minderheitenschutz im russischen Kapitalgesellschaftsrecht im Vergleich zum deutschen Recht, S. 132.

568 Art. 83 Pkt. 3 AktG RF.

569 Art. 83 Pkt. 3 Abs. 2 AktG RF.

570 Zur Reinaktiva s.u. Kapitel E.XI.2, S. 232.

571 Art. 83 Pkt. 4 AktG RF.

572 Art. 83 Pkt. 1 AktG RF; s.u. Kapitel E.V.6.f)(5), S. 126.

573 Art. 83 Pkt. 2 AktG RF.

Ausübung eines Bezugsrechts auf Erwerb von Aktien und Wandelanleihen, bei Rückkauf eigener Aktien und bei Geschäften die der Gesellschaft gesetzlich vorgeschrieben sind.[574]

(7) Sonstige Beschlüsse

Die Hauptversammlung ist außerdem u.a. in folgenden Fragen originär zuständig.[575] Eine Übertragung der Beschlusskompetenz auf andere Organe ist in folgenden Fällen möglich:

- Beschluss über die Ausschüttung einer Dividende;[576]
- Beschluss über die Bestätigung des Jahresabschluss;[577]
- Beschluss über den Erwerb eigener Aktien;[578]
- Beschluss über eine Geschäftsordnung der Hauptversammlung,[579] des Aufsichtsrats[580] und der Revisionskommission;[581]
- Beschluss über die Vergütung der Mitglieder des Aufsichtsrates[582] und der Revisionskommission.[583]

d) Beschlussfassung

(1) Allgemeines

Seit der ZGB RF-Novelle werden die spezialgesetzlichen Vorschriften zur Beschlussfassung in der Hauptversammlung in Art. 49 f. AktG RF durch einen ‚allgemeinen Teil' in Art. 181.2 ff. ZGB RF ergänzt.

Hierbei sind in Art. 181.2 ff. ZGB RF insbesondere Anforderungen an Protokollführung und Beschlussannahme sowie Unwirksamkeit, Anfechtbarkeit und Nichtigkeit von Gesellschafterbeschlüssen geregelt.

---

574 *Schmitt/Melnikov* Hdb Wirtschaft und Recht in Osteuropa, RUS Kap. D.I Rn. 216.

575 Zu den Kompetenzen im Einzelnen *Bauer-Mitterlehner/Karimullin/Micheler* FOWI Arbeitspapiere, Nr. 101, 42 f.

576 Art. 48 Pkt. 1, Nr. 11 AktG RF (nicht übertragbar).

577 Art. 48 Pkt. 1, Nr. 11 AktG RF (nicht übertragbar).

578 Art. 48 Pkt. 1, Nr. 17 AktG RF.

579 Art. 49 Pkt. 5 AktG RF (nicht übertragbar).

580 Art. 48 Pkt. 1, Nr. 19 AktG RF (nicht übertragbar).

581 Art. 85 Pkt. 2 AktG RF (nicht übertragbar).

582 Art. 64 Pkt. 2 AktG RF (nicht übertragbar).

583 Art. 65 Pkt. 10 AktG RF (nicht übertragbar).

(2) Erforderliches Quorum

Die intraorganschaftliche Kompetenzverteilung in der Hauptversammlung erfolgt über Zustimmungsquoten und Stimmrechtsbeschränkungen.[584]

Für eine Beschlussfassung ist die Anwesenheit von Aktionären, die mindestens 50 % der stimmberechtigten Aktien halten, erforderlich.[585] Im Fall einer Beschlussunfähigkeit in Ermangelung anwesender Gesellschafter ist bei wiederholter Einberufung ein Quorum von 30 % erforderlich.[586] Hat die Gesellschaft mehr als 500.000 Gesellschafter, kann dieses Quorum für Wiederholungsversammlungen unter 30 % herabgesetzt werden.[587]

Grundsätzlich werden Beschlüsse der Hauptversammlung mit der einfachen Mehrheit der Anzahl der ausgegebenen stimmberechtigten[588] Aktien der Gesellschafter, die anwesend sind, gefasst.[589] Stimmberechtigt sind alle Inhaber von Stammaktien und Inhaber von Vorzugsaktien, wenn sie im vorangehenden Jahr nicht mit der versprochenen Dividende bedient wurden.[590] Daneben sind Inhaber von Vorzugsaktien in Bezug auf Beschlüsse über die Reorganisation oder Liquidation[591] und bei Satzungsänderungen, welche ihre Rechtsstellung

---

584 *Ries* Der Minderheitenschutz im russischen Kapitalgesellschaftsrecht im Vergleich zum deutschen Recht, S. 118, 127.

585 Vgl. Art. 58 Pkt. 1 AktG RF und Art. 181.2 Pkt. 1 ZGB RF; d.h. im Gegensatz zum GmbH-Recht richtet sich die Mehrheit nicht nach der Anzahl der existierenden Anteile, sondern nach den Anwesenden Anteilen; *Mereminskaja* Durchbrechung der Haftungsbeschränkung eines GmbH-Gesellschafters, 60; v*Wistinghausen/Wilke* Investitionen in Russland, 2008, S. 25.

586 Art. 58 Pkt. 3 AktG RF.

587 *Schmitt/Melnikov* Hdb Wirtschaft und Recht in Osteuropa, RUS Kap. D.I Rn. 165.

588 Anteile, deren Stammeinlage nicht vollständig erbracht wurde, gelten als nicht stimmberechtigt, Verordnung des Föderalen Dienstes für den Finanzmarkt „Über die Bestätigung der Bestimmungen über zusätzliche Anforderungen an das Verfahren zur Vorbereitung, Einberufung und Durchführung einer Hauptversammlung der Aktionäre" vom 2.2.2012 Nr. 12-6/pz-n.

589 Verordnung des Föderalen Dienstes für den Finanzmarkt „Über die Bestätigung der Bestimmungen über zusätzliche Anforderungen an das Verfahren zur Vorbereitung, Einberufung und Durchführung einer Hauptversammlung der Aktionäre" vom 2.2.2012 Nr. 12-6/pz-n; im Gegensatz zum GmbH-Recht richtet sich die Mehrheit nicht nach der Anzahl der existierenden Anteile, sondern nach den Anwesenden Anteilen; *Mereminskaja* Durchbrechung der Haftungsbeschränkung eines GmbH-Gesellschafters, 60; v*Wistinghausen/Wilke* Investitionen in Russland, 2008, S. 25.

590 Art. 32 Pkt. 5 AktG RF, s.u. Kapitel E.VII.3.c), S. 184 ff.

591 Art. 32 Pkt. 4 Abs. 1 AktG RF.

beeinträchtigen, stimmberechtigt.[592] Das Abweichen von gesetzlich normierten Mehrheiten ist lediglich in gesetzlich vorgesehenen Fällen durch satzungsmäßige Regelung möglich;[593] dies gilt allerdings nur insoweit, als dass das Erfordernis einer höheren Stimmenmehrheit statuiert wird.[594] Geringere Stimmenmehrheiten können nicht satzungsmäßig bestimmt werden.[595] Dies entspricht dem positivistischen Ansatz in Bezug auf die Vertragsautonomie, der das gesamte russische Zivilrecht prägt.[596] Demnach ist die Abweichung von gesetzlichen Vorgaben – in welcher Art auch immer – nur dann möglich, soweit dies gesetzlich vorgesehen ist.[597] In allen anderen Fällen ist eine Abweichung von gesetzlichen Vorschriften – auch zur Wahrung schutzwürdiger Interessen – nicht möglich.[598]

Nunmehr ist es erforderlich, dass die Anzahl der Aktien in der Liste der teilnahmeberechtigten Gesellschafter genannt wird, auf die kein nomineller Halter eingetragen ist. Dies dürfte auch Aktien betreffen, die außerhalb Russlands als hinterlegte Wertpapiere in Umlauf sind.[599]

Problematisch kann sein, dass Beschlussfähigkeit schon mit einem Quorum von 50 % der Stimmen erreicht ist[600] (bei wiederholter Einberufung 30 %)[601] und hiervon in der Regel lediglich 50 % für den entsprechenden Beschluss stimmen zu brauchen; im Ergebnis können mithin knapp über 25 % der Stimmen ausreichen,

---

592 Art. 32 Pkt. 4 Abs. 2 AktG RF.

593 Art. 49 Pkt. 4, 48 Pkt. 1, Nr. 1–3, 5, 17 AktG RF; siehe auch schon oben Kapitel E.IV.2.c)(2), S. 81.

594 *Bauer-Mitterlehner* WiRO 2001, 342, 344; vgl. etwa Art. 39 Pkt. 3 AktG RF (Kapitalerhöhung mittels Ausgabe zusätzlicher Aktien), s.u. Kapitel E.VI.5.b), S. 153 f.

595 Art. 49 Pkt. 2 Abs. 1 AktG RF; *Schmitt/Melnikov* Hdb Wirtschaft und Recht in Osteuropa, RUS Kap. D.I Rn. 163.

596 *Solotych*, Das Zivilgesetzbuch der Russischen Föderation – Erster Teil, 2. Aufl. 1997, S. 19 f.

597 *Schmitt/Melnikov* Hdb Wirtschaft und Recht in Osteuropa, RUS Kap. D.I Rn. 163.

598 Vgl. nur Art. 49 Pkt. 2 Abs. 1 AktG RF; siehe hierzu auch *Kruse* RIW 2007, 256, 257. *Seiffert* ZEuP 1999, 931, 936; *Solotych*, Das Zivilgesetzbuch der Russischen Föderation – Erster Teil, 2. Aufl. 1997, S. 20.

599 Verordnung des Föderalen Dienstes für den Finanzmarkt „Über die Bestätigung der Bestimmungen über zusätzliche Anforderungen an das Verfahren zur Vorbereitung, Einberufung und Durchführung einer Hauptversammlung der Aktionäre“ vom 2.2.2012 Nr. 12-6/pz-n.

600 Art. 58 Pkt. 1 Abs. 1 AktG RF.

601 Art. 58 Pkt. 3 Abs. 2 AktG RF.

um wesentliche Entscheidungen herbeizuführen.[602] Ein Schutz im Rahmen einer satzungsmäßigen Erhöhung des erforderlichen Quorums wäre wünschenswert, ist aber vor dem Hintergrund der eindeutigen Regelung des Art. 49 Pkt. 2 AktG RF nicht möglich.[603]

Regelungen zur Lösung von sog. *Dead-Lock-Situationen* sieht das russische Aktienrecht nicht vor. Da dies insbesondere in paritätisch besetzten Joint *Ventures* zu erheblichen Störungen führen kann, ist daher zu empfehlen, eine entsprechende Gesellschaftervereinbarung aufzunehmen. Diese sollte ein Verfahren vorsehen, welches eingreift, sobald sich die Gesellschafter nicht auf einen Beschluss einigen können. Vorgeschlagen wird etwa einen unabhängigen Experten einzuschalten, an dessen Entscheidung die Gesellschafter gebunden sind; dies in Verbindung mit einem Austritts- bzw. Entschädigungsrecht für Gesellschafter, die gegen eine Entsprechende Entscheidung stimmen.[604]

(3) Umlaufverfahren

Neben Beschlussfassung auf einer tatsächlichen Hauptversammlung ist auch die Beschlussfassung im Rahmen des Umlaufverfahrens (Fernabstimmung) möglich.[605] Erforderlich ist hierfür die postalische Ausgabe von Stimmzetteln, die auszufüllen sind und postalisch an den Versammlungsleiter zurück zu übersenden sind.[606] Eine tatsächliche Hauptversammlung kann auch mit einer Fernabstimmung im Umlaufverfahren im Vorfeld der Hauptversammlung verbunden werden. In diesem Fall werden Stimmabgaben bis zu zwei Tage vor der Hauptversammlung als gültige Stimmen gewertet, die zum erforderlichen Quorum hinzugezählt werden.[607] Ausgenommen vom Umlaufverfahren sind die Wahl des Aufsichtsrats, der Revisionskommission und des Wirtschaftsprüfers sowie die Feststellung des Jahresabschlusses und Beschlüsse über die Zahlung einer Dividende.[608]

---

602 In diesem Sinne *Rodde/Abovski* WiRO 2009, S. 37.

603 Vgl. *Rodde/Abovski* WiRO 2009, S. 37.

604 *Schmitt* Joint Ventures in the Russian Federation, 2009, S. 8, abrufbar unter: http://www.whitecase.com/files/Publication/255b764d-e306-417e-bd1a-3a6ab0bf8099/Presentation/PublicationAttachment/3f45c74f-1523-439a-b926-3b4ce60316e2/article_JointVenture_v3.pdf.

605 Art. 50 AktG RF und Art. 181.2 Pkt. 1 ZGB RF.

606 Ein elektronisches Umlaufverfahren ist nicht vorgesehen, *Ries* Der Minderheitenschutz im russischen Kapitalgesellschaftsrecht im Vergleich zum deutschen Recht, S. 118.

607 *Ries* Der Minderheitenschutz im russischen Kapitalgesellschaftsrecht im Vergleich zum deutschen Recht, S. 128.

608 Art. 50 Pkt. 2 AktG RF i.V.m. Art. 48 Pkt. 1, Nr. 11 AktG RF.

(4) Formelle Anforderungen

Grundsätzlich sind Gesellschafterbeschlüsse seit der ZGB RF-Novelle notariell zu beurkunden.[609] Hiervon kann mittels satzungsmäßiger Regelung abgewichen werden.

Aktiengesellschaften mit über 100 Gesellschaftern haben eine Zählkommission – in Gestalt des Revisors – einzurichten, welche die Beschlussfähigkeit und die erforderlichen Mehrheiten festzustellen hat.[610]

Beschlüsse sind in einem Abstimmungsprotokoll festzuhalten, an dessen Inhalt mittels Verordnung einzelne Anforderungen gestellt sind.[611]

(5) Minderheitenschutz

Gegen Beschlüsse, die durch Verletzungen von Rechten nicht teilnehmender Gesellschafter zustande gekommen sind, können diese Gesellschafter im Rahmen einer Anfechtungsklage vorgehen.[612]

e) Stimmrechtsbeschränkungen

Im russischen Recht sind unter bestimmten Voraussetzungen Stimmrechtsbeschränkungen vorgesehen.[613] Dies sind zunächst Beschlüsse über Rechtsgeschäfte an denen ein Interesse einzelner Aktionäre besteht.[614] Daneben besteht für Organmitglieder, die der Kontrolle anderer Organe unterliegen, bei den Wahlen dieser Organe Stimmverbot. So etwa für Mitglieder des Aufsichtsrats oder der Geschäftsführung bei der Wahl der Revisionskommission.[615]

---

609 Art. 181.2 ZGB RF.

610 Verordnung des Föderalen Dienstes für den Finanzmarkt „Über die Bestätigung der Bestimmungen über zusätzliche Anforderungen an das Verfahren zur Vorbereitung, Einberufung und Durchführung einer Hauptversammlung der Aktionäre“ vom 2.2.2012 Nr. 12-6/pz-n.

611 Verordnung des Föderalen Dienstes für den Finanzmarkt „Über die Bestätigung der Bestimmungen über zusätzliche Anforderungen an das Verfahren zur Vorbereitung, Einberufung und Durchführung einer Hauptversammlung der Aktionäre“ vom 2.2.2012 Nr. 12-6/pz-n.

612 Hierzu s.u. Kapitel E.V.6.f)(2), S. 123; *vWistinghausen/Wilke* Investitionen in Russland, 2008, S. 25; im Einzelnen zur Anfechtungsklage vgl. *Ries* Der Minderheitenschutz im russischen Kapitalgesellschaftsrecht im Vergleich zum deutschen Recht, S. 150 ff.

613 Zum Ganzen, vgl. auch *Ries* Der Minderheitenschutz im russischen Kapitalgesellschaftsrecht im Vergleich zum deutschen Recht, S. 132 f.

614 Zum *Interessiertheitsgeschäft*, s.o. Kapitel E.IV.2.c)(6), S. 85.

615 Art. 85 Pkt. 6 Abs. 2 AktG RF.

Wird ein Gesellschafter selbst oder indirekt Inhaber von mehr als 30 % der Aktien, hat er kein Stimmrecht bei einem Beschluss, der ihn von seiner Ankaufpflicht gegenüber den anderen Aktionären befreien soll.[616] Hat ein solcher Gesellschafter Aktien unter Verletzung der in Art. 80 AktG RF normierten Mitteilungs- und Angebotspflichten erworben, kann er nur insoweit an Abstimmungen teilnehmen, als dass er die entsprechenden Pflichten nicht verletzt hat – sprich: bis zu 30 % der Stimmen.[617]

Daneben ist es möglich, die Höchststimmrechte – sprich: die Anzahl an Stimmen, die einem Gesellschafter gewährt werden – zu begrenzen.[618] Es ist denkbar, keinem Gesellschafter mehr als eine festgelegte Anzahl an Stimmen zuzubilligen. Alle über diese Grenze hinausgehenden Stammaktien berechtigen dann lediglich zu einer höheren Dividende bzw. höheren Liquidationsquote. Es handelt sich hierbei um einen Widerspruch zum Grundsatz der Stimmrechtsverteilung nach Aktien, der auch im russischen Recht gilt.[619]

f) Minderheitenrechte

(1) Allgemeines

Zum Schutz der Minderheit der Gesellschafter sind – wie auch im deutschen Recht – einige Rechte vorgesehen, welche die Teilnahme der Minderheit an der strategischen Ausrichtung der Gesellschaft sicherstellen sollen. Insbesondere handelt es sich hierbei um die Möglichkeit, eine außerordentliche Hauptversammlung einzuberufen, die Aufnahme von Tagesordnungspunkten zu beantragen, Beschlüsse der Hauptversammlung anzufechten und zuletzt um das Recht, Schadensersatzansprüche geltend zu machen.

(2) Einberufung einer außerordentlichen Hauptversammlung

Soweit ein Gesellschafter oder mehrere Gesellschafter zusammen Inhaber von mindestens 10 % der stimmberechtigten Aktien sind, besteht das Recht, die Einberufung einer außerordentlichen Hauptversammlung durch den Aufsichtsrat zu verlangen.[620]

---

616 Art. 80 Pkt. 2 Abs. 2 AktG RF.

617 Art. 80 Pkt. 6 AktG RF; vgl. auch *Ries* Der Minderheitenschutz im russischen Kapitalgesellschaftsrecht im Vergleich zum deutschen Recht, S. 133.

618 Vgl. Art. 11 Pkt. 3 Abs. 2 2. Hs. AktG RF.

619 Vgl. Art. 49 Pkt. 2 Abs. 1 AktG RF i.V.m. Art. 59 AktG RF.

620 Art. 55 AktG RF; eine abweichende, satzungsmäßige Regelung von diesem 10 % Erfordernis ist nicht möglich, *Ries* Der Minderheitenschutz im russischen Kapitalgesellschaftsrecht im Vergleich zum deutschen Recht, S. 133.

Das Begehren hat die zu behandelnden Gegenstände zu benennen, die Namen der begehrenden Gesellschafter zu enthalten und ist durch die entsprechenden Gesellschafter zu unterzeichnen.[621]

Über das Begehren hat der Aufsichtsrat innerhalb von 5 Tagen ab Zugang des Begehrens zu entscheiden, wobei ihm keinerlei Ermessen zusteht. Er kann den Antrag nur dann ablehnen, wenn die Gesellschafter nicht Inhaber der erforderlichen 10 %-Beteiligung sind, wenn der begehrte Tagesordnungspunkt nicht in die Kompetenz der Hauptversammlung fällt oder wenn sonstige formelle Mängel vorliegen.[622]

Die entsprechende Liste in Art. 55 Pkt. 6 AktG RF ist abschließend und lässt die Ablehnung aus einem anderen Grund nicht zu.[623]

Die Ablehnung ist zu begründen, kann aber durch die Antragsteller vor Gericht angefochten werden.[624] Daneben ist zur Durchführung der Hauptversammlung bei nicht rechtzeitiger Reaktion durch den Aufsichtsrat (3 Tage) die gerichtliche Einberufung auf Antrag hin möglich.[625] In diesem Fall hat die Gesellschaft Auskunft über die Gesellschafterdaten aus dem Aktionärsregister zu gewähren.[626] Die Möglichkeit der Minderheitsaktionäre, die Hauptversammlung selbst einzuberufen, wurde durch Reform abgeschafft, was den Minderheitenschutz schmälert.[627]

(3) Aufnahme von Tagesordnungspunkten

Ein Gesellschafter bzw. mehrere Gesellschafter mit einer Beteiligung von mindestens 2 % der stimmberechtigten Aktien ist bzw. sind berechtigt, die Aufnahme von bis zu zwei Tagesordnungspunkten auf die Tagesordnung der ordentlichen Hauptversammlung zu verlangen.[628] Ein entsprechender Antrag ist 30 Tage

621 Art. 55 Pkt. 4 und 5 AktG RF.

622 Art. 55 Pkt. 6 AktG RF.

623 Beschluss Obersten Arbitragegerichts der RF vom 23.10.2012, Nr. 7508/12, in: Datenbank Konsultant.

624 Art. 55 Pkt. 7 Abs. 2 AktG RF.

625 Art. 55 Pkt. 8 AktG RF; die Möglichkeit die Hauptversammlung selbst einzuberufen existiert nicht mehr, Föderales Gesetz „Über die Eintragung von Änderungen und Ergänzungen in das Föderale Gesetz ‚Über Aktiengesellschaften'" vom 19.7.2009, Nr. 205-FZ, SZ RF 20.7.2009, Nr. 29, Pos. 3642; vgl. *Wedde* eastlex 2010, 39.

626 Zum Aktionärsregister s.u. Kapitel E.V.3, S. 107.

627 Zur alten Rechtslage *Ries* Der Minderheitenschutz im russischen Kapitalgesellschaftsrecht im Vergleich zum deutschen Recht, S. 133.

628 Art. 53 AktG RF.

vor Ablauf des Geschäftsjahres beim Aufsichtsrat zu stellen.[629] Er ist nur dann abzulehnen, wenn formelle Voraussetzungen nicht eingehalten wurden oder ein entsprechender Tagesordnungspunkt nicht in den Kompetenzbereich der Hauptversammlung fällt.[630] Gegen eine Ablehnung kann vor Gericht Beschwerde eingelegt werden.[631]

(4) Anfechtung von Beschlüssen der Hauptversammlung

Ein Gesellschafter hat unter bestimmten Voraussetzungen das Recht, gegen Beschlüsse der Hauptversammlung vorzugehen, soweit der entsprechende Hauptversammlungsbeschluss gegen geltendes Recht verstößt, der Gesellschafter nicht an der entsprechenden Hauptversammlung teilgenommen hat oder gegen den entsprechenden Beschluss gestimmt hat und Rechte oder Interessen des anfechtenden Gesellschafters verletzt wurden.[632]

(5) Schadensersatzansprüche

Gesellschaftern, die mindestens 1 % der Stammaktien halten, sind berechtigt, im Namen der Gesellschaft oder im eigenen Namen (Schadensersatz-) Ansprüche gegenüber den Organen und/oder gegenüber einer beherrschenden (Mutter-) Gesellschaft geltend zu machen.[633]

3. Aufsichtsrat

a) Allgemeines

Die interorganschaftliche Kompetenzverteilung der russischen AG weicht von der deutschen Vorstellung ab.[634] Der Aufsichtsrat[635] ist je nach Ausgestaltung (Mit-)

---

629 Art. 53 Pkt. 1 AktG RF.

630 Art. 53 Pkt. 5 AktG RF.

631 Art. 53 Pkt. 6 Abs. 2 AktG RF.

632 Im Einzelnen s.u. Kapitel E.V.6.f)(2), S. 123.

633 Zum Ganzen s.u. Kapitel E.V.6.g), S. 126.

634 Dies ist vor allem der Entstehungsgeschichte des russ. Aktienrechts geschuldet. Grundlagen des russ. Aktienrechts wurden im ZGB Anfang der 90er Jahre festgeschrieben. Dessen Entstehung stark von kontinentaleuropäischen Beratern beeinflusst wurde. Die spezialgesetzliche Regelung entstanden Mitte der 90er unter Einfluss US-amerikanischer Berater. Eine letztendliche Entscheidung für eines der beiden Modelle blieb allerdings aus, sodass eine Mischform gegeben ist; vgl. auch *Primaczenko* KONtakt 3/2007, S. 4 ff.; zur Rolle deutscher Juristen bei der Entwicklung des Rechts in Osteuropa im Allgemeinen *Stiefel* JZ 1994, 109.

635 *Sowjet Direktorov* – wörtl. Direktorenrat, wird im Folgenden der Verständlichkeit halber ausschließlich als Aufsichtsrat bezeichnet.

Exekutivorgan und Aufsichtsorgan der AG. Der Aufsichtsrat ist nicht berechtigt, die Gesellschaft nach außen hin zu vertreten.[636] Aufgrund der weitreichenden Leitungsfunktionen, wird der russische Aufsichtsrat nicht primär als Kontrollorgan verstanden.[637] Diese Aufgabe Übernimmt vielmehr die Revisionskommission.[638] Stattdessen soll der Aufsichtsrat die Ausrichtung der Geschäftstätigkeit der Gesellschaft bestimmen.[639] Aus Gründen der besseren Abgrenzbarkeit von der Geschäftsführung wird im Folgenden sinngemäß trotzdem die Begrifflichkeit Aufsichtsrat verwendet.[640]

Der Aufsichtsrat ist ab einer Anzahl von 50 Gesellschaftern obligatorisch.[641] Besteht in einer entsprechend kleinen AG kein Aufsichtsrat, sind seine Aufgaben von der Hauptversammlung wahrzunehmen. Diese hat dann zu bestimmen, welche Person bzw. welches Organ die Rechte und Pflichten des Aufsichtsrats im Rahmen der Hauptversammlung wahrnimmt.[642]

b) Zusammensetzung

Der Aufsichtsrat einer öffentlichen AG hat aus mindestens fünf Personen zu bestehen.[643] Bei mehr als 1.000 stimmberechtigten Gesellschaftern muss der Aufsichtsrat mindestens sieben, bei mehr als 10.000 stimmberechtigten Gesellschaftern mindestens neun Mitglieder zählen;[644] wobei größere Aufsichtsräte satzungsmäßig bestimmbar sind.[645]

---

636 *Schmitt/Melnikov* Hdb Wirtschaft und Recht in Osteuropa, RUS Kap. D.I Rn. 166.

637 *Ries* Der Minderheitenschutz im russischen Kapitalgesellschaftsrecht im Vergleich zum deutschen Recht, S. 125; *Rodde/Abovski* WiRO 2009, 33, 40.

638 *Ries* Der Minderheitenschutz im russischen Kapitalgesellschaftsrecht im Vergleich zum deutschen Recht, S. 125.

639 Art. 65 Pkt. 1 Abs. 2, Nr. 1 AktG RF.

640 Ebenso *Rodde/Abovski* WiRO 2009, 33, 35; *Solotych* Hdb Wirtschaft und Recht in Osteuropa, EL 53 2003, RUS Kapitel D.I. Rn. 187.

641 Art. 64 Pkt. 1 Abs. 2 AktG RF; vgl. *Solotych* Hdb Wirtschaft und Recht in Osteuropa, EL 53 2003, RUS Kapitel D.I. Rn. 133.

642 Art. 64 Pkt. 1 Abs. 2 AktG RF; wobei diese Aufgabe nicht der Geschäftsführung der AG übertragen werden darf, *Resch*, Unternehmensrecht in Russland zwischen Privatisierung und Staatshaftung, 2006, S. 119; *Micheler* WiRO 1996, 81, 84.

643 Art. 66 Pkt. 3 Abs. 1 AktG RF.

644 Art. 66 Pkt. 3 Abs. 2 AktG RF; *Becker*, Gesellschaftsrecht in Russland, 1998, S. 48.

645 *Schmitt/Melnikov* Hdb Wirtschaft und Recht in Osteuropa, RUS Kap. D.I Rn. 171.

Anders als bei der Geschäftsführung,[646] darf es sich bei Aufsichtsratsmitgliedern ausschließlich um natürliche Personen handeln.[647] Diese natürlichen Personen müssen entweder selber als Gesellschafter an der Gesellschaft beteiligt sein oder als Vertreter im Namen von juristischen Personen handeln, die als Gesellschafter an der Gesellschaft beteiligt sind.[648]

Der Aufsichtsrat darf nicht zu mehr als einem Viertel aus Mitgliedern des Vorstands bestehen,[649] ansonsten ist eine Überschneidung von Organmitgliedschaften aber unbedenklich möglich. Ein Einzelgeschäftsführer kann nicht Vorsitzender des Aufsichtsrats sein.[650] In der Regel wird der Einzelgeschäftsführer bzw. der Vorstandsvorsitzende aber dem Aufsichtsrat angehören.[651]

Eine Arbeitnehmervertretung im Aufsichtsrat ist im russischen Recht nicht vorgesehen.[652]

Grundsätzlich kann ein Aufsichtsratsmitglied auch Mitglied in weiteren Aufsichtsräten sein.[653] In diesem Zusammenhang gilt es aber bestimmte Vorgaben des *Corporate Governance Kodex RF*[654] zu beachten.[655]

c) *Bestellung*

Der Aufsichtsrat wird auf ein Jahr durch die Hauptversammlung bestimmt.[656] Die Wiederwahl eines Aufsichtsrats ist beliebig oft möglich.[657]

Die Berufung der Mitglieder und des Vorsitzenden des Aufsichtsrats erfolgt *en block* mittels kumulativer Wahl durch die Hauptversammlung.[658] Kumulative Wahl heißt in diesem Zusammenhang, dass jede stimmberechtigte Aktie so viele Stimmen verleiht, wie Aufsichtsratsmitglieder zu wählen sind. Diese Stimmen dürfen dann beliebig auf einen einzelnen oder mehrere Kandidaten verteilt

---

646 Auch auf juristische Personen übertragbar, s.u. E.IV.4, S. 97 ff.
647 Art. 66 Pkt. 2 Abs. 1 AktG RF.
648 Art. 66 Pkt. 2 AktG RF.
649 Art. 66 Pkt. 2 Abs. 2 AktG RF.
650 Art. 66 Pkt. 2 Abs. 2 AktG RF.
651 *Schmitt/Melnikov* Hdb Wirtschaft und Recht in Osteuropa, RUS Kap. D.I Rn. 165.
652 *Schmitt/Melnikov* Hdb Wirtschaft und Recht in Osteuropa, RUS Kap. D.I Rn. 141.
653 *Schmitt/Melnikov* Hdb Wirtschaft und Recht in Osteuropa, RUS Kap. D.I Rn. 178.
654 Kapitel 3 Pkt. 3.2.3. *Corporate Governance Kodex RF*; zum *Corporate Governance Kodex RF* s.u. E.IV.7, S. 120.
655 *Schmitt/Melnikov* Hdb Wirtschaft und Recht in Osteuropa, RUS Kap. D.I Rn. 178.
656 Art. 66 Pkt. 1 AktG RF.
657 Art. 66 Pkt. 1 Abs. 2 AktG RF.
658 Art. 66 Pkt. 4 AktG RF.

werden. Dieses Wahlverfahren soll es auch Minderheitsgesellschaftern ermöglichen, wenigstens einen Vertreter in den Aufsichtsrat zu entsenden.[659] Die Abberufung des Aufsichtsrats hat ebenso *en block* zu erfolgen.[660] Eine isolierte Abberufung unliebsamer Aufsichtsräte ist zum Schutz der Minderheit somit nicht möglich.

d) Kompetenzen

Beim Aufsichtsrat handelt es sich um ein – neben der Hauptversammlung bestehendes – Organ der AG, welches die allgemeine Geschäftsleitung der Gesellschaft ausübt. Dies umfasst zumindest die allgemeinen Geschäftsentscheidungen,[661] also jene Entscheidungen, die nicht ausdrücklich anderen Organen zugewiesen wurden.[662]

Daneben hat der Aufsichtsrat die Geschäftsführung zu überwachen. In diesem Zusammenhang obliegt dem Aufsichtsrat – soweit es ihm nicht ohnehin satzungsmäßig übertragen wurde –[663] das Recht, die Geschäftsführung auch kurzfristig abzuwählen und eine neue zu bestellen.[664]

Außerdem hat der Aufsichtsrat über die Ausgabe von Obligationen und anderen Wertpapieren zu entscheiden, soweit satzungsmäßig nichts Abweichendes geregelt ist.[665] Er hat die Verwendung von Mitteln aus Reserve- und sonstigen Fonds der Gesellschaft zu bestimmen[666] und über die Gründung von Repräsentanzen oder Zweigniederlassungen der Gesellschaft zu beschließen.[667] Zuletzt hat der Aufsichtsrat die Teilnehmer der Hauptversammlung entsprechend dem Aktionärsregister zu ernennen, die Hauptversammlung einzuberufen und deren

---

659 Bei einer Anzahl von 7 Aufsichtsräten und 1.000 stimmberechtigten Aktien bzw. 9 Aufsichtsräten und 10.000 stimmberechtigten Aktien hat ein Gesellschafter über einen Anteil von 14,3 % bzw. 11,12 % zu verfügen, um einen Aufsichtsrat zu bestimmen; vgl. *Ries* Der Minderheitenschutz im russischen Kapitalgesellschaftsrecht im Vergleich zum deutschen Recht, S. 124.

660 Art. 66 Pkt. 1 Abs. 3 AktG RF.

661 *Spies* ROW 1996, 130, 132; *Resch*, Unternehmensrecht in Russland zwischen Privatisierung und Staatshaftung, 2006, S. 119.

662 Art. 64 Pkt. 1 AktG RF; *Micheler* WiRO 1996, 81, 85.

663 Siehe hierzu auch Kapitel E.IV.4, S. 97.

664 Art. 79 Pkt. 4 AktG RF.

665 Art. 65 Pkt. 1, Nr. 6 AktG RF.

666 Art. 65 Pkt. 1, Nr. 12 AktG RF.

667 Art. 65 Pkt. 1, Nr. 14 AktG RF.

Tagesordnung festzusetzen.[668] Weitere Aufgaben können dem Aufsichtsrat durch die Satzung zugewiesen werden.[669]

Zur Umsetzung seiner Aufgaben ist der Aufsichtsrat gegenüber der Geschäftsführung Weisungsbefugt.[670] Teilweise ist umstritten welche Geschäfte noch den Begriff der allgemeinen Geschäftsentscheidungen fallen. Bei diesen Abgrenzungsschwierigkeiten geht es um die Kompetenzverteilung zwischen Aufsichtsrat und Geschäftsführung. Streitig ist insbesondere die Bewertung der *Reinaktiva*[671] im Zusammenhang mit einem *Großgeschäft*[672] oder die Verbindung mehrerer Rechtsgeschäfte.[673] In diesem Sinne kann es sich bei dem Aufsichtsrat um ein reines Aufsichtsorgan gegenüber der Geschäftsführung oder – insbesondere im Falle eines Einzelgeschäftsführers – um ein Kollegialorgan handeln, welches strategische oder grundlegende Entscheidungen trifft.[674] Auch hier ist mittels eindeutiger satzungsmäßiger Regelung Rechtssicherheit zu schaffen.

Übertragungsfähige Kompetenzen von der Geschäftsführung an den Aufsichtsrat sind etwa die Entwicklung eines Businessplans, Zustimmungspflichten bei Rechtsgeschäften, die eine unmittelbare oder mittelbare Verfügung über Vermögen der AG im Wert von unter 25 % des Bilanzwertes der Aktiva darstellen, oder Zustimmungspflichten für alle Rechtsgeschäfte, die außerhalb des genehmigten Businessplans liegen wie etwa Grundstückskaufverträge, Beraterverträge etc.[675] Hierdurch lassen sich effektive Kontrollmechanismen entwickeln, die es auch Minderheitsgesellschaftern ermöglichen, die Geschäftsführung zu kontrollieren.[676]

---

668 Art. 65 Pkt. 1, Nr. 2 bis 4 AktG RF.

669 So etwa die Bestellung der Geschäftsführung der AG, Art. 48 Pkt. 1, Nr. 8 AktG RF oder die Kompetenz eine Kapitalerhöhung zu beschließen, vgl. Art. 65 AktG RF.

670 *Ries* Der Minderheitenschutz im russischen Kapitalgesellschaftsrecht im Vergleich zum deutschen Recht, S. 125.

671 Zum Begriff der Reinaktive, s.u. E.XI.2, S. 232.

672 Zum *Großgeschäft,* s.o. Kapitel E.IV.2.c)(5), S. 83; von einer Kompetenz des Aufsichtsrats ausgehend, *Ries* Der Minderheitenschutz im russischen Kapitalgesellschaftsrecht im Vergleich zum deutschen Recht, S. 125.

673 *Wedde* VDRW-Mitteilungen 33–34/2007, 40, 44; *ders.* eastlex 2006, 46 Anm. zum Beschluss des Obersten Arbitragegerichts der RF vom 15.2.2005, Nr. 12856/04, VVAS 2005, Nr. 6.

674 *Solotych* Hdb Wirtschaft und Recht in Osteuropa, EL 53 2003, RUS Kapitel D.I. Rn. 187.

675 *Schmitt/Melnikov* Hdb Wirtschaft und Recht in Osteuropa, RUS Kap. D.I Rn. 170.

676 *Schmitt/Melnikov* Hdb Wirtschaft und Recht in Osteuropa, RUS Kap. D.I Rn. 172.

In diesem Zusammenhang gilt es allerdings auch zu beachten, dass eine zu Umfangreiche Übertragung von Zuständigkeiten aus Kontrollgründen – etwa in Ermangelung gegenseitigen Vertrauens von Gemeinschaftsunternehmern – die Flexibilität der Geschäftsführung stark einschränkt und hierdurch die Geschäftsführung blockiert werden kann.[677]

e) Beschlussfassung

Die Beschlussfähigkeit des Aufsichtsrats wird durch Satzung bestimmt, darf aber kein geringeres Quorum als 50 % der Mitglieder vorsehen.[678] Beschlüsse des Aufsichtsrats erfolgen grundsätzlich mit einfacher Mehrheit, soweit gesetzlich nichts anderes normiert ist. Bei den gesetzlichen Ausnahmen handelt es sich um die Satzungsänderung im Zusammenhang mit einer Kapitalerhöhung[679] oder um *Großgeschäfte*;[680] Beschlussfassung über diese Fragen erfordert stets und unabdingbar Einstimmigkeit.[681]

Aus Praktikabilitätsüberlegungen heraus kann dem Vorsitzenden des Aufsichtsrates bei Patsituationen im Aufsichtsrat ein doppeltes Stimmrecht eingeräumt werden.[682]

Ein Aufsichtsratsmitglied, das nicht an der Beschlussfassung teilgenommen hat oder überstimmt wurde, hat die Möglichkeit, gegen einen rechtswidrigen Beschluss mittels Anfechtungsklage[683] vorzugehen.[684]

Ein Aufsichtsratsmitglied unterliegt keinem Weisungszwang gegenüber dem entsendenden Aktionär.[685] Vielmehr sind die Aufsichtsratsmitglieder ausschließlich dem Interesse der Gesellschaft verpflichtet, auch wenn dieses Interesse nicht dem Primärinteresse des Aufsichtsratsmitglied bzw. des Gesellschafters entspricht.[686]

---

677 *Schmitt/Melnikov* Hdb Wirtschaft und Recht in Osteuropa, RUS Kap. D.I Rn. 175.

678 Art. 68 Pkt. 2 AktG RF.

679 Art. 28 Pkt. 2 Abs. 2 AktG RF; s.u. Kapitel E.VI.5.b), S. 153.

680 Art. 79 Pkt. 2 Abs. 2 AktG RF; s.o. Kapitel E.IV.2.c)(5), S. 83.

681 *Becker*, Gesellschaftsrecht in Russland, 1998, S. 49.

682 *Schmitt/Melnikov* Hdb Wirtschaft und Recht in Osteuropa, RUS Kap. D.I Rn. 176.

683 Zur Unterscheidung zwischen Anfechtbarkeit und Nichtigkeit, s.u. Kapitel E.V.6.f)(4), S. 125.

684 Art. 68 Pkt. 5 AktG RF.

685 *Schmitt/Melnikov* Hdb Wirtschaft und Recht in Osteuropa, RUS Kap. D.I Rn. 173.

686 *Schmitt/Melnikov* Hdb Wirtschaft und Recht in Osteuropa, RUS Kap. D.I Rn. 174.

4. Geschäftsführung

a) Allgemeines

Die Geschäftsführung der AG ist gesetzlicher Vertreter der Gesellschaft. Sie vertritt die AG nach außen und vor Gericht.[687] Die Geschäftsführung ist für die laufende Geschäftsleitung der AG zuständig.[688] Die Geschäftsführung kann sich – insbesondere im Falle eines Kollegialorgans – eine Geschäftsordnung geben, welche die interne Organisation wie etwa die Einberufung von Sitzungen oder die Beschlussfassung regelt.[689]

b) Zusammensetzung

Die Geschäftsführung kann im russischen Aktienrecht aus einem Einzelorgan (Einzelgeschäftsführer) oder einem Kollegialorgan (Vorstand)[690] bestehen – in der Regel handelte es sich um einen Einzelgeschäftsführer.[691] Die Geschäftsführung in Form des Einzelexekutivorgans der Gesellschaft ist originär und unbeschränkt (allein) vertretungsberechtigt.[692]

Im Gegensatz zu Früher soll mit der ZGB RF-Novelle die Geschäftsführung auch von mehreren Personen ausgeübt werden können.[693] Ob es sich hierbei um jeweils einzelvertretungsberechtigte Geschäftsführer oder um eine Vertretungsberechtigung mit Zustimmungserfordernis handelt, ist bislang noch nicht eindeutig geklärt.[694] Die Geschäftsführung in Form eines Kollegialorgans existierte lediglich als Ergänzung zum Einzelgeschäftsführer, der bisher bei Existenz eines Kollegialorgans als dessen Vorsitzender nach wie vor originär und unbeschränkt alleinvertretungsberechtigt war.[695] Eine Gesamtvertretung der

---

687 Art. 69 Pkt. 2 Abs. 3 AktG RF; *Direktër* – wörtl. Direktor oder auch Vorstand, im Folgenden der Verständlichkeit halber als Geschäftsführer/-führung bezeichnet.

688 Art. 69 Pkt. 1 und 2 AktG RF; im Einzelnen s.u. Kapitel E.VIII, S. 206 ff.

689 *Schmitt/Melnikov* Hdb Wirtschaft und Recht in Osteuropa, RUS Kap. D.I Rn. 181.

690 *Pravlenije/Direkcija* – wörtl. Vorstand/Direktion. Der Einfachheit halber ist im Folgenden von Geschäftsführer/-führung als Bezeichnung für beide Möglichkeiten die Rede; soweit es Abweichungen – bedingt durch die Größe der Geschäftsführung – gibt, werden die verschiedenen Ausgestaltungen gesondert erläutert.

691 *Schmitt/Melnikov* Hdb Wirtschaft und Recht in Osteuropa, RUS Kap. D.I Rn. 179.

692 Art. 69 Pkt. 2 Abs. 3 AktG RF.

693 Teilgesetzentwurfs Nr. 47538-6/2.

694 Teilgesetzentwurf Nr. 47538-6/2.

695 *Solotych* Hdb Wirtschaft und Recht in Osteuropa, EL 53 2003, RUS Kapitel D.I., Rn. 181; zur Vertretung der Gesellschaft im Rechtsverkehr und damit einhergehenden Problemen im Einzelnen s.u. Kapitel E.VIII, S. 206 ff.

Gesellschaft durch den Vorstand als Kollektivorgan oder einige Vorstandsmitglieder gemeinsam war nicht vorgesehen, da die Kollegialvertretung im russischen Recht nicht bekannt war.[696] Die Erteilung einer Vertretungsmacht an die übrigen Vorstandsmitglieder erfolgte daher im Rahmen einer einfachen rechtsgeschäftlichen Vollmacht erteilt vom Vorsitzenden.[697] Das Vier-Augen-Prinzip wurde hierdurch gänzlich unterlaufen. Diese umfangreiche Vertretungsbefugnis, die aus deutscher Sicht einer Kontrolle bedarf, galt es deshalb mittels satzungsmäßiger Regelung bzw. einzelvertraglicher Vereinbarung inhaltliche zu begrenzen.[698]

Das singulär ausführende Organ (Einzelgeschäftsführer) darf nicht gleichzeitig Vorsitzender des Aufsichtsrates sein.[699] Zwischen Kollegialorgan und Aufsichtsrat kann Personenidentität vorliegen,[700] wobei in diesem Fall die dem Kollegialorgan angehörenden Aufsichtsratsmitglieder nicht mehr als ein Viertel der Aufsichtsratsmitglieder stellen dürfen. Ein den strengen deutschen Inkompatibilitätsvorschriften[701] entsprechendes Institut existiert im russischen Recht nicht.[702] Trotz allem oder gerade wegen der nicht eindeutigen Regelungen wird vorgeschlagen, eine generelle personelle Unvereinbarkeit von Geschäftsführung und Aufsichtsrat festzulegen.[703]

c) Bestellung

Die Geschäftsführung einer russischen AG wird durch die Hauptversammlung bestellt, soweit diese Kompetenz nicht dem Aufsichtsrat übertragen wurde.[704]

---

696 *Wedde* VDRW-Mitteilungen 33–34/2007, 40, 43; *Solotych* Hdb Wirtschaft und Recht in Osteuropa, EL 53 2003, RUS Kapitel D.I., Rn. 182.

697 *Solotych* Hdb Wirtschaft und Recht in Osteuropa, EL 53 2003, RUS Kapitel D.I Rn. 182.

698 *Wedde* VDRW-Mitteilungen 33–34/2007, 40, 43; Zur Beschränkung der Einzelvertretungsmacht im Einzelnen und auch zur Gutgläubigkeit in diesem Zusammenhang s.u. Kapitel E.VIII.2, S. 207.

699 Art. 66 Pkt. 2 AktG RF.

700 Festzustellen ist in diesem Fall eine Ähnlichkeit zum US-amerikanischen *Board-System*, *Klemm* Die Entwicklung des russischen Rechts der Kapitalgesellschaften, S. 302; auch *Chanturia* ILF Working Paper Series No. 92, 11/2008, 6.

701 Vgl. § 105 Abs. 1 AktG BRD.

702 *Kruse* Die personalisierte Kapitalgesellschaft russischen Rechts, 2002, S. 331; *Rodde/Abovski* WiRO 2009, 38, 41.

703 *Rodde/Abovski* WiRO 2009, 38, 41.

704 Art. 69 Pkt. 3 AktG RF.

Die Abberufung ist jederzeit durch die Hauptversammlung[705] bzw. den Aufsichtsrat[706] möglich. Bestellung und Abberufung haben im Falle eines Kollegialorgans anders als im Falle des Aufsichtsrats nicht *en block* zu erfolgen.[707]

Der (Bestellungs-) Beschluss der Hauptversammlung erfolgt auf Vorschlag des Aufsichtsrats.[708] Die Bestellung basiert auf Vertrag, der den Umfang der Organpflicht regelt.[709] Bei Vertragsschluss mit der Geschäftsführung wird die Gesellschaft durch den Aufsichtsrat vertreten. Handelt es sich beim Geschäftsführer um eine natürliche Person, unterliegt der Vertrag zwischen Gesellschaft und Geschäftsführung den arbeitsrechtlichen Vorschriften des russischen Rechts.[710] Daneben ist auch Dienstvertragsrecht anwendbar.[711] Dies gilt sowohl für den Einzelgeschäftsführer (natürliche Person) als auch für Mitglieder eines Kollegialorgans.[712]

Soweit die Ernennung des Einzelexekutivorgans satzungsmäßig dem Aufsichtsrat zugewiesen ist, sieht das russische Aktienrecht ein Verfahren für den Fall einer sog. *Dead-Lock-Situation* innerhalb des Aufsichtsrats vor.[713] Kann der Direktorenrat sich in zwei aufeinanderfolgenden Sitzungen oder innerhalb von zwei Monaten seit dem Ausscheiden des vorherigen Einzelexekutivorgans nicht einigen, ist die Frage auf die Hauptversammlung übertragbar.[714]

d) Aufgaben

Die Geschäftsführung hat die laufenden Geschäfte der Gesellschaft nach Maßgabe der Hauptversammlung und des Aufsichtsrats zu leiten.[715] Demnach setzt die Geschäftsführung als Handlungsorgan die Beschlüsse der Hauptversammlung

---

705 Art. 48 Pkt. 1, Nr. 8 AktG RF.

706 Art. 79 Pkt. 4 AktG RF.

707 *Ries* Der Minderheitenschutz im russischen Kapitalgesellschaftsrecht im Vergleich zum deutschen Recht, S. 126.

708 Vgl. Art. 69 Pkt. 1 Abs. 3 AktG RF.

709 Art. 69 Pkt. 3 Abs. 2 u. 3 AktG RF; *Becker*, Gesellschaftsrecht in Russland, 1998, S. 50.

710 Im Einzelnen *Bauer-Mitterlehner/Karimullin/Micheler* FOWI Arbeitspapiere, Nr. 101, 35 f.; *Schmitt/Melnikov* Hdb Wirtschaft und Recht in Osteuropa, RUS Kap. D.I Rn. 183.

711 *Schmitt/Melnikov* Hdb Wirtschaft und Recht in Osteuropa, RUS Kap. D.I Rn. 183.

712 *Bauer-Mitterlehner/Karimullin/Micheler* FOWI Arbeitspapiere, Nr. 101, 35 f.

713 *Himmelreich* WiRO 2009, 308, 309.

714 *Himmelreich* WiRO 2009, 308, 309.

715 Art. 69 Pkt. 2 Abs. 1 AktG RF.

und des Aufsichtsrats um.[716] Regelmäßig trifft die Geschäftsführung zumindest Offenlegungspflichten gegenüber den Gesellschaftern in börsennotierten Aktiengesellschaften.[717] Im Einzelnen sind die Pflichten der Geschäftsführung durch die Satzung zu regeln.

Die Geschäftsführung ist Weisungsabhängig[718] und stets rechenschaftspflichtig.[719] Demnach besteht eine starke Abhängigkeit der Geschäftsführung von den (anderen) Leitungsorganen der Gesellschaft.[720] Abgrenzungsschwierigkeiten können sich gegenüber dem Aufsichtsrat bzgl. der Feststellung des Vorliegens eines *Großgeschäfts* ergeben, da die Billigung eines solchen von der Zustimmung der Hauptversammlung bzw. des Aufsichtsrats abhängig ist.[721]

e) Geschäftsführung durch eine juristische Person

Zum Geschäftsführer kann sowohl eine natürliche Person in Form eines Einzelunternehmers, als auch eine gewerbliche Organisation in Form einer juristischen Person bestellt werden.[722]

Durch Bestellung einer juristischen Person wird die Geschäftsführerhaftung einer (haftungsbeschränkten) juristischen Person auferlegt. Die handelnde natürliche Person haftet dann lediglich eingeschränkt persönlich. Zu besorgen ist die Entstehung von Haftungspyramiden, bei denen eine natürliche Person, deren Identität nach außen nicht erkennbar ist, eine Vielzahl von Gesellschaften leitet.[723] Ebenfalls denkbar ist gar, dass eine Gesellschaft sich selbst leitet.[724]

---

716 Art. 69 Pkt. 2 Abs. 2 AktG RF.

717 *Schmitt/Melnikov* Hdb Wirtschaft und Recht in Osteuropa, RUS Kap. D.I Rn. 182.

718 *Ries* Der Minderheitenschutz im russischen Kapitalgesellschaftsrecht im Vergleich zum deutschen Recht, S. 126.

719 *Ries* Der Minderheitenschutz im russischen Kapitalgesellschaftsrecht im Vergleich zum deutschen Recht, S. 126; *Sparfeld/Wagner*, in: Widmann/Mayer, Umwandlungsrecht, 2003, Anh. 3, RUS 43.

720 *Ries* Der Minderheitenschutz im russischen Kapitalgesellschaftsrecht im Vergleich zum deutschen Recht, S. 126.

721 *Wedde* VDRW-Mitteilungen 33–34/2007, 40, 44; *ders.* eastlex 2006, 46; Besprechung zu der Entscheidung des Obersten Arbitragegerichts vom 15.2.2005, Nr. 12856/04.

722 Art. 69 Pkt. 1 Abs. 3 AktG RF; vgl. *Wedde* VDRW-Mitteilungen 33–34/2007, 40, 43.

723 *Wedde* eastlex 2007, 141, 142; hierzu auch Beschluss des Obersten Arbitragegerichts der RF vom 23.1.2007, Nr. 11578/06, VVAS 2007, Nr. 4, Pos. 148, in: Datenbank Garant.

724 *Wedde* eastlex 2007, 141, 142.

Daneben richtet sich im Fall der Geschäftsführung durch eine juristische Person die vertragliche Beziehung zwischen Gesellschaft und Geschäftsführung nicht nach den arbeitsrechtlichen Vorgaben, sondern nach dem ZGB RF, da es sich um einen Dienstvertrag i.S.d. Art. 779 ff. ZGB RF handelt.[725]

f) Pflichten gegenüber der Gesellschaft

Die Mitglieder der Geschäftsführung unterliegen der Gesellschaft gegenüber einer allgemeinen Treuepflicht aus sowohl aktienrechtlichen[726] als auch arbeitsrechtlichen[727] Vorschriften. Diese gebietet es, insbesondere bei Vertretung der Gesellschaft stets die Interessen der Gesellschaft zu wahren.[728] Es gilt, die Pflichten gegenüber der Gesellschaft stets vernünftig und gewissenhaft auszuüben.[729] Ein der *Business Judgement Rule* entsprechendes Institut gibt es im russischen Recht nicht.[730]

Die Geschäftsführung unterliegt gegenüber der Gesellschaft allerdings einem Wettbewerbsverbot.[731] Eine Leitende Funktion in anderen Gesellschaften ist dem Einzelgeschäftsführer oder Mitgliedern eines Kollegialorgans lediglich dann gestattet, wenn dies vorher durch den Aufsichtsrat genehmigt wurde.[732]

Im Allgemeinen soll die ZGB RF-Novelle die Anforderung an Organhaftung in erheblichem Maße verringern.[733]

g) D&O-Versicherung

D&O-Versicherungen sind nach derzeitiger Gesetzeslage nicht vorgesehen.[734] In diesen Bereichen ist in naher Zukunft wohl mit weiteren Novellierungen zu rechen.[735]

Trotzdem sind Versicherungen möglich und teilweise durchaus üblich. Versicherbar sind Einzelgeschäftsführer und Mitglieder des Kollegialorgans sowie

---

725 *Solotych* Hdb Wirtschaft und Recht in Osteuropa, EL 53 2003, RUS Kapitel D.I., Rn. 181.

726 Art. 71 Pkt. 1 AktG RF.

727 Art. 69 Pkt. 3 ArbGB RF.

728 *Bauer-Mitterlehner/Karimullin/Micheler* FOWI Arbeitspapiere, Nr. 101, 38.

729 *Schmitt/Melnikov* Hdb Wirtschaft und Recht in Osteuropa, RUS Kap. D.I Rn. 93 ff. und 184.

730 *Schmitt/Melnikov* Hdb Wirtschaft und Recht in Osteuropa, RUS Kap. D.I Rn. 94.

731 *Bauer-Mitterlehner/Karimullin/Micheler* FOWI Arbeitspapiere, Nr. 101, 38 f.

732 *Bauer-Mitterlehner/Karimullin/Micheler* FOWI Arbeitspapiere, Nr. 101, 38.

733 Teilgesetzentwurf Nr. 47538-6/2.

734 *Schmitt/Melnikov* Hdb Wirtschaft und Recht in Osteuropa, RUS Kap. D.I Rn. 95.

735 *Schmitt/Melnikov* Hdb Wirtschaft und Recht in Osteuropa, RUS Kap. D.I Rn. 95.

Vorstandsmitglieder und leitende Angestellte. Versicherungsschutz ist u.a. wegen folgender Verfehlungen möglich: Vermögensschäden Dritter verursacht durch eine Geschäftsentscheidung, unvollständige Offenlegung von Informationen und die Verletzung von arbeitsrechtlichen Vorschriften. Nicht versicherbar hingegen sind verwaltungs- und strafrechtliche Verantwortung und vorsätzliche Verursachung eines Schadens.

5. Revisionskommission

Die Revisionskommission bzw. der Revisor ist eine interne Wirtschaftsprüfung.[736] Es handelt sich hierbei um ein Kontrollorgan, welches die Finanz- und Wirtschaftstätigkeit der AG überwacht.[737] Im Gegensatz zu früher soll mit der ZGB RF-Novelle nunmehr sowohl für die öffentliche AG als auch für die private AG die Etablierung einer Revisionskommission bzw. eines Revisors vorgeschrieben sein.[738] Dies birgt erhebliches Kostenpotential und könnte insb. für kleinere Unternehmungen die russische GmbH als Gesellschaftsform attraktiver erscheinen lassen als eine private AG.

Die Revisionskommission ist durch die Hauptversammlung zu wählen. Von der Wahl ausgeschlossen sind Gesellschafter, die Mitglied im Aufsichtsrat oder der Geschäftsführung sind.[739]

Jährlich ist ein Rechenschaftsbericht durch die Revisionskommission zu erstellen und auf Verlangen der Hauptversammlung oder eines oder mehrerer Gesellschafter, der Inhaber von mindestens 10 % der stimmberechtigten Aktien sein muss, ist eine Sonderprüfung durch die Revisionskommission durchzuführen.[740]

Daneben hat der Revisor auch zwingend das Aktionärsregister[741] zu führen und als *Compliance-Officer* Einhaltung der *Corporate Governance* sicherzustellen.[742]

---

736 Art. 85 ff. AktG RF; v *Wistinghausen/Wilke* Investitionen in Russland, 2008, S. 25.

737 v *Wistinghausen/Wilke* Investitionen in Russland, 2008, S. 25; *Baker&McKenzie* Doing Business in Russia, 2006, S. 21.

738 Teilgesetzentwurf Nr. 47538-6/2

739 Art. 85 Pkt. 6 AktG RF; *Schmitt/Melnikov* Hdb Wirtschaft und Recht in Osteuropa, RUS Kap. D.I Rn. 186.

740 Art. 85 Pkt. 3 AktG RF.

741 S.u. Kapitel E.V.3, S. 121.

742 S.u. Kapitel E.IV.7, S. 115.

6. Wirtschaftsprüfer

Neben der Revisionskommission ist im russischen Gesellschaftsrecht auch eine externe, unabhängige Wirtschaftsprüfung vorgesehen.[743] Hierbei handelt es sich nicht um ein Organ der Gesellschaft. Soweit ein solcher Wirtschaftsprüfer erforderlich ist, ist er durch die Hauptversammlung zu bestellen.[744]

Grundsätzlich ist eine Prüfung des Jahresabschlusses und des Lageberichts der Gesellschaft durch eine externe Wirtschaftsprüfung nicht vorgeschrieben, sodass die Einrichtung der Revisionskommission als Kontrollorgan ausreicht.[745] Neben der Prüfung durch die Revisionskommission kann allerdings in einigen Fällen eine ergänzende Prüfung durch einen externen, unabhängigen Wirtschaftsprüfer erforderlich sein.[746] So etwa dann, wenn dies von einer bestimmten Anzahl der Gesellschafter verlangt wird. Gem. Art. 103 Pkt. 5 Abs. 2 ZGB RF ist hierfür ein Quorum von 10 % der stimmberechtigten Aktien erforderlich. Daneben ist eine ständige Prüfung durch einen externen, unabhängigen Wirtschaftsprüfer unerlässlich, wenn die entsprechende Gesellschaft eine Bank, eine Versicherung, eine Waren- oder Fondsbörse oder einen Investitionsfonds betreibt.[747] Zuletzt liegt eine externe Prüfungspflicht vor, wenn der Jahreserlös der Gesellschaft den Betrag von 500.000 Mindestarbeitslöhnen[748] übersteigt oder die Bilanzsumme der Reinaktiva der Gesellschaft zum (Geschäfts-) Jahresende den Betrag von 200.000 Mindestarbeitslöhnen[749] übersteigt.

Anders als früher ist es nicht mehr erforderlich, das Gesellschaften an denen ausländische Investoren beteiligt sind, welche die oben genannten Voraussetzungen nicht erfüllen, trotzdem eine Wirtschaftsprüfung durch einen externen Wirtschaftsprüfer durchzuführen haben.

---

743 Art. 86 AktG RF i.V.m. Föderalem Gesetz „Über die Tätigkeit des Wirtschaftsprüfers“ vom 30.12.2008, Nr. 307-FZ, SZ RF 5.1.2009, Nr. 1, Pos. 15.

744 *Micheler* WiRO 1996, 81, 85.

745 Art. 103 Pkt. 5 Abs. 1 ZGB RF i.V.m. Art. 88 Pkt. 3 Abs. 2 AktG RF.

746 Vgl. auch *Kruse* Die personalistische Kapitalgesellschaft russischen Recht, S. 356; *Ries* Der Minderheitenschutz im russischen Kapitalgesellschaftsrecht im Vergleich zum deutschen Recht, S. 127.

747 Föderales Gesetz „Über die Tätigkeit des Wirtschaftsprüfers“ vom 30.12.2008, Nr. 307-FZ, SZ RF 5.1.2009, Nr. 1, Pos. 15.

748 Zum gesetzliche Mindestlohn s.u. Kapitel E.VI.2.b), S. 136.

749 Zum gesetzliche Mindestlohn s.u. Kapitel E.VI.2.b), S. 136.

Inhaltlich hat der externe, unabhängige Wirtschaftsprüfer die gleichen Aufgaben wie die Revisionskommission. Er hat die laufende Buchhaltung zu überprüfen und einen jährlichen Rechenschaftsbericht zu erstellen.[750]

7. *Corporate Compliance*

a) Allgemeines

In Russland existiert ein *Corporate Governance Kodex*,[751] der allerdings nicht rechtsverbindlich ist (*soft law*).[752] Er entfaltet lediglich insoweit zwingende Wirkung, als dass die FKZB den einzelnen Börsen empfiehlt, die Einhaltung des *Corporate Governance Kodex RF* für eine Börsennotierung vorauszusetzen.[753] Dem kommen die Börsen in der Regel auch nach, so dass seine Einhaltung faktische Voraussetzung für die Notierung einer Aktiengesellschaft an der Börse ist.[754] Dass dies zu einem konsequenten *Controlling* führt, ist bisher allerdings (noch) nicht erkennbar.

b) Compliance-Systeme

Eine unmittelbare Rechtsfolge ist in Russland aus dem Fehlen eines *Compliance-Systems* bisher nicht abzuleiten.[755] Wohl aber treffen die Organmitglieder im russischen Recht Sorgfaltspflichten, deren Verletzungen zu Schadensersatzansprüchen führen können. Maßnahmen zu Einführung und Unterhaltung eines effektiven *Compliance-Systems* liegen somit im Ermessen der Gesellschaftsorgane.[756]

---

750 Art. 85 ff. AktG RF; vgl. auch *Himmelreich* WiRO 2009, 115, 116 f.

751 Erlass der Föderalen Kommission für den Wertpapiermarkt (FKZB) „Über die Empfehlung zur Verabschiedung eines *Corporate Governance Kodex RF*" vom 4.4.2002, Nr. 421/r, VFKZB 30.4.2002, Nr. 4, englische Version abrufbar unter: http://www.ecgi.org/codes/documents/final_code_english.pdf; vgl. zur Situation vor Einführung des *Corporate Governance Kodex RF*, *Bruder/DuCharme* WiRO 2001, 225 ff.

752 *Bauer-Mitterlehner/Karimullin/Micheler* FOWI Arbeitspapiere, Nr. 101, 64 f.

753 *Schmitt/Melnikov* Hdb Wirtschaft und Recht in Osteuropa, RUS Kap. D.I Rn. 122 f.

754 Erlass der Föderalen Kommission für den Wertpapiermarkt (FKZB) vom 4.4.2002, Nr. 03-1169/r, VFKZB 30.9.2003, Nr. 9; *Schmitt/Melnikov* Hdb Wirtschaft und Recht in Osteuropa, RUS Kap. D.I Rn. 122 f.

755 *Schlotter/Silin* CCZ 2010, 139.

756 *Schlotter/Silin* CCZ 2010, 139.

Die Umsetzung eines entsprechenden *Complience-Systems* entsprechend dem *Corporate Governance Kodex RF* hat sich im Rahmen der aktienrechtlichen Vorschriften zu halten, geht aber über die gesetzlichen Vorschriften hinaus.[757] Geregelt werden allgemeine Prinzipien wie Gleichbehandlung der Gesellschafter und Schutz der (Minderheits-) Gesellschafterrechte sowie Haftungsregelungen und Sorgfaltspflichten einzelner Organe.[758]

c) Compliance Officer

Die aktuelle ZGB RF-Novelle sieht auch vor, einen sog. *Compliance Officer* einzusetzen.[759] Laut Gesetzentwurf[760] hat der einzusetzende Registrator auch die Einhaltung von *Compliance-Vorschriften* – insb. formale Anforderungen und Abstimmungsvorschriften bei Hauptversammlungen – sicherzustellen.

Zuvor war die Position des *Compliance Officers* lediglich durch den Föderalen Dienst für Finanzmärkte für Banken und Versicherungen vorgesehen.[761]

Primäre Aufgabe des *Compliance Officers* ist demnach, Gesetzesverstöße festzustellen und zu melden. Erfolgt eine Meldung nicht, kann dies zur Haftung des *Compliance Officers* führen.

Zu Konsequenzen kann es in arbeitsrechtlicher Hinsicht, im Bereich der Ordnungswidrigkeitenhaftung oder in strafrechtlicher Hinsicht kommen.

8. Fazit

Hauptversammlung, Geschäftsführung und Revisionskommission sind zwingende Organe der russischen AG. Daneben können Aufsichtsrat und ein externer Wirtschaftsprüfer erforderlich sein. Bei der interorganschaftlichen Kompetenzverteilung handelt es sich weder um ein monistisches noch um ein dualistisches Modell. Die gesetzliche Kompetenzzuweisung ist im russischen Recht zwingend. Abweichende satzungsmäßige Zuweisungen sind nur möglich, soweit dies gesetzlich vorgesehen ist.

Die Hauptversammlung ist oberstes Leitungsorgan der Gesellschaft. Die Hauptversammlung ist unabdingbar zuständig für die Beschlussfassung über Grundlagenbeschlüsse, Kapitalerhöhungen und -herabsetzungen, Kontrollmaßnahmen,

---

757 *Bauer-Mitterlehner/Karimullin/Micheler* FOWI Arbeitspapiere, Nr. 101, 64 f.

758 *Bauer-Mitterlehner/Karimullin/Micheler* FOWI Arbeitspapiere, Nr. 101, 65.

759 Teilgesetzentwurf Nr. 47538-6/2.

760 Teilgesetzentwurf Nr. 47538-6/2.

761 Prikas des Föderaler Dienst für den Finanzmarkt (FSFR) vom 21.3.2006, Nr. 06–29/pz-n.

Interessiertheitsgeschäfte und *Großgeschäfte*. Beschlussfassung erfolgt grundsätzlich mit einfacher Mehrheit. Die Hauptversammlung ist beschlussfähig, soweit Gesellschafter, die Inhaber von 50 % der stimmberechtigten Aktien sind, anwesend sind. Bedenklich ist, dass somit eine Beschlussfassung in teilweise bedeutenden Fragen schon mit knapp über 25 % der Stimmberechtigten Aktien herbeizuführen ist. Daneben überrascht es, dass es vor dem Hintergrund des Art. 49 Pkt. 2 AktG RF nicht möglich ist, höhere Mehrheitserfordernisse satzungsmäßig zu vereinbaren, soweit dies nicht gesetzlich vorgesehen ist. Der Minderheitenschutz wird hierdurch empfindlich beeinträchtigt. In einzelnen Fällen existieren Stimmrechtsbeschränkungen. Zum Schutz der Minderheitsgesellschafter ist die Möglichkeit vorgesehen, eine außerordentliche Hauptversammlung einberufen zu lassen, die Aufnahme von Tagesordnungspunkten zu beantragen und Schadensersatzansprüche geltend zu machen. Hierdurch soll die Teilnahme der Minderheit an der strategischen Ausrichtung der Gesellschaft sichergestellt werden.

Der Aufsichtsrat ist in einer russischen AG bei einer Gesellschafteranzahl von über 50 obligatorisch und hat weitreichende Leitungsfunktionen. Zu beachten gilt es, dass die Verwaltung der Gesellschaft durch den Aufsichtsrat ausschließlich den Gesellschaftern obliegt. Die Aufsichtsratsmitglieder müssen ausschließlich entweder selber als Gesellschafter an der AG beteiligt sein oder als Vertreter im Namen von juristischen Personen handeln, die als Gesellschafter an der Gesellschaft beteiligt sind. Personelle Unvereinbarkeit der Organe ist im russischen Recht nicht umfassend gesetzlich vorgeschrieben. Lediglich dürfen Aufsichtsratsvorsitzender und Einzelgeschäftsführer nicht personenidentisch sein. Daneben darf der Aufsichtsrat nicht zu mehr als einem Viertel aus Mitgliedern der Geschäftsführung bestehen. Der Aufsichtsrat hat Leitungsaufgaben bzgl. einiger wesentlicher Maßnahmen und Überwachungsaufgaben bzgl. der Geschäftsführung. Aufgrund des Minderheitenschutzes erfolgt die Bestellung und Abberufung des Aufsichtsrates durch kumulative Wahl.

Der Geschäftsführung einer russischen AG obliegt die Leitung des laufenden Tagesgeschäfts. Die Geschäftsführung hat im Sinne der Hauptversammlung und des Aufsichtsrats zu erfolgen. Die Geschäftsführung ist gleichzeitig Vertretungsorgan der Gesellschaft nach außen hin und vor Gericht. Originär alleinvertretungsberechtigt ist zunächst der Einzelgeschäftsführer. Daneben ist die Einführung einer kollegialen Geschäftsführung vorgesehen. Im Ergebnis war nämlich bisher einem etwaigen Vertrauensdefizit nicht mittels Vier-Augen-Prinzip und der damit einhergehenden gegenseitigen Kontrolle zu begegnen. Die Geschäftsführung kann auf eine juristische Person übertragen werden, sodass die Haftung der tatsächlich die Geschäfte führenden natürlichen Person beschränkt wird.

Neben einer Revisionskommission, die Kontrollaufgaben innehat, kann es auch erforderlich sein, dass eine zusätzliche Kontrolle durch einen externen Wirtschaftsprüfer vorgenommen wird.

Corporate Compliance ist lediglich insoweit zwingend, als dass seine Einhaltung Voraussetzung für die Notierung einer Aktiengesellschaft an der Börse ist. Dass dies zu einem Konsequenten Controlling führt, ist bisher nicht erkennbar. Die aktuelle ZGB RF-Novelle[762] sieht allerdings obligatorische Änderungen in diesem Bereich vor. So ist u.a. die Einführung eines *Compliance Officers* beabsichtigt.

V. Gesellschafter

1. Allgemeines

Gesellschafter einer Aktiengesellschaft können natürliche oder juristische Personen sein. Die Anzahl der Gesellschafter bzw. Aktionäre ist grundsätzlichnicht beschränkt. Auch die Beteiligung einzelner Personen an einer öffentlichen AG ist nicht gestattet.

Den Gesellschafterstatus erlangt der Anteilsinhaber durch Eintragung in das Aktionärsregister.[763] Die Eintragung hat insoweit konstitutive Wirkung.[764] Bei der Aktie selbst handelt es sich demnach auch nicht um ein Besitzwertpapier an sich. Vielmehr handelt es sich bei der Gesellschafterstellung um ein besitzloses Recht, welches durch Eintragung in das Aktionärsregister erworben wird.[765] Nach Einzahlung der Einlagen ist der Gesellschafter Inhaber eines einklagbaren Anspruchs auf Wahrnehmung seiner Gesellschafterrechte gegenüber der Gesellschaft.[766] Daneben ist der Gesellschafter seinen Gesellschafterpflichten gegenüber der Gesellschaft nachzukommen.[767]

762 Teilgesetzentwurf Nr. 47538-6/2.

763 Vgl. Art. 44 AktG RF; s.u. Kapitel E.V.3, S. 107.

764 *Schmitt/Melnikov* Hdb Wirtschaft und Recht in Osteuropa, RUS Kap. D.I Rn. 139.

765 *Schmitt/Melnikov* Hdb Wirtschaft und Recht in Osteuropa, RUS Kap. D.I Rn. 139.

766 Vgl. Art. 45 Pkt. 2 Abs. 2 AktG RF; dies sind etwa die Gesellschafterrechte (Teilnahmerechte an Hauptversammlungen, Mitbestimmungsrechte, Gewinnabführungsrechte etc.) s.u. Kapitel E.V.6, S. 110.

767 So die Einlagepflicht und Informationspflichten; s.u. Kapitel E.V.5, S. 109.

2. Einpersonengesellschaft

Es ist möglich, eine AG mit nur einem Gesellschafter zu gründen;[768] es gelten grundsätzlich die gleichen Anforderungen wie für Mehrpersonengesellschaften.[769] Hierdurch soll auch kleineren und mittleren Unternehmen die Aufnahme einer unternehmerischen Tätigkeit ermöglicht werden, ohne dass eine persönliche Haftung droht.[770] Der Gesellschafter einer Einpersonengesellschaft darf zum Schutz des Rechtsverkehrs allerdings nicht, selbst eine Einpersonengesellschaft sein.[771] Hierdurch soll verhindert werden, dass mittels „Durchreichen" einer einzigen Einlagenleistung an immer neue Tochtergesellschaften ein ganzes System an Gesellschaften geschaffen wird.[772] Der Gründung solcher „Pyramidengesellschaften" soll vorgebeugt werden, um undurchsichtigen kapitalgesellschaftsrechtlichen Strukturen entgegenzuwirken.[773] Es ist zu befürchten, dass durch Weitergabe des einmalig erbrachten Mindestsatzungskapitals ein Geflecht an Gesellschaften entsteht; der Gläubigerschutz wäre dann nicht mehr gewährleistet. Daneben ist zu befürchten, dass der Haftungsdurchgriff auf die Träger der juristischen Person im Falle einer Insolvenz der (Tochter-) Gesellschaft[774] unterlaufen wird, indem eine weitere (haftungsbeschränkte) Gesellschaft zwischengeschaltet wird.[775]

Gleiche Anforderungen gelten wohl auch für eine ausländische Einpersonengesellschaft, die Muttergesellschaft einer russischen Kapitalgesellschaft ist.[776] Ob ein ausreichender Schutz in der Praxis besteht, bleibt allerdings zu bezweifeln.

---

768 Art. 9 Abs.1 AktG RF.

769 Art. 9 Abs.1 AktG RF; *Solotych* WiRO 2001, 342, 344.

770 *Fischer* Das System der Kapitalaufbringung und Kapitalerhaltung der Aktiengesellschaft und Gesellschaft mit beschränkter Haftung, S. 192.

771 Art. 88 Pkt. 2 ZGB RF; Art. 10 Abs. 2 S. 2 AktG RF; zur GmbH, vgl. *Gutbrod* GmbHR 98, 173.

772 Zur GmbH, vgl. *Boës* Die Gesellschaft mit beschränkter Haftung im russischen und deutschen Recht, 41.

773 *Arzinger/Galander* Russisches Wirtschaftsrecht, 2. Aufl. 2002, S. 53; zur GmbH, vgl. *Heidemann* GmbHR 2002 732, 733; *Göckeritz/Wedde* Das neue russische GmbH-Recht, Berlin 2009, S. 15.

774 Vgl. die Normierung zum Haftungsdurchgriff Art. 56 Pkt. 3 Abs. 2 und 105 Pkt. 2 Abs. 3 ZGB RF.

775 *Fischer* Das System der Kapitalaufbringung und Kapitalerhaltung der Aktiengesellschaft und Gesellschaft mit beschränkter Haftung, S. 193.

776 *Arzinger/Galander* Russisches Wirtschaftsrecht, 2. Aufl. 2002, S. 53; *Schmitt/Melnikov* Hdb Wirtschaft und Recht in Osteuropa, RUS Kap. D.I Rn. 152 und 30.

Im Ergebnis sieht sich das *Chaining Verbot* erheblicher Kritik ausgesetzt,[777] da es in Konzernstrukturen die Integration einer weiteren Gesellschaft erfordert, wodurch der Verwaltungsaufwand unnötig erhöht wird.[778] Darüber hinaus wird die Effizienz bezweifelt, da bei Gründung zwar Unterlagen zu den Gründern, nicht aber zu deren Gesellschaftern erforderlich sind.[779] Denkbar wäre demnach, dass eine Obergesellschaft 100 %-ige Mutter von zwei Gesellschaften ist, die wiederum die Gesellschafter der entsprechenden Muttergesellschaft einer russischen Einpersonengesellschaft sind. Daneben wird vorgeschlagen, dass (Allein-) Gesellschafter der Muttergesellschaft oder Organmitglieder der russischen Tochtergesellschaft mit einem Kleinstanteil an der Gesellschaft beteiligt werden.[780]

Da den Registerbehörden kein inhaltliches Prüfungsrecht zusteht,[781] können sie die Eintragung einer Einpersonengesellschaft mit einer Einpersonen-Muttergesellschaft nicht ablehnen. Nach Eintragung haben die Registerbehörden allerdings die Möglichkeit, einen Antrag wegen groben Gesetzesverstoßes auf sofortige Liquidation bei Gericht zu stellen.[782]

Rechtsfolgen für das nachträgliche Entstehen einer Einpersonengesellschaft sind nicht gesetzlich normiert. Einerseits wird vorgeschlagen, dass aufgrund groben Gesetzesverstoßes direkt eine Zwangsliquidation durchzuführen ist,[783] andererseits soll der Gesellschaft ein Jahr Zeit zur Übertragung eines Teils der Anteile gegeben werden, um den unrechtmäßigen Zustand wieder zu beseitigen.[784]

3. Aktionärsregister

Ein Emittent von Aktien (die Gesellschaft) hat ein Register aller Gesellschafter bzw. (Wertpapier-) Inhaber zu führen – sog. Aktionärsregister.[785] Dieser Register

777 *Göckeritz/Wedde* Das neue russische GmbH-Recht, Berlin 2009, S. 15.

778 *Göckeritz/Wedde* Das neue russische GmbH-Recht, Berlin 2009, S. 15.

779 *Göckeritz/Wedde* Das neue russische GmbH-Recht, Berlin 2009, S. 16; *Boës* Die Gesellschaft mit beschränkter Haftung im russischen und deutschen Recht, 41.

780 *Wellmann* IStR 2008, 426, 432.

781 Art. 23 RegG RF; siehe hierzu im Einzelnen oben Kapitel E.III.2.e), S. 69.

782 Art. 61 Pkt. 2 Abs. 2 ZGB RF; *Fischer* Das System der Kapitalaufbringung und Kapitalerhaltung der Aktiengesellschaft und Gesellschaft mit beschränkter Haftung, S. 193.

783 Art. 61 Pkt. 2 Abs. 2 ZGB RF.

784 *Fischer* Das System der Kapitalaufbringung und Kapitalerhaltung der Aktiengesellschaft und Gesellschaft mit beschränkter Haftung, S. 193 f.

785 Im Einzelnen geregelt durch die Verordnung der Föderalen Kommission für den Wertpapiermarkt (FKZB) „Über die Verabschiedung der Ordnung über

hat die persönlichen Daten der einzelnen Aktionäre sowie Anzahl, Gattung und Typ der gehaltenen Aktien zu dokumentieren.[786]

Ab einer Anzahl von 50 Gesellschaftern ist der Register von einem professionellen bzw. angemeldeten Registerhalter (Registrator) entsprechend dem WpMG RF zu führen.[787] Die Führung des Aktionärsregisters durch einen Registerhalter, befreit die Geschäftsführung nicht von der Pflicht, den Register ordnungsgemäß zu führen; eine Exkulpation kann sich nicht alleine auf die Führung des Registers durch einen Dritten stützen.[788]

Neben dem Aktionärsregister existiert das Verzeichnis der Personen, die berechtigt sind, an der Hauptversammlung teilzunehmen.[789] Grundlage für dieses Verzeichnis ist das Aktionärsregister zu einem vom Aufsichtsrat festzusetzenden Zeitpunkt. Dieser Zeitpunkt darf nicht früher als 50 Tage – für einen Fall des Art. 53 Pkt. 2 AktG RF nicht früher als 65 Tage – vor dem Datum der Hauptversammlung liegen.[790]

4. Aktiengattungen

Es erscheint sinnvoll, innerhalb der Gesellschaft verschiedene Gattungen an Aktien mit unterschiedlichen Rechten auszustatten. Hierdurch lässt sich den verschiedenartigen Intentionen der Gesellschafter gerecht werden und es kann deren Sicherheitsbedürfnissen individuell entsprochen werden. Dementsprechend wird zwischen der Stammaktie,[791] die sämtliche Gesellschafterrechte (insb. Stimmrecht) verleiht, und der Vorzugsaktie,[792] die ein Vorzugsrecht auf Dividendenzahlung verleiht, unterschieden.[793]

Registereintragungen der Inhaber von Wertpapieren" vom 2.10.1997, Nr. 27, Ekonomika i Žizn', Nr. 51 1997; vgl. *Solotych* Hdb Wirtschaft und Recht in Osteuropa, EL 53 2003, RUS Kapitel D.I., Rn. 210.

786 Zu den erforderlichen Angaben im Einzelnen, s.u. Kapitel E.V.5.b), S. 109.

787 Art. 44 Pkt. 3 Abs. 2 AktG RF i.V.m. Art. 8 Pkt. 1 und 10 WpMG RF; *Solotych* Hdb Wirtschaft und Recht in Osteuropa, EL 53 2003, RUS Kapitel D.I., Rn. 209.

788 *Schmitt/Melnikov* Hdb Wirtschaft und Recht in Osteuropa, RUS Kap. D.I Rn. 138.

789 Art. 51 Pkt. 1 AktG RF.

790 Art. 51 Pkt. 1 Abs. 2 AktG RF.

791 S.u. Kapitel E.VII.3.b), S. 182.

792 S.u. Kapitel E.VII.3.c), S. 184.

793 Zu den Aktiengattungen und -typen s.u. Kapitel E.VII, S. 180.

5. Pflichten der Gesellschafter

a) Einlagepflicht

Oberste Pflicht des Gesellschafters ist die Pflicht zur Erbringung seiner Einlage,[794] entweder in Form der Bar- oder der Sacheinlage. In diesem Zusammenhang ist immer der Grundsatz der realen Kapitalaufbringung zu beachten: zwingend erforderlich ist, dass der Gesellschaft ein realer Vermögenswert zugeführt wird.[795] Im Einzelnen richtet sich die Erbringung der Einlage einer Gesellschaft nach den Art. 67 ff. ZGB RF.[796]

Eine Befreiung des Gesellschafters von seiner Pflicht zur Erbringung der Einlage ist unter keinen Umständen möglich.[797] Ebenso wenig ist eine Aufrechnung von Forderungen des Gesellschafters gegenüber der Gesellschaft mit der Einlagepflicht möglich. Zuletzt sind auch Konsequenzen für eine nicht rechtzeitige Kapitalerbringung vorgesehen.

Im Falle der Nichtleistung oder nicht fristgerechten Leistung der Einlage ist der entsprechende Gesellschafter aus der Gesellschaft auszuschließen und sein Anteil geht automatisch auf die Gesellschaft über.[798]

b) Informationspflichten

Mit Erlangung der Gesellschafterstellung geht auch die Pflicht des Gesellschafters einher, sich in das Aktionärsregister eintragen zu lassen.[799] Hierfür hat er der Gesellschaft gegenüber dem Halter des Aktionärsregisters einige Angaben zu seiner Person zu machen. Erforderlich sind im Einzelnen: Name, Anschrift, Telefon- und Faxnummer, Steuernummer, Gattung, Typ und Anzahl der auf den Namen des Gesellschafters gezeichneten Aktien, und im Falle einer juristischen Person der Name des Geschäftsführers.[800]

---

794 Art. 67 Pkt. 2 ZGB RF; Art. 9 Pkt. 5 AktG RF.

795 Auch das sog. Vollwertigkeitsprinzip, vgl. *Fischer* Das System der Kapitalaufbringung und Kapitalerhaltung der Aktiengesellschaft und der Gesellschaft mit beschränkter Haftung im russischen und deutschen Recht, S. 61 f.

796 Im Einzelnen hierzu, s.u. Kapitel E.VI.2.c), S. 137.

797 *Fischer* Das System der Kapitalaufbringung und Kapitalerhaltung der Aktiengesellschaft und der Gesellschaft mit beschränkter Haftung im russischen und deutschen Recht, S. 62.

798 Im Einzelnen s.u. Kapitel E.VI.2.c)(3), S. 139.

799 Vgl. Art. 44 ff. AktG RF.

800 Art. 44 Pkt. 1 AktG RF i.V.m. Art. 3 Verordnung der Föderalen Kommission für den Wertpapiermarkt (FKZB) „Über die Verabschiedung der Ordnung über

c) *Geheimhaltungspflicht*

Die Gesellschafter einer russischen Aktiengesellschaft trifft eine Geheimhaltungspflicht.[801] Diese Geheimhaltungspflicht betrifft vertrauliche Informationen über die Gesellschaft und die Tätigkeit der Gesellschaft.[802]

6. Rechte der Gesellschafter

a) *Allgemeines*

Einschneidendste Maßnahme des Gesellschafters ist der Austritt aus der Gesellschaft. Hierbei gilt es zu bedenken, dass ein Verbleib regelmäßig im Interesse der Gesellschaft und der anderen Gesellschafter sein wird, da der ausscheidende Gesellschafter für seine Aktien abzufinden ist. Insbesondere kapitalschwachen Gesellschaften kann dies Probleme bereiten, wenn sich kein Gesellschafter oder Dritter findet, der bereit ist, die Aktien des Austrittswilligen zu übernehmen. Trotz allem kann der einzelne Gesellschafter berechtigt sein, die Gesellschaft zu verlassen, wenn ein Verbleib gegen seinen Willen nicht zumutbar ist. Dieser Austritt[803] erfolgt mittels Übertragung der Aktien auf einen Dritten[804] oder im Wege der Andienung gegenüber der Gesellschaft oder den Gesellschaftern.

Daneben hat der Gesellschafter, der weiterhin an der Gesellschaft und der Leitung der Gesellschaft partizipieren möchte, einige Informations-, Kontroll- und Schadensersatzrechte. Diese Rechte, die dem einzelnen Gesellschafter zur Verfügung stehen, um gegen die Gesellschaft als solche oder die handelnden Organe der Gesellschaft vorzugehen, dienen insbesondere dem Minderheitenschutz.

Als unmittelbare Handhabe eines Gesellschafters, der die strategische Ausrichtung der Gesellschaft missbilligt, aber gleichwohl in der Gesellschaft verbleiben möchte, kommen zunächst die Informationsrechte in Frage; unterteilt in Mitteilungs- und Bekanntmachungspflichten der Gesellschaft einerseits und Auskunfts- und Einsichtsrechte des einzelnen Gesellschafters andererseits.

Registereintragungen der Inhaber von Wertpapieren" vom 2.10.1997, Nr. 27, Ekonomika i Žizn', Nr. 51 1997.

801 Art. 67 Pkt. 2 ZGB RF.

802 *Sparfeld/Wagner*, in: Widmann/Mayer, Umwandlungsrecht, 2003, Anh. 3, RUS 46.

803 Da dieses Austrittsrecht lediglich unter bestimmten Voraussetzungen möglich ist, wird von einem eingeschränkten Austrittsrecht gesprochen, vgl. *Ries* Der Minderheitenschutz im russischen Kapitalgesellschaftsrecht im Vergleich zum deutschen Recht, S. 171 f.

804 S.u. Kapitel E.VII.7, S. 197.

Darüber hinaus besteht die Möglichkeit, im Rahmen einer Rüge gegen einzelne Handlungen eines Gesellschaftsorgans oder gegen Beschlüsse der Hauptversammlung gezielt vorzugehen.[805]

Ein einzelner Gesellschafter ist unter bestimmten Voraussetzungen berechtigt, Schadensersatzansprüche im Namen der Gesellschaft oder im eigenen Namen gegenüber einem handelnden Gesellschaftsorgan geltend zu machen.[806]

Unabhängig von diesen Informations- und Kontrollrechten stehen dem Gesellschafter Vermögensrechte zu; hierbei handelt es sich um das Recht, am Gewinn[807] bzw. dem Liquidationserlös[808] zu partizipieren oder neu ausgegebene Aktien oder andere Wertpapiere zu beziehen.[809]

Bei den Vermögensrechten[810] sowie dem Andienungs-[811] und Veräußerungsrecht[812] handelt es sich um unabdingbare Gesellschafterrechte, die auch nicht im Einvernehmen mit dem Gesellschafter disponibel sind.[813]

b) Vermögensrechte

Der Gesellschafter hat entsprechend der Art seiner Beteiligung (Vorzugsaktie, Stammaktie, Obligation etc.) einen Anspruch auf Beteiligung am Vermögen und/oder Gewinn der Gesellschaft. Dieser Anspruch besteht allerdings nur unter einigen Voraussetzungen.

Die Gewinnbeteiligung ist Folge der Mitgliedschaft in der wirtschaftlichen Gesellschaft. Es handelt sich um ein abstraktes mitgliedschaftliches Gewinnbezugsrecht.[814]

Ein subjektives, durchsetzbares Recht auf die Auszahlung einer Dividende besteht vor Auszahlungsbeschluss der Hauptversammlung nicht. Ein Recht besteht vielmehr auf die Durchführung einer Hauptversammlung, auf der über die Gewinnverwendung zu beschließen ist.

---

805 S.u. Kapitel E.V.6.f), S. 122 ff.

806 S.u. Kapitel E.V.6.g), S. 126 ff.

807 Diese Teilhabe erfolgt in Form einer Gewinnausschüttung als Dividende; im Einzelnen zur Dividende, s.u. E.VII.5, S. 189 ff.

808 Im Einzelnen zur Liquidation, s.u. E.X.3, S. 229 ff.

809 Zur Kapitalerhöhung, s.u. E.VI.5, S. 152 ff.

810 S.u. Kapitel E.V.6.b), S. 112.

811 S.u. Kapitel E.V.8.c), S. 131.

812 S.u. Kapitel E.VII.7, S. 197.

813 *Fischer* Das System der Kapitalaufbringung und Kapitalerhaltung der Aktiengesellschaft und Gesellschaft mit beschränkter Haftung, S. 243 Fn. 931.

814 *Fischer* Das System der Kapitalaufbringung und Kapitalerhaltung der Aktiengesellschaft und Gesellschaft mit beschränkter Haftung, S. 246.

Wird die Auszahlung einer Dividende – entsprechend den gesetzlichen Vorgaben[815] – beschlossen, entsteht aber ein subjektives Recht des Gesellschafters, an der Gewinnausschüttung teilzunehmen,[816] was auch eine Verringerung der Dividende ausschließt.[817] Trotzdem steht die Ausschüttung der Dividende immer unter der Bedingung, dass hierdurch keine Insolvenzgefahr begründet wird.[818]

c) Mitverwaltungsrechte

Den Gesellschaftern steht ein grundsätzlich unabdingbares Recht zu, an der Entscheidungsfindung durch Teilnahme an Beschlussfassung und vorangehender Beratung mitzuwirken. Insbesondere erfolgt dies mittels der Stimmabgabe und – soweit satzungsmäßig vereinbart – mittels Wortmeldung in der Hauptversammlung.[819] Daneben steht es dem einzelnen Gesellschafter frei, durch Geltendmachung von Informations- und Kontrollrechten sowie von Anfechtungsrechten (gegen unrechtmäßig zustande gekommene Beschlüsse) auf die Verwaltung der Gesellschaft Einfluss zu nehmen.[820]

d) Mitteilungs- und Bekanntmachungspflichten der Gesellschaft

(1) Allgemeines

Im deutschen Recht wird zwischen Mitteilungspflichten der Gesellschaft gegenüber den Gesellschaftern und Bekanntmachungspflichten gegenüber dem Rechtsverkehr unterschieden. Eine entsprechende Unterscheidung existiert im russischen Recht nicht.[821] Somit bestehen jegliche allgemeinen Publizitätspflichten der Gesellschaft auch gegenüber dem einzelnen Gesellschafter.[822] Jede Veröffentlichungspflicht begründet somit ein individuelles Gesellschafterrecht.[823]

---

815 Zu Voraussetzungen und Verfahren s.u. E.VII.5, S. 189 ff.

816 Dies folgt schon allein aus dem Gleichbehandlungsgrundsatz der Aktionäre; vgl. Beschluss des Föderalen Arbitragegerichts des Westsibirischen Bezirks vom 2.8.1999, Nr. F04/1535-364/A27-99; Beschluss des Föderalen Arbitragegerichts des Nordkaukasus Bezirks vom 12.2.2004, Nr. F08-5444/2003, beide in: Datenbank Garant.

817 Beschluss des Föderalen Arbitragegerichts des Wolga-Vjatka Bezirks vom 4.7.2001, Nr. A28-951/01-4/12, in: Datenbank Garant.

818 Zur Ausschüttung der Dividende s.u. Kapitel E.VII.6; S. 191.

819 S.o. E.IV.2.d), S. 87 ff.

820 Zu diesen Rechten, s.u. E.V.6.e), S. 117 ff.

821 *Chanturia* ILF Working Paper Series No. 92, 11/2008, 9 f.

822 *Chanturia* ILF Working Paper Series No. 92, 11/2008, 9 f.

823 *Chanturia* WiRO 2009, 97, 100 f.

Dies führt zu sehr umfangreichen Informationsrechten; ein Missbrauch durch Ausnutzung dieser Rechte als Druckmittel gegenüber der Geschäftsführung ist daher stets zu befürchten.[824]

(2) Mittelungspflichten

Oberste Mitteilungspflicht der Gesellschaft ist die form- und fristgerechte Ladung der Gesellschafter zur Hauptversammlung und die Versorgung mit den zur Beschlussfassung erforderlichen Informationen. Fristgerecht heißt, dass die Ladung mindestens 20 Tage vor dem Termin der Hauptversammlung zu erfolgen hat. Ist die Umwandlung der Gesellschaft Tagesordnungspunkt, muss eine 30-Tagesfrist – im Falle einer außerordentlichen Hauptversammlung, in welcher die Wahl eines neuen Aufsichtsrats vorgesehen ist, eine 70-Tagesfrist – einzuhalten.[825] Soweit satzungsmäßig nichts Anderes bestimmt ist,[826] ist die Ladung in schriftlicher Form postalisch zuzustellen oder gegen Unterschrift auszuhändigen.[827] Zwingend bzgl. des Inhalts sind zunächst Angaben über Ort und Zeitpunkt der Hauptversammlung und die Tagesordnung nebst Quellen zur selbstständigen Information der Gesellschafter über zu behandelnde Tagesordnungspunkte.[828] Auch ist Einsicht in Informationen zu gewähren, die bzgl. einzelner Tagesordnungspunkte erforderlich sein könnten, eine Pflicht, diese Informationen selbst zu übersenden, besteht hingegen nicht automatisch.[829] Gleiches gilt für Informationen wie den Jahresbericht oder den Bericht der Revisionskommission.[830] Gegen Aufwandsentschädigung sind die Gesellschafter berechtigt, sich Kopien dieser Unterlagen aushändigen zu lassen.[831]

---

824 *Chanturia* WiRO 2009, 97, 101; *Chanturia* ILF Working Paper Series No. 92, 11/2008, 10; bis zur Umsetzung der ZGB RF-Novelle (Teilgesetzentwurfs Nr. 47538-6/2) hängt das Bestehen dieser Pflichten in einigen Fällen davon ab, ob es sich bei der Gesellschaft um eine offene oder geschlossene AG handelt, *Ries* Der Minderheitenschutz im russischen Kapitalgesellschaftsrecht im Vergleich zum deutschen Recht, S. 96.

825 Art. 52 Pkt. 1 AktG RF; die Länge kritisierend *Schmitt/Melnikov* Hdb Wirtschaft und Recht in Osteuropa, RUS Kap. D.I Rn. 164.

826 Etwa die Bekanntmachung in einem satzungsmäßig bestimmten Presseorgan.

827 Art. 52 Pkt. 1 AktG RF.

828 Art. 52 Pkt. 3 AktG RF; *Ries* Der Minderheitenschutz im russischen Kapitalgesellschaftsrecht im Vergleich zum deutschen Recht, S. 96.

829 Art. 52 Pkt. 3 Abs. 3 AktG RF; *Ries* Der Minderheitenschutz im russischen Kapitalgesellschaftsrecht im Vergleich zum deutschen Recht, S. 97.

830 Art. 52 Pkt. 3 Abs. 3 AktG RF.

831 Art. 52 Pkt. 3 Abs. 4 AktG RF.

Zuletzt besteht eine Mitteilungspflicht der Gesellschaft im Fall des Ankaufs eigener Aktien durch die Gesellschaft.[832] Dies ist insbesondere dann von Interesse, wenn der Rückkauf von Aktien durch den Aufsichtsrat beschlossen wurde und daher leichter vor den Aktionären zu verbergen ist.[833] Die Form der Mitteilung ist nicht näher definiert, sodass davon auszugehen ist, dass die Veröffentlichung in den Massenmedien ausreicht.[834]

(3) Bekanntmachungspflichten

Neben den Mitteilungspflichten bestehen verschiedene Bekanntmachungspflichten für die Gesellschaft; so etwa eine Bekanntmachungspflicht bzgl. der Jahresberichterstattung nebst Quartalsberichten, bzgl. der Liste *affiliierter Personen*, bzgl. der Beteiligung anderer Gesellschaften und bzgl. wesentlicher Ereignisse (*ad hoc* Mitteilungen).

Der Jahresbericht einer AG ist den Gesellschaftern jährlich in entsprechenden Massenmedien[835] bekannt zu geben. Er hat den Jahresabschluss, die Bilanz und genaue Angaben zur Gewinn- und Verlustrechnung zu enthalten.[836] Daneben ist vierteljährlich der Quartalsbericht zu veröffentlichen.[837] Der Quartalsbericht ist innerhalb von 30 Tagen nach Quartalsende bei der *Föderalen Kommission für den Wertpapiermarkt* einzureichen. Er hat insbesondere die Quartalsbilanz, sowie die Bilanzen und die Gewinn- und Verlustrechnungen der letzten drei Jahre zu enthalten.[838] Außerdem sind Angaben bzgl. Beteiligungen an fremden sowie fremden Beteiligungen an der eigenen Gesellschaft zu machen, soweit diese

832 Art. 72 Pkt. 5 AktG RF; zur Kapitalherabsetzung mittels Rückkauf eigener Aktien s.u. Kapitel E.VI.6.d)(1), S. 159.

833 *Ries* Der Minderheitenschutz im russischen Kapitalgesellschaftsrecht im Vergleich zum deutschen Recht, S. 97.

834 Art. 72 Pkt. 5 AktG RF; *Ries* Der Minderheitenschutz im russischen Kapitalgesellschaftsrecht im Vergleich zum deutschen Recht, S. 97.

835 Vgl. die Verordnung der Föderalen Kommission für den Wertpapiermarkt (FKZB) „Über die Offenlegung von Informationen im Wertpapiermarkt" vom 9.1.1997, Nr. 2, VFKZB 1/1997.

836 Art. 92 AktG RF; *Ries* Der Minderheitenschutz im russischen Kapitalgesellschaftsrecht im Vergleich zum deutschen Recht, S. 100; kritisiert wird in diesem Zusammenhang, dass eine Veröffentlichung zur Vorbereitung auf die Hauptversammlung nicht hilfreich ist, da diese den Jahresbericht zu beschließen hat und er erst nach der Hauptversammlung in beschlossener Form veröffentlicht wird.

837 Art. 92 AktG RF.

838 Art. 30 Abs. 5, Nr. 1 WpMG RF.

20 % der Stimmberechtigten Aktien übersteigen.[839] Auch sind *Großgeschäfte*[840] und solche Umstände darzustellen, die zu einer Abweichung von 10 % in der Bewertung der Aktiva der Gesellschaft oder zu einem 20 % höheren oder niedrigeren Gewinn der Gesellschaft führen können.[841] Zuletzt erfasst von der Bekanntmachungspflicht sind Angaben bzgl. der Bildung und Nutzung von Reserve- und sonstigen Fonds.[842]

Laufend trifft die Gesellschaft darüber hinaus die Pflicht, wesentliche Ereignisse bekannt zu machen. Hierbei handelt es sich um Ereignisse, welche die „finanz-wirtschaftliche Lage" der Gesellschaft betreffen.[843] Dies sind etwa *Großgeschäfte* und solche Umstände, die auch in der Quartalsbilanz anzugeben sind.[844] Beteiligungen (durch beliebige Wertpapiere[!])[845] sind mit Erreichen der 25 %-Schwelle als wesentliches Ereignis bekannt zu geben. Die Bekanntgabe hat unmittelbar gegenüber der *Föderalen Kommission für den Wertpapiermarkt* zu erfolgen und ist innerhalb von 5 Tagen in den entsprechenden (Print-) Medien zu veröffentlichen.[846]

Auch sind der AG weitere Bekanntmachungspflichten durch Verordnung der *Föderalen Kommission für den Wertpapiermarkt* auferlegt worden.[847] Jährlich sind Angaben über den Registrator und die Anzahl der Aktionäre zu machen. Daneben ist die *Reinaktiva* im Verhältnis zum Satzungskapital darzustellen, was ab einer bestimmten Quote zur Verpflichtung einer Kapitalherabsetzung bzw. zur Liquidation führen kann.[848] Daneben hat die AG jährlich eine Liste der *affiliierten Personen* zu veröffentlichen.[849] Bei *affiliierten Personen* handelt es sich um die Personen, welche in der Lage sind, direkt oder indirekt auf die Geschicke der

---

839 Art. 30 Abs. 5, Nr. 1 WpMG RF.

840 Zum Großgeschäft s.o. Kapitel E.IV.2.c)(5), S. 83.

841 Art. 30 Abs. 5, Nr. 1 WpMG RF.

842 Art. 30 Abs. 5, Nr. 1 WpMG RF; zum Reservefonds s.u. Kapitel E.VI.4.a), S. 151.

843 *Ries* Der Minderheitenschutz im russischen Kapitalgesellschaftsrecht im Vergleich zum deutschen Recht, S. 101.

844 Art. 30 Abs. 7 WpMG RF.

845 Art. 30 Abs. 7 WpMG RF.

846 Art. 30 Abs. 8 WpMG RF.

847 Verordnung des Föderalen Dienstes für den Finanzmarkt „Über die Verabschiedung einer Ordnung über die Offenlegung von Informationen des Emittenten von Emissionen am Wertpapiermarkt" vom 10.11.2006, Nr. 6–117/pz-n, Bulletin 22.1.2007, Nr. 4, in Datenbank Konsultant.

848 *Ries* Der Minderheitenschutz im russischen Kapitalgesellschaftsrecht im Vergleich zum deutschen Recht, S. 101 f.; zur Kapitalherabsetzung s.u. E.VI.6, S. 157.

849 Art. 92; 93 Pkt. 4 AktG RF.

Gesellschaft Einfluss zu nehmen.[850] Dies sind Organmitglieder oder Inhaber von mindestens 20 % der stimmberechtigten Aktien der Gesellschaft.[851]

Ebenfalls erforderlich ist im Umkehrschluss, die Bekanntgabe einer Beteiligung der Gesellschaft an einer anderen Gesellschaft mit mehr als 20 % der stimmberechtigten Aktien. Die Beteiligung ist gegenüber der Zielgesellschaft bekannt zu geben.[852] Daneben ist die Beteiligung auch entsprechend den Vorgaben der staatlichen Wettbewerbsbehörden bekannt zu geben.[853]

Zuletzt treffen russische Aktiengesellschaften zum Schutz des Rechtsverkehrs einige Veröffentlichungspflichten gegenüber ihren Gläubigern. Hierunter fällt die Informationspflicht im Falle einer Umwandlung gem. Art. 15 Pkt. 6 AktG RF[854] und einer Liquidation gem. Art. 22 Pkt. 3 AktG RF.[855]

e) Auskunfts- und Einsichtsrechte der Gesellschafter

(1) Allgemeines

Den Gesellschaftern stehen ein jederzeitiges Einsichtsrecht und ein Einsichtsrecht im Rahmen der Vorbereitung auf die Hauptversammlung zu. Daneben besteht die Möglichkeit, ein Sonderprüfungsrecht oder Auszüge aus dem Aktionärsregister geltend zu machen.

Den Bestand dieser Rechte hat die Geschäftsführung der Gesellschaft zu gewährleisten.[856] Allerdings ist kein spezieller Schadensersatzanspruch für den Fall der Nichtgewährung vorgesehen.[857] Wohl aber ist ein Aktionär berechtigt, im Rahmen einer Anfechtung gegen einen Beschluss der Hauptversammlung

---

850 Art. 93 Pkt. 2 AktG RF i.V.m. Art. 4 Gesetz der RSFSR „Über Wettbewerb und Begrenzung monopolistischer Tätigkeit auf dem Warenmarkt" vom 22.3.1991, Nr. 948-1, VSNDiVS RSFSR 1991, Nr. 16, Pos. 499, in: Datenbank Garant.

851 Art. 81 Pkt. 1 AktG RF; *Ries* Der Minderheitenschutz im russischen Kapitalgesellschaftsrecht im Vergleich zum deutschen Recht, S. 99.

852 Art. 93 Pkt. 2 AktG RF i.V.m. Art. Verordnung des Föderalen Dienstes für den Finanzmarkt „Über die Verabschiedung einer Ordnung über die Offenlegung von Informationen des Emittenten von Emissionen am Wertpapiermarkt" vom 10.11.2006, Nr. 6–117/pz-n, Bulletin 22.1.2007, Nr. 4.

853 Im Einzelnen, vgl. *Ries* Der Minderheitenschutz im russischen Kapitalgesellschaftsrecht im Vergleich zum deutschen Recht, S. 99.

854 S.u. Kapitel E.X.2, S. 227.

855 S.u. Kapitel E.X.3, S. 229.

856 Art. 88 Pkt. 2 AktG RF.

857 *Ries* Der Minderheitenschutz im russischen Kapitalgesellschaftsrecht im Vergleich zum deutschen Recht, S. 110.

vorzugehen, soweit ihm Beschlussgegenstände betreffende Informationen vorenthalten wurden.[858]

(2) Teilnahme an der Hauptversammlung

Jeder Gesellschafter bzw. ein bevollmächtigter Vertreter ist berechtigt, an der Hauptversammlung der Gesellschaft teilzunehmen, soweit er im Verzeichnis der Personen, die berechtigt sind, an der Hauptversammlung teilzunehmen, geführt wird.[859] Hierin sind – basierend auf dem Aktionärsregister – alle Personen aufzunehmen, die zu einem bestimmten Zeitpunkt Inhaber von Aktien der Gesellschaft waren. Der Zeitpunkt ist durch den Aufsichtsrat festzusetzen und darf nicht früher als 50 Tage – für einen Fall des Art. 53 Pkt. 2 AktG RF nicht früher als 65 Tage – vor dem Datum der Hauptversammlung liegen.[860]

Ein Stimmrecht auf der Hauptversammlung folgt aus der Art der gesellschafterlichen Beteiligung.[861] Daneben besteht die Möglichkeit, satzungsmäßig ein Rede- und Fragerecht während der Hauptversammlung zu statuieren.[862] Da diese nicht gesetzlich vorgesehen sind, müssen sie gesondert beschlossen werden.[863]

(3) Einsichtsrechte

Die Gesellschaft hat den Gesellschaftern Einsicht in bestimmte Unterlagen zu geben.[864] Auf Verlangen ist die Einsichtnahme innerhalb von sieben Tagen zu gewährleisten.[865] Ein solches Einsichtsrecht ist unbeschränkbar und unabdingbar;[866] es beinhaltet die Berechtigung der Gesellschafter, bei Erstattung der Selbstkosten der Gesellschaft Kopien der entsprechenden Unterlagen zu verlangen.[867] Die Einsichtsrechte der Gesellschafter können satzungsmäßig erweitert werden.

---

858 Im Einzelnen, s.u. Kapitel E.V.6.f)(2), S. 123.

859 Art. 51 Pkt. 1 AktG RF.

860 Art. 51 Pkt. 1 Abs. 2 AktG RF.

861 Hierzu, s.u. Kapitel E.V.6, S. 110.

862 Art. 47 Pkt. 2 AktG RF i.V.m. Pkt. 4 der Verordnung der Föderalen Kommission für den Wertpapiermarkt (FKZB) „Über zusätzliche Anforderungen an das Verfahren der Vorbereitung, der Einberufung und der Durchführung der Allgemeinen Aktionärsversammlung“ vom 31.5.2002, Nr. 17/ps, RG 18.7.2002, Nr. 130.

863 *Ries* Der Minderheitenschutz im russischen Kapitalgesellschaftsrecht im Vergleich zum deutschen Recht, S. 117.

864 Art. 91 Pkt. 1 AktG RF i.V.m. Art. 89 Pkt. 1 AktG RF.

865 Art. 92 Pkt. 2 AktG RF.

866 *Ries* Der Minderheitenschutz im russischen Kapitalgesellschaftsrecht im Vergleich zum deutschen Recht, S. 103.

867 Art. 91 Pkt. 2 AktG RF.

Im Einzelnen sind folgende Unterlagen stets durch die Gesellschaft zur Einsichtnahme zur Verfügung zu stellen:

- aktuelle Version von Satzung, Gründungsbeschluss und Registrierungsbestätigung;
- Unterlagen, welche die einzelnen Vermögenspositionen der Gesellschaft begründen;
- Geschäftsordnungen von Niederlassungen oder Repräsentanzen;
- Jahresfinanzbericht;
- Planungen bzgl. zukünftiger Aktienemissionen mitsamt der Emissionsprospekte und der Berichte des Emittenten;
- Unterlagen des Finanzberichts;
- Protokolle der Hauptversammlung, der Sitzungen des Aufsichtsrats, der Geschäftsführung und der Revisionskommission mitsamt etwaiger Stimmzettel und Vollmachten;
- Liste der *affiliierten Personen*;
- Liste weiterer Personen, die in irgend einer Weise berechtigt sind, an der Gesellschaft zu partizipieren;
- Unterlagen und Berichte der Revisionskommission, des Wirtschaftsprüfers oder der staatlichen oder kommunalen Organe der Finanzkontrolle;
- Dokumente der Buchhaltung und Protokolle der Sitzungen der Geschäftsführung, soweit dies von einem oder mehreren Aktionären gefordert wird, der bzw. die über mindestens 25 % der stimmberechtigten Aktien Verfügen.[868]

Diese Einsichtsrechte beziehen sich ausschließlich auf die Gesellschaft, an der ein Gesellschafter direkt beteiligt ist; nicht aber auf Tochtergesellschaften, an denen eine Beteiligung gehalten wird.[869] Es wird allerdings darauf hingewiesen,

---

868 Die umstrittenen Frage, ob und in wie weit ein Einsichtsrecht in Bezug auf Zugang zu Dokumenten der Buchhaltung und den Protokollen der Sitzungen der Geschäftsführung bestehen, ist durch die Gesetzesänderung vom 7.8.2001 beendet worden (Föderales Gesetz „Über die Eintragung von Änderungen und Ergänzungen in das Föderale Gesetz ‚Über Aktiengesellschaften'" vom 7.8.2001, Nr. 120-FZ, SZ RF 2001, Pos. 3423); vormals vgl. *Ries* Der Minderheitenschutz im russischen Kapitalgesellschaftsrecht im Vergleich zum deutschen Recht, S. 104.

869 *Schmitt/Melnikov* Hdb Wirtschaft und Recht in Osteuropa, RUS Kap. D.I Rn. 143 unter Verweis auf Informationsbrief des Präsidiums des Obersten Arbitragegerichts der RF vom 18.1.2011, Nr. 144.

dass die Gesellschafter mittels der Zustimmungsfplicht bei *Grossgeschäften* vor heimlichen Ausgründungen geschützt sind.[870]

(4) Einsichtsrechte zur Vorbereitung auf die Hauptversammlung

Im Rahmen der Vorbereitung der Hauptversammlung hat die Gesellschaft verschiedene Informationen bzw. Unterlagen zur Verfügung zu stellen.[871] Hierbei handelt es sich insbesondere um die buchhalterische Rechnungslegung, die Stellungnahmen der Revisionskommission und des Wirtschaftsprüfers zur jährlichen buchhalterischen Rechnungslegung, Angaben über Kandidaten zur Wahl einzelner Gesellschaftsorgane, Entwürfe zur Änderung oder Ergänzung der Satzung und sonstige Beschlüsse der Hauptversammlung.[872] Daneben bestimmt eine Verordnung der *Föderalen Kommission für den Wertpapiermarkt* weitere Dokumente.[873] Auch können in der Satzung weitere Anforderungen statuieret werden.[874]

(5) Sonderprüfungsrecht

Aktionären bzw. einem Aktionär mit einem Anteil von mindestens 10 % der stimmberechtigten Aktien, steht jederzeit das Recht zu, eine Prüfung der Revisionskommission i.S.d. Art. 85 Pkt. 1 AktG RF zu verlangen.[875] Hierbei handelt es sich inhaltlich um eine reguläre Prüfung der Finanz- und Geschäftstätigkeit der Gesellschaft, die insbesondere die Prüfung des Jahresberichtes gem. Art. 88 Pkt. 3 AktG RF einschließt.

Daneben besteht unter den gleichen Voraussetzungen die Möglichkeit, eine Prüfung durch einen unabhängigen Wirtschaftsprüfer zu verlangen.[876] Die vorzunehmende Prüfung richtet sich nach der vertraglichen Vereinbarung zwischen der Gesellschaft und dem Wirtschaftsprüfer.[877] Auch hierbei handelt es sich um eine inhaltlich reguläre Prüfung der Finanz- und Geschäftstätigkeit der Gesellschaft, die lediglich zu einem anderen als dem vertraglich vereinbarten Zeitpunkt zu erfolgen hat.

---

870 *Schmitt/Melnikov* Hdb Wirtschaft und Recht in Osteuropa, RUS Kap. D.I Rn. 143 f.

871 Art. 52 Pkt. 3 AktG RF.

872 Art. 52 Pkt. 3 Abs. 1 AktG RF.

873 Vgl. Pkt. 3.2 der Verordnung der Föderalen Kommission für den Wertpapiermarkt (FKZB) „Über zusätzliche Anforderungen an das Verfahren der Vorbereitung, der Einberufung und der Durchführung der Allgemeinen Aktionärsversammlung" vom 31.5.2002, Nr. 17/ps, RG 18.7.2002, Nr. 130.

874 Art. 52 Pkt. 3 Abs. 1 AktG RF.

875 Art. 85 Pkt. 3 AktG RF.

876 Art. 103 Pkt. 5 Abs. 2 ZGB RF.

877 Art. 86 Pkt. 1 AktG RF.

Fraglich ist zuletzt allerdings, wer die Kosten einer solchen Sonderprüfung zu tragen hat. Auf der einen Seite ist bei steter Kostentragung durch die Gesellschaft eine übermäßige, missbräuchliche Inanspruchnahme zu besorgen, andererseits stellt die Kostentragungspflicht des entsprechenden Gesellschafters eine eindeutige Beschränkung seines Minderheitenrechts dar. Als Ergebnis wird wie auch bzgl. der GmbH vorgeschlagen, dass die Kostentragungspflicht des antragstellenden Gesellschafters zumindest dann auf die Gesellschaft übergeht, wenn die Hauptversammlung dies beschließt.[878] Nach wie vor führt dies zu einer zusätzlichen Gesellschafterbelastung und schränkt den Minderheitsgesellschafter in seinem Sonderprüfungsrecht ein. Gerechter wäre es, das Prüfungsrisiko beim Antragsteller zu belassen, die Kosten auf die Gesellschaft übergehen zu lassen, wenn ein – in Verbindung mit der Geltendmachung des Sonderprüfungsrechts – beanstandeter Tatbestand der Prüfung bedurfte bzw. sich als widersprüchlich herausstellen würde.

(6) Auszug aus dem Aktionärsregister

Jeder Gesellschafter bzw. Inhaber einer Aktie kann einen Auszug aus dem Aktionärsregister[879] einfordern, der seine Inhaberschaft bestätigt.[880]

Daneben kann jeder Gesellschafter, der mindestens 1 % der stimmberechtigten Aktien hält, vom jeweiligen Registrator einen Auszug über alle im Aktionärsregister erfassten Aktionäre verlangen.[881] Fraglich ist allerdings, ob dieses Auskunftsrecht auch gegenüber der Gesellschaft besteht, die ihr Aktionärsregister selbst führt, da laut Gesetzestext das Auskunftsrecht ausschließlich gegenüber dem Registrator besteht.[882] Allerdings kommt dieser Frage in der Praxis keine erhebliche Bedeutung zu, da ein professioneller Registrator ohnehin schon erforderlich ist, wenn die Gesellschaft mehr als 50 Gesellschafter hat. Neben dem Einsichtsrecht in das Aktionärsregister ist es einem oder mehreren Gesellschaftern, die mindestens 10 % der stimmberechtigten Aktien halten, gestattet, von der Gesellschaft Einsicht in das Verzeichnis der Personen zu verlangen, die das Recht haben, an der Hauptversammlung teilzunehmen, soweit sie selbst in

878 *Ries* Der Minderheitenschutz im russischen Kapitalgesellschaftsrecht im Vergleich zum deutschen Recht, S. 107 f.

879 Zum Aktionärsregister s.o. Kapitel E.V.3, S. 107.

880 Art. 46 AktG RF.

881 Art. 8 Pkt. 3 Abs. 11 WpMG RF.

882 *Ries* Der Minderheitenschutz im russischen Kapitalgesellschaftsrecht im Vergleich zum deutschen Recht, S. 108.

diesem Verzeichnis geführt werden.[883] Fraglich ist allerdings, ab welchem Zeitpunkt dieses Recht besteht (erst während der Hauptversammlung oder davor).[884] Ein vorzeitiges Einsichtsrecht muss zumindest, zur Vorbereitung einer außerordentlichen Hauptversammlung im Sinne des Art. 55 AktG RF bestehen.[885]

f) Beschluss- und Entscheidungsmängelrügen

(1) Allgemeines

Neben den Informationsrechten stehen den Gesellschaftern weitreichende Klagerechte gegenüber der Gesellschaft selbst und gegenüber ihren einzelnen Organen zu. Diese können gesetzlich geregelt sein,[886] darüber hinaus sind die russischen Gerichte aber auch geneigt, nicht ausdrücklich geregelte Aktionärsklagen als zulässig anzusehen.[887]

Ein Anfechtungsrecht der Gesellschafter besteht sowohl gegenüber Beschlüssen der Hauptversammlung,[888] als auch gegenüber bestimmten Beschlüssen des Aufsichtsrats[889] und gegenüber Rechtsgeschäften der Gesellschaft mit Dritten.[890]

(2) Anfechtung von Beschlüssen der Hauptversammlung

Erforderlich für ein Anfechtungsrecht ist, dass der entsprechende Hauptversammlungsbeschluss gegen geltendes Recht verstößt und dass der Gesellschafter – aus welchem Grund auch immer – nicht an der entsprechenden Hauptversammlung teilgenommen hat oder gegen den entsprechenden Beschluss gestimmt hat

---

883 Art. 51 Pkt. 4 AktG RF.

884 Im Einzelnen *Ries* Der Minderheitenschutz im russischen Kapitalgesellschaftsrecht im Vergleich zum deutschen Recht, S. 109.

885 Vgl. Pkt. 5 Ukaz des Präsidenten der RF „Über Maßnahmen zum Schutz der Rechte der Aktionäre und zur Sicherung der Interessen des Staates als Eigentümer und Aktionär" vom 18.8.1996, Nr. 1210, SZ RF 35/1996, Pos. 4142, deutsche Übersetzung von *Göckeritz*, WOS Bd. II/1, Abtlg. III 3 a) 1.); *Ries* Der Minderheitenschutz im russischen Kapitalgesellschaftsrecht im Vergleich zum deutschen Recht, S. 134.

886 Z.B. Recht auf Einspruch gegen einen Beschluss der allgemeinen Versammlung Art. 49 Pkt. 7 AktG RF.

887 *Solotych* Hdb Wirtschaft und Recht in Osteuropa, EL 53 2003, RUS Kapitel D.I., Rn. 241; etwa im Falle des Beschluss' des Plenums des Obersten Gerichts der RF vom 2.4.1997, Nr. 4 und des Obersten Arbitragegerichts der RF Nr. 8, Ziff. 10, deutsche Übersetzung von *Göckeritz*, WOS Bd. II/1, Abtlg. III 3 a) 2.).

888 Vgl. Art. 49 Pkt. 7 AktG RF.

889 Vgl. Art. 53 Pkt. 6 Abs. 2; 55 Pkt. 7 AktG RF.

890 Diese Möglichkeit besteht im Fall von *Großgeschäften* (Art. 78 AktG RF) oder *Interessiertheitsgeschäften* (Art. 81 AktG RF).

und dass Rechte oder Interessen des anfechtenden Gesellschafters verletzt wurden.[891] Zuständig im Falle einer Klage gem. Art. 49 Pkt. 7 AktG RF sind die Arbitragegerichte.

Ein Rechtsverstoß liegt zum Beispiel im Falle von Ladungsmängeln oder bei dem Vorenthalten von für Beschlussgegenstände erforderlichen Informationen vor.[892] Ein Ladungsmangel der ersten Ladung schlägt auch auf eine in Ermangelung der Beschlussfähigkeit erneut einberufene Hauptversammlung durch. Eine nicht ordnungsgemäße Einberufung der ersten Versammlung führt zur Nichtigkeit von Beschlüssen einer wiederholten Versammlung.[893] Auch ist es möglich, gerichtlich gegen die Nichtausschüttung einer Dividende vorzugehen, soweit die Ausschüttung beschlossen wurde aber ausbleibt oder kein Beschluss über eine Nichtausschüttung vorliegt.[894]

Daneben kann ein Gesellschafter auch gegen einen formal rechtmäßig zu Stande gekommenen Beschluss vorgehen, soweit dieser zu einer nachteiligen Entwicklung der Gesellschaft führt.[895] Dies eröffnet die Möglichkeit einer inhaltlichen Prüfung der Geschäftsführungsmaßnahmen. Aufgrund der Unbestimmtheit der Anforderungen besteht hier durchaus die Gefahr missbräuchlicher (Gesellschafter-) Klagen.

Es steht im Ermessen des Gerichts, den Beschluss der Hauptversammlung trotz Rechtsverstoßes aufrechtzuerhalten, soweit die Stimmabgabe des Gesellschafters keinen Einfluss auf das Abstimmungsergebnis hatte, es sich um eine unwesentliche Rechtsverletzung handelte und dem Gesellschafter keine Nachteile entstanden sind. Dies verwundert, da dem entscheidenden Gericht hierdurch ein erheblicher Entscheidungsspielraum zukommt. Zumal die Begrifflichkeit der unwesentlichen Rechtsverletzung nicht eindeutig geklärt geschweige denn legaldefiniert ist. Daneben ist nicht nachzuvollziehen, warum durch das Erfordernis der Einflussnahmemöglichkeit auf das Beschlussergebnis lediglich solche Aktionäre, die über große Stimmanteile verfügen und nicht an der Hauptversammlung

---

891 Vgl. Art. 49 Pkt. 7 AktG RF; zur entsprechenden Problematik im Recht der GmbH *Wedde* eastlex 2008, 119.

892 Beschluss des Obersten Arbitragegerichts der RF vom 28.7.2009, Nr. 4016/09, VVAS 2009, Nr. 1; m.Anm. *Wedde* eastlex 2010, 39.

893 Beschluss des Obersten Arbitragegerichts der RF vom 28.7.2009, Nr. 4016/09, VVAS 2009, Nr. 1; m.Anm. *Wedde* eastlex 2010, 39.

894 *Ries* Der Minderheitenschutz im russischen Kapitalgesellschaftsrecht im Vergleich zum deutschen Recht, S. 151 f.

895 *Schmitt/Melnikov* Hdb Wirtschaft und Recht in Osteuropa, RUS Kap. D.I Rn. 148.

teilgenommen haben, geschützt werden.[896] Wieder zeigt sich ein Unsicherheitsfaktor, den es bei der Planung eines Engagements mit einzubeziehen gilt. Positiv ist in diesem Zusammenhang eine Entscheidung des Obersten Arbitragegerichts der RF zu beurteilen, die besagt, dass im Falle von Verletzungen von Einberufungsvorschriften stets von einer wesentlichen Rechtsverletzung i.S.d. Art. 49 Pkt. 7 AktG RF auszugehen ist.[897]

Bzgl. Beschlüssen der Hauptversammlung besteht stets die Gefahr, der missbräuchlichen Ausübung des Anfechtungsrechts. Dies umso mehr als dass ein Klagerecht auch gegen Beschlüsse besteht, die zu einer nachteiligen Entwicklung der Gesellschaft führen.[898] Die ursprüngliche Anfechtungsfrist von sechs Monaten[899] ab Kenntnisnahme[900] wurde nunmehr auf drei Monate verkürzt. Ob dies eine missbräuchliche Inanspruchnahme zu verhindern mag, bleibt abzuwarten. Zumindest während der drei-monatigen Anfechtungsfrist bleibt die Rechtsunsicherheit, ob eine Anfechtung erfolgen wird, bestehen.

(3) Anfechtung von Beschlüssen des Aufsichtsrats und der Geschäftsführung

Anfechtungen von Beschlüssen des Aufsichtsrats sind gesetzlich begrenzt auf Fälle der Ablehnung von Vorschlägen für die Tagesordnung der Hauptversammlung[901] oder der Ablehnung von Kandidatenvorschlägen,[902] sowie die Verweigerung der Einberufung einer außerordentlichen Hauptversammlung.[903]

Daneben ist nach einem gemeinsamen Plenarbeschluss des obersten Gerichts der RF und des Obersten Arbitragegerichts der RF die Anfechtung eines Aufsichtsratsbeschlusses auch in nicht gesetzlich geregelten Fällen möglich.[904] Genannt wurde hier die Anfechtbarkeit eines Beschlusses des Aufsichtsrats über

---

896 Vgl. auch *Ries* Der Minderheitenschutz im russischen Kapitalgesellschaftsrecht im Vergleich zum deutschen Recht, S. 150 f.

897 Beschluss des Obersten Arbitragegerichts der RF vom 28.7.2009, Nr. 4016/09, VVAS 2009, Nr. 1; m.Anm. *Wedde* eastlex 2010, 39.

898 *Schmitt/Melnikov* Hdb Wirtschaft und Recht in Osteuropa, RUS Kap. D.I Rn. 148.

899 *Solotych* Hdb Wirtschaft und Recht in Osteuropa, EL 53 2003, RUS Kapitel D.I., Rn. 241.

900 Vgl. Art. 49 Pkt. 7 S. 2 AktG RF.

901 Vgl. Art. 53 Pkt. 6 Abs. 2 AktG RF.

902 Vgl. Art. 53 Pkt. 6 Abs. 2 AktG RF.

903 Vgl. Art. 55 Pkt. 7 Abs. 2 AktG RF.

904 Beschluss des Plenums des Obersten Gerichts der RF vom 2.4.1997, Nr. 4 und des Obersten Arbitragegerichts der RF Nr. 8, Ziff. 10, deutsche Übersetzung von *Göckeritz*, WOS Bd. II/1, Abtlg. III 3 a) 2.).

die Bewertung einer Sacheinlage.[905] Da hier eindeutig vom Gesetzestext abgewichen wird, ist die Entscheidung nicht unumstritten.[906] Gleiches soll nach dem Beschluss auch für Entscheidungen der Geschäftsführung gelten.[907]

(4) Rechtswidrig zustande gekommene *Großgeschäfte*

Rechtsgeschäfte, die die Gesellschaft mit einem Dritten abgeschlossen hat, sind im Fall eines *Großgeschäfts* nichtig und mithin ohne Anfechtung *ex tunc* unwirksam i.S.d. Art. 166 Pkt. 1 1. Alt. ZGB RF,[908] wenn der Abschluss des entsprechenden Rechtsgeschäfts gegen die gesetzlichen Vorgaben verstößt.[909]

Teilweise wird die Anwendung der Vorschriften über die Nichtigkeit kritisiert und in einigen Fällen die analoge Anwendung der Vorschriften über die Anfechtbarkeit vorgeschlagen.[910] Dies soll insbesondere im Fall der Gutgläubigkeit eines Dritten und bei Missbrauch der Nichtigkeit möglich sein.[911]

---

905 Beschluss des Plenums des Obersten Gerichts der RF vom 2.4.1997, Nr. 4 und des Obersten Arbitragegerichts der RF Nr. 8, Ziff. 10, deutsche Übersetzung von *Göckeritz*, WOS Bd. II/1, Abtlg. III 3 a) 2.).

906 *Ries* Der Minderheitenschutz im russischen Kapitalgesellschaftsrecht im Vergleich zum deutschen Recht, S. 152 f.

907 Beschluss des Plenums des Obersten Gerichts der RF vom 2.4.1997, Nr. 4 und des Obersten Arbitragegerichts der RF Nr. 8, Ziff. 10, deutsche Übersetzung von *Göckeritz*, WOS Bd. II/1, Abtlg. III 3 a) 2.).

908 Ein entsprechendes Rechtsgeschäft entfaltet von Anfang an keinerlei Wirkung, sodass eine Anfechtung nicht erforderlich ist. Im Ergebnis führt das zu einer unterschiedlich verteilten Klagelast: Im Fall der Anfechtbarkeit muss die Feststellung der Unwirksamkeit beantragt werden, wohingegen im Fall der Nichtigkeit auf Antrag die Wirksamkeit festzustellen ist; seit der ZGB RF-Novelle gilt die gesetzliche Vermutung gem. Art. 168 ZGB RF, dass gegen Verbote verstoßende Rechtsgeschäfte zwar unwirksam - sprich anfechtbar - aber nicht nichtig sind, soweit die Nichtigkeit nicht an anderer Stelle gesetzlich geregelt ist. Zur Unwirksamkeit - d.h. zur Unterscheidung zwischen Anfechtbarkeit und Nichtigkeit - von Rechtsgeschäften, vgl. *Ries* Der Minderheitenschutz im russischen Kapitalgesellschaftsrecht im Vergleich zum deutschen Recht, S. 149; Falter Hdb Wirtschaft und Recht in Osteuropa, RUS Kapitel D.II. Rn. 31 ff.; *Boës* RIW 2008, 841, 843.

909 Beschluss des Plenums des Obersten Gerichts der RF vom 2.4.1997, Nr. 4 und des Obersten Arbitragegerichts der RF Nr. 8, Ziff. 10, deutsche Übersetzung von *Göckeritz*, WOS Bd. II/1, Abtlg. III 3 a) 2.); *Ries* Der Minderheitenschutz im russischen Kapitalgesellschaftsrecht im Vergleich zum deutschen Recht, S. 154 f.

910 *Ries* Der Minderheitenschutz im russischen Kapitalgesellschaftsrecht im Vergleich zum deutschen Recht, S. 155.

911 M.w.N. *Ries* Der Minderheitenschutz im russischen Kapitalgesellschaftsrecht im Vergleich zum deutschen Recht, S. 155 f.

(5) Anfechtung von *Interessiertheitsgeschäften*

Im Fall eines *Interessiertheitsgeschäfts*[912] sind einzelne Gesellschafter oder die Gesellschaft ebenfalls dazu berechtigt, das Rechtsgeschäft anzufechten.[913] Daneben haftet der Interessierte gesamtschuldnerisch gegenüber der Gesellschaft für einen durch Abschluss des Rechtsgeschäfts entstandenen Schaden.[914]

g) Schadensersatzansprüche

(1) Ersatz mittelbarer Schäden der Gesellschaft

Einem Gesellschafter oder mehreren Gesellschaftern, der oder die mindestens 1 % der Stammaktien halten, steht ein gesondertes Klagerecht zu.[915] Diese indirekte Aktionärsklage – *actio pro socio* – berechtigt dazu, gegenüber Mitgliedern des Aufsichtsrats oder des Exekutivorgans ein Schadensersatzbegehren zugunsten der Gesellschaft durchzusetzen.[916]

Mangels spezialgesetzlicher Regelungen richtet sich diese Aktionärsklage nach den allgemeinen Vorschriften des ZGB RF.[917] Erforderlich für eine solche mittelbare Aktionärsklage ist demnach, dass der Gesellschaft durch eine schuldhafte Handlung eines Organs ein Schaden entstanden ist.[918]

Ein einklagbarer Schadensersatzanspruch steht auch einer untergeordneten Gesellschaft im Konzern zu. Dies setzt voraus, dass die Obergesellschaft eine beherrschende Beteiligung an der Untergesellschaft innehat oder in sonstiger Weise in der Lage ist, die zu treffenden Entscheidungen zu bestimmen.[919] In einem solchen Fall kann gegenüber der Muttergesellschaft ein Anspruch entstehen, soweit durch schuldhaftes Verhalten der Muttergesellschaft ein Anspruch gegenüber der Gesellschaft entstanden ist, die Gesellschaft insolvent gegangen ist oder der Gesellschaft ein sonstiger Schaden entstanden ist, den die Muttergesellschaft zu verschulden hat.[920]

---

912 Siehe schon oben Kapitel E.IV.2.c)(6), S. 85.

913 Art. 84 Pkt. 1 AktG RF.

914 Art. 84 Pkt. 2 AktG RF.

915 Art. 71 Pkt. 5 AktG RF.

916 Art. 71 Pkt. 5 AktG RF.

917 Art. 401 Pkt. 1 Abs. 2 ZGB RF; ein entsprechender Anspruch unterliegt der allgemeinen Ausschlussfrist von 3 Jahren ab Kenntnis oder Kennen müssen der Rechtsverletzung gem. Art. 196 ZGB RF.

918 Zum Ganzen s.u. Kapitel E.IX.3, S. 216.

919 Art. 6 Pkt. 2 AktG RF.

920 Art. 6 Pkt. 3 Abs. 4 AktG RF; vgl. zum Ganzen s.u. Kapitel E.IX.4, S. 217 ff.

(2) Ersatz unmittelbarer Gesellschafterschäden

Neben dem mittelbaren Schadensersatzanspruch im Namen der Gesellschaft steht den Gesellschaftern wohl auch ein eigenes Klagerecht aus den allgemeinen Vorschriften gegenüber den Organen zu.[921] Dementsprechend müsste ein Gesellschafter immer dann Schadensersatz verlangen können, wenn er selbst durch schuldhaftes Handeln eines Organs der Gesellschaft einen Schaden erlitten hat. So wurde ein entsprechender Schadensersatz aus den allgemeinen Vorschriften zumindest im Falle einer nicht fristgerechten Dividendenzahlung festgestellt.[922] Da nicht ersichtlich ist, dass für sonstige schadensverursachende Handlungen etwas anderes gelten soll, ist davon auszugehen, dass Gesellschaftern Schadensersatzansprüche aus den allgemeinen Vorschriften zustehen.

7. Gesellschaftervereinbarungen

Seit Mitte 2009[923] sind auch im Recht der Aktiengesellschaft vertragliche Gesellschaftervereinbarungen neben der Satzung und dem Gründungsvertrag möglich.[924] Eine Gesellschaftervereinbarung ist definiert als ein Vertrag über die Ausübung von in Aktien verbrieften Rechten und/oder die Besonderheiten der Ausübung von Rechten auf Aktien.[925] Diese sog. *Shareholder Agreements* sind gerade bei Gemeinschaftsunternehmen von Bedeutung, um die Zusammenarbeit abzustimmen und den speziellen Interessen der Beteiligten gerecht zu werden.[926] Gesellschaftervereinbarungen werden in Russland oftmals einer ausländischen Rechtsordnung unterstellt.[927] Hierbei sollte allerdings beachtet werden, dass von zwingendem russischem Recht abweichende Regelungen nicht in Russland vollstreckbar sind.[928]

---

921 Zu den allgemeinen Schadensersatzregelungen gem. Art. 393 ff. ZGB RF, vgl. *Falter* Hdb Wirtschaft und Recht in Osteuropa, RUS Kapitel D.II., Rn. 71 ff.; *Solotych*, Das Zivilgesetzbuch der Russischen Föderation - Erster Teil, 2. Aufl. 1997, Baden-Baden: Nomos Verlagsgruppe, S. 65 f.

922 Art. 393 Pkt. 2 und 395 Pkt. 1 ZGB RF; vgl. Beschluss des Plenums des Obersten Gerichts der RF vom 18.11.2003, Nr. 19 (Pkt. 16) und des Obersten Arbitragegerichts der RF vom 20.11.2003, Nr. 20, VVAS 2004, Nr. 1, in: Datenbank Konsultant.

923 Änderungsgesetz vom 3.6.2009, Nr. 115-FZ, SZ RF 8.6.2009, Nr. 23, Pos. 2770: siehe auch *Himmelreich* WiRO 2009, 308, 309.

924 Art. 32.1 AktG RF; *Himmelreich* WiRO 2009, 308, 309: dies begrüßend *Schmitt/Melnikov* Hdb Wirtschaft und Recht in Osteuropa, RUS Kap. D.I Rn. 7; die ZGB RF-Novelle sieht nunmehr auch eine gesetzliche Regelung vor (Teilgesetzentwurf Nr. 47538-6/2).

925 *Himmelreich* WiRO 2009, 308, 309.

926 Diesbzgl. zur GmbH *Göckeritz/Wedde* GmbH Recht, S. 25.

927 *Kruse* RIW 2007, 256, 262.

928 *Kruse* RIW 2007, 256, 262.

Zu empfehlen sind Gesellschaftervereinbarungen insbesondere im Zusammenhang mit Nachschusspflichten, die ansonsten möglicherweise ein Austrittsrecht begründen würden und somit die Stabilität bzw. Kontinuität der Gesellschaft beeinträchtigen können.[929] Im Gesetz explizit aufgeführt ist die Möglichkeit der Modifizierung von:

- Abstimmungsverhalten in der Hauptversammlung;
- Abstimmungsverhalten mit anderen Gesellschaftern abzustimmen;
- Recht einen Gesellschaftsanteil unter einer bestimmten Bedingung zu erwerben oder zu veräußern (*Call- bzw. Put-Option*)
- Pflicht der Gesellschaftsanteile zu einem bestimmten Preis und (oder) bei Eintritt einer bestimmten Bedingung zu verkaufen;
- Verbot des Verkaufs bis zum Eintritt einer Bestimmten Bedingung;
- Vereinbarung einheitlichen Handelns im Zusammenhang mit der Leitung, Gründung, Tätigkeit, Umwandlung oder Liquidation der Gesellschaft.

Der Vertrag bedarf der Schriftform und ist von den Parteien, d.h. den Gesellschaftern, zu unterzeichnen.[930] Bindungswirkung entfaltet sich nur *inter partes* zwischen den Vertragsparteien nicht gegenüber Dritten.[931] Auch die Organe der Gesellschaft sind demnach nicht durch einen entsprechenden Vertrag gebunden.[932] Die Vereinbarungen können in ihrer Wirkung nicht auf einen Teil der Aktien einer Vertragspartei beschränkt werden.[933] Die Vereinbarungen sind nicht in der Satzung zu nennen oder offenzulegen. Nicht möglich sind Vereinbarungen, welche die Parteien zur Abstimmung entsprechend den Weisungen der Verwaltungsorgane der Aktiengesellschaft verpflichten.[934]

Neben den exemplarischen gesetzlich normierten Modifizierungsmöglichkeiten stehen auch weitere Einzelfragen zur Disposition der Gesellschafter, da es sich bei der gesetzlichen Regelung nicht um einen abschließenden Katalog handelt.[935]

---

929 *Solotych* Hdb Wirtschaft und Recht in Osteuropa, EL 53 2003, RUS Kapitel D.I., Rn. 112.

930 *Himmelreich* WiRO 2009, 308, 309.

931 *Himmelreich* WiRO 2009, 308, 309.

932 *Schmitt/Melnikov* Hdb Wirtschaft und Recht in Osteuropa, RUS Kap. D.I Rn. 220.

933 *Himmelreich* WiRO 2009, 308, 309.

934 *Himmelreich* WiRO 2009, 308, 309.

935 *Radjuk* RIW 2009, 592, 595.

Ein Verstoß gegen eine Gesellschaftervereinbarung führt zur vertraglich vereinbarten Vertragsstrafe oder zu schuldrechtlichen Schadensersatzansprüchen.[936] Das Ausweichen auf das allgemeine Schuldrecht und die Vereinbarung von Vertragsstrafen im Falle eines Verstoßes gegen eine Gesellschaftervereinbarung ist möglich.[937] Für den Fall eines Zuwiderhandelns sollten daher dezidierte Vertragsstrafen festgelegt werden.[938] Im Zusammenhang mit Vertragsstrafen ist aber stets zu beachten, dass diese gem. Art. 333 ZGB RF der richterlichen Inhaltskontrolle unterliegen und daher durch das entscheidende Gericht herabgesetzt werden könnten.[939]

Ein Verstoß gegen Aktionärsvereinbarungen führt weder zur Anfechtbarkeit eines entsprechenden Gesellschafterbeschlusses,[940] noch kann im Rahmen einer einstweiligen Verfügung gegen einen absehbaren Verstoß vorgegangen werden.[941] Allerdings sind Verträge, die unter Verstoß gegen Aktionärsvereinbarungen abgeschlossen wurden dann gerichtlich anfechtbar, wenn der Vertragspartner die Vereinbarung kannte oder hätte kennen müssen.[942]

Die ZGB RF-Novelle sieht vor, dass nunmehr auch Kreditgeber oder sonstige Dritte in Gesellschaftervereinbarungen mit einbezogen werden können.[943] Somit können entsprechende Vereinbarungen auch Wirksamkeit außerhalb der Gesellschaft bzw. des Gesellschafterkreises entfalten.

8. Beendigung der Gesellschafterstellung

a) Ausschluss eines Gesellschafters

Gesetzlich ist der Ausschluss eines Gesellschafters aus der Gesellschaft nur dann vorgesehen, wenn dieser seiner Einlagenpflicht bei Gründung nicht

---

936 *Schmitt/Melnikov* Hdb Wirtschaft und Recht in Osteuropa, RUS Kap. D.I Rn. 221.

937 *Himmelreich* WiRO 2009, 308, 309; zu Vertragsstrafen vgl. *Galander* OMV-Telegramm 2009, Nr. 4, 3, 4; *Göckeritz/Wedde* GmbH Recht, S. 25; zu den allgemeinen Schadensersatzregelungen gem. Art. 393 ff. ZGB RF, vgl. *Falter* Hdb Wirtschaft und Recht in Osteuropa, RUS Kapitel D.II., Rn. 71 ff.; *Solotych*, Das Zivilgesetzbuch der Russischen Föderation – Erster Teil, 2. Aufl. 1997, Baden-Baden: Nomos Verlagsgruppe, S. 65 f.

938 In diesem Sinne auch *Göckeritz/Wedde* GmbH Recht, S. 26.

939 *Falter* Hdb Wirtschaft und Recht in Osteuropa, RUS Kapitel D.II., Rn. 57; *Schmitt/Melnikov* Hdb Wirtschaft und Recht in Osteuropa, RUS Kap. D.I Rn. 221.

940 *Himmelreich* WiRO 2009 308, 309.

941 *Schmitt/Melnikov* Hdb Wirtschaft und Recht in Osteuropa, RUS Kap. D.I Rn. 221.

942 *Himmelreich* WiRO 2009 308, 309; *Schmitt/Melnikov* Hdb Wirtschaft und Recht in Osteuropa, RUS Kap. D.I Rn. 220.

943 Teilgesetzentwurfs Nr. 47538-6/2.

nachkommt.[944] In einem solchen Fall geht die entsprechende Aktie, auf die keine oder eine zu geringe Einlage geleistet wurde, automatisch auf die Gesellschaft über, wobei eine schon geleistete (Teil-) Einlage nicht zu erstatten ist.[945] Mit Übergang der Aktie verliert der Gesellschafter seine Gesellschafterstellung in Bezug auf diese Aktie; alle anderen Aktien, auf welche die Einlage vertragsgemäß erbracht wurde, sind hiervon nicht betroffen.

Eine weitere Ausschlussmöglichkeit sieht das russische Aktienrecht nicht vor.[946] Vereinzelt wurde die Möglichkeit diskutiert, unliebsame (Minderheits-) Gesellschafter durch eine Umwandlung der Gesellschaft auszuschließen bzw. nicht mehr am Unternehmen teilhaben zu lassen; der eigentliche Geschäftsbetrieb sollte auf eine andere Gesellschaft übertragen werden, an der einige Altgesellschafter nicht partizipieren sollten.[947] Allerdings haben Gesellschafter, die gegen einen entsprechenden Umwandlungsbeschluss gestimmt haben, seit der AktG-Reform von 2001 das Recht, proportional zu seiner bisherigen Beteiligung auch an den entstehenden Gesellschaften beteiligt zu werden.[948]

b) Austritt eines Gesellschafters

Der Austritt aus einer Aktiengesellschaft erfolgt mittels Übertragung der Aktien auf die Gesellschaft selber oder Dritte oder mittels Einziehung und Vernichtung durch die Gesellschaft.

Die freiwillige Übertragung an einen Dritten erfolgt mittels rechtsgeschäftlicher Vereinbarung zwischen dem alten und dem neuen Gesellschafter.[949]

In einigen Fällen ist ein Andienungsrecht des Gesellschafters gegenüber der Gesellschaft oder anderen Gesellschaftern geregelt, sodass die Gesellschaft bzw. ein anderer Gesellschafter die Aktien übernehmen muss. Solche Andienungsrechte sind vor allem dem Minderheitenschutz geschuldet.

c) Andienungsrecht des Gesellschafters

(1) Andienungsrecht gegenüber der Gesellschaft

Die Gesellschafter, die Inhaber von Stammaktien oder stimmberechtigten Vorzugsaktien sind, haben in einigen Fällen das Recht, von der Gesellschaft die

---

944 S.o. Kapitel E.V.5.a), S. 109.

945 Art. 34 Pkt. 1 Abs. 4 AktG RF.

946 *Suchanov* JOR 41 (2000), S. 283, 286.

947 Im Einzelnen, vgl. *Ries* Der Minderheitenschutz im russischen Kapitalgesellschaftsrecht im Vergleich zum deutschen Recht, S. 168 f.

948 Art. 18 Pkt. 3 Abs. 2 AktG RF.

949 Zum Ganzen s.u. Kapitel E.VII.7, S. 197.

Übernahme ihrer Aktien zu verlangen. Dies ist dann der Fall, wenn die Gesellschaft reorganisiert wird oder wenn die Hauptversammlung ein *Großgeschäft* im Wert von mehr als 50 % der *Reinaktiva* der Gesellschaft oder eine Satzungsänderung, welche die Rechte der Gesellschafter beschränkt, beschlossen hat und der entsprechende Gesellschafter gegen den Beschluss gestimmt hat oder an der Beschlussfassung nicht teilgenommen hat.[950]

Vor einem solchen Beschluss sind die Gesellschafter über ihr Recht zu unterrichten; die Mitteilung hat auch den Übernahmepreis zu enthalten.[951] Ein entsprechender Anspruch ist durch den Gesellschafter innerhalb von 45-tägigen Frist ab Übersendung der ein Andienungsrecht begründenden Beschlussfassung geltend zu machen.[952] Macht der Gesellschafter von seinem Andienungsrecht Gebrauch, hat die Gesellschaft seine Aktien zu einem Preis zu übernehmen, der durch den Aufsichtsrat festzusetzen ist und mindestens dem Marktpreis zum Zeitpunkt der Geltendmachung des Andienungsrechts zu entsprechen hat.[953] Bei Ermittlung des Preises ist ein veröffentlichter Kurs der Aktien mit einzubeziehen; zur Bewertung kann ein Wirtschaftsprüfer hinzugezogen werden. Gegen die Entscheidung des Aufsichtsrats kann bei Gericht vorgegangen werden.[954]

Die Verpflichtung, eigene Aktien im Rahmen des Andienungsrechts anzukaufen, ist vom Volumen her auf einen Wert von 10 % der Reinaktiva begrenzt.[955] Übersteigt die Summe der Andienungsbegehren der Gesellschafter diese Grenze, sind die Gesellschafter im Verhältnis zu ihren Anteilen bis zur Höhe von 10 % der Reinaktiva abzufinden.[956] Mittel aus dem Reservefonds stehen für einen Aktienrückkauf zur Verfügung.[957]

(2) Andienungsrecht gegenüber anderen Gesellschaftern

Ein Andienungsrecht gegenüber einem Gesellschafter entsteht, sobald ein Gesellschafter mehr als 30 % der stimmberechtigten Aktien der Gesellschaft erwirbt. Der Gesellschafter, der Inhaber von mehr als 30 % der stimmberechtigten

950 Art. 75 Pkt. 1 AktG RF; *Karimullin* FOWI Arbeitspapiere, Nr. 84, 21 f.; zum Ganzen s.u. Kapitel E.VII.10.c), S. 170.

951 Art. 76 Pkt. 1 und 5 AktG RF.

952 Art. 75 Pkt. 3 Abs. 2 AktG RF; *Karimullin* FOWI Arbeitspapiere, Nr. 84, 22.

953 Art. 75 Pkt. 3 AktG RF.

954 *Ries* Der Minderheitenschutz im russischen Kapitalgesellschaftsrecht im Vergleich zum deutschen Recht, S. 171.

955 Art. 76 Pkt. 5 AktG RF.

956 Art. 76 Pkt. 5 AktG RF.

957 Art. 35 Pkt. 1 Abs. 2 AktG RF; s.u. E.VII.10.c), S. 170.

Aktien ist, hat den übrigen Gesellschaftern, die Inhaber stimmberechtigter Aktien sind, auf Verlangen ihre Aktien abzukaufen.[958] Dieses Andienungsrecht betrifft Gesellschaften mit mehr als 1.000 Gesellschaftern, die Inhaber stimmberechtigter Aktien sind. Die Absicht, mehr als 30 % der Aktien zu übernehmen, ist frühzeitig (30 Tage vor Erwerb) bekanntzugeben. Der Preis für entsprechende Aktien darf den Durchschnittspreis der letzten sechs Monate nicht unterschreiten. Hierbei ist auch der Monat ab Bekanntgabe der Übernahme mit einzubeziehen, sodass hierdurch starke Abweichungen entstehen können.[959]

Die Befreiung von der entsprechenden Übernahmepflicht ist durch allgemeine, satzungsmäßige Regelung oder einen konkreten Beschluss der Hauptversammlung möglich.[960]

9. Fazit

Gesellschafter einer russischen AG können natürliche oder juristische Personen sein. Besonderheiten gelten bzgl. Einpersonengesellschaften, da die Errichtung sog. Pyramidengesellschaften verhindert werden soll. Einpersonengesellschaften sollen daher nur möglich sein, soweit der einzige Gesellschafter nicht selbst eine Einpersonengesellschaft ist.

Die Gesellschafter sind in einem Aktionärsregister einzutragen, der persönliche Daten der Gesellschafter zu beinhalten hat.

Die Gesellschafterstellung verpflichtet die Gesellschafter, ihre Einlage zu erbringen und die erforderlichen Angaben für das Aktionärsregister zu machen.

Wirtschaftlich entscheidende Gesellschafterrechte sind die Vermögensrechte. Aufgrund seiner Miteigentümerstellung ist der Gesellschafter berechtigt, entsprechend seiner Beteiligung am Gewinn der Gesellschaft in Form einer Dividendenzahlung zu partizipieren.

Als wichtiges Instrument der Interessenwahrung in der Gesellschaft stehen dem Gesellschafter einer russischen AG einige Mitverwaltungsrechte zu. Dies sind vor allem Informations-, Teilnahme- und Stimmrechte bzgl. der Hauptversammlung, sowie allgemeine Informationsrechte und Anfechtungsansprüche. Bzgl. der Hauptversammlung ist fraglich, ob den Gesellschaftern gewisse Informationen erst während oder schon vor der Hauptversammlung zugänglich zu machen sind und ob einem Gesellschafter grundsätzlich ein Rederecht auf der

958 Art. 80 Pkt. 2 Abs. 1 AktG RF; siehe auch unten Kapitel E.VII.8.c), S. 187.

959 *Ries* Der Minderheitenschutz im russischen Kapitalgesellschaftsrecht im Vergleich zum deutschen Recht, S. 172.

960 Art. 80 Pkt. 2 Abs. 2 AktG RF.

Hauptversammlung zukommt. Eine satzungsmäßige Regelung bietet sich daher in beiden Fällen an. Auch hat ein Gesellschafter die Möglichkeit, mittels Anfechtungsklage gegen rechtswidrig zustande gekommene Beschlüsse der Hauptversammlung und des Aufsichtsrats und gegen rechtswidrig zustande gekommene *Interessiertheits-* und *Großgeschäfte* vorzugehen. Insbesondere die Anfechtbarkeit von Hauptversammlungsbeschlüssen ist bzgl. des Minderheitenschutzes bedenklich, da ein Anfechtungsrecht nur einem über große Stimmanteile verfügenden Aktionär zusteht und undefinierte Rechtsbegriffe Tatbestandsvoraussetzung sind. Auf der anderen Seite fördert eine relativ lange Anfechtungsfrist von 3 Monaten Unsicherheiten im Zusammenhang mit umstrittenen Hauptversammlungsbeschlüssen.

Zusätzlich stehen den Gesellschaftern ständig ein Sonderprüfungsrecht und ein Einsichtsrecht in das Aktionärsregister zu. Nicht geregelt ist die Kostentragungspflicht bzgl. einer Sonderprüfung. Einerseits kann es zu missbräuchlicher Wahrnehmung dieses Rechts durch Gesellschafter kommen, wenn die Gesellschaft stets die anfallenden Kosten zu tragen hat, andererseits kann eine Prüfung zu Lasten der Minderheit faktisch ausgeschlossen sein, wenn die Kosten stets durch den antragstellenden Gesellschafter selbst zu tragen sind. Es bietet sich eine satzungsmäßige Regelung an, die eine Kostentragung der Gesellschaft bei berechtigter Sonderprüfung vorsieht.

Die Gesellschaft treffen allgemeine Veröffentlichungspflichten bzgl. wesentlicher Geschäftsdaten. Diese allgemeinen Veröffentlichungspflichten der Gesellschaft bestehen auch gegenüber einzelnen Gesellschaftern, sodass eine Ausnutzung dieser Rechte gegenüber der Geschäftsführung stets zu befürchten ist. Allgemein bekannt zu machen sind Jahresberichte nebst Quartalsberichten, *affiliierte Personen*, Beteiligung anderer Gesellschaften und sonstige wesentlicher Ereignisse.

Entsprechend weitreichende Informationspflichten der Gesellschaft insb. in Bezug auf die Hauptversammlung machen Entscheidungen der Hauptversammlung aufgrund formeller Mängel oder einer möglicherweise nachteiliger Entwicklung daher angreifbar.

Im Schadensfalle hat ein Gesellschafter das Recht, einen Ersatzanspruch für eigene Schäden oder für Schäden der Gesellschaft im Rahmen der indirekten Aktionarsklage gegenüber handelnden Organen geltend zu machen.

Daneben sind die Gesellschafter ständig berechtigt, mittels Übertragung ihrer Aktien aus der Gesellschaft auszutreten. Dieses Austrittsrecht kann in einigen Fällen auch durch ein Andienungsrecht gegenüber der Gesellschaft oder anderen Gesellschaftern ergänzt werden.

Grundsätzlich möglich und prinzipiell auch empfehlenswert ist der Abschluss von Gesellschaftervereinbarungen. Hierdurch können die Interessen der einzelnen Gesellschafter zum Ausdruck gebracht und Aufgaben und Pflichten innerhalb der Gesellschaft entsprechend den Vorstellungen der Gesellschafter verteilt werden. Die ZGB RF-Novelle sieht darüber hinaus vor, dass auch Kreditgeber oder sonstige Dritte in Gesellschafterverträge mit einbezogen werden können, so dass diese Wirksamkeit auch außerhalb der Gesellschaft entfalten können.

VI. Gesellschaftskapital

1. Allgemeines

Bei der Gesamtheit der finanziellen Mittel, die einer Gesellschaft zur Verfügung stehen, handelt es sich um das Gesellschaftskapital. Es ist streng zwischen Eigen- und Fremdkapital zu unterscheiden. Bei Eigenkapital handelt es sich um die Kapitalausstattung der Gesellschaft durch Mittel der Gesellschafter in Form von Einlagen. Ein unmittelbarer Gegenanspruch der Gesellschafter besteht hier nicht. Fremdkapital hingegen sind Mittel, die der Gesellschaft durch Dritte zur Verfügung gestellt werden. Dies erfolgt in der Regel durch Kredite.[961]

2. Satzungskapital

a) Funktion

Zwingend Erforderlich für die russische AG ist die Bildung eines Mindestsatzungskapitals gem. Art. 26 AktG RF.[962] Das Satzungs-, Grund- oder Stammkapital[963] einer Kapitalgesellschaft bildet den Mindestbetrag an finanziellen Mitteln (Eigenkapital), welcher der Gesellschaft zur Verfügung steht. Dieses Mindestsatzungskapital dient dem Gläubigerschutz. Es kompensiert die Haftungsbeschränkung der Gesellschaft; anstelle auf die Liquidität der Gesellschafter zu vertrauen, soll der Rechtsverkehr sichergehen dürfen, dass eine Mindestausstattung mit

---

961 *Fischer* Das System der Kapitalaufbringung und Kapitalerhaltung der Aktiengesellschaft und Gesellschaft mit beschränkter Haftung, S. 53.

962 Zur allgemeinen Bedeutung des Satzungskapitals der Kapitalgesellschaft, vgl. *Heeg* Finanz- und Haftungsverfassung russischer Kapitalgesellschaften, S. 313.

963 Entsprechend der russischen Bezeichnung *ustavnyj* wird sowohl für die GmbH wie auch für die AG einheitlich der Begriff des Satzungskapitals (anstatt etwa Mindest-, Grund- oder Stammkapital) verwendet, vgl. auch *Fischer* Das System der Kapitalaufbringung und Kapitalerhaltung der Aktiengesellschaft und der Gesellschaft mit beschränkter Haftung im russischen und deutschen Recht, S. 53; *Solotych* Hdb Wirtschaft und Recht in Osteuropa, EL 53 2003, RUS Kapitel D.I., Rn. 74.

Kapital zur Verfügung steht. Die Höhe des Satzungskapitals definiert die Mindestanforderungen an die Ausstattung der Gesellschaft mit Eigenkapital.[964]

Das Satzungskapital ist auch Maßgeblich für die Bestimmung der Beteiligung der Gesellschafter. Die Geschäftsanteile richten sich nach den Anteilen am Satzungskapital der Gesellschaft.

Aufgrund der Garantiefunktion des Satzungskapitals sind (gesetzlich) strenge Anforderungen an einerseits die Aufbringung des Kapitals durch Einlagenleistung und andererseits die Erhaltung des Erbrachten Kapitals zu stellen. Zumindest einmal muss das Satzungskapital vorhanden sein bzw. vorhanden gewesen sein; danach steht es zur Verwendung im Geschäftsverkehr zur Verfügung.[965]

b) (Mindest-) Höhe des Satzungskapitals

Maßgeblicher Zeitpunkt für die Mindestkapitalanforderungen ist der Zeitpunkt der Gründung der Gesellschaft.[966] Im Falle einer AG ist ein Satzungskapital in Höhe des tausendfachen gesetzlichen Mindestlohnes[967] (ca. EUR 2.350,-)[968] erforderlich.[969] Eine Sonderregelung für Gesellschaften mit ausländischer Beteiligung galt zunächst,[970] wurde aber mit Wirkung zum 1.7.2002 aufgehoben.[971] Besonderheiten gelten darüber hinaus in Abhängigkeit der jeweiligen Branche und unter anderen Umständen.[972]

---

964 *Fischer* Das System der Kapitalaufbringung und Kapitalerhaltung der Aktiengesellschaft und Gesellschaft mit beschränkter Haftung, S. 53.

965 *Fischer* Das System der Kapitalaufbringung und Kapitalerhaltung der Aktiengesellschaft und Gesellschaft mit beschränkter Haftung, S. 61.

966 Ausführlich, *Fischer* Das System der Kapitalaufbringung und Kapitalerhaltung der Aktiengesellschaft und Gesellschaft mit beschränkter Haftung, S. 56.

967 Art. 26 AktG RF; der gesetzliche Mindestlohn, welcher als Bemessungsgrundlage für entsprechende gesetzlich fixierte Summen dient, beträgt RUB 100,- bzw. EUR 2,37 (Stand Nov. 2010), Art. 5 Abs. 2 Föderales Gesetz „Über den Mindestlohn" vom 19.6.2000, FZ-82, SZ RF 2000, Nr. 26, Pos. 2729.

968 Stand Nov. 2010.

969 Art. 26 AktG RF; das Mindest-Satzungskapital der geschlossenen AG beträgt das Hundertfache des gesetzlichen Mindestlohnes (ca. EUR 235,-).

970 Früher galten erhöhte Anforderungen an den Betrag gem. einem Ukaz des Präsidenten der RF „Über die Ordnung der staatlichen Registrierung von Subjekten unternehmerischer Tätigkeit" vom 8.7.1994, Nr. 1482, SZ RF 1994, Nr. 11, Pos. 1194.

971 Ukaz des Präsidenten der RF vom 21.10. 2002, Nr. 1209, SZ RF 2002, Nr. 43, Pos. 4228.

972 Insbesondere in der Finanzbranche, d.h. für Banken und Versicherung und für die sog. AG der Arbeiter entsprechend dem VolksunternehmenG RF (Föderales Gesetz

Dieses dynamische Verweismodell wird teilweise begrüßt, da es die Mindestkapitalvorschriften von der starken Inflation in Russland unabhängig machen soll.[973] In der Praxis läuft die Idee allerdings leer, da die Bewertungsgrundlage seit 2001 nicht verändert wurde.[974] Der tatsächliche Mindestlohn liegt nunmehr gem. Art. 1 Föderales Gesetzes „Über den Mindestlohn" bei RUR 5.205 (ca. EUR 127,31),[975] die für Gesellschaften maßgebliche gesetzliche Regelung (Art. 5 Abs. 2 Föderales Gesetzes „Über den Mindestlohn") wurde allerdings nicht an die tatsachlichen Umstände angepasst.[976]

c) *Kapitalaufbringung*

(1) Allgemeines

Bei dem Satzungskapital der Gesellschaft handelt es sich um den Grundbetrag der übernommenen Aktien.[977] Wobei mit „übernommenen Aktien" lediglich die Stammaktien gemeint sind.[978] Die Aktien müssen mindestens zum Nennbetrag übernommen werden.[979] Eine Ausnahme bildet das Bezugsrecht der (Alt-) Gesellschafter bei Ausgabe junger Aktien.[980] Hier kann ein Abschlag von bis zu 10 % vereinbart werden.[981] Darüber hinaus ist die Entbindung von der

---

„Über die Besonderheiten der rechtlichen Regelung der Aktiengesellschaften der Arbeiter (Volksunternehmen)" vom 19.7.1998, Nr. 115-FZ, SZ RF 1998, Nr. 30, Pos. 3611).

973 *Wyes-Scheel* Die Gründung der Aktiengesellschaft nach russischem Recht, 2001, S. 219 f.; *Bauer-Mitterlehner/Karimullin/Micheler* FOWI Arbeitspapiere, Nr. 101, 10; kritisch *Heeg* Finanz- und Haftungsverfassung russischer Kapitalgesellschaften, 2003, S. 57 ff., der keine höhere Kapitalsicherungsfunktion durch das dynamische Verweismodel erkennt.

974 *Schmitt/Melnikov* Hdb Wirtschaft und Recht in Osteuropa, RUS Kap. D.I Rn. 127.

975 Föderales Gesetz „Über die Änderung von Art. 1 des Föderalen Gesetzes „Über den Mindestlohn"" vom 3.12.2012, FZ-232 (stand März 2013).

976 *Schmitt/Melnikov* Hdb Wirtschaft und Recht in Osteuropa, RUS Kap. D.I Rn. 127.

977 Anders das sog. angekündigte bzw. erklärte Kapital, welches sich aus den ausgegebenen und den noch vorrätigen Aktien ergibt, vgl. *Solotych* Hdb Wirtschaft und Recht in Osteuropa, EL 53 2003, RUS Kapitel D.I., Rn. 151.

978 Ukaz des Präsidenten der RF vom 21.10.2002, Nr. 1209, SZ RF 2002, Nr. 43, Pos. 4228.

979 Vgl. Art. 36 Pkt. 1 AktG RF.

980 Zum Bezugsrecht der (Alt-) Gesellschafter gem. Art. 40 AktG RF s.u. Kapitel E.VI.5.b), S. 153.

981 Vgl. Art. 36 Pkt. 2 AktG RF; siehe auch Verfügung des Obersten Arbitragegerichts der RF vom 25.8.2008, Nr. 10825/08, in: Datenbank Konsultant.

Einlageverpflichtung oder die Aufrechnung mit Forderungen gegen die Gesellschaft nicht zulässig.[982]

Die Einlagenleistung ist in Rubel als gesetzlichem Zahlungsmittel[983] zu beziffern, wobei die Bezifferung auch auf Grundlage einer ausländischen Währung erfolgen kann.[984] Das Satzungskapital kann in Form von Geld- oder Sacheinlagen erbracht werden.[985] Bei Bargründung erfolgt die Einlagenleistung durch die Gesellschafter mittels Überweisung oder Barzahlung. Entsprechend der Systematik des Aktienrechts ist von einem Vorrang der Bargründung vor der Sachgründung auszugehen.[986] Daneben besteht auch die Möglichkeit der Mischeinlage; d.h. einen Teil der Einlage als Bar- und den anderen Teil als Sacheinlage zu leisten.[987] Übersteigt der Wert der Sacheinlage die durch den Gesellschafter zu leistende Einlage, besteht – anders als im Fall der deutschen „gemischten Sacheinlage“ – kein Anspruch auf Rückzahlung des Überschussbetrages.[988]

Im russischen Aktienrecht gilt der Grundsatz der Simultangründung; eine Übertragung von Aktien ist erst dann möglich, wenn alle Gründungsgesellschafter ihre Einlage erbracht haben.[989] Sonstige Rechtsgeschäfte, die nicht eingezahlte Aktien betreffen, sind entsprechend untersagt und nichtig.[990] Gleiches gilt für die Ausschüttung von Dividenden, die erst nach Einbringung des gesamten Satzungskapitals möglich ist.[991]

---

982 *Schmitt/Melnikov* Hdb Wirtschaft und Recht in Osteuropa, RUS Kap. D.I Rn. 125.

983 Art. 140 Pkt. 1 ZGB RF.

984 Art. 317 ZGB RF.

985 Zur Sachgründung s.u. Kapitel E.VI.2.e), S. 143.

986 M.w.N. *Fischer* Das System der Kapitalaufbringung und Kapitalerhaltung der Aktiengesellschaft und Gesellschaft mit beschränkter Haftung, S. 61.

987 *Fischer* Das System der Kapitalaufbringung und Kapitalerhaltung der Aktiengesellschaft und Gesellschaft mit beschränkter Haftung, S. 63.

988 *Fischer* Das System der Kapitalaufbringung und Kapitalerhaltung der Aktiengesellschaft und Gesellschaft mit beschränkter Haftung, S. 63.

989 Art. 25 Pkt. 2 Abs. 2 AktG RF; *Heeg* Finanz- und Haftungsverfassung russischer Kapitalgesellschaften, 2003, S. 95.

990 Art. 5 Pkt. 2 AnlegerschutzG RF (Föderales Gesetz „Über den Schutz der Rechte und legitimen Interessen von Investoren auf dem Wertpapiermarkt“ vom 5.3.1999, Nr. 46-FZ, SZ RF 1999, Nr. 10, Pos. 1163).

991 Art. 43 Pkt. 1 AktG RF.

(2) Leistungsfrist

Das Satzungskapital ist in Höhe von 50 % innerhalb der ersten drei Monate nach Gründung der AG zu entrichten.[992] Das restliche Satzungskapital ist innerhalb eines Jahres ab Gründung bzw. Eintragung zu entrichten.[993] Dies gilt unabhängig von der Art der Einlagenerbringung.[994] Problematisch ist, dass eine Kapitalgesellschaft vor Gründung nicht rechtsfähig ist, sodass kein Rechtsträger zur Verfügung steht, auf den eine Einlage zu übertragen ist.[995] Daher ist die Einlage gemäß Art. 34 Pkt. 1 Abs. 2 AktG RF innerhalb von drei Monaten ab Eintragung auf die Gesellschaft zu übertragen. Daneben wird auch die Eröffnung eines sog. Ansparkontos empfohlen. Hierbei handelt es sich um ein Konto, welches treuhänderisch verwaltet wird. Es steht für Einzahlungen zur Verfügung, eine Entnahme ist aber bis zur Eintragung bzw. Rechtsfähigkeit der Gesellschaft grundsätzlich ausgeschlossen. Eine Verfügung über dieses Konto ist nur der Gesellschaft selber gestattet, die allerdings erst mit Eintragung rechtsfähig zu handeln in der Lage ist; ein Mittelabfluss ist somit bis zur Eintragung ausgeschlossen.[996]

(3) Sanktionen für Nichtleistung

Solange die Gesellschafter nicht 50 % der Einlagen innerhalb der ersten drei Monate nach Eintragung der Gesellschaft geleistet haben, ist die Gesellschaft nicht berechtigt Rechtsgeschäfte abzuschließen, die nicht bloße Gründungsgeschäfte sind.[997] Gründungsgeschäfte sind solche Rechtsgeschäfte, die mit der Gründung der Gesellschaft im Zusammenhang stehen. Dies sind etwa das Anmieten von Räumen und Einrichtungsgegenständen oder die Eröffnung eines Kontos.[998] Alle anderen getätigten Rechtsgeschäfte sind gemäß Art. 168 AktG RF nichtig.[999] Diese Regelung wird kritisiert, da sie den Vertrauensschutz des Rechtsverkehrs

---

992 Art. 34 Pkt. 1 Abs. 2 AktG RF.

993 Art. 34 Pkt. 1 Abs. 1 AktG RF; *Baker&McKenzie* Doing Business in Russia, 2006, S. 20.

994 Art. 34 Pkt. 2 Abs. 1 AktG RF; anders als früher, als eine Sacheinlage sofort in voller Höhe zu leisten war.

995 Zur Vor-Gesellschaft, s.o. Kapitel E.III.2.j), S. 76.

996 Vgl. zum Ganzen Kapitel E.III.2.i)(1), S. 73.

997 Art. 2 Pkt. 3 Abs. 2 AktG RF.

998 Beschluss des Plenums des Obersten Gerichts der RF vom 18.11.2003, Nr. 19 (Pkt. 7 Abs. 1) und des Obersten Arbitragegerichts der RF vom 20.11.2003, Nr. 20, VVAS 2004, Nr. 1, in: Datenbank Konsultant.

999 Beschluss des Plenums des Obersten Gerichts der RF vom 18.11.2003, Nr. 19 (Pkt. 7 Abs. 1) und des Obersten Arbitragegerichts der RF vom 20.11.2003, Nr. 20, VVAS 2004, Nr. 1, in: Datenbank Konsultant.

unterläuft; ein potentieller Vertragspartner kann trotz Eintragung nicht auf die Wirksamkeit einer Willenserklärung der Gesellschaft vertrauen, weshalb von vertraglichen Vereinbarung mit Aktiengesellschaften innerhalb von drei Monaten nach Eintragung abzuraten ist oder ein entsprechender Nachweis der Einlagenerbringung verlangt werden sollte.[1000]

Neben der beschränkten Rechtsfähigkeit der Gesellschaft führt die Nichtleistung der Einlagen in Bezug auf den säumigen Gesellschafter zu einer Stimmrechtsbeschränkung des entsprechenden Gesellschafters im Innenverhältnis.[1001] Bei der Berechnung des Quorums in der Hauptversammlung werden solche Aktien ebenfalls nicht mitgezählt.[1002] Wird trotzdem unter Teilnahme nichtstimmberechtigter Aktien ein Beschluss gefasst, ist er unwirksam.[1003] Diese Regelung ist dispositiv, sodass die Satzung etwas anderes Vorsehen kann.[1004] Daneben haften säumige Gesellschafter gesamtschuldnerisch für alle Forderungen gegenüber der Gesellschaft. Der Umfang der Haftung ist – gesetzlich nicht eindeutig geregelt – laut Rechtsprechung in der Höhe auf den vom Einzelnen noch zu leistenden Anteil seiner Einlage beschränkt.[1005] Auch die Art der Haftung ist nicht eindeutig gesetzlich geregelt; nach der h.M. handelt es sich jedoch um eine subsidiäre Haftung im Verhältnis zur Haftung der Gesellschaft.[1006]

Der Gründungsvertrag der Gesellschaft kann eine Vertragsstrafe für säumige Gesellschafter vorsehen, um zur umgehenden Zahlung zu motivieren und die Gesellschaft vor Restriktionen zu schützen.[1007]

Wird die Einlage innerhalb eines Jahres nicht vollständig erbracht, geht die entsprechende Aktie automatisch auf die Gesellschaft über (Kaduzierung). Schon

---

1000 *Fischer* Das System der Kapitalaufbringung und Kapitalerhaltung der Aktiengesellschaft und Gesellschaft mit beschränkter Haftung, S. 88 f.

1001 Art. 34 Pkt. 1 Abs. 3 AktG RF.

1002 Beschluss des Plenums des Obersten Gerichts der RF vom 18.11.2003, Nr. 19 (Pkt. 7 Abs. 1) und des Obersten Arbitragegerichts der RF vom 20.11.2003, Nr. 20, VVAS 2004, Nr. 1, in: Datenbank Konsultant.

1003 *Fischer* Das System der Kapitalaufbringung und Kapitalerhaltung der Aktiengesellschaft und Gesellschaft mit beschränkter Haftung, S. 90.

1004 Art. 34 Pkt. 1 Abs. 3 AktG RF.

1005 Beschluss des Föderalen Arbitragegerichts des Nordkaukasus-Bezirks vom 11.6.2002, Nr. F08-1914/2002, in: Datenbank Konsultant; zum Ganzen *Fischer* Das System der Kapitalaufbringung und Kapitalerhaltung der Aktiengesellschaft und Gesellschaft mit beschränkter Haftung, S. 93 f.

1006 Zum Ganzen *Fischer* Das System der Kapitalaufbringung und Kapitalerhaltung der Aktiengesellschaft und Gesellschaft mit beschränkter Haftung, S. 95 f.

1007 Art. 34 Pkt. 1 Abs. 4 S. 2 AktG RF i.V.m. Art. 330 bis 333 ZGB RF.

geleistete Teileinlagen sind nicht zu erstatten.[1008] Der Gesellschafter verliert damit jegliche Rechte aus seiner Beteiligung.[1009] Die Aktie ist innerhalb eines Jahres durch die Gesellschaft zu veräußern oder nach diesem Zeitraum zu löschen und damit einhergehend das Satzungskapital der Gesellschaft herabzusetzen.[1010]

d) *Kapitalsicherung*

Zu Entstehung, Erhalt bzw. Deckung des Satzungskapitals sind diverse Schutzbeschränkungen gesetzlich vorgesehen.[1011]

Entsprechend dem Grundsatz der realen Kapitalaufbringung ist zunächst sicherzustellen, dass der Gegenwert für den Anteil am Satzungskapital (Geschäftsanteil) an die Gesellschaft geleistet wurde. Hierdurch soll dem Gläubigerschutz Rechnung getragen werden. Es handelt sich bilanziell um einen Aktivenaustausch. An die Stelle der Einlagenforderung der Gesellschaft tritt das Äquivalent in Geld oder in Sachwert.[1012] Dies soll dadurch sichergestellt werden, dass ein Gesellschafter unter keinen Umständen von der Einlagenleistung befreit werden kann,[1013] die Einlagenleistung – anders als im deutschen Recht – unter keinen Umständen an einen Dritten Gesellschaftsgläubiger möglich ist[1014] und die (Neu-) Gesellschafter grundsätzlich nicht mit Forderungen gegenüber der Gesellschaft aufrechnen können.[1015] Eine Aufrechnung[1016] sowohl durch Gesellschafter als auch die Gesellschaft mindert lediglich die Passiva der Gesellschaft, ohne dass (direkt) die Aktivseite erhöht wird, da die Bonität des Schuldners und mithin die Durchsetzbarkeit der Forderung nicht gewährleistet ist.[1017] Eine Ausnahme ist im Fall eines *Dept-to-Equity-Swaps* möglich, soweit es sich um eine Einlage auf zusätzlich ausgegebene Anteile im Rahmen eines nichtöffentlichen Angebots handelt.[1018]

1008 Art. 34 Pkt. 1 Abs. 4 AktG RF.

1009 Zu den Gesellschafterrechten s.o. Kapitel E.V.6, S. 110.

1010 Hierzu im Einzelnen unten E.VI.6.d)(1), S. 159.

1011 *Solotych* Hdb Wirtschaft und Recht in Osteuropa, EL 53 2003, RUS Kapitel D.I., Rn. 156.

1012 *Fischer* Das System der Kapitalaufbringung und Kapitalerhaltung der Aktiengesellschaft und Gesellschaft mit beschränkter Haftung, S. 77.

1013 Art. 90 Pkt. 2, 99 Pkt. 2 ZGB RF i.V.m. Art. 66 Abs. 1 S. 1 AktG RF.

1014 *Fischer* Das System der Kapitalaufbringung und Kapitalerhaltung der Aktiengesellschaft und Gesellschaft mit beschränkter Haftung, S. 85.

1015 Art. 90 Pkt. 2, 99 Pkt. 2 ZGB RF i.V.m. Art. 66 Abs. 1 S. 2 AktG RF.

1016 Art. 410 ZGB RF i.V.m. Art. 154 Pkt. 2 ZGB RF.

1017 *Fischer* Das System der Kapitalaufbringung und Kapitalerhaltung der Aktiengesellschaft und Gesellschaft mit beschränkter Haftung, S. 78.

1018 Riewe NZI 2010, 134, 135; s.u. Kapitel E.VII.7.e), S. 201.

Auch die Abtretung, Pfändung oder Verpfändung des Einlageanspruchs durch die Gesellschaft verstößt gegen das Gebot der realen Kapitalaufbringung und ist daher verboten. Da sich auch in einem solchen Fall die Passivseite der Bilanz erhöht, ohne dass eine Aktivposition hinzukäme, sind diese Arten der Verwertung des Einlageanspruchs der Gesellschaft verboten, obwohl ein ausdrückliches Verbot gesetzlich nicht vorgesehen ist. Selbst wenn etwa ein Pfandgläubiger die Einlagenforderung verwertet, zahlt der Schuldner an ihn und nicht an die Gesellschaft, sodass dieser kein Aktivvermögen zufließt.[1019]

Darüber hinaus ist der Erwerb eigener Aktien durch die Gesellschaft nur eingeschränkt möglich.[1020] Außerdem bestehen einige weitere Bilanzvorschriften und Ausschüttungsverbote.[1021] Ebenso wenig darf das bilanzielle Eigenkapital der Gesellschaft unter den Betrag des Satzungskapitals sinken, da ansonsten eine Kapitalherabsetzung erforderlich ist. Diese darf allerdings nicht zum Unterschreiten des gesetzlichen Mindestkapitals, welches zum Zeitpunkt der Gründung erforderlich war, führen, andernfalls ist die Gesellschaft zu liquidieren.[1022] Dividenden dürfen in einer solchen Situation nicht beschlossen werden.[1023]

e) Sachgründung

(1) Allgemeines

Neben Bareinlagen berechtigt das russische Aktienrecht auch dazu, seiner Einlagenleistung auf Aktien mittels einer Sacheinlage nachzukommen. Unter Sacheinlagen sind all jene Einlagen zur Kapitalaufbringung zu verstehen, die nicht in Form einer Geldleistung erfolgen, denen aber ein in Geld zu beziffernder Wert innewohnt. Auch hier ist der Grundsatz der realen Kapitalaufbringung zu wahren; einerseits gilt es in diesem Zusammenhang festzustellen, welche Vermögensgegenstände geeignet sind, das Satzungskapital zu mehren und andererseits ist ein einlagenfähiger Vermögensgegenstand in einem entsprechenden Verfahren zu bewerten.

1019 *Fischer* Das System der Kapitalaufbringung und Kapitalerhaltung der Aktiengesellschaft und Gesellschaft mit beschränkter Haftung, S. 84.

1020 Vgl. Art. 73 AktG RF; s.u. Kapitel E.VI.6.d)(1), S. 159 ff.

1021 *Solotych* Hdb Wirtschaft und Recht in Osteuropa, EL 53 2003, RUS Kapitel D.I., Rn. 156.

1022 Art. 35 Pkt. 4, 5, 6 AktG RF.

1023 Zur Dividende, vgl. E.VII.5, S. 189.

(2) Der Sach-Gegenstand

Außer in Geld kann die Einlage in das Satzungskapital einer Gesellschaft auch in Form von Wertpapieren, sonstigen Sachen bzw. Vermögensrechten oder anderen Rechten, denen ein Geldwert innewohnt, eingebracht werden.[1024]

Umfang, Form und Verfahren der Einlagenleistung auf Aktien richten sich nach den Vorgaben des Gründungsvertrages bzw. der Satzung oder des Ausgabebeschlusses.[1025] Hierdurch kann die Gesellschaft schon im Vorfeld Einfluss auf die Werthaltigkeit der jeweiligen Sacheinlage für den Gesellschaftszweck nehmen. Sonstige Wertpapiere können ausschließlich in Geld bezahlt werden.[1026]

Der Gegenstand, der als Sacheinlage dienen soll, hat verschieden Anforderungen zu entsprechen. Zunächst ist erforderlich, dass er allgemein verkehrsfähig ist[1027] und ihm hat ein messbarer Wert innezuwohnen.[1028] Daneben werden in der russischen Literatur einige weitere Anforderungen diskutiert. So etwa, dass die Sacheinlage objektiv werthaltig ist, um die Aktiva der Gesellschaft tatsächlich erhöhen zu können oder dass die Sacheinlage garantiefähig im Sinne eines Zugriffsobjekts für Gläubigerforderungen ist.[1029] Neben mobilen oder immobilen Sachen sind auch Forderungen taugliche Formen der Sacheinlage. Sie können ausschließlich als Sacheinlage eingebracht werden. Einlageleistung erfolgt mittels Übertragung;[1030] hierfür muss die Forderung abtretbar sein.[1031] Die Forderung muss nicht verbrieft sein.[1032]

1024 Art. 34 Pkt. 2 AktG RF i.V.m. Art. 66 Pkt. 6 ZGB RF.

1025 Art. 9 Pkt. 5 Abs. 1 und 34 Pkt. 2 AktG RF.

1026 Art. 34 Pkt. 2 Abs. 1 AktG RF a.E.; *Fischer* Das System der Kapitalaufbringung und Kapitalerhaltung der Aktiengesellschaft und der Gesellschaft mit beschränkter Haftung im russischen und deutschen Recht, S. 123.

1027 Art. 129 Pkt. 1 ZGB RF.

1028 Art. 34 Pkt. 2 AktG RF i.V.m. Art. 66 Pkt. 6 ZGB RF.

1029 Im Einzelnen, vgl. *Fischer* Das System der Kapitalaufbringung und Kapitalerhaltung der Aktiengesellschaft und der Gesellschaft mit beschränkter Haftung im russischen und deutschen Recht, S. 124 f.

1030 Art. 382 ff. ZGB RF.

1031 Art. 383 ZGB RF; ausgeschlossen bei Forderungen, die untrennbar mit dem ursprünglichen Forderungsinhaber verbunden sind, so etwa Unterhaltsansprüche, Schadensersatzansprüche wegen Verletzung von Leben oder Gesundheit.

1032 *Fischer* Das System der Kapitalaufbringung und Kapitalerhaltung der Aktiengesellschaft und der Gesellschaft mit beschränkter Haftung im russischen und deutschen Recht, S. 127.

Auch Wertpapiere besitzen Sachqualität i.S.d. Art. 34 Pkt. 2 AktG RF. Erfasst sind prinzipiell alle Arten von Wertpapieren.[1033] Der Grundsatz der realen Kapitalaufbringung gebietet allerdings eine Prüfung, welche Wertpapiere für die Kapitalaufbringung geeignet sind[1034] Ebenso ist es ausgeschlossen, dass Anteile mit eigenen Anteilen der Gesellschaft oder mit einem Wechsel, dessen Aussteller die Gesellschaft ist, bezahlt werden. Dies widerspricht dem Aufrechnungsverbot und dem Grundsatz der realen Kapitalaufbringung.[1035]

Soweit deren Einlagefähigkeit satzungsmäßig vorgesehen ist, sind Nutzungsrechte ebenso einlagefähig. Hierbei ist es unerheblich, ob es sich um dingliche oder obligatorische Nutzungsrechte handelt. Auch die Frage, ob solche Nutzungsrechte gegenüber dem einbringenden Gesellschafter oder einem Dritten bestehen, ist inzwischen zugunsten der positiven Einlagefähigkeit geklärt.[1036] Einzige Ausnahme besteht bzgl. eines ständigen (unbefristeten) Nutzungsrechtes an einem Grundstück; ein solches Nutzungsrecht ist eindeutig nicht einlagefähig.[1037]

Auch kommen andere Rechte, denen ein Geldwert innewohnt, als Sacheinlage in Frage. Hierbei handelt es sich nach einhelliger Auffassung um Vermögensgegenstände i.S.d. Art. 128 ZGB RF. Der Streit, ob und inwieweit immaterielle Vermögenswerte (Goodwill, Know-how etc.) eingebracht werden können,[1038] ist durch Entscheidung der obersten Gerichte[1039] zumindest für Vermögenswerte

1033 Vgl. zu den verschiedenen Arten beispielhaft Art. 143 ZGB RF.

1034 Dies soll sich nach Kriterien wie Bonität, Rentabilität und Liquidität der Wertpapiere richten, vgl. *Fischer* Das System der Kapitalaufbringung und Kapitalerhaltung der Aktiengesellschaft und der Gesellschaft mit beschränkter Haftung im russischen und deutschen Recht, S. 127.

1035 Zur Kapitalsicherung, Art. 90 Pkt. 2 und 99 Pkt. 2 AktG RF; hierzu siehe schon oben E.VI.2.d), S. 141.

1036 Zum Ganzen m.w.N. *Fischer* Das System der Kapitalaufbringung und Kapitalerhaltung der Aktiengesellschaft und Gesellschaft mit beschränkter Haftung, S. 131.

1037 Art. 3 Pkt. 6 des Föderalen Gesetzes „Über das Inkrafttreten des Bodengesetzbuches der Russischen Föderation" vom 25.10.2001, Nr. 137-FZ, SZ RF 2001, Nr. 44, Pos. 4148.

1038 Vgl. hierzu auch *Micheler* WiRO 1996, 121 f.

1039 Beschluss des Plenums des Obersten Gerichts der RF vom 1.7.1996, Nr. 6 und des Obersten Arbitragegerichts der RF Nr. 8 (Pkt. 17 Abs. 2), VVAS RF 1996, Nr. 9, in: Datenbank Konsultant, m.Anm. *Solotych* WiRO 1996, 437; bestätigt durch Beschluss des Föderalen Arbitragegerichts des Ostsibirischen Bezirks vom 11.11.2002, Nr. A10-2136/01-13-F02-3890/03-S2, A10-949/02-15-F02-3890/03-S2, in: Datenbank Konsultant.

Rechte bejaht worden.[1040] In diesem Zusammenhang wurde auch festgestellt, dass im Falle von *Ergebnissen geistiger Tätigkeit* die Übertragung der Rechte selber ausgeschlossen ist, die Übertragung von entsprechenden Nutzungsrechten aber durchaus einlagefähig ist.[1041] Demnach sind sowohl *Ergebnissen geistiger Tätigkeit* als auch *Mittel zur Individualisierung* einlagefähig. Die Individualisierungsmittel werden durch das Kennzeichenrecht geregelt.[1042] Es wird zwischen Marken, der Unternehmensbezeichnung und der Handelsbezeichnung differenziert. Unter *Ergebnisse geistiger Tätigkeit* fallen vor allem das Urheberrecht,[1043] mit Urheberrechten verwandte Rechte[1044] und das Patentrecht.[1045] Daneben fallen in den Bereich der *Ergebnisse geistiger Tätigkeit* auch das Recht an Zuchterfolgen bzw. Züchtungen,[1046] das Recht an der Topologie integrierter Schaltkreise,[1047] das Recht an Produktionsgeheimnissen bzw. Know-how[1048] und das Recht der Nutzung von Ergebnissen geistiger Tätigkeit im Bestand einheitlicher Technologie.[1049] In diesem Zusammenhang nicht einlagefähig sind immaterielle Güter wie Berufserfahrung, allgemeines Wissen, Dienstleistungen, Nichtvermögensrechte i.S.d. Art. 150 ZGB RF[1050] oder Geschäftsbeziehungen.[1051]

(3) Bewertung der Sacheinlage

Nach dem Grundsatz der realen Kapitalaufbringung ist bei der Bewertung der Sacheinlage äußerste Vorsicht geboten.

1040 *Heeg* Finanz- und Haftungsverfassung russischer Kapitalgesellschaften, 2003, S. 314.

1041 *Wyes-Scheel*, Die Gründung der Aktiengesellschaft nach russischem Recht, 2001, S. 196; *Fischer* Das System der Kapitalaufbringung und Kapitalerhaltung der Aktiengesellschaft und Gesellschaft mit beschränkter Haftung, S. 130.

1042 Kapitel 76, Art. 1473–1541 ZGB RF.

1043 Kapitel 70, Art. 1255–1302 ZGB RF.

1044 Kapitel 71, Art. 1303–1344 ZGB RF.

1045 Kapitel 72, Art. 1345–1407 ZGB RF.

1046 Kapitel 73, Art. 1408–1447 ZGB RF.

1047 Kapitel 74, Art. 1448–1464 ZGB RF.

1048 Kapitel 75, Art. 1465–1472 ZGB RF.

1049 Kapitel 77, Art. 1542–1551 ZGB RF; zum Ganzen insbesondere auch zur Übertragungsfähigkeit, vgl. *Kettler* OsteuropaR 2009, 329 ff.; *Steininger* WiRO 2009, 193 ff.; 235 ff.; 266 ff.; *Himmelreich/Douglas* WiRO 2009, 340 ff.; 371 ff.

1050 Gesundheit, Ehre, Ehe etc.

1051 Vgl. *Stepanov* ChiP 2000, Nr. 12, S. 54, 63; *Suchanov* ChiP 1998, Nr. 5, S. 38 ff.; *Fischer* Das System der Kapitalaufbringung und Kapitalerhaltung der Aktiengesellschaft und der Gesellschaft mit beschränkter Haftung im russischen und deutschen Recht, S. 131.

Das russische Recht statuiert „präventiven Gläubigerschutz“ mittels einer zwingenden neutralen Bewertung[1052] der Sacheinlage sowohl bei Gründung als auch bei Kapitalerhöhung unabhängig von der Höhe der Einlage.[1053] Erforderlich ist eine einvernehmliche[1054] Bewertung der Sacheinlage durch die Gesellschafter (bei Gründung)[1055] oder den Aufsichtsrat (bei zusätzlichen Aktien).[1056] Sie hat nach dem Marktwert der Sacheinlage zu erfolgen,[1057] der wiederum durch ein Gutachten eines unabhängigen Gutachters zu ermitteln ist.[1058]

Die Ermittlung des Marktwertes richtet sich nach dem Einzelveräußerungspreis der einzubringenden Sache.[1059] Dieser orientiert sich im gewöhnlichen Geschäftsverkehr an der Beschaffenheit des Wirtschaftsgutes; entscheidend ist, welcher Preis bei Veräußerung bzw. Verwertung unter Berücksichtigung aller preisbeeinflussenden Umstände zu erzielen wäre. Voraussetzung hierfür ist vernünftiges Handeln der Parteien unter Zugrundelegung aller für den Abschluss des Rechtsgeschäfts erforderlichen Informationen.[1060]

(4) Überbewertung der Sacheinlage

Die Bewertung von Sacheinlagen hat zwar immer in Verbindung mit einem Bewertungsgutachten zu erfolgen, die Gefahr einer Überbewertung und einer damit einhergehenden Vorenthaltung von Satzungskapital ist trotzdem stets

---

1052 *Micheler* WiRO 1996, 121, 122.

1053 Beschluss des Plenums des Obersten Gerichts der RF vom 18.11.2003, Nr. 19 (Pkt. 7 Abs. 1) und des Obersten Arbitragegerichts der RF vom 20.11.2003, Nr. 20, VVAS 2004, Nr. 1, in: Datenbank Konsultant.

1054 Art. 9 Pkt. 3 AktG RF.

1055 Art. 34 Pkt. 3 Abs. 1 AktG RF.

1056 Art. 34 Pkt. 3 Abs. 2 i.V.m. Art. 77 AktG RF; wobei befangene Aufsichtsratsmitglieder von der Beschlussfassung ausgeschlossen sind.

1057 Art. 77 Pkt. 1 AktG RF.

1058 Art. 66 Pkt. 6 Abs.2 ZGB RF i.V.m. Art. 34 Pkt. 3 Abs. 3 S. 1, 15 Pkt. 2 Abs. 2 S. 1 AktG RF i.V.m. Art. 7 Abs. 1 BewertungsG RF (Föderales Gesetz „Über die Bewertungstätigkeit“ (BewertungsG RF) vom 29.7.1998, Nr. 135-FZ, SZ RF 1998, Nr. 31, Pos. 3813; deutsche Übersetzung von *Michels* WiRO 2003, 48.); Unabhängigkeit liegt dann vor, wenn der Gutachter weder Gesellschafter ist noch schuld- oder sachenrechtliche Rechte an dem zu bewertenden Gegenstand innehat Art. 16 BewertungsG RF.

1059 Art. 3 Abs. 1 BewertungsG RF.

1060 Dies schließt insbesondere persönliche Verhältnisse wie den Verkauf in einer Zwangs- oder Notlage aus, vgl. *Fischer* Das System der Kapitalaufbringung und Kapitalerhaltung der Aktiengesellschaft und Gesellschaft mit beschränkter Haftung, S. 141.

gegeben. Auf Grund des Gläubigerschutzes sollten sich an eine Überbewertung strenge Rechtsfolgen anschließen. Gesetzliche Regelungen sind im russischen Aktienrecht – anders als im GmbH-Recht – allerdings nicht statuiert.

In Ermangelung einer spezialgesetzlichen Haftungsregelung wird eine Haftung der Gesellschafter aus den allgemeinen Vorschriften bzw. einer analogen Anwendung des GmbH-Rechts in Erwägung gezogen.[1061] Ob ein Anspruch tatsächlich besteht, ist nicht abschließend geklärt, sodass eine gesetzliche Regelung wünschenswert ist.

Gesetzlich geregelt ist ein Anspruch gegenüber den Aufsichtsratsmitgliedern im Falle der Überbewertung einer Sacheinlage auf zusätzlich ausgegebene Aktien.[1062] Die Mitglieder des Aufsichtsrats sind verpflichtet, im Interesse der Gesellschaft zu handeln[1063] und haften der Gesellschaft gegenüber für durch ihr Handeln verursachte Schäden. In diesem Sinne wird eine Pflichtverletzung bei der Überbewertung einer Sacheinlage vermutet, denn ein Verstoß gegen den Grundsatz der realen Kapitalaufbringung ist niemals im Interesse der Gesellschaft.[1064] Die Beweispflicht bzgl. des erforderlichen Verschuldens[1065] richtet sich nach den allgemeinen Vorschriften.[1066] Soweit eine ursächliche Handlung in Form einer Pflichtverletzung vorliegt, wird das Verschulden somit vermutet.[1067] Im Ergebnis haftet der Aufsichtsrat gesamtschuldnerisch.[1068] Das heißt: Wird eine Sacheinlage durch Aufsichtsratsbeschluss überbewertet und erfolgte diese Überbewertung zumindest durch einen der Aufsichtsratsmitglieder(!)[1069] vorsätzlich bzw. fahrlässig, ist ein etwaiger Schaden der Gesellschaft zu ersetzen.

Eine Exkulpation ist den Mitgliedern des Aufsichtsrats möglich, die nicht an der Beschlussfassung teilgenommen haben oder gegen die entsprechende

1061 Zum Ganzen, *Fischer* Das System der Kapitalaufbringung und Kapitalerhaltung der Aktiengesellschaft und Gesellschaft mit beschränkter Haftung, S. 147 ff.; *Wyes-Scheel*, Die Gründung der Aktiengesellschaft nach russischem Recht, 2001, S. 205 ff.

1062 Art. 71 AktG RF.

1063 Art. 71 Pkt. 1 AktG RF.

1064 *Fischer* Das System der Kapitalaufbringung und Kapitalerhaltung der Aktiengesellschaft und Gesellschaft mit beschränkter Haftung, S. 150.

1065 Umfasst ist Vorsatz und Fahrlässigkeit, vgl. Art. 401 Pkt. 1 Abs. 1 ZGB RF.

1066 Art. 401 Pkt. 2 ZGB RF.

1067 Art. 401 Pkt. 2 ZGB RF; *Solotych*, Das Zivilgesetzbuch der Russischen Föderation – Erster Teil, 2. Aufl. 1997, S. 67 f.

1068 Art. 71 Pkt. 4 AktG RF.

1069 *Wyes-Scheel*, Die Gründung der Aktiengesellschaft nach russischem Recht, 2001, S. 205 f.

Bewertung gestimmt haben.[1070] Der Anspruch ist entweder durch die Geschäftsführung oder einen bzw. mehrere Gesellschafter, die mehr als 1 % der stimmberechtigten Aktien halten, im Namen der Gesellschaft geltend zu machen.[1071]

Zuletzt haften auch die Aussteller eines eventuell erforderlichen Emissionsprospektes im Falle von falschen Angaben.[1072] Diese Angaben können auch Bewertungen von Sacheinlagen beinhalten. Soweit die Überbewertung einer Sacheinlage ursächlich für einen Schaden des Investors ist, haften auch Gutachter und Wirtschaftsprüfer subsidiär.[1073] Beweispflicht bzgl. der Überbewertung der Sacheinlage und deren Ursächlichkeit für einen entstandenen Schaden trifft in einem solchen Fall allerdings den Geschädigten bzw. den Investor, wobei die Beweisführung bzgl. der Ursächlichkeit für einen zu einem Schaden führenden Irrtum regelmäßig schwer fallen dürfte.[1074]

(5) Verdeckte Sacheinlage

Das Institut der verdeckten Sacheinlage ist dem russischen (Aktien-) Recht fremd. Ein entsprechender Schutz des Rechtsverkehrs vor einer Umgehung der Kapitalaufbringungsvorschriften existiert nicht.[1075] Allenfalls ist ein Aufrechnungsverbot von Forderungen des Gesellschafters gegenüber der Gesellschaft mit der Pflicht auf Leistung der Einlage normiert;[1076] worin auch der Ansatz eines Verbots der Verdeckten Sacheinlage gesehen wird.[1077]

f) Verbot der Einlagenrückgewähr

Ein explizites Verbot der Einlagenrückgewähr – wie im deutschen Recht – existiert im russischen Recht nicht. Zwar wurde in Art. 8 AktO RSFSR[1078] statuiert,

---

1070 Art. 71 Pkt. 2 Abs. 2 AktG RF.

1071 Art. 71 Pkt. 5 AktG RF, im Einzelnen, s.u. E.IX, S. 224 ff.

1072 Hierzu im Einzelnen, s.u. E.VII.5, S. 189.

1073 Im Einzelnen, s.u. E.VII.5, S. 189.

1074 *Fischer* Das System der Kapitalaufbringung und Kapitalerhaltung der Aktiengesellschaft und Gesellschaft mit beschränkter Haftung, S. 152.

1075 *Fischer* Das System der Kapitalaufbringung und Kapitalerhaltung der Aktiengesellschaft und Gesellschaft mit beschränkter Haftung, S. 161.

1076 Art. 90 Pkt. 2, 99 Pkt. 2 ZGB RF i.V.m. Art. 66 Abs. 1 S. 2 AktG RF; im Einzelnen s.o. Kapitel E.VI.2.d), S. 141.

1077 *Fischer* Das System der Kapitalaufbringung und Kapitalerhaltung der Aktiengesellschaft und Gesellschaft mit beschränkter Haftung, S. 159.

1078 Ordnung des Ministerrates der RSFSR „Über die Aktiengesellschaften" vom 25.12.1990, Nr. 601, SPP RSFSR 1991, Nr. 6, Art. 92; deutsche Übersetzung von *Schwartz* WiRO 1993, 14 ff.

dass Aktionäre nicht berechtigt sind, von der Gesellschaft die Rückzahlung ihrer Einlagen zu fordern; ein entsprechender Grundsatz wurde aber nicht ausdrücklich in das AktG RF übernommen.[1079]

Trotzdem zeigt sich in vielen Fällen die Bindung des eingebrachten Kapitals an jene Gesellschaft, welcher der Gesellschafter bzw. der Geschäftsanteil unterliegt. In diesem Sinne sind Austritt aus der Gesellschaft bzw. Andienung der Geschäftsanteile – in Verbindung mit einer Abfindung – nicht ohne weiteres vorgesehen, sondern unterliegen strengen Anforderungen.[1080] Darüber hinaus besteht auch kein durchsetzbarer Anspruch auf Gewinnausschüttung bzw. ist eine solche gar Ausgeschlossen, soweit bestimmten kapitalschützenden Vorgaben nicht entsprochen wird.[1081]

3. Sonstiges Kapital

Neben dem Satzungskapital kann der Gesellschaft auch weiteres „freies" bzw. ergänzendes Kapital zur Verfügung stehen. Dieses Kapital kann aus Einzahlungen der Gesellschafter oder aus dem Gewinn der Gesellschaft stammen. Insbesondere ist regelmäßig die Ausstattung der Tochtergesellschaft mit Kapital durch die Muttergesellschaft erwünscht. Dies kann in rechtlicher Hinsicht auf verschiedenen Wegen abgewickelt werden. Es bestehen die Möglichkeiten, eine unentgeltliche Zuwendung zu vereinbaren oder einen Darlehensvertrag zu schließen.[1082] Zunächst gilt es hierbei die einschlägige Rechtsform zu bestimmen. Daneben ist die jeweils anfallende Besteuerung abzuwägen.[1083]

Freies Kapital steht der Gesellschaft zur freien Verfügung. Möglich ist z.B. eine Reinvestition oder die Gewinnausschüttung an die Gesellschafter entsprechend ihrer Beteiligung.

4. Fonds der Gesellschaft

a) Reservefonds

Im Gegensatz zur russischen GmbH hat die AG zwingend einen Reservefonds einzurichten.[1084] Der Reservefonds hat mittels Thesaurierung von Gewinnen

---

1079 Vgl. auch *Fischer* Das System der Kapitalaufbringung und Kapitalerhaltung der Aktiengesellschaft und Gesellschaft mit beschränkter Haftung, S. 198.

1080 Zur Beendigung der Gesellschafterstellung, s.o. Kapitel E.V.7, S. 128 und zum Andienungsrecht des Gesellschafters, s.o. Kapitel E.V.8.c), S. 131.

1081 Im Einzelnen, s.u. Kapitel E.VII.5, S. 189.

1082 Vgl. im Einzelnen *Rybalkin/Chebounov* WiRO 2000, 369 ff.

1083 Vgl. im Einzelnen *Rybalkin/Chebounov* WiRO 2000, 369 ff.

1084 Art. 35 Pkt. 1 Abs. 1 AktG RF.

einen Umfang von mindestens 5 % des Satzungskapitals zu erreichen; wobei eine höhere Quote satzungsmäßig statuierbar ist.[1085] Hierzu sind in den Reservefonds jährlich 5 % des Reingewinns einzustellen. Das in den Reservefonds eingestellte Vermögen ist wie das Satzungskapital gebunden und darf nicht an die Gesellschafter ausgeschüttet werden.[1086]

Der Reservefonds dient ausschließlich und satzungsmäßig nicht abdingbar der Deckung von Verlusten, der Tilgung von Obligationen und dem Rückkauf von Aktien, sofern andere Mittel nicht zur Verfügung stehen.[1087] Die Verwendung der Mittel des Reservefonds erfolgt nach Beschluss durch den Aufsichtsrat.[1088]

Im Falle eines negativen Jahresabschlusses ist zum Ausgleich zunächst auf den Reservefonds und dann auf die Erträge des laufenden Geschäftsjahres zurückzugreifen.[1089]

Sollen Aktien zurückgekauft oder ausgegebene Obligationen getilgt werden, ist hierfür zunächst auf den Reingewinn oder auf andere hierfür eingerichtete Fonds zurückzugreifen; erst wenn hier kein Kapital mehr zur Verfügung steht, sind Mittel aus dem Reservefonds fruchtbar zu machen.[1090]

Ist der Wert der Reinaktiva geringer oder wird er im Fall einer Auszahlung von Dividenden geringer als die Summe des Satzungskapitals, des Reservefonds und des Wertes, um den der Liquidationswert der untergebrachten Vorzugsaktien ihren Nennwert übersteigt, ist die Auszahlung bzw. Ankündigung einer Dividende verboten.[1091]

b) Mitarbeiterfonds

Das AktG RF sieht die Möglichkeit vor, einen Fonds einzurichten, dessen Mittel ausschließlich zum Erwerb von eigenen Anteilen bestimmt sind.[1092] Die

1085 Art. 35 Pkt. 1 Abs. 1 AktG RF.

1086 Art. 35 Pkt. 1 Abs. 1 AktG RF.

1087 Art. 35 Pkt. 1 Abs. 3 AktG RF; *Ries* Der Minderheitenschutz im russischen Kapitalgesellschaftsrecht im Vergleich zum deutschen Recht, S. 171; Beschluss des Föderalen Arbitragegerichts des Moskauer Bezirks vom 28.5.2001, Nr. KA-A40/2452-01, in: Datenbank Garant.

1088 Art. 65 Pkt. 1, Nr. 12 Abs. 1 AktG RF.

1089 *Fischer* Das System der Kapitalaufbringung und Kapitalerhaltung der Aktiengesellschaft und Gesellschaft mit beschränkter Haftung, S. 326.

1090 *Fischer* Das System der Kapitalaufbringung und Kapitalerhaltung der Aktiengesellschaft und Gesellschaft mit beschränkter Haftung, 2008, S. 326.

1091 Art. 43 Pkt. 1 und 4 AktG RF.

1092 Art. 35 Pkt. 2 AktG RF.

hierdurch erworbenen Anteile sind dann auf die Mitarbeiter der Gesellschaft zu übertragen.[1093]

c) Fonds zur Dividendenzahlung

Neben einem Mitarbeiterfonds sieht das russische Gesetz auch die Möglichkeit vor, einen Fonds einzurichten, dessen Mittel ausschließlich zur Zahlung der Dividende auf Vorzugsaktien dienen.[1094] Ein entsprechender Fonds soll die Zahlung von Dividenden auf Vorzugsaktien durch die Thesaurierung von Gewinnen für die Zukunft sicherstellen. Auf diesem Wege soll den teilweise empfindlichen Konsequenzen einer Nichtzahlung von Dividenden auf Vorzugsaktien vorgebeugt werden.[1095]

5. Kapitalerhöhung

a) Allgemeines

Die Kapitalerhöhung stellt die wohl gängigste Variante der Akquise von Mitteln durch eine Kapitalgesellschaft dar. Eine Kapitalerhöhung führt dazu, dass der Gesellschaft durch zusätzliche Einlageleistung weiteres (Eigen-) Kapital zur Verfügung gestellt wird. Im russischen Recht wird zwischen einer nominellen und einer effektiven Erhöhung des Satzungskapitals unterschieden.[1096] Es besteht die Möglichkeit, eine Kapitalerhöhung durch Ausgabe neuer Aktien (effektiv) oder durch Erhöhung des Nennwertes der bereits ausgegebenen Aktien (nominell) herbeizuführen.[1097]

Die Anzahl der Aktien und der Nennwert einer Aktie sind in der Satzung der Gesellschaft genau zu bezeichnen.[1098] Daneben sind neu auszugebende Aktien durch Gesellschafterbeschluss, der einer ¾-Mehrheit bedarf, anzukündigen.[1099]

1093 Art. 35 Pkt. 2 AktG RF; vgl. die entsprechende Satzungsklausel bei *Fischer* Das System der Kapitalaufbringung und Kapitalerhaltung der Aktiengesellschaft und Gesellschaft mit beschränkter Haftung, 2008, S. 327.

1094 Art. 42 Pkt. 2 AktG RF.

1095 Zu den Konsequenzen, s.u. E.VII.6.e), S. 196.

1096 *Solotych* Hdb Wirtschaft und Recht in Osteuropa, EL 53 2003, RUS Kapitel D.I., Rn. 158.

1097 Art. 28 Pkt. 1 AktG RF.

1098 Art. 11 Pkt. 3 AktG RF; siehe auch E.VI.1, S. 135.

1099 Art. 48 Pkt. 1, Nr. 5 AktG RF.

Bei neu angekündigten Aktien handelt es sich um eine Art Vorratsaktien, die für die Ausgabe zur Verfügung stehen.[1100]

Sowohl eine effektive wie auch eine nominelle Kapitalerhöhung erfolgt auf Vorschlag des Aufsichtsrats, wobei dieses Vorschlagsrecht satzungsmäßig auch auf andere Organe übertragen werden kann.[1101]

b) Effektive Kapitalerhöhung

Die effektive Kapitalerhöhung erfolgt durch eine Erhöhung des Satzungskapitals mittels der Ausgabe neuer Aktien.[1102] Die Aktien werden hierfür entweder einem bestimmten Kreis an Personen (*geschlossene Zeichnung*) oder jedem potentiellen Interessenten (*offene Zeichnung*) angeboten.[1103] Einer gAG ist – anders als der oAG – die Ausgabe neuer Aktien nur mittels einer *geschlossenen Zeichnung* möglich.[1104] Hierdurch soll der begrenzte Gesellschafterbestand sichergestellt werden. Soll die Zeichnung offen erfolgen oder beschränkt sich die geschlossene Zeichnung nicht auf einen Kreis von weniger als 500 Abnehmern, ist die Herausgabe eines Emissionsprospektes erforderlich.[1105] Die Einlagenleistung auf die zusätzlichen Aktien erfolgt wie auch im Falle der Gründung.[1106]

Die Höhe des Bezugspreises ist durch den Aufsichtsrat festzulegen[1107] und hat zumindest dem Nominalwert zu entsprechen.[1108] Eine satzungsmäßige Abweichung hiervon ist in keinem Fall möglich.[1109]

1100 Wobei es sich bei angekündigten Aktien noch nicht um Aktien in dem Sinne handelt; sie entstehen tatsächlich erst mit der durchzuführenden Ausgabe, vgl. *Solotych* Hdb Wirtschaft und Recht in Osteuropa, EL 53 2003, RUS Kapitel D.I., Rn. 160; *Karimullin* FOWI Arbeitspapiere, Nr. 84, 18 f.

1101 Es wird geraten, das Vorschlagsrecht nicht ausschließlich dem Aufsichtsrat zu überlassen, da ansonsten eine Kapitalerhöhung von diesem abhängt. Daher wird empfohlen die Vorschlagskompetenz auch auf die Aktionärsversammlung bzw. auf einzelne Gesellschafter zu übertragen, vgl. *Rodde/Abovski* WiRO 2009, 33, 38.

1102 Art. 28 Pkt. 1 AktG RF.

1103 Art. 39 Pkt. 2 AktG RF.

1104 Art. 39 Pkt. 2 Abs. 2 AktG RF.

1105 Hierzu im Einzelnen, s.u. E.VII.5, S. 189.

1106 S.o. E.VI.2, S. 135.

1107 Diese Kompetenz ist nicht auf die Hauptversammlung übertragbar, vgl. *Rodde/Abovski* WiRO 2009, 33, 38.

1108 Art. 36 AktG RF; mit der Ausnahme eines bis zu 10 %-igen Abschlags bei der Ausgabe an Altgesellschafter; s.u. E.VI.2.b), S. 136.

1109 Art. 36 AktG RF.

Im Falle einer *offenen Zeichnung* durch eine oAG steht den (Alt-) Gesellschaftern seit der AktG-Reform von 2001[1110] ein ihren Anteilen entsprechendes – satzungsmäßig unabdingbares – bevorzugtes Bezugsrecht zu.[1111] Sie haben dieses Recht innerhalb einer satzungsmäßig bestimmten Frist auszuüben, wobei die Frist einen Zeitraum von 45 Tagen nicht unterschreiten darf.[1112] Regulierbar ist aber der Zahlungsmodus, sodass die Erbringung von Sacheinlagen teilweise ausgeschlossen werden kann.[1113] Auch kann von der Pflicht zur Leistung des Nominalwerts zu Gunsten der Altgesellschafter in Höhe von 10 % abgewichen werden.[1114] Daneben gilt grundsätzlich das Prinzip der sofortigen vollständigen Zahlung neuer Aktien.[1115]

Eine effektive Kapitalerhöhung bzw. dessen Umfang wird im Fall der *offenen Zeichnung* durch die Hauptversammlung mittels einfacher Mehrheit beschlossen;[1116] sobald die Kapitalerhöhung vom Umfang her 25 % des bisherigen Satzungskapitals übersteigt, ist ein Beschluss mit ¾-Mehrheit erforderlich.[1117] Ebenso bedarf der Beschluss über eine Kapitalerhöhung mittels *geschlossener Zeichnung* einer ¾-Mehrheit.[1118]

Der Beschluss über die Ausgabe neuer Aktien im Rahmen schon angekündigter Aktien kann auch durch den Aufsichtsrat erfolgen, soweit er hierzu satzungsmäßig befugt ist.[1119] Hierfür ist ein einstimmiger Beschluss des Aufsichtsrats erforderlich.[1120] Diese weitreichende Kompetenz des Aufsichtsrats wird aufgrund der höheren Flexibilität in Bezug auf die (Eigen-) Kapitalbeschaffung

1110 Föderales Gesetz „Über die Eintragung von Änderungen und Ergänzungen in das Föderale Gesetz ‚Über Aktiengesellschaften'" vom 7.8.2001, Nr. 120-FZ, SZ RF 2001, Pos. 3423.

1111 Vgl. Art. 40 Pkt. 1 AktG RF; *Rodde/Abovski* WiRO 2009, 33, 38.

1112 Vgl. Art. 41 Pkt. 2 AktG RF.

1113 Vgl. Art. 34 Pkt. 2 AktG RF.

1114 Vgl. Art. 36 Pkt. 2 AktG RF.

1115 Vgl. Art. 34 Pkt. 1 Abs. 6 AktG RF.

1116 Art. 48 Pkt. 1, Nr. 6, 49 Pkt. 2 AktG RF; vgl. auch *Rodde/Abovski* WiRO 2009, 33, 37 f.; siehe auch schon oben E.IV.2.c)(3), S. 82.

1117 Vgl. Art. 39 Pkt. 3 und 4 AktG RF; *Karimullin* FOWI Arbeitspapiere, Nr. 84, 20.

1118 Art. 39 Pkt. 3 AktG RF.

1119 Art. 28 Pkt. 2 Abs. 2 AktG RF.

1120 Art. 28 Pkt. 2 Abs. 2 AktG RF; weiterreichende Kompetenzen sind dem Aufsichtsrat aber aus Gründen des Schutzes der Minderheitengesellschafter nicht möglich, vgl. Beschluss des Plenums des Obersten Gerichts der RF vom 18.11.2003, Nr. 19 und des Obersten Arbitragegerichts der RF vom 20.11.2003, Nr. 20, VVAS 2004, Nr. 1, in: Datenbank Konsultant.

begrüßt[1121] und ist dadurch beschränkt, dass die auszugebenden Aktien ohnehin durch Beschluss der Hauptversammlung angekündigt werden müssen.[1122]

Eine Kapitalerhöhung durch Ausgabe neuer Aktien kann auch aus dem Vermögen der Gesellschaft erfolgen.[1123] In diesem Fall sind die neuen Aktien entsprechend der jeweiligen Beteiligung am Satzungskapital auf die Gesellschafter zu verteilen.[1124] Der Betrag, in dessen Höhe neue Aktien ausgegeben werden sollen, darf die Differenz zwischen Reinaktiva und dem Wert von sowohl Satzungskapital als auch Reservefonds nicht übersteigen.[1125]

Ein entsprechender Beschluss – durch die Hauptversammlung oder den Aufsichtsrat – über die Ausgabe neuer Aktien beinhaltet gleichzeitig einen für die Erhöhung des in der Satzung bezeichneten Satzungskapitals erforderlichen Satzungsänderungsbeschluss.[1126]

Es wird kritisiert, dass lediglich ein geringer Anteil an den Geschäftsanteilen erforderlich ist, um eine Kapitalerhöhung mittels *offener Zeichnung*, die vom Umfang her 25 % des bisherigen Satzungskapitals nicht übersteigt, herbeizuführen;[1127] da Beschlussfähigkeit schon mit einem Quorum von 50 % der tatsächlichen Stimmen erreicht ist und hiervon lediglich 50 % für eine Kapitalerhöhung zu stimmen brauchen,[1128] würden im Einzelfall knapp über 25 % der Stimmen ausreichen, um eine Kapitalerhöhung herbeizuführen.[1129] Ein Schutz im Rahmen einer satzungsmäßigen Erhöhung des erforderlichen Quorums ist vor dem Hintergrund des Art. 49 Pkt. 2 AktG RF nicht möglich.[1130] Hierbei gilt es allerdings zu beachten, dass sich die Kapitalerhöhung lediglich im Rahmen der angekündigten Aktien halten kann, deren Anzahl durch einen Beschluss der Hauptversammlung mit ¾-Mehrheit zu bestimmen ist.[1131] Dieser Umstand ist bei der Ankündigung neuer Aktien stets zu bedenken.

1121 *Rodde/Abovski* WiRO 2009, 33, 38.

1122 S.o. E.IV.2.c)(3), S. 82.

1123 Art. 28 Pkt. 5 Abs. 1 AktG RF.

1124 Art. 28 Pkt. 5 Abs. 3 AktG RF.

1125 Art. 28 Pkt. 5 Abs. 2 AktG RF.

1126 Art. 12 Pkt. 1 und 2 AktG RF; *Ries* Der Minderheitenschutz im russischen Kapitalgesellschaftsrecht im Vergleich zum deutschen Recht, S. 130.

1127 *Rodde/Abovski* WiRO 2009, 33, 37 Fn. 33.

1128 Im Einzelnen zur Beschlussfassung in der Aktionärsversammlung, s.o. E.IV.2, S. 80 ff.

1129 In diesem Sinne *Rodde/Abovski* WiRO 2009, 33, 37.

1130 Dies wird damit begründet, dass eine Abweichung nur in Fällen einer gesetzlichen Abweichung möglich ist, vgl. *Rodde/Abovski* WiRO 2009, 33, 37.

1131 Art. 48 Pkt. 1, Nr. 5 AktG RF; vgl. *Solotych* Hdb Wirtschaft und Recht in Osteuropa, EL 53 2003, RUS Kapitel D.I., Rn. 161; siehe auch oben E.IV.2.c)(3), S. 82.

c) *Nominelle Kapitalerhöhung*

Eine nominelle Kapitalerhöhung erfolgt durch die Erhöhung des Nennwerts der schon ausgegebenen Aktien.[1132]

Eine Kapitalerhöhung auf diesem Wege hat aus dem Vermögen der Gesellschaft zu erfolgen.[1133] Auch hier darf der Betrag, um den der Nennbetrag der Aktien insgesamt erhöht werden soll, die Differenz zwischen Reinaktiva und dem Wert von sowohl Satzungskapital als auch Reservefonds nicht übersteigen.[1134]

Ein entsprechender Erhöhungsbeschluss muss vom Aufsichtsrat vorgeschlagen werden und ist durch die Hauptversammlung mit einfacher Mehrheit der anwesenden Stimmen zu beschließen.[1135]

6. Kapitalherabsetzung

a) *Allgemeines*

Eine Kapitalherabsetzung führt zur Herabsetzung des Haftungsvermögens einer Kapitalgesellschaft. Der Vertrauenstatbestand wird somit geschmälert. Betroffen sind daher vorwiegend die Interessen des Rechtsverkehrs bzw. der Gläubiger der Gesellschaft. Der Schutz der Gläubiger steht daher im Mittelpunkt der Normierung in Bezug auf die Kapitalherabsetzung.

Eine Kapitalherabsetzung ist im russischen Recht auf zwei Arten möglich. Es ist möglich, die Stückzahl der Aktien zu reduzieren oder den Nominalwert der ausgegebenen Aktien herabzusetzen.[1136]

Grundsätzlich darf das Satzungskapital nach einer Kapitalherabsetzung nicht geringer sein, als das gesetzliche vorgeschrieben Mindestkapital zum Zeitpunkt der Gründung bzw. der Registrierung der Gesellschaft.[1137] Hierdurch soll sichergestellt werden, dass an die Kapitalausstattung der Gesellschaft nicht höhere Anforderungen gestellt werden, als zum Zeitpunkt ihrer Gründung.[1138] Erfolgt

---

1132 Art. 28 Pkt. 1 AktG RF.

1133 Art. 28 Pkt. 5 Abs. 1 AktG RF.

1134 Art. 28 Pkt. 5 Abs. 2 AktG RF; zum Begriff der Reinaktiva, s.u. E.XI.2, S. 232.

1135 Art. 48 Pkt. 1, Nr. 6 und 49 Pkt. 2 AktG RF.

1136 Vgl. Art. 29 Pkt. 1 Abs. 2 AktG RF.

1137 Art. 29 Pkt. 1 Abs. 4 AktG RF; Beschluss des Plenums des Obersten Gerichts der RF vom 18.11.2003, Nr. 19 (Pkt. 11) und des Obersten Arbitragegerichts der RF vom 20.11.2003, Nr. 20, VVAS 2004, Nr. 1, in: Datenbank Konsultant; zum Mindestkapital s.o. E.VI.1, S. 135.

1138 *Fischer* Das System der Kapitalaufbringung und Kapitalerhaltung der Aktiengesellschaft und Gesellschaft mit beschränkter Haftung, S. 230.

die Kapitalherabsetzung freiwillig, darf das Satzungskapital nicht geringer sein, als das gesetzliche vorgeschrieben Mindestkapital zum Zeitpunkt der Kapitalherabsetzung.[1139]

b) Recht zur Kapitalherabsetzung

Die russische AG ist ständig berechtigt, eine Kapitalherabsetzung durchzuführen, insoweit sie die gesetzlichen Vorgaben - insbesondere zum Schutz der Gläubiger - beachtet und das gesetzlich vorgeschrieben Mindestsatzungskapital nicht durch die Kapitalherabsetzung unterschritten wird.[1140]

c) Pflicht zur Kapitalherabsetzung

(1) Allgemeines

Die russische Aktiengesellschaft ist in verschiedenen Fällen zu einer Kapitalherabsetzung gezwungen, so etwa beim Auftreten einer Unterbilanz[1141] oder bei einer nicht vollständigen Kapitalaufbringung,[1142] als Folge des Erwerbs eigener Aktien.[1143]

(2) Unterbilanz

Eine Unterbilanz ist das Absinken der Reinaktiva[1144] - also des tatsächlich zur Verfügung stehenden Vermögens der Gesellschaft - auf einen Wert, der geringer ist als das Satzungskapital.[1145] Das Auftreten einer Unterbilanz erfordert - soweit diese nicht mit Abschluss des ersten Geschäftsjahres auftritt - die Herabsetzung des Satzungskapitals auf einen Wert, der die Reinaktiva nicht übersteigt.[1146]

1139 Art. 29 Pkt. 1 Abs. 4 AktG RF; Beschluss des Plenums des Obersten Gerichts der RF vom 18.11.2003, Nr. 19 (Pkt. 11) und des Obersten Arbitragegerichts der RF vom 20.11.2003, Nr. 20, VVAS 2004, Nr. 1, in: Datenbank Konsultant; *Fischer* Das System der Kapitalaufbringung und Kapitalerhaltung der Aktiengesellschaft und Gesellschaft mit beschränkter Haftung, S. 230 m.w.N.

1140 Art. 29 Pkt. 1 Abs. 2 und 30 AktG RF.

1141 Art. 35 Pkt. 4, 7 und 8 AktG RF.

1142 Art. 34 Pkt. 1 Abs. 4 AktG RF; zur Kapitalaufbringung, s.o. Kapitel E.VI.2.c), S. 137.

1143 Art. 72 Pkt. 3 Abs. 2 und 76 Pkt. 6 Abs. 2 AktG RF; zum Erwerb eigener Aktien, s.u. Kapitel E.VII.10.b), S. 167.

1144 Zur Reinaktiva, s.u. E.XI.2, S. 232.

1145 Art. 35 Pkt. 4 AktG RF.

1146 Art. 99 Pkt. 4 ZGB i.V.m. Art. 35 Pkt. 4 AktG RF; *Fischer* Das System der Kapitalaufbringung und Kapitalerhaltung der Aktiengesellschaft und Gesellschaft mit beschränkter Haftung, S. 221.

Neben der allgemeinen Verpflichtung der Gesellschaft, die Unterbilanz zu beseitigen, ist im russischen Recht auch die Möglichkeit der Kapitalherabsetzung durch staatliche Stellen vorgesehen.[1147] Erforderlich hierfür ist, dass der Aufsichtsrat die Hauptversammlung zu einer Kapitalherabsetzung auffordert, sobald eine Wirtschaftsprüfung das Vorliegen einer Unterbilanz offenbart hat. Die Kapitalherabsetzung ist, soweit sie nicht mittels Hauptversammlungsbeschluss durchgeführt wird, in einem solchen Fall von den örtlich zuständigen staatlichen Organen umzusetzen.[1148] Dem Aufsichtsrat soll damit die Möglichkeit gegeben werde, eine Herabsetzung des Satzungskapitals frühzeitig auch gegen den Willen der Hauptversammlung durchzuführen, um eine Unterbilanz i.S.d. Art. 35 Pkt. 4 AktG RF zu verhindern.[1149]

Unterschreitet der Wert der Reinaktiva den Wert des gesetzlich erforderlichen Mindestkapitals, ist die Gesellschaft zu liquidieren.[1150] Maßgeblich ist hierbei das gesetzlich erforderliche Mindestsatzungskapital zum Zeitpunkt der Gründung der Gesellschaft.[1151] Eine Unterbilanz während des Geschäftsjahres ist nicht schädlich, entscheidender Zeitpunkt ist vielmehr der Moment der Erstellung der jährlichen Bilanz.[1152]

Durch diese Herabsetzungspflicht werden Rechtsverkehr bzw. Gläubiger der Gesellschaft geschützt. Steht der Gesellschaft weniger Kapital zur Verfügung, als in der Satzung als Haftsumme ausgezeichnet, ist der Ausgleich der Forderungen in der entsprechenden Höhe nämlich nicht mehr möglich.

Verstößt eine Gesellschaft gegen die Mindestkapitalanforderungen aus Art. 35 AktG RF, ist die Gesellschaft nicht automatisch in ihren Rechten eingeschränkt.[1153] Vielmehr ist sie noch in der Lage Rechtsgeschäfte – etwa zur Deckung des Kapitalbedarfs – vorzunehmen.[1154]

1147 Art. 35 Pkt. 7 und 8 AktG RF.

1148 Art. 35 Pkt. 7 und 8 AktG RF; entsprechende Organe sind etwa, das zuständige Registrierungsorgan, Steuerbehörden, die Zentralbank oder die Staatsanwaltschaft.

1149 *Fischer* Das System der Kapitalaufbringung und Kapitalerhaltung der Aktiengesellschaft und Gesellschaft mit beschränkter Haftung, S. 222.

1150 Art. 35 Pkt. 5 AktG RF.

1151 *Fischer* Das System der Kapitalaufbringung und Kapitalerhaltung der Aktiengesellschaft und Gesellschaft mit beschränkter Haftung, S. 56.

1152 *Fischer* Das System der Kapitalaufbringung und Kapitalerhaltung der Aktiengesellschaft und Gesellschaft mit beschränkter Haftung, S. 222.

1153 Informationsschreiben des Föderalen Dienstes für den Finanzmarkt (FSFR) zu Kapitalerhöhungen und zur Unterkapitalisierung russischer Aktiengesellschaften vom 27.3.2012.

1154 Hingewiesen wird explizit auf die Möglichkeit, sich neuer Aktien zu begeben um zusätzliches Kapital einzusammeln, siehe Informationsschreiben des Föderalen

Die Unterbilanz führt allerdings dazu, dass die Registerbehörden berechtigt sind, einen Antrag auf Liquidation der Gesellschaft aufgrund der Unterbilanz, zu stellen, soweit die Unterbilanz nicht behebbar ist.[1155]

d) Durchführung der Kapitalherabsetzung

(1) Effektive Kapitalherabsetzung

Eine effektive Kapitalherabsetzung erfolgt durch Verringerung der Stückzahl der Aktien mittels Erwerb eigener Aktien und deren Entwertung durch die Gesellschaft selber. Der Erwerb eigener Aktien ist als Möglichkeit vorgesehen, das Satzungskapital herabzusetzen. Durch Erwerb und Löschung wird der Wert der Gesamtsumme ausgegebener Aktien verringert. Der prozentuale Anteil einzelner (verbleibender) Aktien am Satzungskapital steigt entsprechend (gleichmäßig).

Die Möglichkeit zum Erwerb eigener Aktien muss in der Satzung vorgesehen sein.[1156] Wird eine Kapitalherabsetzung durch Erwerb eigener Aktien beschlossen, ohne dass die Satzung dies vorsieht, ist der entsprechende Beschluss nichtig und somit anfechtbar.[1157] Soweit die Satzung die Möglichkeit einer effektiven Kapitalherabsetzung statuiert, ist für dessen Durchführung ein Beschluss der Hauptversammlung mit einfacher Stimmenmehrheit erforderlich.[1158] Da die Regelungen bzgl. des Aktienerwerbs dispositiv sind,[1159] kann die Kompetenz, über den Erwerb eigener Aktien zu beschließen, satzungsmäßig auch auf den

Dienstes für den Finanzmarkt (FSFR) zu Kapitalerhöhungen und zur Unterkapitalisierung russischer Aktiengesellschaften vom 27.3.2012.

1155 Art. 35 Pkt. 12 AktG RF; zur unfreiwilligen Liquidation im Einzelnen s.u. E.X.3.c), S. 271.

1156 Vgl. Art. 101 Pkt. 2 ZGB i.V.m. Art. 72 Pkt. 1, 29 Pkt. 1 Abs. 3 AktG RF.

1157 *Heeg* Finanz- und Haftungsverfassung russischer Kapitalgesellschaften, 2003, S. 74; *Fischer* Das System der Kapitalaufbringung und Kapitalerhaltung der Aktiengesellschaft und Gesellschaft mit beschränkter Haftung, S. 229.

1158 Vgl. Art. 29 Pkt. 2; 72 Pkt. 1 AktG RF, wobei Art. 72 AktG RF in seiner Formulierung irreführend ist, da er die Kompetenz zum Erwerb eigener Aktien durch die Gesellschaft sowohl der Hauptversammlung als auch dem Aufsichtsrat verleiht. Gemeint ist hier aber der Erwerb eigener Aktien zu anderen Zwecken als der Kapitalherabsetzung, vgl. Beschluss des Plenums des Obersten Gerichts der RF vom 18.11.2003, Nr. 19 (Pkt. 11) und des Obersten Arbitragegerichts der RF vom 20.11.2003, Nr. 20, VVAS 2004, Nr. 1, in: Datenbank Konsultant; *Korjakovcev* Kommentar zum Föderalen Gesetz „über die Aktiengesellschaften", Art. 72; *Teljukina* Kommentar zum Föderalen Gesetz „Über die Aktiengesellschaften", Art. 72 P. 4.

1159 *Rodde/Abovski* WiRO 2009, 33, 38.

Aufsichtsrat übertragen werden.[1160] Mit dem entsprechenden Aktienerwerbsbeschluss geht auch gleichzeitig eine Satzungsänderung einher.[1161]

Ein entsprechender (Erwerbs-) Beschluss hat Angaben über Gattung und Typ der zu erwerbenden Aktien, Anzahl, Erwerbspreis,[1162] Zahlungsform[1163] und -frist[1164] und die Erwerbsfrist (min. 30 Tage)[1165] zu beinhalten. Die Gesellschafter sind über den Beschluss zu benachrichtigen; die Benachrichtigung stellt gleichzeitig ein Angebot i.S.d. Art. 435 Pkt. 1 ZGB RF dar. Das Angebot ist zwingend allen Gesellschaftern, die Inhaber des entsprechenden Typs der jeweiligen Aktiengattung sind, zu machen. Übersteigen die Annahmen dieses Angebots den zulässigen Erwerbsumfang der Gesellschaft, richtet sich der Erwerb proportional nach der Anzahl der Aktien der annehmenden Gesellschafter.[1166]

Der Erwerb eigener Aktien hat grundsätzlich zum Marktpreis zu erfolgen.[1167] Allerdings besteht ein gewisser Spielraum in der Bestimmung des Kaufpreises und des Marktpreises.[1168] Die Gefahr kann hier einerseits in der Zahlung eines überhöhten Kaufpreises, mithin einer verdeckten Gewinnausschüttung bestehen[1169] und andererseits der Gesellschaft die Möglichkeit eröffnen, einen (Minderheits-) Gesellschafter unter seinem Anteilswert abzufinden.

Nach Erwerb der Aktien erfolgt die Löschung. Hierzu sind die Aktien zunächst auf einem Kapitalkonto der Gesellschaft selber zu verbuchen, welches eigens für die Eintragung erworbener oder zurückgekaufter eigener Aktien von Beginn der Gesellschaft an einzurichten ist.[1170] Die Löschung und die dafür erforderliche

---

1160 *Ries* Der Minderheitenschutz im russischen Kapitalgesellschaftsrecht im Vergleich zum deutschen Recht, S. 96 f.

1161 *Fischer* Das System der Kapitalaufbringung und Kapitalerhaltung der Aktiengesellschaft und Gesellschaft mit beschränkter Haftung, S. 271.

1162 Art. 72 Pkt. 4 AktG RF i.V.m. Art. 77 AktG RF.

1163 Art. 72 Pkt. 4 Abs. 2 AktG RF.

1164 Art. 314 Pkt. 2 AktG RF.

1165 Art. 72 Pkt. 4 Abs. 2 AktG RF.

1166 Art. 72 Pkt. 4 Abs. 3 AktG RF.

1167 Art. 72 Pkt. 4 Abs. 2; 77 AktG RF.

1168 Der Wortlaut von Art. 77 Pkt. 1 AktG RF besagt, dass der „Betrag (Kaufpreis) ausgehend vom Marktpreis" während der letzten Monate zu bestimmen ist; vgl. auch *Ries* Der Minderheitenschutz im russischen Kapitalgesellschaftsrecht im Vergleich zum deutschen Recht, S. 97.

1169 *Ries* Der Minderheitenschutz im russischen Kapitalgesellschaftsrecht im Vergleich zum deutschen Recht, S. 97.

1170 Punkt 2 der Verordnung der Föderalen Kommission für den Wertpapiermarkt (FKZB) „Über die Verabschiedung der Ordnung über Registereintragungen der Inhaber von Wertpapieren" vom 2.10.1997, Nr. 27, EiŽ, Nr. 51 1997.

Satzungsänderung sind daraufhin zur Eintragung beim zuständigen Registeramt anzumelden. Eine Bestätigung hierüber ist dem Registrator auszuhändigen, der die entsprechenden Änderungen im Aktionärsregister vorzunehmen hat.

Ein Erwerb eigener Aktien zum Zweck der Kapitalherabsetzung ist unter der Voraussetzung, dass das gesetzlich vorgeschriebene Mindestsatzungskapital nicht unterschritten wird, möglich.[1171] Daneben ist der Erwerb eigener Aktien ausgeschlossen, wenn das Satzungskapital (noch) nicht eingezahlt wurde, wenn die Gesellschaft zum Zeitpunkt des Erwerbs zahlungsunfähig ist oder durch den Erwerb Zahlungsunfähigkeit eintreten würde und wenn zum Zeitpunkt des Erwerbs der Wert der Reinaktiva geringer als die Summe des Satzungskapitals, des Reservefonds und des Wertes, um den der Liquidationswert der Vorzugsaktien ihren Nennwert übersteigt, ist oder soweit dem Rückkaufanspruch eines Gesellschafters noch nicht entsprochen wurde.[1172]

Werden die entsprechenden (Verfahrens- und Form-) Vorschriften über den Erwerb eigener Aktien zum Zweck der Kapitalherabsetzung nicht eingehalten, sind die einzelnen Erwerbsgeschäfte mit den Gesellschaftern nichtig gemäß Art. 168 ZGB RF i.V.m. Art. 72 AktG RF.[1173]

(2) Nominelle Kapitalherabsetzung

Die nominelle Kapitalherabsetzung erfolgt durch Herabsetzung des (Nominal-) Wertes der bereits ausgegebenen Aktien.[1174]

Das Verfahren der Herabsetzung ist im Einzelnen in den *Finanzmarkt Emissionsstandards RF* geregelt.[1175] Demnach hat ein entsprechender Beschluss die Typen und den Nennwert der herabzusetzenden Aktien und den Nennwert aller Aktien (-typen) nach Herabsetzung zu enthalten. Auch nach Herabsetzung

---

1171 Art. 72 Pkt. 1 Abs. 2 AktG RF.

1172 Art. 73 AktG RF; zum Ganzen *Fischer* Das System der Kapitalaufbringung und Kapitalerhaltung der Aktiengesellschaft und Gesellschaft mit beschränkter Haftung, S. 274 f.

1173 *Fischer* Das System der Kapitalaufbringung und Kapitalerhaltung der Aktiengesellschaft und Gesellschaft mit beschränkter Haftung, S. 274.

1174 Art. 29 Pkt. 1 Abs. 2 AktG RF.

1175 Verordnung des Föderalen Dienstes für den Finanzmarkt „Über die Verabschiedung von Standards für die Emission von Wertpapiere und die Registrierung von Prospekten von Wertpapieren“ vom 25.1.2007, Nr. 07-4/pz-n, Bulletin 18.6.2007, Nr. 25, in: Datenbank Konsultant.

müssen Aktien des gleichen Typs im Verhältnis zueinander den gleichen Wert haben.[1176]

Eine nominelle Kapitalherabsetzung erfolgt ausschließlich und unabdingbar auf Vorschlag des Aufsichtsrats durch Beschluss der Hauptversammlung; diese Kompetenz ist nicht auf andere Organe Übertragbar.[1177] Zunächst ist ein Herabsetzungsbeschluss erforderlich, der mit einfacher Mehrheit zu fassen ist.[1178] Daneben hat die Hauptversammlung einen Beschluss über die Änderung der Satzung zu fassen, der allerdings einer ¾-Mehrheit bedarf;[1179] auch diese Beschlusskompetenz ist nicht disponibel.[1180]

e) *Folgen der Kapitalherabsetzung*

Aufgrund des Schutzes des Rechtsverkehrs und des Gläubigerschutzes sind Allgemeinheit und Gläubiger im Falle einer Kapitalherabsetzung frühzeitig über die Kapitalherabsetzung selber und die daraus resultierenden Rechte zu informieren.

Im Falle einer Kapitalherabsetzung ist der Herabsetzungsbeschluss durch ein Presseorgan der Gesellschaft im staatlichen Registrierungsblatt zu veröffentlichen.[1181] Hingegen ist es nicht mehr erforderlich, den Gläubigern der Gesellschaft den Herabsetzungsbeschluss schriftlich anzuzeigen.[1182]

Die Kapitalherabsetzung berechtigt die Gläubiger, Aufhebung des Schuldverhältnisses oder frühzeitige Erfüllung ihrer Forderungen und daneben Schadensersatz zu verlangen.[1183] Einem Anspruch auf sofortige Erfüllung der Forderungen kann die Gesellschaft allerdings entgehen, wenn ihr der Nachweis gelingt, dass die Rechte der Gläubiger durch die Kapitalherabsetzung nicht beeinträchtigt werden und dass hinreichende Sicherheiten für bestehende Forderungen existieren.[1184]

1176 Als Folge des Gleichbehandlungsgrundsatzes, vgl. *Fischer* Das System der Kapitalaufbringung und Kapitalerhaltung der Aktiengesellschaft und Gesellschaft mit beschränkter Haftung, S. 229.

1177 Art. 29 Pkt. 2, 48 Pkt. 1, Nr. 7 AktG RF.

1178 Art. 49 Pkt. 2 Abs. 1 AktG RF.

1179 Art. 12 Pkt. 1, 29 Pkt. 2, 48 Pkt. 1, Nr. 1 AktG RF.

1180 Art. 29 Pkt. 2, 48 Pkt. 2 Abs. 2, 12 Pkt. 1 AktG RF.

1181 Im Einzelnen *Fischer* Das System der Kapitalaufbringung und Kapitalerhaltung der Aktiengesellschaft und Gesellschaft mit beschränkter Haftung, S. 231 Fn. 887.

1182 Änderungsgesetz vom 27.12.2009, Nr. 352-FZ, SZ RF 28.12.2009, Nr. 52 (Tb. 1), Pos. 6428; *Himmelreich* WiRO 2010, 114, 116.

1183 Art. 60 Abs. 2 ZGB RF; *Fischer* Das System der Kapitalaufbringung und Kapitalerhaltung der Aktiengesellschaft und Gesellschaft mit beschränkter Haftung, S. 231.

1184 *Riewe* NZI 2010, 134, 136.

Die zuletzt erforderliche Satzungsänderung richtet sich nach den allgemeinen Vorschriften.[1185] Erforderlich ist neben den allgemeinen Anforderung die Bestätigung, dass die Gläubiger und der Rechtsverkehr mittels entsprechender Veröffentlichung in ausreichender Weise informiert wurden.[1186]

7. Fazit

Das dem Gläubigerschutz dienende Satzungskapital der AG kompensiert die Haftungsbeschränkung der Gesellschaft. Die Höhe des Satzungskapitals definiert die Mindestanforderungen an die Ausstattung der Gesellschaft mit Eigenkapital. Gleichzeitig richtet sich der Umfang der Geschäftsanteile der Gesellschafter nach den Anteilen am Satzungskapital.

Aufgrund der Garantiefunktion des Satzungskapitals sind (gesetzlich) strenge Anforderungen an einerseits die Aufbringung des Kapitals durch Einlagenleistung und andererseits die Erhaltung des erbrachten Kapitals zu stellen. Zumindest einmal muss das Satzungskapital vorhanden sein bzw. gewesen sein; danach steht es zur Verwendung im Geschäftsverkehr zur Verfügung. Trotzdem existiert im russischen Recht keine Unterkapitalisierungshaftung.

Das gesetzliche Mindestsatzungskapital (ca. EUR 2.350,-) bemisst sich mittels eines dynamischen Verweismodels nach dem gesetzlichen Mindestlohn. Hierdurch soll die Mindestkapitalgrenze zumindest teilweise von der hohen Inflationsrate in Russland entkoppelt werden. In der Praxis läuft die Idee allerdings leer, da die für Gesellschaften maßgebliche gesetzliche Regelung seit 2001 nicht verändert wurde.

Die Einlagenleistung hat, mit Ausnahme eines maximal 10 %-igen Abschlags auf junge Aktien für Altgesellschafter, zum Nennbetrag zu erfolgen. Die Einlagenleistung kann in Form einer Geld-, Sach- oder Mischeinlagen erbracht werden, wobei von einem Vorrang der Bargründung vor der Sachgründung auszugehen ist. Übersteigt der Wert der Sacheinlage die durch den Gesellschafter zu leistende Einlage, besteht – anders als im Fall der deutschen „gemischten Sacheinlage“ – kein Anspruch auf Rückzahlung des Überschussbetrages.

Nach dem Grundsatz der Simultangründung ist eine Übertragung von Aktien erst dann möglich, wenn alle Gründungsgesellschafter ihre Einlagen erbracht haben. Entsprechend sind Rechtsgeschäfte, die nicht eingezahlte Aktien betreffen, untersagt und stets nichtig. Gleiches gilt für die Ausschüttung einer Dividende, die erst nach Einbringung des gesamten Satzungskapitals möglich ist.

1185 Art. 30 Pkt. 2 AktG RF i.V.m. Art. 9 und 18 RegG RF.
1186 Art. 30 Pkt. 2 AktG RF.

In Ermangelung einer rechtsfähigen Vor-Gesellschaft und mithin eines Rechtsträgers, der vor Eintragung der Gesellschaft die Einlage übertragen bekommen könnte, hat die Einlagenleistung in Höhe von 50 % innerhalb der ersten drei Monate nach Gründung und darüber hinaus innerhalb eines Jahres zu erfolgen. Alternativ ist in der Praxis die Eröffnung eines sog. Ansparkontos üblich, welches das Vorhandensein des Mindestsatzungskapitals zum Zeitpunkt der Gründung sicherzustellen vermag; die Einzahlung ist vor Registrierung der Aktiengesellschaft möglich, eine Verfügung über dieses Konto vor der Registrierung aber ausgeschlossen.

Solange nicht mindestens 50 % des Satzungskapitals geleistet wurden ist die Gesellschaft abgesehen von bloßen Gründungsgeschäften – etwa das Anmieten von Räumen und Einrichtungsgegenständen oder die Eröffnung eines Kontos – nicht rechtsfähig und alle anderen getätigten Rechtsgeschäfte sind nichtig. Dies führt zu erheblicher Rechtsunsicherheit, da ein potentieller Vertragspartner trotz Eintragung nicht auf die Wirksamkeit einer Willenserklärung der Gesellschaft vertrauen kann, weshalb von vertraglichen Vereinbarung mit Aktiengesellschaften innerhalb von drei Monaten nach Eintragung abzuraten ist oder ein entsprechender Nachweis der Einlagenerbringung zu verlangen ist.

Der nichtleistende Gesellschafter hat weder Stimmrecht – entsprechende Gesellschafterbeschlüsse sind, soweit nichts abweichendes satzungsmäßig geregelt ist, nichtig – noch Anspruch auf eine Dividendenzahlung. Er haftet gesamtschuldnerisch mit der Gesellschaft und anderen säumigen Gesellschaftern in Höhe seines noch zu leistenden Anteils. Mit Ablauf eines Jahres geht die Aktie automatisch auf die Gesellschaft über, ohne dass Teilleistungen zu erstatten sind. Zum Schutz der Gesellschaft sind darüber hinausgehende Vertragsstrafen zu empfehlen.

Zu Entstehung, Erhalt bzw. Deckung des Satzungskapitals ist zunächst die reale Kapitalaufbringung erforderlich. Dementsprechend handelt es sich bei der Einlagenleistung bilanziell um einen Aktivenaustausch, bei dem an die Stelle der Einlagenforderung der Gesellschaft das Äquivalent in Geld oder in Sachwert tritt. Dies wird sichergestellt indem die Befreiung eines Gesellschafters von der Einlagenleistung unter keinen Umständen möglich ist, die Einlagenleistung – anders als im deutschen Recht – unter keinen Umständen an einen Dritten Gesellschaftsgläubiger möglich ist und die Gesellschafter – mit Ausnahme eines *Dept-to-Equity-Swaps* – nicht mit Forderungen gegenüber der Gesellschaft aufrechnen können. Gleiches gilt für Abtretung, Pfändung oder Verpfändung des Einlageanspruchs durch die Gesellschaft. Zuletzt ist der Erwerb eigener Aktien durch die Gesellschaft nur eingeschränkt möglich und hierbei sind bestimmte Bilanzvorschriften einzuhalten.

Außer in Geld kann die Einlage auf Aktien in das Satzungskapital einer Gesellschaft auch in Form von Wertpapieren, sonstigen Sachen bzw. Vermögensrechten oder anderen Rechten, denen ein in Geld zu beziffernder Wert innewohnt und die verkehrsfähig sind, eingebracht werden. Hierunter fallen neben mobilen oder immobilen Sachen auch abtretbare nicht notwendigerweise verbrieft Forderungen – Einlagenleistung erfolgt mittels Übertragung – oder Wertpapiere und Nutzungsrechte etwa an Ergebnissen geistiger Tätigkeit, nicht erfasst sind ständige (unbefristete) Nutzungsrechte an Grundstücken. Der Grundsatz der realen Kapitalaufbringung gebietet stets eine realistische Bewertung der einzubringenden Sacheinlage. Erforderlich ist eine einvernehmliche Bewertung durch Gesellschafter oder Aufsichtsrat auf Grundlage eines neutralen Gutachtens. Entscheidend hierfür ist, welcher Preis bei Veräußerung bzw. Verwertung unter Berücksichtigung aller preisbeeinflussenden Umstände zu erzielen wäre. Eine Werthaltigkeitsprüfung der Sache durch das entsprechende staatliche Register findet seit der ZGB RF-Novelle nunmehr statt. Aufgrund der Gefahr, dass Satzungskapital vorenthalten wird, sind strenge Rechtsfolgen an eine Überbewertung zu knüpfen. Bzgl. der AG-Gesellschafter ist in Ermangelung spezialgesetzlicher Regelungen auf die allgemeinen Vorschriften bzw. die Vorschriften des GmbH-Rechts in analoger Anwendung zurückzugreifen; eine gesetzliche Regelung wäre daher wünschenswert. Der Aufsichtsrat haftet bei Überbewertung aufgrund Handelns entgegen den Interessen der Gesellschaft. Die Haftung der Aufsichtsratsmitglieder setzt Verschulden voraus und führt zu einer gesamtschuldnerischen Haftung aller Mitglieder. Eine *Exculpation* ist möglich, soweit ein Aufsichtsratsmitglied nicht an der Beschlussfassung teilgenommen oder gegen die entsprechende Bewertung gestimmt hat. Eine Haftung trifft auch den Aussteller eines Emissionsprospektes, welches eine Überbewertung beinhaltet, wobei Beweispflicht bzgl. der Überbewertung der Sacheinlage und deren Ursächlichkeit für einen entstandenen Schaden den Geschädigten trifft.

Das Institut der verdeckten Sacheinlage und das Verbot der Einlagenrückgewähr sind dem russischen (Aktien-) Recht fremd. Allenfalls existiert ein Aufrechnungsverbot worin auch ein ansatzweises Verbot der Verdeckten Sacheinlage erkannt wird. Daneben erlangt die Bindung des eingebrachten Kapitals Bedeutung. So unterliegen Austritt bzw. Andienung und die Gewinnausschüttung strengen Anforderungen, soweit bestimmten kapitalschützenden Vorgaben nicht entsprochen wird.

Das Vermögen der Gesellschaften wird einer starken Bindung an das ausgewiesene Kapital unterworfen. So führt etwa der Ausweis einer Unterbilanz zum Jahresabschluss zur gesetzlich vorgeschriebenen Kapitalherabsetzung, welche wiederum als Gläubigerrecht das Recht auf vorzeitige Befriedigung auslöst.

Diese weitreichenden Konsequenzen gilt es bei der Ausgestaltung der Kapitalverfassung der Gesellschaft stets zu beachten.

Mittels Thesaurierung von Gewinnen hat die AG zwingend einen Reservefonds zur Deckung von Verlusten, zur Tilgung von Obligationen und zum Rückkauf von Aktien einzurichten, dessen Kapital gebunden ist und mithin nicht an die Gesellschafter ausgeschüttet werden darf. Fakultativ kann daneben ein Fonds zum Erwerb von eigenen Anteilen für die Mitarbeiter, zur Zahlung der Dividende auf Vorzugsaktien oder zu anderen Zwecken eingerichtet werden.

Die Anzahl der Aktien und der Wert einer Aktie sind in der Satzung der Gesellschaft genau zu bezeichnen. Daneben sind neu auszugebende Aktien durch Gesellschafterbeschluss, der einer ¾-Mehrheit bedarf, anzukündigen; hierbei handelt es sich um eine Art Vorratsaktien, die für die Ausgabe zur Verfügung stehen. Effektive wie auch nominelle Kapitalerhöhung erfolgen auf Vorschlag des Aufsichtsrats, wobei dieses Vorschlagsrecht satzungsmäßig auf andere Gesellschaftsorgane übertragbar ist.

Im Falle einer *offenen Zeichnung* im Rahmen einer effektiven Kapitalerhöhung durch eine oAG steht den (Alt-) Gesellschaftern ein ihren Anteilen entsprechendes – satzungsmäßig unabdingbares – bevorzugtes Bezugsrecht zu, das 10 % günstiger sein kann, als der Nominalwert der Aktie. Beschlussfassung über eine effektive Kapitalerhöhung erfolgt mit einfacher Mehrheit bzw. mit ¾-Mehrheit, soweit die Kapitalerhöhung vom Umfang her 25 % des bisherigen Satzungskapitals übersteigt oder es sich um eine Kapitalerhöhung im Rahmen geschlossene Zeichnung handelt. Satzungsmäßig kann der Beschluss über die Ausgabe neuer Aktien im Rahmen schon angekündigter Aktien auch einstimmig durch den Aufsichtsrat erfolgen, was die Kapitalbeschaffung flexibilisiert. Ein entsprechender Beschluss – durch die Hauptversammlung oder den Aufsichtsrat – über die Ausgabe neuer Aktien beinhaltet gleichzeitig einen für die Erhöhung des in der Satzung bezeichneten Satzungskapitals erforderlichen Satzungsänderungsbeschluss. Eine Kapitalerhöhung durch Ausgabe neuer Aktien an die Gesellschafter kann auch aus dem Vermögen der Gesellschaft erfolgen.

Da Beschlussfähigkeit schon mit einem Quorum von 50 % der tatsächlichen Stimmen erreicht ist und hiervon lediglich 50 % für eine Kapitalerhöhung zu stimmen brauchen, würden im Einzelfall knapp über 25 % der Stimmen ausreichen, um eine Kapitalerhöhung herbeizuführen. Ein Schutz im Rahmen einer satzungsmäßigen Erhöhung des erforderlichen Quorums ist vor dem Hintergrund des Art. 49 Pkt. 2 AktG RF nicht möglich. Einziger Schutz ist, dass sich die Kapitalerhöhung lediglich im Rahmen der angekündigten Aktien halten kann, deren Anzahl durch einen Beschluss der Hauptversammlung mit ¾-Mehrheit möglich ist. Dies gilt es bei der Ankündigung neuer Aktien stets mitzubedenken.

Eine nominelle Kapitalerhöhung erfolgt aus dem Vermögen der Gesellschaft. Ein entsprechender Erhöhungsbeschluss muss vom Aufsichtsrat vorschlagen werden und ist durch die Hauptversammlung mit einfacher Mehrheit der anwesenden Stimmen zu beschließen.

Eine Kapitalherabsetzung führt zur Herabsetzung des Haftungsvermögens der Gesellschaft. Daher kommt dem Gläubigerschutz erhebliche Bedeutung im Zusammenhang mit der Kapitalherabsetzung zu. Entscheidender Zeitpunkt ist der Gründungszeitpunkt, sodass das Satzungskapital nach einer Kapitalherabsetzung nicht geringer sein, als das gesetzlich vorgeschriebene Mindestsatzungskapital zum Gründungszeitpunkt. Eine Unterbilanz während des Geschäftsjahres ist hierbei nicht schädlich, maßgeblich ist vielmehr der Moment der Erstellung der jährlichen Bilanz. Eine Kapitalherabsetzung ist beim Auftreten einer Unterbilanz – Absinken der Reinaktiva unter das Satzungskapital – oder bei einer nicht vollständigen Kapitalaufbringung zwingend durchzuführen. Auf Initiative des Aufsichtsrats ist auch eine Kapitalherabsetzung durch staatliche Organe möglich, soweit eine zwingend erforderliche Kapitalherabsetzung nicht durch die Hauptversammlung beschlossen wird.

Eine effektive Kapitalherabsetzung mittels Erwerb und Löschung eigener Anteile durch die Gesellschaft muss satzungsmäßig vorgesehen sein und bedarf eines Hauptversammlungsbeschlusses mit einfacher Mehrheit. Beschlusskompetenz kann satzungsmäßig auch auf den Aufsichtsrat übertragen werden. Der Erwerb hat zum Marktpreis zu erfolgen, wobei es sich hierbei um einen Richtwert handelt, von dem in gewissem Maße abgewichen werden kann. Ein entsprechendes Angebot ist allen Inhabern des jeweiligen Aktientyps der jeweiligen Aktiengattung zu machen. Ausgeschlossen ist eine Kapitalherabsetzung, wenn hierdurch das gesetzlich vorgeschriebene Mindestsatzungskapital unterschritten wird, das Satzungskapital (noch) nicht eingezahlt wurde, die Gesellschaft zum Zeitpunkt des Erwerbs zahlungsunfähig ist oder durch den Erwerb Zahlungsunfähigkeit eintreten würde und zum Zeitpunkt des Erwerbs der Wert der Reinaktiva geringer als die Summe des Satzungskapitals, des Reservefonds und des Wertes, um den der Liquidationswert der Vorzugsaktien ihren Nennwert übersteigt, ist oder soweit einem Rückkaufanspruch eines Gesellschafters noch nicht entsprochen wurde. Bei Verletzung von Verfahrens- und Formvorschriften sind die einzelnen Erwerbsgeschäfte mit den Gesellschaftern gem. Art. 168 ZGB RF i.V.m. Art. 72 AktG RF nichtig.

Eine nominelle Kapitalherabsetzung erfolgt ausschließlich und unabdingbar auf Vorschlag des Aufsichtsrats durch Beschluss der Hauptversammlung über die Herabsetzung mit einfacher Mehrheit und über die entsprechend erforderliche Satzungsänderung mit einer ¾-Mehrheit; diese Kompetenz ist nicht auf andere Organe Übertragbar. Auch nach Herabsetzung müssen Aktien des gleichen Typs den gleichen Wert haben.

Der Gläubigerschutz gebietet frühzeitige Information über sowohl effektive als auch nominelle Kapitalherabsetzung und daraus resultierende Rechte. Eine Kapitalherabsetzung berechtigt Gläubiger der Gesellschaft, Aufhebung des Schuldverhältnisses oder frühzeitige Erfüllung ihrer Forderungen und daneben Schadensersatz zu verlangen. Dies kann durch den Nachweis verhindert werden, dass die Rechte der Gläubiger durch die Kapitalherabsetzung nicht beeinträchtigt werden und dass hinreichende Sicherheiten für bestehende Forderungen existieren.

VII. Wertpapiere

1. Allgemeines

Die Ausgabe von und der Handel mit Wertpapieren erfolgt in Russland am Wertpapiermarkt.[1187] Zentrales Element entsprechender Regelungen sind Wertpapiere.[1188]

Emission und Handel von Wertpapieren sind primär im WpMG RF geregelt.[1189]

Im Zusammenhang mit der Inhaberschaft von Wertpapieren auch von Interesse sind Dividendenzahlungen, die in den Art. 42 f. AktG RF und in der DividendenO RF geregelt sind.

2. Die Arten von Wertpapieren im Einzelnen

Der Wertpapierbegriff ist im russischen Recht nicht legaldefiniert. Gemäß der nicht abschließenden Aufzählung in Art. 142 Pkt. 2 ZGB RF sind in Russland neben Aktien weitere Wertpapiere gesetzlich vorgesehen. Dies sind Schecks, Wechsel, Konnossements, Obligation, Wandelschuldverschreibung, Aktienoptionen und Hinterlegungszertifikate.

1187 *Rynka cennych bumag* – wörtl. Wertpapiermarkt, äquivalent für den deutschen Kapitalmarktbegriff.

1188 *Emissionaja cennaja bumaga* – wörtl. Emissionswertpapier, wird im Folgenden der Verständlichkeit halber als Wertpapier bezeichnet.

1189 Föderalen Gesetz „Über den Wertpapiermarkt" vom 22.4.1996, Nr. 39-FZ, SZ RF 1996, Nr. 17, Pos. 1918, deutsche Übersetzung von *Bauer/Reinsch/Wipplinger* Hdb Wirtschaft und Recht in Osteuropa, RUS 350; vgl. zum Ganzen *Schramm*, in: Einführung in das russische Recht, 2010, S. 259 ff., 266.

3. Aktien

a) Allgemeines

Bei der AG russischen Rechts wird zwischen zwei Gattungen an Aktien unterschieden: den Stammaktien (*obyknovennye akcii* - wörtl. gewöhnliche Aktien) und den Vorzugsaktien (*privilegirovannye akcii* - wörtl. privilegierte Aktien).[1190] Aktien der jeweiligen Gattungen können daneben in verschiedene Typen untergliedert werden.[1191] So können bestimmte Vorzugsaktien mit einem Recht auf Umwandlung ausgestattet werden oder nach der Höhe einer Dividendenzahlung gestaffelt werden.[1192] Aktiengattungen des gleichen Typs müssen die gleichen Rechte verleihen.[1193]

Daneben existierte die Unterscheidung in *dokumentäre* (verbriefte) und *nichtdokumentäre* (nichtverbriefte) Aktien. Im Fall der *dokumentären* Aktie handelt es sich um eine verkörperlichte Erklärung der Gesellschaftereigenschaft. Im Falle der dokumentlosen Aktie steht dem Gesellschafter lediglich ein Auszug aus dem Aktionärsregister als Beleg über seine Aktionärseigenschaft zu.[1194] Bei *dokumentäre* Aktien war der *Depositar* als nomineller Eigentümer der Aktie im Aktionärsregister eingetragen, wobei sich Verfügungen über die Aktie aus dem Depot selbst ergaben.[1195] Seit 2002 existiert nunmehr lediglich die *nichtdokumentäre* Aktie.[1196] Ein körperlicher Anteilsschein i.S. einer Urkunde existiert somit nicht mehr. Lediglich ein Aktienzertifikat verbrieft die Inhaberschaft auch mehrerer Aktien, wobei es sich hierbei nicht um eine Urkunde im technischen Sinne handelt.[1197] Die Verbriefung wurde durch Registereintragung ersetzt, die aus deutscher Sicht quasi-dinglichen Charakter hat.[1198]

1190 Vgl. Art. 25 Pkt. 1 AktG RF.

1191 *Solotych* Hdb Wirtschaft und Recht in Osteuropa, EL 53 2003, RUS Kapitel D.I., Rn. 212.

1192 *Rodde/Abovski* WiRO 2009, 33, 34; *Bauer-Mitterlehner/Karimullin/Micheler* FOWI Arbeitspapiere, Nr. 101, 27.

1193 *Solotych* Hdb Wirtschaft und Recht in Osteuropa, EL 53 2003, RUS Kapitel D.I., Rn. 212.

1194 Genau genommen ist es somit fraglich, ob im Falle der dokumentlosen Aktie überhaupt von einer Aktie gesprochen werden kann. Zur Sachqualität einer solchen – nicht körperlichen – Aktie s.u. Kapitel E.VII.3.b), S. 182.

1195 *Solotych* Hdb Wirtschaft und Recht in Osteuropa, EL 53 2003, RUS Kapitel D.I., Rn. 225.

1196 Art. 16 WpMG RF.

1197 *Rodde/Abovski* WiRO 2009, 33 f.

1198 *Rodde/Abovski* WiRO 2009, 33, 34.

Aktien werden grundsätzlich als Namensaktien ausgegeben. Inhaberpapiere sind im AktG RF nicht genannt, sodass von deren Verbot auszugehen ist.[1199] Die Inhaber der Namensaktien – sprich: die Gesellschafter – sind namentlich in einem Aktionärsregister zu führen, der bei einer AG mit mehr als 50 Gesellschaftern zwingend von einem (professionellen) Registrator aufzubewahren ist.[1200] Für Aktien ist weder ein Mindestnennbetrag noch eine bestimmte Stückelung erforderlich.

b) Stammaktie

Mit Zahlung auf die Stammaktien erlangt der Gesellschafter die damit verbundenen Rechte. Die Zahlung von Ersteinlagen hat in Höhe von 50 % innerhalb von drei Monaten und der Rest innerhalb eines Jahres nach Registrierung zu erfolgen.[1201] Ohne Leistung der Einlage erlangt der Gesellschafter auch nicht die mit der Aktie verbundenen Rechte,[1202] sofern nichts anderes in der Satzung festgehalten wurde.[1203]

Inhaber von Stammaktien sind berechtigt, ihr Stimmrecht in der Hauptversammlung auszuüben und eine Dividende zu beziehen. Jede Aktie verleiht grundsätzlich eine Stimme.[1204] Die Vergabe von Mehrstimmenaktien ist verboten. In diesem Sinne verleihen alle Stammaktien gleiche Rechte.[1205]

Namensaktien können gem. Art. 16 WpMG RF ausschließlich in der *nichtdokumentären* – also nicht körperlichen – Form emittiert werden und existieren

1199 Dies wird daraus abgeleitet, dass deren Ausgabe verboten ist, vgl. *Resch*, Unternehmensrecht in Russland zwischen Privatisierung und Staatshaftung, 2006, S. 118; Arzinger/Galander Russisches Wirtschaftsrecht, 2. Aufl. 2002, S. 101; *Wedde* VDRW-Mitteilungen 33–34/2007, 40, 43; *Cepov* Aktiengesellschaften, 2007, S. 193; vgl. auch *Ries* Der Minderheitenschutz im russischen Kapitalgesellschaftsrecht im Vergleich zum deutschen Recht, S. 96, der in Art. 2 WpMG RF die Existenz von Inhaberpapieren erkennt, ihnen aber keinerlei Relevanz zugesteht.

1200 Art. 44 Pkt. 1 AktG RF; *Ries* Der Minderheitenschutz im russischen Kapitalgesellschaftsrecht im Vergleich zum deutschen Recht, S. 96.

1201 S.o. Kapitel E.VI.2, S. 135.

1202 Insbes. Stimmrechte und Dividendenanspruch.

1203 *Solotych* Hdb Wirtschaft und Recht in Osteuropa, EL 53 2003, RUS Kapitel D.I., Rn. 153.

1204 Etwas anderes kann gelten, wenn die Stimmberechtigung für die Aktionäre einheitlich begrenzt ist, s.u. Kapitel E.IV.2.e), S. 103.

1205 Vgl. Art. 31 Abs. 1 AktG RF; *Teljukina* Kommentar zum Gesetz „über die Aktiengesellschaften, 2004, Art. 49, Nr. 5.

demnach lediglich als Registereinträge.[1206] Die Sachqualität einer solchen Namensaktie ist in der russischen Literatur heftig umstritten.[1207] Dementsprechend ist auch fraglich, ob die Möglichkeit einer Vindikation besteht oder ob lediglich eine vertragliche Forderung aus dem gesellschaftsrechtlichen Verhältnis zwischen Aktionär und AG bzw. anderen Aktionären existiert.[1208] Vergleichbar ist diese russische Konstruktion mit der in der deutschen Dogmatik als Wertrechtslehre (Bucheffektensystem) bezeichneten Erscheinung, bei der die Verbriefung durch Registereintragung ersetzt wird und von einem quasidinglichen Charakter auszugehen ist.[1209]

Zum Schutz der (Stamm-) Aktionäre sind umfangreiche Andienungsrechte gesetzlich normiert, welche in besonderen Fällen die Gesellschaft verpflichtet, Aktien zurückzukaufen bzw. die Aktionäre zu diesem Verlangen berechtigen.[1210] Durch die Normierung einer realistischen Abfindungszahlung im Falle der Andienung soll der Minderheitsgesellschafter vor einschneidenden (Geschäftsführungs-) Maßnahmen geschützt werden, die nicht in seinem Interesse sind.[1211]

Ein beliebtes Mittel unliebsame Gesellschafter aus der Gesellschaft zu drängen oder sie von der Beschlussfassung auszuschließen war bis zur AktG-Reform von 2002 die Umwandlung von Stammaktien in Vorzugsaktien oder andere Wertpapiere.[1212] Diese Möglichkeit der Umwandlung von Stammaktien ist seitdem gesetzlich ausgeschlossen.[1213] Eine Umwandlung ist nunmehr lediglich über die Reduzierung bzw. Kapitalherabsetzung und Ausgabe neuer anderer Wertpapiere möglich.

Aktien, die von der Gesellschaft selbst gehalten werden, sind nicht Stimmberechtigt und finden auch bei der Gewinnverteilung keine Beachtung.[1214]

1206 *Rodde/Abovski* WiRO 2009, S. 33.

1207 Im Einzelnen zum Streit, vgl. *Dobrowolskij* Problemy korporativnogo prava v arbitrazhnoj praktike, Moskau 2006, S. 30.

1208 Wobei die Rechtspr. inzwischen die Sachqualität anerkennen und somit einen Vindikationsanspruch bejahen, vgl. Informationsbrief des Präsidiums des Obersten Arbitragegerichts der RF vom 21.4.1998, Nr. 33, VVAS RF 1998, Nr. 6.

1209 *Rodde/Abovski* WiRO 2009, S. 33, 34; im Einzelnen zur Wertrechtslehre, vgl. *Marburger*, in: Staudinger, 2002, vor § 793 Rn. 41.

1210 Art. 75 AktG RF.

1211 S.o. Kapitel E.V.8.c), S. 131.

1212 *Schmitt/Vogt* RIW 2002, 762, 764.

1213 Art. 33 Pkt. 3 AktG RF.

1214 *Solotych* Hdb Wirtschaft und Recht in Osteuropa, EL 53 2003, RUS Kapitel D.I., Rn. 219.

c) *Vorzugsaktien*

Bei Vorzugsaktien handelt es sich um eine Aktiengattung, die mit einem Vorrecht auf Gewinnausschüttung bzw. Bezug der Dividende oder des Abwicklungserlöses (Liquidationsquote) ausgestattet ist.[1215] Im Gegenzug ist das Stimmrecht der Vorzugsaktie entzogen bzw. stark eingeschränkt. Die Emission von Vorzugsaktien bietet somit die Möglichkeit, Eigenkapital zu akquirieren, ohne damit einhergehend die Abstimmungsverhältnisse in der Hauptversammlung der Gesellschaft zu ändern.[1216]

Die Ausgabe von Vorzugsaktien ist im Umfang auf 25 %[1217] des Satzungskapitals der AG beschränkt,[1218] wodurch ein beherrschender Einfluss mit lediglich geringem Kapitalanteil bei großer Anzahl von Vorzugsaktien verhindert werden soll.[1219] Die Satzung hat den Umfang, der auf Vorzugsaktien zu entfallenden Dividende – als festen Nennbetrag oder in % zum Nennbetrag der Aktie – zu bestimmen und den einer Vorzugsaktie zustehenden Liquidationserlös zu regeln.[1220] Hierin wird eine dem deutschen Recht ähnliche Gestaltungsfreiheit des Satzungsgebers gesehen.[1221] Dementsprechend ist es auch möglich, eine Vorzugsaktie mit der gleichen Dividende wie der einer Stammaktie zu bedenken und sie lediglich im Liquidationserlös zu übervorteilen. Im Ergebnis entspricht dies einer Stammaktie ohne Stimmrechte.[1222] Dem russischen Gesetzgeber kam es bei der Novellierung des AktG RF im Jahre 2001[1223] insbesondere darauf an, die Aufteilung des einheitlichen Stimmrechts zu vermeiden.[1224] Dies ist allerdings – wie oben dargestellt – nur bedingt gelungen.[1225] Erfolgt keine spezielle

---

1215 *Rodde/Abovski* WiRO 2009, 33, 34.

1216 *Rodde/Abovski* WiRO 2009, 33, 34.

1217 Anders als im deutschen Recht, welches einen Anteil von 50 % Vorzugsaktien gestattet, vgl. § 139 Abs. 2 AktG BRD.

1218 Vgl. Art. 25 Abs. 2 AktG RF.

1219 *Rodde/Abovski* WiRO 2009, 33, 34.

1220 *Solotych* Hdb Wirtschaft und Recht in Osteuropa, EL 53 2003, RUS Kapitel D.I., Rn. 219.

1221 *Rodde/Abovski* WiRO 2009, 33, 34; zu den Regelungen im deutschen Recht, vgl. *Lutter*, in: KöKoAktG Bd. 1, 2. Aufl. 1988, § 60 Rn. 19 ff.

1222 *Rodde/Abovski* WiRO 2009, 33, 34; *Teljukina* Kommentar zum Gesetz „über die Aktiengesellschaften", 2004, Art. 32 Pkt. 4.

1223 Föderales Gesetz „Über die Eintragung von Änderungen und Ergänzungen in das Föderale Gesetz ‚Über Aktiengesellschaften'" vom 7.8.2001, Nr. 120-FZ, SZ RF 2001, Pos. 3423.

1224 *Rodde/Abovski* WiRO 2009, 33, 34.

1225 *Rodde/Abovski* WiRO 2009, 33, 34.

Regelung durch die Satzung, ist die Dividende gleich der auf Stammaktien entfallenden Dividende.[1226]

Vorzugsaktien begründen einen bevorzugten Anspruch auf Dividendenzahlung. Eine Abstufung zwischen den Vorzugsaktien in verschiedene Typen mit gestaffelter Rangfolge ist möglich.[1227]

Eine Stimmberechtigung der Inhaber von Vorzugsaktien auf der Hauptversammlung besteht nur in gesetzlich geregelten Fällen. Darüber hinaus existiert keine Dispositionsbefugnis, die Stimmrechte durch die Satzung zu erweitern.[1228] Gesetzlich geregelte Fälle sind u.a., wenn Interessen der Vorzugsaktionäre unmittelbar betroffen sind – sprich: wenn die Rechtsstellung der Vorzugsaktionäre nachteilig beeinträchtigt wird – bzw. wenn die Existenz der Gesellschaft gefährdet ist.[1229] Ein unmittelbares Betroffensein liegt etwa vor bei einem Umwandlungs- oder Auflösungsbeschluss, einer Satzungsänderung, durch die ihre Rechte eingeschränkt werden oder bei Umwandlung der Vorzugsaktien in Stammaktien.[1230]

Wird die satzungsmäßig festgelegte Dividende nicht durch die Hauptversammlung festgesetzt oder werden sonstige – der Vorzugsaktie eigene – Vorzüge nicht gewährt, verleiht die Vorzugsaktie bei den nachfolgenden Hauptversammlungen das gleiche Stimmrecht wie eine Stammaktie.[1231] Ob dieser Entzug bzw. die Vorenthaltung von Rechten rechtmäßig oder unrechtmäßig erfolgt, ist hierbei unerheblich.[1232] Die Vorzugsaktie ist in diesem Fall sowohl bei Berechnung der Stimmenmehrheiten als auch bei Berechnung der Kapitalmehrheiten als voll Stimmberechtigt zu betrachten.[1233] Anders als im deutschen Recht[1234] ergibt sich dieses Aufleben des vollen Stimmrechts schon, wenn die Gesellschaft mit der ersten Dividendenzahlung säumig ist.[1235] Sodass in Russland nicht die Möglichkeit besteht, ständig eine Jahresdividende im Rückstand zu sein.[1236]

1226 Vgl. Art. 32 Abs. 2 S. 1 AktG RF.

1227 *Solotych* Hdb Wirtschaft und Recht in Osteuropa, EL 53 2003, RUS Kapitel D.I., Rn. 221.

1228 *Rodde/Abovski* WiRO 2009, 33, 34.

1229 Vgl. Art. 32 Abs. 4 AktG RF.

1230 Vgl. Art. 32 Abs. 4, Abs. 5 AktG RF; zum Ganzen auch *Müller/Bartholomy/Müller* RIW Beilage zu Heft 4/1996, 9; Aufzählung grundsätzlich noch aktuell, bis auf die Berechtigung des Satzungsgebers den Vorzugsaktionären ein Stimmrecht zu übertragen.

1231 Vgl. Art. 32 Pkt. 5 AktG RF.

1232 *Rodde/Abovski* WiRO 2009, 33, 35.

1233 Vgl. Art. 32 Pkt. 5 Abs. 1 S. 1 AktG RF.

1234 Zum deutschen Recht, vgl. *Volhard*, in: MüKoAktG, 2. Aufl. 2004, § 140 Rn. 8 ff.

1235 *Rodde/Abovski* WiRO 2009, 33, 35.

1236 *Rodde/Abovski* WiRO 2009, 33, 35.

Eine Ausnahme hiervon bildet lediglich die sog. *kumulative Vorzugsaktie*. Sie ermöglicht es dem Emittenten, ein Aufleben des Stimmrechts mangels Dividendenzahlung bis zu einem satzungsmäßig bestimmten Datum vertraglich auszuschließen.[1237] Erst mit (kumulativem) Vorliegen entsprechender Voraussetzungen – Nichtauszahlung der Dividende und Erreichen des bestimmten Datums – ist dann das Aufleben des Stimmrechts möglich. Die Bestimmung des entsprechenden Datums bzw. Stichtags hat konstitutive Wirkung, sodass ohne dessen Bestimmung eine reguläre Vorzugsaktie vorliegt.[1238] Die satzungsmäßige Statuierung eines entsprechenden Termins ist erforderlich, da die Festsetzung des Termins nicht gesetzlichen geregelt ist.[1239] Anders als im deutschen Recht kann demnach das Aufleben des Stimmrechts von einer längeren Nichtzahlung abhängen.[1240] Die Nichtzahlung der Dividende ist der Preis dafür, dass der Vorzugsaktionär an Entscheidungen partizipieren kann, von denen er ansonsten ausgeschlossen wäre.[1241] Ein Schutz hiervor existiert im russischen Recht bisher nicht. Lediglich sieht das Gesetz die Möglichkeit vor, einen vom sonstigen Gesellschaftsvermögen abgegrenzten Fonds – auch separat zum obligatorischen Reservefonds – zu bilden, welcher ausschließlich der Dividendenausschüttung an Vorzugsaktionäre dienen soll.[1242] Das Problem sollte aber nicht überschätzt werden, da schon die prozentuale Begrenzung der Vorzugsaktien auf 25 % des Satzungskapitals eine Beherrschung der Gesellschaft durch blockierende Vorzugsaktionäre relativ unwahrscheinlich macht.[1243]

Denkbar wäre lediglich, dass ein Vorzugsaktionär – mangels Dividendenzahlung mit den Rechten eines Stammaktionärs ausgestattet –, der gleichzeitig Inhaber von Stammaktien ist, die vollständige Auszahlung der Dividende in der nächsten Hauptversammlung zu verhindert sucht, um auf diesem Wege weiterhin die Stimmrechte eines Stammaktionärs zu genießen, da die vollständige

---

1237 Vgl. Art. 32 Pkt. 2 Abs. 3 AktG RF.

1238 *Rodde/Abovski* WiRO 2009, S. 33, 35.

1239 *Ries* Der Minderheitenschutz im russischen Kapitalgesellschaftsrecht im Vergleich zum deutschen Recht, S. 128.

1240 *Rodde/Abovski* WiRO 2009, S. 33, 35; zum deutschen Recht, vgl. *Happ* Aktienrecht, 3. Aufl. 2007, 4.04 Rn. 5.

1241 *Rodde/Abovski* WiRO 2009, S. 33, 35; *Teljukina* Kommentar zum Gesetz „über die Aktiengesellschaften", 2004, Art. 32 Pkt. 4.

1242 *Rodde/Abovski* WiRO 2009, S. 33, 35.

1243 A.A. wohl *Rodde/Abovski* WiRO 2009, S. 33, 35, die hierin ein größeres Problem sehen.

Auszahlung der rückständigen Dividende automatisch zum Erlöschen der zusätzlichen Stimmrechte führen würde.[1244]

Die Umwandlung von Vorzugsaktien in einen anderen Typen Wertpapier als eine Stammaktie ist gesetzlich ausgeschlossen.[1245] Eine Umwandlung in Stammaktien kann satzungsmäßig vorgesehen sein oder im Falle der Umwandlung der Gesellschaft erfolgen.[1246] Ist die Umwandlung von Vorzugsaktien satzungsmäßig vorgesehen, müssen die Bedingungen der Umwandlung ebenfalls festgelegt werden.[1247] Der Zeitpunkt der Umwandlung kann in der Satzung an eine bestimmte Ausübungsfrist gebunden oder dem Ermessen des Vorzugsaktionärs überlassen werden.[1248] Ist der Zeitpunkt der Umwandlung in die Hände des Aktionärs gelegt, handelt es sich bei der Vorzugsaktie faktisch um eine Option, die dem Inhaber ein zeitlich unbegrenztes Bezugsrecht verleiht.[1249]

Die in Deutschland übliche Praxis der Zahlung einer Umwandlungs- bzw. Umtauschprämie durch den Vorzugsaktionär und die damit einhergehende Umwandlung ist in Russland auch möglich. Dies setzt allerdings nicht wie in Deutschland einen Beschluss der Hauptversammlung, sondern eine Regelung in der Satzung voraus.[1250]

4. Sonstige Wertpapiere

a) Obligationen

Neben Aktien kann eine AG, die sämtliche Einlagen auf das Satzungskapital geleistet hat, Obligationen ausgeben.[1251] Die Unterbringung erfolgt nach Beschluss durch den Aufsichtsrat. Die Gesamtsumme aller ausgegebenen Obligationen darf das Satzungskapital oder bei Sicherung durch einen Pfand, den Pfandgegenstandswert, nicht überschreiten. Ohne Pfand gesicherte Obligationen dürfen frühestens im dritten Geschäftsjahr der AG untergebracht werden,

---

1244 Vgl. Art. 32 Pkt. 5 Abs. 1 und 2 S. 2 AktG RF; *Ries* Der Minderheitenschutz im russischen Kapitalgesellschaftsrecht im Vergleich zum deutschen Recht, S. 128.

1245 Art. 32 Pkt. 3 Abs. 2 AktG RF.

1246 Art. 32 Pkt. 3 Abs. 2 AktG RF.

1247 *Schmitt/Vogt* RIW 2002, 762, 764.

1248 Vgl. Art. 32 Pkt. 3 AktG RF.

1249 *Rodde/Abovski* WiRO 2009, S. 33, 35.

1250 *Rodde/Abovski* WiRO 2009, S. 33, 36.

1251 Vgl. Art. 33 Abs. 2 AktG RF; vgl. auch *Müller/Bartholomy/Müller* RIW Beilage 1 zu Heft 4/1996, 1, 9.

soweit schon zwei Jahresabschlüsse ordnungsgemäß festgestellt wurden.[1252] Obligationen werden als Namenspapiere oder Inhaberschuldverschreibungen ausgegeben.[1253] Im Einzelnen gelten die Regelungen des *Emissionsstandards für Wertpapiere.*[1254] Besonders populär sind in diesem Zusammenhang sowohl die festverzinslichen wie auch die Nullkuponanleihen[1255] als Instrument der Fremdfinanzierung der Gesellschaft.[1256]

b) Wandelschuldverschreibungen u.a.

Neben Aktien und Obligationen besteht im russischen Recht die Möglichkeit sog. Wandelschuldverschreibungen[1257] zu emittieren. Dies erfolgt durch Beschluss des Aufsichtsrats,[1258] wobei diese Kompetenz auch anderen Organen übertragen werden kann.[1259] Die Emission von Wandelschuldverschreibungen richtet sich nach den Rechtsvorschriften der RF über Wertpapiere.[1260]

Neben der Wandelschuldverschreibung besteht auch die Möglichkeit, andere Wertpapiere[1261] wie etwa eine variabel verzinsliche Anleihe zu emittieren. Grundsätzlich bietet das russische Recht hier die Optionen, die auch das deutsche Recht kennt.[1262]

1252 *Müller/Bartholomy/Müller* RIW Beilage 1 zu Heft 4/1996, 1, 9; *Solotych* Hdb Wirtschaft und Recht in Osteuropa, EL 53 2003, RUS Kapitel D.I. Rn. 222.

1253 *Solotych* Hdb Wirtschaft und Recht in Osteuropa, EL 53 2003, RUS Kapitel D.I. Rn. 223.

1254 Verordnung des Föderalen Dienstes für den Finanzmarkt „Über die Verabschiedung von Standards für die Emission von Wertpapiere und die Registrierung von Prospekten von Wertpapieren“ vom 25.1.2007, Nr. 07-4/pz-n, Bulletin 18.6.2007, Nr. 25 , in: Datenbank Konsultant.

1255 Bei den sog. *zero bonds* erfolgt keine Zinszahlung während der Laufzeit, sondern lediglich zum Schluss in Form einer höheren Rückzahlung als dem Ausgabebetrag, vgl. im Einzelnen *Ulmer/Ihrig* ZIP 1985, 1169.

1256 *Rodde/Abovski* WiRO 2009, 33, 36.

1257 Zu den Wandelschuldverschreibungen im deutschen Recht, vgl. *Kropff/Semler*, in: MüKoAktG, 2. Aufl. 2005, Vorbem. §§ 182 ff. IV.4.b) Rn. 33 ff.

1258 Vgl. Art. 33 Abs. 1 AktG RF.

1259 Vgl. Art. 33 Abs. 2 AktG RF.

1260 Zum Ganzen vgl. *Müller/Bartholomy/Müller* RIW Beilage 1 zu Heft 4/1996, 1, 9.

1261 Vgl. auch *Müller/Bartholomy/Müller* RIW Beilage 1 zu Heft 4/1996, 1, 10.

1262 *Rodde/Abovski* WiRO 2009, S. 33, 36.

5. Emissionsprospekt

Ein Emissionsprospekt ist ein Informationsschreiben, dass Angaben über eine Gesellschaft enthält, die Wertpapiere ausgibt.[1263] Es dient der Information potentieller Käufer und des Marktes im Allgemeinen, um eine möglichst objektive Risikoeinschätzung in Bezug auf auszugebende Wertpapiere zu ermöglichen.

Die Ausgabe eines Emissionsprospektes ist in bestimmten Fällen zwingend erforderlich. Er ist zumindest dann auszugeben und zu registrieren, wenn eine Gesellschaft Wertpapiere offen am Markt oder an bestimmte Abnehmer, deren Anzahl 500 übersteigt, emittiert.[1264]

Ein Investor, der durch Angaben im Prospekt getäuscht wurde, kann den Erwerb von Wertpapiere für nichtig erklären lassen[1265] und sich daraufhin den Kaufpreis zurückzahlen lassen.[1266] Daneben kann er den Ersatz des Schadens verlangen, soweit er darlegen kann, dass ein Verschulden[1267] des Emittenten, des Gutachters oder des Wirtschaftsprüfer ursächlich für eine zum Irrtum führende Fehlinformation war.[1268] Für Angaben im Emissionsprospekt haftet zunächst der Emittent gegenüber Investoren, die durch fehlerhafte Angaben einen Schaden erlitten haben.[1269] Daneben haften die Unterzeichner des Prospekts subsidiär hinter dem Emittenten sowie Gutachter und Wirtschaftsprüfer gesamtschuldnerisch gegenüber einem geschädigten Investor.[1270]

Im Falle von Verschulden kommt auch eine gesamtschuldnerische Haftung der Unterzeichner des Prospekts, der Gutachter und der Wirtschaftsprüfer gegenüber der emittierenden Gesellschaft in Frage.[1271]

1263 Zu den einzelnen Angaben, vgl. Art. 22 WpMG RF.

1264 Art. 19 Pkt. 2 Abs. 2 AktG RF.

1265 Art. 178 Pkt. 1 ZGB RF.

1266 Auf Grund ungerechtfertigter Bereicherung gem. Art. 1102 Pkt. 1 ZGB RF.

1267 Verschulden umfasst Vorsatz und Fahrlässigkeit, vgl. Art. 401 Pkt. 1 Abs. 1 ZGB RF.

1268 *Fischer* Das System der Kapitalaufbringung und Kapitalerhaltung der Aktiengesellschaft und Gesellschaft mit beschränkter Haftung, S. 152.

1269 Art. 5 Pkt. 4 AnlegerschutzG RF (Föderales Gesetz „Über den Schutz der Rechte und legitimen Interessen von Investoren auf dem Wertpapiermarkt" vom 5.3.1999, Nr. 46-FZ, SZ RF 1999, Nr. 10, Pos. 1163), deutsche Übersetzung von *Göckeritz*, in: WOS Band II/1, Abtlg. VIII 2 h).

1270 Art. 5 Pkt. 4 Abs. 2 AnlegerschutzG RF.

1271 Art. 5 Pkt. 4 Abs. 2 AnlegerschutzG RF.

6. Dividende

a) Allgemeines

Die Dividendenzahlung ist die Form der Gewinnausschüttung der (Aktien-) Gesellschaft an ihre Gesellschafter. Beim Gewinnanspruch des Gesellschafters handelt es sich um eines der unbedingten und unentziehbaren Gesellschafterrechte.[1272]

Die Dividende an sich ist im russischen Recht nicht legaldefiniert. Es hat sich aber durchgesetzt, dass es sich bei der Dividende um den Teil des Reingewinns handelt, den die Gesellschaft in einem Geschäftsjahr erwirtschaftet hat und der unter den Aktionären proportional zur Anzahl und unter Berücksichtigung der Gattung der ihnen gehörenden Aktien verteilt wird.[1273] Entsprechendes normiert auch die DividendenO RF,[1274] welche neben ZGB RF und AktG RF auf Fragen bzgl. der Dividende und deren Ausschüttung Anwendung findet.[1275]

Bei der Dividendenauszahlung wird zwischen der Dividende auf Stamm- und der Dividende auf Vorzugsaktien unterschieden.[1276]

b) Voraussetzung der Dividendenzahlung

Zwingend Voraussetzung für die Auszahlung ist, dass bei der Gesellschaft sowohl nach Abzug aller Steuern als auch nach Erbringung der Leistung in den bzw. die (Reserve-) Fonds ein Reingewinn[1277] vorliegt.[1278]

1272 S.o. E.V.6.c), S. 112.

1273 Art. 42 f. AktG RF; *Fischer* Das System der Kapitalaufbringung und Kapitalerhaltung der Aktiengesellschaft und Gesellschaft mit beschränkter Haftung, S. 243 m.w.N.

1274 Pkt. 1 der DividendenO RF, Ordnung des Wirtschafts- und Finanzministeriums der RF „Über das Verfahren der Auszahlung von Dividenden auf Aktien und Zinsen auf Obligationen" vom 20.1.1992, BiB 1992, Nr. 6; hierzu auch *Klemm* Die Entwicklung des russischen Rechts der Kapitalgesellschaften, S. 254 Fn. 551.

1275 *Heeg* Finanz- und Haftungsverfassung russischer Kapitalgesellschaften, S. 202 f.; *Fischer* Das System der Kapitalaufbringung und Kapitalerhaltung der Aktiengesellschaft und Gesellschaft mit beschränkter Haftung, S. 244.

1276 Art. 43 Pkt. 2 und 3 AktG RF; im Nachfolgenden wird auf die Dividendenzahlung auf sowohl Stamm- als auch Vorzugsaktien eingegangen; sollte es hier Unterschiede geben, werden diese separat dargestellt. Die Besonderheiten bzgl. der Vorzugsaktien werden zum Ende im Einzelnen dargestellt, vgl. Kapitel E.VII.6.e), S. 196.

1277 Zum Reingewinn, s.u. E.XI.2, S. 232.

1278 Im Einzelnen, vgl. *Fischer* Das System der Kapitalaufbringung und Kapitalerhaltung der Aktiengesellschaft und Gesellschaft mit beschränkter Haftung, S. 244 f.; vgl. auch *Solotych* WiRO 2004, 216, 217.

Ein direkt durchsetzbarer Anspruch der Aktionäre auf Auszahlung der Dividende besteht nicht *per se*. Der Anspruch auf Auszahlung steht vielmehr hinter den Interessen der Gesellschaftsgläubiger – also dem Rechtsverkehr –, den Interessen der Vorzugsaktionäre (an der Auszahlung ihrer Dividende) und dem Wohlergehen der Gesellschaft,[1279] mithin hinter der Geschäfts- und Investitionspolitik der Geschäftsführung zurück.[1280] Bei dem Auszahlungsbeschluss handelt es sich um ein einseitiges Rechtsgeschäft der Gesellschaft, das einen durchsetzbaren (Dividenden-) Auszahlungsanspruch begründet.[1281] Es besteht selbst bei Vorliegen eines ausreichenden Jahresgewinnes keine Verpflichtung der Gesellschaft, eine Dividendenausschüttung zu beschließen.[1282] Eine direkte Einflussnahmemöglichkeit der Gesellschafter auf die Gewinnverwendungspolitik besteht somit nicht.[1283]

Daneben sind gesetzlich Tatbestände normiert, die den Beschluss über eine Gewinnauszahlung verbieten.[1284] Dies ist etwa der Fall, wenn das Satzungskapital noch nicht vollständig eingezahlt ist, noch Aktien auf Verlangen der Gesellschafter zurückzukaufen sind, die Gesellschaft zum Zeitpunkt der Beschlussfassung zahlungsunfähig ist oder durch Auszahlung Zahlungsunfähigkeit eintreten würde, wenn zum Zeitpunkt der Beschlussfassung der Wert der Reinaktiva geringer als die Summe des Satzungskapitals, des Reservefonds und des Wertes, um den der Liquidationswert der Vorzugsaktien ihren Nennwert übersteigt, ist oder in anderen gesetzlich vorgesehenen Fällen;[1285] gleiches gilt für „nachrangige" Aktien, soweit die gesetzlich festgelegte Reihenfolge der Beschlussfassung nicht eingehalten wird.[1286]

1279 Vgl. das Ausschüttungsverbot gem. Art. 43 AktG RF.

1280 *Solotych* Hdb Wirtschaft und Recht in Osteuropa, EL 53 2003, RUS Kapitel D.I. Rn. 235.

1281 *Fischer* Das System der Kapitalaufbringung und Kapitalerhaltung der Aktiengesellschaft und Gesellschaft mit beschränkter Haftung, S. 254.

1282 Die Entscheidung des Aufsichtsrats über das Aussprechen oder Nichtaussprechen einer erforderliche Empfehlung ist nicht justitiabel, *Fischer* Das System der Kapitalaufbringung und Kapitalerhaltung der Aktiengesellschaft und Gesellschaft mit beschränkter Haftung, S. 247; *Solotych* Hdb Wirtschaft und Recht in Osteuropa, EL 53 2003, RUS Kapitel D.I. Rn. 235.

1283 *Fischer* Das System der Kapitalaufbringung und Kapitalerhaltung der Aktiengesellschaft und Gesellschaft mit beschränkter Haftung, S. 247.

1284 Art. 43 Pkt. 1 AktG RF.

1285 So etwa im Fall der Kapitalherabsetzung durch Erwerb eigener Aktien; Art. 34 Pkt. 1 Abs. 5, 72 Pkt. 3 Abs. 2, 76 Pkt. 6 Abs. 2 AktG RF.

1286 Art. 43 Pkt. 2 AktG RF.

Ein wirksamer Ausschüttungsbeschluss begründet zuletzt ein subjektives Recht des Gesellschafters, auf Durchführung der beschlossenen Gewinnausschüttung; wobei diese Zahlungspflicht nur soweit besteht, als dass die Auszahlung der Gesellschaft nicht verboten ist.[1287] Dies ist etwa der Fall, wenn die Gesellschaft zum Zeitpunkt der Auszahlung zahlungsunfähig ist oder durch Auszahlung Zahlungsunfähigkeit eintreten würde, wenn zum Zeitpunkt der Auszahlung der Wert der Reinaktiva geringer als die Summe des Satzungskapitals, des Reservefonds und des Wertes, um den der Liquidationswert der Vorzugsaktien ihren Nennwert übersteigt, ist oder in anderen gesetzlich vorgesehenen Fällen. Durch Eintritt dieser Umstände geht der Auszahlungsanspruch nicht unter, er ist lediglich zeitweise nicht durchsetzbar.[1288]

Ein Bezugsrecht haben alle Gesellschafter, die zur Teilnahme an der Hauptversammlung berechtigt waren.[1289] Dies gilt auch für Gesellschafter, die Teilnahmeberechtigt sind aber zwischenzeitlich ihre Aktien übertragen haben.[1290]

c) Beschlussfassung

Die Dividendenzahlung erfolgt entsprechend einem vorangehenden Beschluss der Hauptversammlung.[1291] Der Beschluss der Hauptversammlung erfolgt auf Empfehlung des Aufsichtsrats[1292] mit einfacher Mehrheit.[1293] Diese Beschlusskompetenz der Hauptversammlung ist nicht auf andere Organe der Gesellschaft übertragbar. Die Empfehlung des Aufsichtsrats ist zwingend Voraussetzung für eine wirksame Beschlussfassung; die (Empfehlungs-) Kompetenz des Aufsichtsrats kann nur bei einer Gesellschaft mit weniger als 50 Gesellschaftern durch die Hauptversammlung ausgeübt werden, wenn diese die Funktion des Aufsichtsrats ausübt.[1294] Der Gewinnverwendungsbeschluss der Hauptversammlung

---

1287 Vgl. Art. 43 Pkt. 4 AktG RF.

1288 *Fischer* Das System der Kapitalaufbringung und Kapitalerhaltung der Aktiengesellschaft und Gesellschaft mit beschränkter Haftung, S. 253.

1289 Art. 51, 65 Pkt. 1, Nr. 4 AktG RF; siehe zur Teilnahmeberechtigung oben Kapitel E.V.6.e)(2), S. 118.

1290 *Fischer* Das System der Kapitalaufbringung und Kapitalerhaltung der Aktiengesellschaft und Gesellschaft mit beschränkter Haftung, S. 248.

1291 Art. 42 Pkt. 3 AktG RF.

1292 Art. 42 Pkt. 3 Abs. 2 i.V.m. Art. 65 Pkt. 1, Nr. 11 AktG RF.

1293 Art. 49 Pkt. 2 Abs. 1 AktG RF.

1294 Art. 64 Pkt. 1 Abs. 2 AktG RF.

darf – anders als im deutschen Recht[1295] – die Empfehlung des Aufsichtsrats bzgl. der Höhe der auszuschüttenden Dividende lediglich nicht überschreiten, kann sie aber durchaus unterschreiten.[1296]

Die Hauptversammlung hat in einer festgelegten Reihenfolge zunächst über Dividendenzahlung auf Vorzugsaktien und nachrangig auf Stammaktien zu beschließen.[1297]

d) *Auszahlungsverfahren*

Die Auszahlung der Dividende erfolgt in der Regel jährlich, kann aber auch – anders als im deutschen Recht[1298] – halb- oder vierteljährlich erfolgen.[1299] Hierbei handelt es sich – anders als früher[1300] – nicht um Zwischendividenden auf zukünftige Gewinne, sondern um Zahlungen auf Grundlage der Reinaktiva des ersten, der ersten zwei bzw. der ersten drei Quartale.[1301]

Die Auszahlung erfolgt in der Regel in Form von Geldzahlungen, kann aber auch durch Ausgabe sonstigen (Sach-) Vermögens erfolgen.[1302] Eine Zahlung in der Form sonstigen (Sach-) Vermögens setzt eine entsprechende satzungsmäßige Regelung voraus.[1303] Aus praktischen Gründen wird allerdings von einer Auszahlung der Dividende mittels sonstigen (Sach-) Vermögens abgeraten.[1304]

1295 Zum Ganzen im deutschen Recht, vgl. *Kropff*, in: MüKoAktG, 2. Aufl. 2003, § 174 Rn. 17 ff.

1296 Art. 42 Pkt. 3 S. 2 AktG RF.

1297 Art. 43 Pkt. 2 und 3 AktG RF.

1298 Zum deutschen Recht, vgl. *Happ/Pühler* Aktienrecht, 3. Aufl. 2007, 1.01 Rn. 98.

1299 Art. 42 Pkt. 1 AktG RF; *Rodde/Abovski* WiRO 2009, S. 33, 36; *Solotych* WiRO 2003, 55, 56.

1300 Bis 2002 war es möglich, eine Dividende in Erwartung eines Gewinns zum Jahresende hin auszuschütten, vgl. Art. 42 Pkt. 3 AktG RF a.F. (geändert durch Föderales Gesetz „Über die Eintragung von Änderungen und Ergänzungen in das Föderale Gesetz ‚Über Aktiengesellschaften'" vom 31.10.2002, Nr. 134-FZ, SZ RF 2002, Nr. 45, Pos. 4436).

1301 *Fischer* Das System der Kapitalaufbringung und Kapitalerhaltung der Aktiengesellschaft und Gesellschaft mit beschränkter Haftung, S. 244.

1302 Vgl. Art. 42 Pkt. 1 Abs. 2 S. 2 AktG RF.

1303 Beschluss des Föderalen Arbitragegerichts des Westsibirischen Bezirks vom 20.8.1998, Nr. F04/1217-219/A75-98; Beschluss des Föderalen Arbitragegerichts des Nordkaukasus Bezirks vom 12.2.2004, Nr. F08-5444/2003, beide in: Datenbank Garant.

1304 Dies aufgrund von Bewertungsproblemen und Risiken bei der dinglichen Übertragung, *Fischer* Das System der Kapitalaufbringung und Kapitalerhaltung der Aktiengesellschaft und Gesellschaft mit beschränkter Haftung, S. 248.

Eine Auszahlung mittels der Ausgabe neuer Aktien oder anderer Wertpapiere ist gemäß Punkt 4.3.2 Finanzmarkt Emissionsstandards RF [1305] entgegen der früher gängigen Praxis eindeutig nicht mehr möglich.[1306]

Die Zahlung der Dividende auf Stammaktien oder Vorzugsaktien kann auch aus speziell hierfür einzurichtenden (Reserve-) Fonds erfolgen.[1307]

Der Leistungsort und die Art der Auszahlung (in bar oder per Überweisung) wird durch die Satzung oder den Auszahlungsbeschluss festgelegt; empfohlen wird allerdings die Auszahlung mittels Überweisung.[1308]

Zeitpunkt der Auszahlung bzw. die Auszahlungsfrist ist in der Satzung festzulegen oder mit Auszahlung zu beschließen.[1309] Der Auszahlungszeitraum darf 60 Tage ab Beschlussfassung nicht überschreiten und beträgt, soweit keine Regelung existiert bzw. beschlossen wurde diese 60 Tage.[1310]

Die nicht (fristgerechte) Auszahlung der Dividende stellt eine Pflichtverletzung der Gesellschaft bzw. ihrer Organe dar, gegen die der Gesellschafter vor Gericht vorgehen kann. In einem solchen Fall besteht ein Anspruch auf die Dividende, auf Verzugszinsen sowie Schadensersatz.[1311] Ein separater Anspruch gegenüber dem zuständigen Gesellschaftsorgan (Geschäftsführung) besteht ebenfalls.[1312] In diesem Zusammenhang wird zur Sicherstellung der Dividendenzahlung vorgeschlagen, eine Vereinbarung mit der Geschäftsführung

---

1305 Verordnung des Föderalen Dienstes für den Finanzmarkt „Über die Verabschiedung von Standards für die Emission von Wertpapiere und die Registrierung von Prospekten von Wertpapieren" vom 25.1.2007, Nr. 07-4/pz-n, Bulletin 18.6.2007, Nr. 25, in: Datenbank Konsultant.

1306 Zum Ganzen *Fischer* Das System der Kapitalaufbringung und Kapitalerhaltung der Aktiengesellschaft und Gesellschaft mit beschränkter Haftung, S. 249; *Heeg* Finanz- und Haftungsverfassung russischer Kapitalgesellschaften, S. 219.

1307 Zu den einzelnen Fonds im Einzelnen, vgl. Kapitel E.VI.4, S. 151 ff.

1308 Vgl. Kapitel 9 Pkt. 2.1.4. *Corporate Governance Kodex RF*; der eine Barauszahlung an juristische Personen untersagt und auch die Begrenzung einer Barauszahlung an natürliche Personen empfiehlt.

1309 Art. 42 Pkt. 4 Abs. 1 S. 1 AktG RF.

1310 Art. 42 Pkt. 4 AktG RF; zum Ganzen vgl. *Fischer* Das System der Kapitalaufbringung und Kapitalerhaltung der Aktiengesellschaft und Gesellschaft mit beschränkter Haftung, S. 249 f.

1311 Art. 393 Pkt. 2 und 395 Pkt. 1 ZGB RF; vgl. Beschluss des Plenums des Obersten Gerichts der RF vom 18.11.2003, Nr. 19 (Pkt. 16) und des Obersten Arbitragegerichts der RF vom 20.11.2003, Nr. 20, VVAS 2004, Nr. 1, in: Datenbank Konsultant.

1312 Art. 71 AktG RF.

zu treffen, welche die Kürzung der Bezüge der Geschäftsführung oder andere Konsequenzen für den Fall der Unterlassung von Dividendenauszahlungen vorsieht.[1313]

e) Dividendenzahlung auf Vorzugsaktien

Vorzugsaktionäre haben einen Dividendenanspruch in der satzungsmäßig festgelegten Höhe. Erfolgte keine entsprechende Regelung, besteht ein Anspruch in Höhe der Dividende auf Stammaktien.[1314] Da Vorzugsaktien der gleichen Art den gleichen Nominalwert haben und die gleichen Rechte gewähren,[1315] richtet sich die Höhe der Auszahlung dementsprechend nach dem Anteil am Gesellschaftskapital.

Auch die Vorzugsaktionäre haben bis zum Gewinnverwendungsbeschluss durch die Hauptversammlung weder einen Auszahlungsanspruch, noch einen Anspruch auf Feststellung der auszuzahlenden Dividende. Es handelt sich viel eher um eine Art „unselbstständiges Nachzahlungsrecht",[1316] wobei es sich ausschließlich um ein Mitgliedschaftsrecht handelt.[1317] Eine Umwandlung in einen selbstständigen Anspruch ist auch durch die Satzung im russischen Recht nicht möglich.[1318] Es kann demnach keine – dem deutschen Recht vergleichbare – verkehrsfähige Forderung gegenüber der Gesellschaft entstehen.[1319]

Anders als im deutschen Recht bedeutet diese Unabdingbarkeit auch, dass eine Abschlagszahlung auf den voraussichtlichen Bilanzgewinn an die Aktionäre unzulässig ist.[1320]

1313 Kapitel 9 Pkt. 3 *Corporate Governance Kodex RF.*

1314 Art. 32 Pkt. 2 AktG RF.

1315 Art. 32 Pkt. 1 AktG RF.

1316 Dies war lange Zeit umstritten, wurde letztendlich aber durch höchstrichterliche Rechtsprechung entschieden, zum Ganzen, vgl. m.w.N. *Fischer* Das System der Kapitalaufbringung und Kapitalerhaltung der Aktiengesellschaft und Gesellschaft mit beschränkter Haftung, S. 247; *Rodde/Abovski* WiRO 2009, 33, 35; *Heeg* Finanz- und Haftungsverfassung russischer Kapitalgesellschaften, S. 215 f.

1317 Beschluss des Plenums des Obersten Gerichts der RF vom 18.11.2003, Nr. 19 (Pkt. 15, 19, 20) und des Obersten Arbitragegerichts der RF vom 20.11.2003, Nr. 20, VVAS 2004, Nr. 1, in: Datenbank Konsultant.

1318 *Rodde/Abovski* WiRO 2009, 33, 35.

1319 Vgl. § 140 Abs. 3 AktG BRD.

1320 *Rodde/Abovski* WiRO 2009, 33, 35.

7. Übertragung von Aktien

a) *Allgemeines*

Nach russischen Recht ist es möglich, frei über Aktien zu verfügen; es gilt der Grundsatz der Fungibilität.[1321] Eine dem deutschen Institut der Vinkulierung der Namensaktien entsprechende Regelung,[1322] welche die Wirksamkeit einer Übertragung der Aktien von der Zustimmung der Gesellschaft abhängig macht, sieht das russische Recht nicht vor. Es ist vielmehr ausdrücklich untersagt.[1323]

b) *Übertragungsvoraussetzungen*

Um eine Machtkonzentration zu verhindern, ist auch eine Begrenzung des Aktienbestands einzelner Gesellschafter durch die Satzung möglich. Diese kann sowohl in Form einer zahlen- als auch nominalwertmäßigen Begrenzung erfolgen.[1324] So kann gewährleistet werden, dass kein Gesellschafter Mehrheitsaktionär wird bzw. ein bestimmter Gesellschafter Mehrheitsaktionär bleibt.[1325]

c) *Gutgläubiger Erwerb von Aktien*

Ein gutgläubiger Erwerb von Aktien vom Nichtberechtigten ist in Russland unter bestimmten Voraussetzungen gem. Art. 142 Pkt. 2 ZGB RF grundsätzlich möglich.[1326] Erforderlich hierfür ist, dass der im Register eingetragene Veräußerer nicht Inhaber der Beteiligung war. Daneben darf der Erwerber beim Erwerb dies weder tatsächlich gewusst haben (positive Kenntnis) noch darf er es hätte wissen können (negative Kenntnis); dies ist bei anderweitiger Registereintragung ausgeschlossen.[1327] Grundsätzlich ist stets nach dem konkreten Einzelfall zu entscheiden.[1328]

1321 *Rodde/Abovski* WiRO 2009, 33, 36; *Fischer* Das System der Kapitalaufbringung und Kapitalerhaltung der Aktiengesellschaft und Gesellschaft mit beschränkter Haftung, S. 307.

1322 Zur Rechtslage im deutschen Recht, vgl. *Hüffer*, 9. Aufl. 2010, § 68 Rn. 10 ff.

1323 Art. 2 Pkt. 1 Abs. 4 AktG RF; *Solotych* Hdb Wirtschaft und Recht in Osteuropa, EL 53 2003, RUS Kapitel D.I. Rn. 216.

1324 Vgl. Art. 11 Pkt. 3 Abs. 2 AktG RF.

1325 *Rodde/Abovski* WiRO 2009, S. 33, 36.

1326 *Schmitt/Melnikov* Hdb Wirtschaft und Recht in Osteuropa, RUS Kap. D.I Rn. 76 f.

1327 *Schmitt/Melnikov* Hdb Wirtschaft und Recht in Osteuropa, RUS Kap. D.I Rn. 76 f.; zur Registerpublizität s.o. Kapitel E.III.2.e), S. 82.

1328 *Schmitt/Melnikov* Hdb Wirtschaft und Recht in Osteuropa, RUS Kap. D.I Rn. 76; siehe auch Beschluss des Plenums des Obersten Arbitragegerichts der RF vom 14.5.1998, Nr. 9, in: Datenbank Konsultant.

d) *Folgen unrechtmäßiger Übertragung*

Anders als im Falle der Vinkulierung im deutschen Recht[1329] hat die satzungsmäßige Beschränkung der Übertragbarkeit im russischen Recht keine schwebende Unwirksamkeit zur Folge.[1330] Bei der Übertragung eines Gesellschaftsanteils, welche über die satzungsmäßigen Regelungen hinausgeht, steht den Gesellschaftern bzw. der Gesellschaft zunächst lediglich ein Anfechtungsrecht nach den allgemeinen Vorschriften des ZGB RF zu.[1331] Eindeutig hat das Oberste Arbitragegericht RF solche Rechtsgeschäfte für lediglich anfechtbar gem. Art. 166 Pkt. 1 1. Alt. ZGB RF und nicht für nichtig gem. Art. 166 Pkt. 1 2. Alt. ZGB RF erklärt, sodass eine Rückgängigmachung der Übertragung durch ein Gericht nach den allgemeinen Vorschriften der Art. 166 ff. ZGB RF zwingend erforderlich ist.[1332] Daneben haben die Gesellschafter und die Gesellschaft selbstverständlich auch die Möglichkeit, einen Schadensersatzanspruch gegenüber dem unlauteren Aktionär gem. den allgemeinen Regelungen des ZGB RF geltend zu machen.[1333] Das heißt, dass selbst bei einem nicht satzungsgemäßen Erwerb einer Aktie dem Erwerbenden zunächst die gesamten Rechte zustehen, die auch dem regulär Erwerbenden zustehen würden.[1334] In diesem Sinne besteht durchaus die Gefahr, dass ein unlauterer Aktionär die Gesellschaft und die anderen Gesellschafter durch die satzungswidrig erworbene Stellung überrascht und unerwünschte Beschlüsse der Hauptversammlung herbeiführt oder Anteile zunächst wirksam weiterveräußert.[1335]

Um dieser Problematik entgegenzuwirken, bietet das russische Aktienrecht die Möglichkeit, die Höchststimmrechte – sprich: die Anzahl an Stimmen, die

1329 Unwirksamkeit von Anfang an, vgl. *Lutter*, in: KöKoAktG § 68 Rn. 38, die nach ganz h.M. gegenüber der AG den Gesellschaftern und Dritten gilt, vgl. *Bayer*, in: MüKoAktG § 68 Rn. 98.

1330 *Rodde/Abovski* WiRO 2009, S. 33, 36.

1331 Zur Unterscheidung im Einzelnen, s.o. Kapitel E.V.6.f)(4), S. 125.

1332 Beschluss des Plenums des Obersten Gerichts der RF vom 18.11.2003, Nr. 19 (Pkt. 16) und des Obersten Arbitragegerichts der RF vom 20.11.2003, Nr. 20, VVAS 2004, Nr. 1, in: Datenbank Konsultant; vgl. hierzu *Makowskaja* Pawowye posledstwija nedejstwitelnosti reshenij obshego sobranija aktionerow, Moskau 2006, S. 371.

1333 Zum Schadensersatzrecht im Allgm., vgl. *Solotych*, Das Zivilgesetzbuch der Russischen Föderation – Erster Teil, 2. Aufl. 1997, Baden-Baden: Nomos Verlagsgruppe, S. 26 f.; *dies.* Hdb Wirtschaft und Recht in Osteuropa, RUS Kapitel D.I. Rn. 71 ff.

1334 *Rodde/Abovski* WiRO 2009, S. 33, 36.

1335 *Rodde/Abovski* WiRO 2009, S. 33, 36.

einem Gesellschafter gewährt werden – zu begrenzen.[1336] Wird hiervon Gebrauch gemacht kann selbst ein, unter Verstoß gegen satzungsmäßige Übertragungsvorgaben erworbenes, Aktienpaket nicht zu einer Übermacht eines Gesellschafters auf der Hauptversammlung führen. Somit ist der mühselige Prozess der nachträglichen Rückgängigmachung[1337] von Beschlüssen der Hauptversammlung unter Mitwirkung eines treuwidrig handelnden Gesellschafters nicht erforderlich, da es erst gar nicht zu entsprechenden Beschlüssen kommen kann.[1338]

In diesem Sinne kann es ratsam sein, eine Begrenzung der Maximalstimmrechtsfähigkeit im Vorfeld vorzunehmen, wenn den Gründungsgesellschaftern daran gelegen ist, den Einfluss der bisherigen Mehrheitsaktionäre auf die Machtverteilung in der Gesellschaft zu perpetuieren, dem Eindringen unerwünschter Investoren vorzubeugen oder die Gefährdung der eigenen Stellung als Hauptaktionär zu verhindern.[1339]

Fraglich ist, ob die Begrenzung der Stimmberechtigung stets das richtige Mittel ist, da diese nicht auf bestimmte Gesellschafter zu begrenzen ist, sondern für alle gleichermaßen gilt. Demnach bietet sich dieser Weg der Machtsicherung innerhalb der Gesellschaft lediglich für solche Engagements an, bei welchen keiner der Gesellschafter auf Dauer eine beherrschende Stellung anstrebt.[1340]

Daneben ist es fraglich, ob „qualifizierte" bzw. gestaffelte Stimmrechtsbegrenzungen wie im deutschen Recht[1341] auch in Russland möglich sind. Eine ausdrückliche Regelung diesbzgl. ist im Gesetz nicht vorgesehen. Art. 11 Pkt. 3 Abs. 2 AktG RF ist – anders als das Äquivalent aus dem GmbHG RF[1342] – nicht eindeutig. Dieser Vergleich deutet schon daraufhin, dass, wenn eine solche Möglichkeit erwünscht wäre, diese auch Teil des Gesetzes geworden wäre. Die Problematik scheint dem Gesetzgeber durchaus bekannt zu sein. Allerdings gilt es auch zu bedenken, dass das AktG RF wesentlich älter als das GmbHG RF ist und somit auch nicht vor einem entsprechenden Erfahrungshintergrund formuliert wurde. Vom Wortlaut her ist Art. 11 Pkt. 3 Abs. 2 AktG RF sehr weit gefasst. Dies deutet darauf hin, dass jegliche Regelung möglich ist, soweit sie nicht

1336 Vgl. Art. 11 Pkt. 3 Abs. 2 2. Hs. AktG RF, im Einzelnen s.o. Kapitel E.IV.2.e), S. 109.

1337 Zur Anfechtung von Beschlüssen der Hauptversammlung s.o. Kapitel E.IV.2.f)(4), S. 92.

1338 *Rodde/Abovski* WiRO 2009, S. 33, 37.

1339 *Rodde/Abovski* WiRO 2009, S. 33, 37.

1340 Vgl. schon zur Unterscheidung zwischen gAG und oAG Kapitel E.II, S. 63.

1341 Vgl. § 134 Abs. 1 S. 2 AktG BRD.

1342 Vgl. Art. 32 Pkt. 1 Abs. 5 S. 1 GmbHG RF, der eine solche Möglichkeit ausdrücklich gestattet.

seinerseits gegen Gesetze verstößt.[1343] Sicher feststellen lässt sich, dass das russische Aktienrecht stark vom Proportionalitätsgedanken – eine Aktie eine Stimme – durchdrungen ist. Dem würde eine Regelung wie im deutschen Recht widersprechen, sodass sie als eine nicht erweiterungsfähige Ausnahme vom Proportionalitätsgrundsatz gewertet werden könnte.[1344]

e) Dept-to-Equity-Swap

Seit dem 31.12.2009 ist auch in Russland ein *Dept-to-Equity-Swap* möglich.[1345] Eine Aufrechnung von Forderungen und Verbindlichkeiten zwischen Gesellschafter und Gesellschaft kann unter bestimmten Voraussetzungen in begrenztem Maße erfolgen.[1346]

Voraussetzung ist die Erhöhung des Satzungskapitals durch Ausgabe zusätzlicher Aktien, wobei die Platzierung neuer Aktien im Wege einer geschlossenen Zeichnung zu erfolgen hat. Nur in einem solchen Fall ist die Leistung einer Einlage auf diese Aktien durch Aufrechnung von Forderungen gegenüber der Gesellschaft möglich.[1347]

f) Insiderhandel

Das russische Aktienrecht sieht einen Schutz vor Insiderhandel und Kursmanipulation vor. Demnach ist die Ausnutzung von Dienstinformationen verboten.[1348] Daneben ist eine allgemeine Verantwortlichkeit für Verletzungen der Wertpapiergesetzgebung normiert.[1349] Denkbar sind Restriktionen entsprechend dem russischen Straf- oder Ordnungswidrigkeitenrecht.[1350] Besondere Verhaltensregeln für Teilnehmer am Wertpapiermarkt sind allerdings nur rudimentär geregelt. Die Begründung einer Rechtsverletzung dürfte entsprechend schwer fallen.[1351]

1343 Dementsprechend, *Rodde/Abovski* WiRO 2009, S. 33, 37.

1344 Ebs. *Rodde/Abovski* WiRO 2009, S. 33, 37, die, aus den genannten Gründen und weil bisher keine gerichtliche Entscheidung zu dieser Fragestellung erfolgte, von einer solchen Beschränkung abraten.

1345 Föderales Gesetz „Über die Eintragung von Änderungen und Ergänzungen in das Föderale Gesetz ‚Über Aktiengesellschaften'" vom 27.12.2009, Nr. 352-FZ, SZ RF 28.12.2009, Nr. 52, Pos. 6428.

1346 *Riewe* NZI 2010, 134, 135.

1347 *Riewe* NZI 2010, 134, 135; *Himmelreich* WiRO 2010, 114, 115 f.

1348 Art. 31 ff. WpMG RF.

1349 Art. 51 WpMG RF.

1350 Art. 51 Pkt. 1 Abs. 1 WpMG RF.

1351 *Schramm*, in: Einführung in das russische Recht, 2010, S. 266 f.

Die praktische Bedeutung von Regelungen, die vor Insiderhandel und Kursmanipulation schützen sollen, wird als gering eingeschätzt.[1352] Die Regelungen sind im Einzelnen zu oberflächlich und die Formulierungen zu unbestimmt.

Stärkeren Schutz vor Kursmanipulation und Insiderhandel könnte das Anfang 2011 in Kraft getretene Insidergesetz[1353] bringen.[1354]

8. Übernahmerecht

a) Allgemeines

Zum 1.7.2006 ist Kapitel XI.1 des AktG RF in Kraft getreten, welches aufgrund seiner Ähnlichkeit zum deutschen WpÜG oder der EU-Übernahmerichtlinie auch als „russisches Übernahmegesetz" bezeichnet wird.[1355] Tatsächlich standen vor allem die EU Übernahmerichtlinie und das deutsche WpÜG Pate bei der Konzeption der Novelle des AktG RF.[1356] So dass die Regelungen in Bezug auf das Pflichtangebot und das Übernahmerecht den europäischen bzw. deutschen Vorschriften weitestgehend entsprechen.

Die Gesetzesnovelle sollte oftmals räuberische Praktiken im Bereich von Unternehmensübernahmen unterbinden. Vorwiegend sollen Minderheitenschutz und Nachhaltigkeit gewährleistet werden.

Das russische Übernahmerecht ist im Wesentlichen in den Art. 84.1–84.10 AktG RF geregelt. Von Bedeutung sind insbesondere die Regelungen in Bezug auf Pflichtangebote nach Erwerb bestimmter Beteiligungsgrenzen.

b) Freiwilliges Angebot

Beabsichtigt ein Aktionär 30 % oder mehr der Stammaktien einer Aktiengesellschaft zu erwerben, kann er ein öffentliches Angebot abgeben, welches bestimmten Formerfordernissen zu entsprechen hat.[1357] Die Annahmefrist der Gesellschafter muss zwischen 70 und 90 Tagen liegen.[1358]

1352 *Schramm*, in: Einführung in das russische Recht, 2010, S. 266 f.

1353 Föderales Gesetz „Über die Bekämpfung der rechtswidrigen Verwendung von Insiderinformationen und Marktmanipulation und über die Änderung bestimmter Rechtsakte der RF" vom 27.7.2010, Nr. 224-FZ, in: Datenbank Konsultant.

1354 *Schmitt/Melnikov* Hdb Wirtschaft und Recht in Osteuropa, RUS Kap. D.I Rn. 182.

1355 Zum russischen Übernahmerecht siehe im Einzelnen, *Malevannyy* OsteuropaR 2011, 343.

1356 *Schmitt/Melnikov* Hdb Wirtschaft und Recht in Osteuropa, RUS Kap. D.I Rn. 194.

1357 Im Einzelnen *Kireenkov/Wedde* eastlex 2006, 170.

1358 Art. 84.2 AktG RF; *Kireenkov/Wedde* eastlex 2006, 170.

c) Pflichtangebot

(1) Voraussetzungen

aa) Grenzwerte: Erwirbt ein Aktionär tatsächlich mehr als 30 % bzw. 50 % bzw. 75 % der Stammaktien einer Gesellschaft, muss er ein Pflichtangebot in Höhe des aktuellen Aktienkurses an die übrigen Aktionäre abgeben.[1359] Darüber hinaus sind Mehrheitsgesellschafter, deren Beteiligung vor dem 1.7.2006 schon oberhalb der Beteiligungsgrenzen lagen nunmehr verpflichtet, ein entsprechendes Angebot abzugeben, soweit die Beteiligung später aufgestockt werden soll.

bb) Kontrolle über die Gesellschaft: Die Pflicht zur Abgabe eines Angebots trifft sowohl den Mehrheitsaktionär, der tatsächlich die entsprechenden Beteiligungsgrenzen überschreitet, als auch den Gesellschafter, der auf andere Art Kontrolle ausübt.

Zusammengefasst werden hier etwa Tochter- oder Konzerngesellschaften, Vorstände und Aufsichtsräte oder Verwandte.[1360] Nicht eingeschlossen ist hingegen überraschenderweise die Kontrolle mittels vertraglicher Vereinbarung (sog. *acting in concert).*

(2) Befreiung von der Angebotspflicht

Werden mehrere Grenzwerte gleichzeitig überschritten, ist die Abgabe eines zusätzlichen Pflichtangebots entbehrlich. Dies gilt auch, wenn frühzeitig schon ein (freiwilliges) Angebot abgegeben wurde, dass den Anforderungen an ein Pflichtangebot entspricht.[1361] Dies kann insoweit von Interesse sein, als dass ein Bieter sich durch frühzeitige Abgabe eines entsprechenden freiwilligen Angebots von der späteren Pflicht zur Abgabe eines Pflichtangebots befreien kann.

Pflichtangebote in Fällen der (Neu-) Gründung und/oder Umwandlung einer Gesellschaft sind nicht erforderlich. Ebenso sind Gesellschafter, die als Mittler (Finanzintermediär) Anteile des Emittenten am Kapitalmarkt platzieren, während der Phase der Platzierung von dieser Angebotspflicht befreit.[1362]

Ein Angebot muss nicht abgegeben werden, wenn zwischen gemeinsam handelnden Gesellschaftern, die ohnehin schon entsprechende Grenzwerte überschritten haben, Anteile hin und her übertragen werden.[1363]

1359 *Kireenkov/Wedde* eastlex 2006, 170, 171.

1360 Art. 84.2 AktG RF.

1361 Art. 84.2 Pkt. 8 Abs. 3 und 4 AktG RF.

1362 Art. 84.2 Pkt. 8 Abs. 8 AktG RF.

1363 Art. 84.2 Pkt. 8 Abs. 5 AktG RF.

Kommt es im Falle von Änderungen der Kapitalstruktur der Gesellschaft – etwa durch Rückkauf eigener Aktien – zur Überschreitung der Grenzwerte durch einen Mehrheitsaktionär, besteht keine Pflicht zur Abgabe eines Angebots.[1364] Diese erwächst erst, wenn besagter Gesellschafter seine Beteiligung später aufstockt.

Unterschreitet eine Beteiligung den entsprechenden Grenzwert, nachdem eine Angebotspflicht entstanden ist, erlischt auch die Angebotspflicht wieder.

(3) Inhaltliche Anforderungen an das Pflichtangebot

Das Pflichtangebot hat zwingend folgende Angaben zu enthalten:

- Namen des Bieters;
- Angaben über Gesellschafterstruktur des Bieters (Gesellschafter die mehr als 10 % halten sind namentlich zu bezeichnen);
- Angaben über die Anzahl an Anteilen, die bereits in Besitz des Bieters sind;
- Typ und Anzahl der zu erwerbenden Aktien;
- Angebotene Preis und Zahlungsfrist;
- Angebotsfrist.

Das Angebot hat der Mehrheitsaktionär innerhalb von 35 Tagen ab Kennen oder Kennen müssen der Beteiligungsstruktur abzugeben und ist bis zu 90 Tage nach Abgabe anzunehmen. Während dieser Angebotszeit kann das Angebot erhöht werden.[1365]

Das Angebot hat in Form von Geld oder Aktien zu erfolgen. Die Höhe richtet sich nach dem Mittelwert des Börsenkurses der letzten sechs Monate.[1366] Bei der nicht börsennotierten Gesellschaft und einer Gesellschaft, deren Aktien noch keine sechs Monate gehandelt werden, ist der Wert durch einen unabhängigen Sachverständigen festzulegen.[1367]

Ein separates, höheres Angebot an bestimmte Gesellschafter während der Annahmefrist ist ausgeschlossen. Wird das Angebot im Nachhinein erhöht, gilt dieses erhöhte Angebot für alle (ursprünglichen) Gesellschafter.[1368]

1364 Art. 84.2 Pkt. 8 Abs. 6 AktG RF.

1365 Art. 84.4 AktG RF.

1366 Art. 84.2 4 Pkt. 4 AktG RF; *Kireenkov/Wedde* eastlex 2006, 170, 171.

1367 *Kireenkov/Wedde* eastlex 2006, 170, 171.

1368 Art. 84.2 Pkt. 1 i.V.m. 84.4 Pkt. 1 AktG RF.

Das Pflichtangebot gilt als bei den Aktionären Zugegangen, soweit es der Gesellschaft zugestellt wurde.[1369]

d) Bankgarantie

Bei Übernahmeangeboten ist – ähnlich dem englischen Recht – eine Sicherheit in Form einer Bankgarantie oder in Form von Barmitteln zu stellen.[1370] Die Sicherheit hat dem Wert aller Anteile zu entsprechen, die der Bieter nicht selbst besitzt. Dies gilt unabhängig davon, ob eine komplette Übernahme vorgesehen ist.[1371] Die Garantie muss von einer russischen Bank ausgestellt werden und eine Gültigkeit von 100 Tagen aufweisen.

Dies wird beanstandet: Die Beschaffung einer entsprechenden Sicherheit ist mit erheblichem Aufwand verbunden. Außerdem wird dies regelmäßig zu erheblichen Kosten führen, trotz dessen, ob es tatsächlich zu einer Übernahme kommt.[1372]

e) Behördliche Genehmigung

Ein Übernahmeangebot ist durch den Föderalen Dienst für den Wertpapiermarkt zu genehmigen. Dieser prüft auch die Angemessenheit eines entsprechenden Angebots.[1373]

f) Reaktion der Gesellschaft

Die Organe der Gesellschaft unterliegen nicht der Neutralitätspflicht in Bezug auf das Angebot des Mehrheitsaktionärs. Der Aufsichtsrat der (Ziel-) Gesellschaft hat nach Abgabe des Angebots mittels einer Stellungnahme auf das Angebot zu reagieren,[1374] welche die Höhe des Angebots, mögliche Auswirkungen auf den Unternehmenswert und sonstige zukünftige Entwicklungen (etwa die Auswirkung auf die Mitarbeiter) der Gesellschaft zu beinhalten hat.

1369 Beschluss des Föderalen Arbitragegerichts des Moskauer Gebiets vom 8.4.2009, Nr. KG-A41/2362-09, in: Datenbank Konsultant; siehe auch *Schmitt/Melnikov* Hdb Wirtschaft und Recht in Osteuropa, RUS Kap. D.I Rn. 192.

1370 Art. 80 Pkt. 1 AktG RF; im Einzelnen *Korjakovcev* Kommentar zum AktG RF, 2007, Art. 84.1; *Kireenkov/Wedde* eastlex 2006, 170; kritisch *Schmitt/Melnikov* Hdb Wirtschaft und Recht in Osteuropa, RUS Kap. D.I Rn. 195.

1371 *Schmitt/Melnikov* Hdb Wirtschaft und Recht in Osteuropa, RUS Kap. D.I Rn. 195.

1372 *Schmitt/Melnikov* Hdb Wirtschaft und Recht in Osteuropa, RUS Kap. D.I Rn. 196.

1373 Art. 84.9 Pkt. 4 und 5 AktG RF.

1374 Art. 84.3 Pkt. 1 AktG RF.

Soweit kein Aufsichtsrat existiert, ist eine außerordentliche Hauptversammlung abzuhalten, um eine entsprechende Stellungnahme auszuarbeiten.[1375]

Die betroffene (Ziel-) Gesellschaft selber kann – mittels Ihrer Organe – aber durchaus bestimmte Maßnahmen ergreifen, um eine etwaige Übernahme zu verhindern. Gesetzlich vorgeschrieben ist die Zustimmung der Hauptversammlung zu folgenden Maßnahmen:

- Kapitalerhöhung mittels Ausgabe neuer Aktien (*poison pill*);[1376]
- Emission neuer Wandelschuldverschreibungen und Obligationen (*poison pill*);[1377]
- Rechtsgeschäften, die eine unmittelbare oder mittelbare Verfügung über Vermögen der AG im Wert von mehr als 10 % des Bilanzwertes der Aktiva darstellen (*crown jewels*); ausgenommen sind solche Geschäfte, die im Rahmen der üblichen Geschäftstätigkeit vorgenommen werden;[1378]
- Rechtsgeschäfte mit *interessierten* Personen bzw. Gesellschaftsorganen;[1379]
- Erwerb eigener Aktien;[1380]
- Erhöhung etwaiger Organvergütung (*golden parachutes*).[1381]

Stets gestattet ist es, am Markt nach alternativen Angeboten durch Dritte (*white knigth*) zu recherchieren (*market check*) bzw. sich zum Kauf anzubieten (*window dressing*).

Entsprechend steht es Dritten offen, ein Konkurrenzangebot abzugeben, wobei die Mitteilungspflicht unberührt bleibt.[1382] Das Konkurrenzangebot ist spätestens 25 Tage vor Ablauf des ursprünglichen Angebots abzugeben.[1383]

g) Rechtsschutz

Rechtsschutz ist in Form der Schadensersatzklage gegen den bietenden Mehrheitsgesellschafter gegeben, soweit die Höhe des Angebotes nicht angemessen ist.[1384] Beweispflicht trifft hier den klagenden Gesellschafter.

1375 Art. 84.3 Pkt. 1 AktG RF.
1376 Art. 84.6 Pkt. 1 Abs. 2 AktG RF.
1377 Art. 84.6 Pkt. 1 Abs. 3 AktG RF.
1378 Art. 84.6 Pkt. 1 Abs. 4 AktG RF.
1379 Art. 84.6 Pkt. 1 Abs. 5 AktG RF.
1380 Art. 84.6 Pkt. 1 Abs. 6 AktG RF.
1381 Art. 84.6 Pkt. 1 Abs. 7 AktG RF.
1382 Art. 84. 5. AktG RF; *Wedde* VDRW-Mitteilungen 33–34/2007, 40, 45.
1383 Art. 84.5. AktG RF.
1384 Art. 84.3 Pkt. 6 AktG RF.

Die Nachvollziehbarkeit der Berechnung des Angebots insbesondere im Falle von nicht öffentlich gehandelten Gesellschaften gestaltet sich allerdings als schwierig, da eine Einsichtnahme in das Gutachten – eine Kopie wird nicht zur Verfügung gestellt – zwar gestattet ist, aber zusätzliche Informationen in Bezug auf Berechnungsmethode und sonstige Anlagen nicht zur Verfügung gestellt werden.[1385] Ein separater Schadensersatzanspruch gegenüber dem Sachverständigen, der seine Pflichten bei der Bewertung der Gesellschaft verletzt hat, ist ausgeschlossen.

9. 95 %-ige Beteiligung

a) Sell-out

Hält ein Aktionär direkt oder indirekt min. 95 % der Stammaktien einer AG, können die Minderheitsgesellschafter den Aufkauf ihrer Aktien verlangen – sog. *Sell-out.*[1386]

Der Hauptaktionär ist dann verpflichtet, die übrigen Aktien zum aktuellen Aktienkurs abzunehmen. Das Verfahren und die Höhe der Gegenleistung richten sich im Einzelnen nach den Vorgaben bzgl. des Pflichtangebots.[1387]

Ein entsprechendes Angebot hat der Mehrheitsaktionär den Minderheitsaktionären innerhalb von 35 Tagen ab Kennen oder Kennen müssen der Beteiligungsstruktur zu machen. Vom Andienungsrecht ist innerhalb von 6 Monaten ab Abgabe des Angebots gebrauch zu machen.

Wurde kein Aufkauf-Angebot abgegeben, besteht bis zu ein Jahr ab Kenntniserlangung der Beteiligungsstrukturen das Recht, den Aufkauf zu verlangen.[1388]

b) Squeeze-out

Auch ein sog. *Squeeze-out*[1389] ist im russischen Aktienrecht möglich. Gem. Art. 84.8. AktG RF hat ein Aktionär, der direkt oder indirekt min. 95 % der Stammaktien einer AG hält, das Recht die übrigen Aktien gegen Barabfindung zu

1385 Beschluss des Föderalen Arbitragegerichts des Westsibirischen Bezirks vom 11.10.2007, Nr. F04-7219/2007(39298-A45-16).

1386 Art. 84.7 AktG RF.

1387 S.o. S. 197.

1388 *Kireenkov/Wedde* eastlex 2006, 170, 171.

1389 Die technisch richtige Bezeichnung gem. Art. 429 Companies Act UK 1985 ist: „right of offeror to buy out minority shareholders".

erwerben (sog. *Squeeze-out*). Dies entspricht einem zwangsweisen Ausschluss der Minderheitsgesellschafter aus der Gesellschaft.[1390]

Der Mehrheitsgesellschafter hat hierfür das Verlangen des Aufkaufs an die Gesellschaft und die staatlichen Behörden zu übersenden. Woraufhin die Minderheitsgesellschafter durch die Gesellschaft über den Aufkauf informiert werden.[1391]

Die Höhe des anzubietenden Kaufpreises ist von einem unabhängigen Gutachter zu ermitteln und darf nicht unter dem Wert liegen, den ein Mehrheitsaktionär im Falle eines Pflichtangebots oder eines *Sell-out* zu zahlen hätte.[1392] Der Kaufpreis ist zwingend in Geld zu zahlen. Der Mehrheitsgesellschafter hat das (Pflicht-) Angebot mittels Bankgarantie abzusichern.[1393]

Zwingende Voraussetzung für einen *Squeeze-out* ist, dass innerhalb der vorangehenden sechs Monate mindestens 10 % der Anteile nach freiwilligem Angebot oder Pflichtangebot übernommen wurden.[1394] Dies wird damit begründet, dass ohne eine entsprechende Übernahme der Wert der Anteile nicht angemessen zu bestimmen ist.[1395] Dies verwundert, da ein *Squeeze-out* – mithin eine Vollintegration in eine Obergesellschaft – damit für immer ausgeschlossen ist, sobald eine Beteiligung von 90 % erreicht wurde und die Sechsmonatsfrist verstrichen ist.[1396]

Zum Aufkauf ist der Mehrheitsgesellschafter – anders als im deutschen Recht –[1397] auch ohne Beschluss der Hauptversammlung berechtigt, was Verzögerungen durch Anfechtung eines Hauptversammlungsbeschlusses verhindert.[1398]

1390 Vgl. auch *Rodde/Abovski* WiRO 2009, 38; keine verfassungsrechtlichen Bedenken erkennend *Pashchenko*, in: Einführung in das russische Recht, 2010, S. 231 ff. unter Verweis auf die Überprüfung der Norm durch das russische Verfassungsgericht (Verfügung des Verfassungsgerichts der RF, Nr. 714-O-P vom 3.7.2007, in: Datenbank Konsultant).

1391 Zum verfahren im Einzelnen *Kireenkov/Wedde* eastlex 2006, 170, 171 f.

1392 *Kireenkov/Wedde* eastlex 2006, 170, 172; siehe zur Festsetzung des Aktienwertes auch Beschluss des Obersten Arbitragegerichts der RF vom 6.4.2010, Nr. 17536/09, in: Datenbank Konsultant; siehe auch *Schmitt/Melnikov* Hdb Wirtschaft und Recht in Osteuropa, RUS Kap. D.I Rn. 130.

1393 Art. 84.8 Pkt. 3 AktG RF.

1394 Art. 84.8 Pkt. 1 AktG RF; *Schmitt/Melnikov* Hdb Wirtschaft und Recht in Osteuropa, RUS Kap. D.I Rn. 197.

1395 *Schmitt/Melnikov* Hdb Wirtschaft und Recht in Osteuropa, RUS Kap. D.I Rn. 197.

1396 *Schmitt/Melnikov* Hdb Wirtschaft und Recht in Osteuropa, RUS Kap. D.I Rn. 198, die diese Regelung mit dem Schutz von Kleinaktionären vor „Enteignung" begründen.

1397 Vgl. etwa OLG Frankfurt am Main NZG 2007, 310.

1398 *Wedde* VDRW-Mitteilungen 33–34/2007, 40, 45.

Andererseits erschwert dies die Kontrolle durch Minderheitsgesellschafter, die nicht die Möglichkeit haben, gegen den *Squeez-out* an sich vorzugehen.[1399] Sie können lediglich die Höhe der Abfindung gerichtlich überprüfen lassen.[1400] Die Feststellung einer zu geringen Abfindung führt zu einem Schadensersatzanspruch,[1401] ändert aber nichts an der Wirksamkeit des Aufkaufs.[1402] Entsprechend entfaltet die Geltendmachung eines Schadensersatzanspruchs auch keinen Suspensiveffekt. Der Schadensersatzanspruch ist nach höchstrichterlicher Rechtsprechung direkt gegenüber dem Mehrheitsaktionär geltend zu machen.[1403]

10. Übernahme eigener Anteile

a) Allgemeines

Neben dem Erwerb eigener Aktien zum Zweck der Kapitalherabsetzung[1404] und dem Übergang von Aktien mangels fristgerechter Einlageleistung[1405] ist die Übernahme eigener Aktien durch die Gesellschaft in Russland unter bestimmten Umständen möglich bzw. erforderlich. Es wird unterschieden zwischen dem Erwerb von untergebrachten Aktien[1406] und dem Rückkauf eigener Aktien.[1407]

Der Erwerb untergebrachter Aktien erfolgt freiwillig und auf Initiative der Gesellschaft hin. Zum Rückkauf eigener Aktien hingegen ist die Gesellschaft verpflichtet, soweit ein berechtigter Gesellschafter einen entsprechenden Anspruch geltend macht.

Die Übernahme eigener Aktien durch die Gesellschaft ist in zweierlei Hinsicht problematisch. Im Falle der Übertragung der Aktien an die Gesellschaft handelt es sich beim entsprechenden Entgelt stets um eine Leistung der Gesellschaft an einen Gesellschafter, die geeignet ist, die Kapitalerhaltungsvorschriften zu unterlaufen. Daneben gilt es eine Kontrolle der Gesellschaft durch sich selbst als eigener Gesellschafter zu verhindern, da dies zur

---

1399 Verfügung des Obersten Arbitragegerichts der RF vom 23.7.2009, Nr. VAS-8818/09, in: Datenbank Konsultant.

1400 *Kireenkov/Wedde* eastlex 2006, 170, 172.

1401 Art. 84.8 Pkt. 3 AktG RF.

1402 *Kireenkov/Wedde* eastlex 2006, 170, 172.

1403 Verfügung des Obersten Arbitragegerichts der RF vom 23.7.2009, Nr. VAS-8818/09, in: Datenbank Konsultant.

1404 Art. 29 Pkt. 1 AktG RF; s.o. E.VI.6.d)(1), S. 159.

1405 Art. 34 Pkt. 1 AktG RF; s.o. Kapitel E.VI.2.c)(2), S. 139.

1406 Art. 72 Pkt. 1 AktG RF.

1407 Art. 75 AktG RF.

Umgehung der Kompetenzenabgrenzung zwischen den einzelnen Organen führen würde.[1408]

b) *Erwerb untergebrachter Aktien*

(1) **Allgemeines**

Der Erwerb untergebrachter Aktien hat durch ungebundene Mittel, die der Gesellschaft zur freien Verfügung stehen, zu erfolgen.[1409] Das russische Aktienrecht sieht hierbei zwei Möglichkeiten des Erwerbs vor. Einerseits den Erwerb eigener Aktien zum Zweck der Kapitalherabsetzung[1410] und andererseits den Erwerb eigener Aktien ohne bestimmte Zweckbindung.[1411]

(2) **Erwerb eigener Aktien ohne Zweckbindung**

Der Erwerb eigener untergebrachter Aktien, ohne dass bestimmte Voraussetzungen vorzuliegen haben, ist auch im russischen Recht vorgesehen. Ein Aktienerwerb wird regelmäßig eingesetzt, um den Aktienkurs zu regulieren bzw. um Einfluss auf die Aktionärszusammensetzung zu nehmen oder um – durch Ausgabe an die Geschäftsführung und/oder Mitarbeiter – die Geschäftsführung und/oder Belegschaft[1412] an das Wohl und Wehe der Gesellschaft zu binden.[1413]

Über einen Erwerb eigener untergebrachter Aktien ohne Zweckbindung beschließt die Hauptversammlung[1414] mit einer ¾-Mehrheit;[1415] wobei die Beschlusskompetenz auch auf den Aufsichtsrat übertragbar ist,[1416] der mit einfacher Mehrheit der anwesenden Stimmen entscheidet.[1417]

Ein entsprechender (Erwerbs-) Beschluss hat – wie auch im Erwerbsfall zum Zweck einer Kapitalherabsetzung – Angaben über Gattung und Typ der zu

---

1408 *Fischer* Das System der Kapitalaufbringung und Kapitalerhaltung der Aktiengesellschaft und der Gesellschaft mit beschränkter Haftung, S. 270.

1409 Reingewinn oder Drittmittel (etwa Darlehen).

1410 Art. 72 Pkt. 1 AktG RF; siehe hierzu oben E.VI.6.d)(1), S. 159.

1411 Art. 72 Pkt. 2 AktG RF.

1412 Hierzu kann ein separater Fonds eingerichtet werden, s.o. E.VI.4.b), S. 152.

1413 *Fischer* Das System der Kapitalaufbringung und Kapitalerhaltung der Aktiengesellschaft und der Gesellschaft mit beschränkter Haftung, S. 275.

1414 Art. 72 Pkt. 2 AktG RF i.V.m. Art. 48 Pkt. 1, Nr. 17 AktG RF.

1415 Art. 49 Pkt. 4 AktG RF.

1416 Art. 72 Pkt. 2 AktG RF i.V.m. Art. 65 Pkt. 1, Nr. 8 AktG RF.

1417 Art. 68 Pkt. 3 Abs. 1 AktG RF; eine höhere Mehrheit kann satzungsmäßig normiert werden.

erwerbenden Aktien, Anzahl, Erwerbspreis,[1418] Zahlungsform[1419] und -frist[1420] und die Erwerbsfrist (min. 30 Tage)[1421] zu beinhalten. Die Gesellschafter sind über den Beschluss zu benachrichtigen; die Benachrichtigung stellt gleichzeitig ein Angebot i.S.d. Art. 435 Pkt. 1 ZGB RF dar. Das Angebot ist zwingend allen Gesellschaftern, die Inhaber des entsprechenden Typs der jeweiligen Aktiengattung sind, zu machen. Übersteigen die Annahmen dieses Angebots den zulässigen Erwerbsumfang der Gesellschaft, richtet sich der Erwerb proportional nach der Anzahl der Aktien der annehmenden Gesellschafter.[1422]

Werden die entsprechenden (Verfahrens- und Form-) Vorschriften über den Erwerb eigener untergebrachter Aktien zum Zweck der Kapitalherabsetzung nicht eingehalten, sind die einzelnen Erwerbsgeschäfte mit den Gesellschaftern nichtig gemäß Art. 168 ZGB RF i.V.m. Art. 72 Pkt. 2 AktG RF.

(3) Rechtsfolgen des Erwerbs eigener untergebrachter Aktien

Die Gesellschaft kann keine Rechte aus den erworbenen Aktien gegenüber sich selbst geltend machen. Die Aktien bestehen zwar fort, verleihen aber weder Stimmrecht auf der Hauptversammlung noch werden auf die Aktien Dividenden gezahlt.[1423] Die Aktien sind innerhalb eines Jahres durch die Geschäftsführung mindestens zum Marktpreis[1424] wieder zu veräußern;[1425] andernfalls sind die erworbenen Aktien durch Beschluss der Hauptversammlung zu löschen und nach ihrer Entscheidung ist entweder das Satzungskapital entsprechend herabzusetzen oder der Nennwert der verbleibenden Aktien entsprechend zu erhöhen.[1426] Der Erwerb eigener untergebrachter Aktien erfordert die Maßnahmen, die im Fall einer Kapitalherabsetzung zu treffen sind.[1427] Erfolgt der Verkauf von Aktien nach der Jahresfrist, ist der Kaufvertrag trotzdem wirksam.[1428]

1418 Art. 72 Pkt. 4 AktG RF i.V.m. Art. 77 AktG RF.

1419 Art. 72 Pkt. 4 Abs. 2 AktG RF.

1420 Art. 314 Pkt. 2 AktG RF.

1421 Art. 72 Pkt. 4 Abs. 2 AktG RF.

1422 Art. 72 Pkt. 4 Abs. 3 AktG RF.

1423 Art. 72 Pkt. 3 Abs. 2 AktG RF.

1424 Beschluss des Föderalen Arbitragegerichts des Nord-West-Bezirks vom 8.7.2002, Nr. A13-1125/02-12, in: Datenbank Garant.

1425 Art. 72 Pkt. 3 Abs. 2 S. 2 AktG RF.

1426 Art. 72 Pkt. 3 Abs. 2 S. 3 AktG RF.

1427 Information der Gläubiger und eventuelle Rückzahlung von Forderungen, s.o. E.VI.6.e), S. 163.

1428 Lange Zeit umstritten, dann aber höchstrichterlich entschieden, vgl. Beschluss des Föderalen Arbitragegerichts der RF vom 1.2.2000, Nr. 5784/99, in: Datenbank

Konsequenzen, die eine Fristwahrung erforderlich machen sind lediglich im Rahmen einer Kapitalherabsetzung durch berechtigte staatliche Organe gemäß Art. 35 Pkt. 7 und 8 AktG RF denkbar, soweit diese vor Veräußerung der Aktien nach Ablauf der Jahresfrist erfolgt.

(4) Beschränkungen des Erwerbs eigener untergebrachter Aktien

Neben den Beschränkungen gem. Art. 73 AktG RF[1429] ist das Erwerbsrecht auch ausgeschlossen, wenn die sich im Umlauf befindlichen Aktien weniger als 90 % des Satzungskapitals ausmachen.[1430] Dies bedeutet, dass eine Gesellschaft mittels eines Beschlusses nicht mehr als 10 % ihrer (Stamm-) Aktien erwerben und mithin zu einem Zeitpunkt halten kann.

c) Rückkauf eigener Aktien

(1) Allgemeines

Der Rückkauf eigener Aktien durch die Gesellschaft erfolgt stets auf Verlangen des Gesellschafters, dessen Aktien zurückzukaufen sind. Es handelt sich um einen Gesellschafteranspruch (Andienungsrecht), dem die Gesellschaft unter bestimmten Voraussetzungen zu entsprechen hat.

(2) Anspruchstatbestände

Ein Anspruch auf Rückkauf der Aktien durch die Gesellschaft besteht im Falle eines Beschlusses der Hauptversammlung über die Reorganisation der Gesellschaft,[1431] im Falle eines Beschlusses der Hauptversammlung über die Genehmigung eines *Großgeschäfts*[1432] oder im Falle eines Beschlusses der Hauptversammlung über eine Satzungsänderung oder -ergänzung, durch welche Rechte eines Aktionärs eingeschränkt werden.[1433]

Garant; später auch Beschluss des Föderalen Arbitragegerichts des Wolga-Bezirks vom 16.10.2001, Nr. A12-7556/00-S13, in: Datenbank Garant; zum Ganzen *Fischer* Das System der Kapitalaufbringung und Kapitalerhaltung der Aktiengesellschaft und der Gesellschaft mit beschränkter Haftung, S. 278 f.

1429 S.o. Kapitel E.VI.6.d)(1), S. 159 ff.

1430 Art. 72 Pkt. 2 Abs. 2 AktG RF.

1431 S.u. Kapitel E.X.2, S. 227.

1432 S.o. Kapitel E.IV.2.c)(5), S. 83.

1433 Zum Andienungsrecht des Gesellschafters s.o. Kapitel E.V.8.c), S. 131.

Die Rückkauftatbestände sind abschließend im AktG RF geregelt.[1434] Weitere Tatbestände, die zu einem Rückkauf berechtigen, bestehen derzeit nicht.[1435]

(3) Anspruchsinhaber

Berechtigt, den Rückkauf von Aktien zu fordern, sind neben Inhabern von Stammaktien auch Inhaber von Vorzugsaktien mit Stimmrecht.[1436] Die Dokumentation der Stimmberechtigung erfolgt auf Grundlage des Aktionärsregisters.[1437]

Rückkaufsberechtigt ist ein Gesellschafter dann, wenn der den Rückkaufanspruch geltend machende Gesellschafter entweder gegen die Reorganisation, den Abschluss eines *Großgeschäfts* oder die Satzungsänderung gestimmt hat oder an einer entsprechenden Abstimmung hierüber nicht (direkt oder indirekt) teilgenommen hat.

Bzgl. eines Andienungsrechts aufgrund eines *Großgeschäfts* gilt es anzumerken, dass gemäß Art. 75 Pkt. 1 AktG RF n.F. nun explizit auf Art. 79 Pkt. 3 AktG RF verwiesen wird, sodass höchstrichterliche Rechtsfortbildung zu diesem Problem inzwischen obsolet ist.[1438]

1434 Heute absolut h.M. Beschluss des Plenums des Obersten Gerichts der RF vom 18.11.2003, Nr. 19 (Pkt. 29 Abs. 2) und des Obersten Arbitragegerichts der RF vom 20.11.2003, Nr. 20, VVAS 2004, Nr. 1, in: Datenbank Konsultant; siehe auch *Fischer* Das System der Kapitalaufbringung und Kapitalerhaltung der Aktiengesellschaft und Gesellschaft mit beschränkter Haftung, S. 281 Fn. 1091; früher umstritten, m.w.N. *Heeg* Finanz- und Haftungsverfassung russischer Kapitalgesellschaften, S. 95 f.

1435 Eine Ausnahme ist im VolksunternehmenG RF (Föderales Gesetz „Über die Besonderheiten der rechtlichen Regelung der Aktiengesellschaften der Arbeiter (Volksunternehmen)“ vom 19.7.1998, Nr. 115-FZ, SZ RF 1998, Nr. 30, Pos. 3611) geregelt, betroffen sind Fälle in denen Gesellschafter der AG die angestellten Arbeiter sind; zum Ganzen, vgl. *Fischer* Das System der Kapitalaufbringung und Kapitalerhaltung der Aktiengesellschaft und Gesellschaft mit beschränkter Haftung, S. 281; *Heeg* Finanz- und Haftungsverfassung russischer Kapitalgesellschaften, S. 230.

1436 *Heeg* Finanz- und Haftungsverfassung russischer Kapitalgesellschaften, S. 230.

1437 Zum Aktionärsregister, s.o. Kapitel E.V.3, S. 107 und zum Stimmrecht s.o. Kapitel E.V.6.c), S. 112.

1438 Nach Ansicht der Rechtsprechung handelte es sich bei dem Verweis von Art. 75 Pkt. 1 AktG RF a.F. auf Art. 79 Pkt. 2 AktG RF um ein redaktionelles Versehen. Vielmehr war Art. 75 Pkt. 1 AktG RF a.F. so zu lesen, als ob neben Art. 79 Pkt. 2 AktG RF auch auf Art. 79 Pkt. 3 AktG RF verwiesen würde. Ansonsten wäre ein Andienungsrecht im Zusammenhang mit einem Großgeschäft nur dann in Frage gekommen, wenn es sich um ein Geschäft handelte, welches Vermögen zum Gegenstand hat, das einen Wert von 25 % bis 50 % der Reinaktiva der Gesellschaft beträgt, nicht aber wenn es sich um ein ungleich größeres Rechtsgeschäft handelt,

(4) Rückkaufverfahren

Nach einer ein Andienungsrecht begründenden Hauptversammlung hat die Gesellschaft ihre Gesellschafter über etwaige Andienungsrechte zu informieren.[1439] Diese Information hat einen Verweis auf das eventuell bestehende Andienungsrecht, den Rückkaufpreis und Angaben über das Rückkaufverfahren zu enthalten.[1440] Der Preis hat dem Marktwert, ohne Einbeziehung der das Andienungsrecht begründenden Umstände, zu entsprechen. Er ist durch einen unabhängigen Wirtschaftsprüfer festzustellen.[1441]

Daraufhin hat der andienungsberechtigte Gesellschafter sein Recht innerhalb einer 45-Tages-Frist geltend zu machen.[1442] Nach Ablauf dieser Frist hat die Gesellschaft innerhalb von 30 Tagen die Aktien zurückzukaufen. Der Rückkauf ist in das Aktienregister einzutragen; darüber hinaus ist während der Übertragungsphase ein Veräußerungsverbot betreffend der entsprechenden Aktien in das Handelsregister einzutragen.[1443]

Für den Rückkauf dürfen höchstens 10 % der Reinaktiva der Gesellschaft aufgewendet werden. Soweit der Wert der Andienungen diesen Wert übersteigt, sind die Aktien proportional zu den Andienungen zurückzukaufen. Darüber hinausgehende spezielle Beschränkungen insbesondere bzgl. der Menge der zurückzukaufenden Aktien existieren nicht.[1444]

---

das Vermögen zum Gegenstand hat, das einen Wert von 50 % der Reinaktiva der Gesellschaft übersteigt; vgl. Beschluss des Plenums des Obersten Gerichts der RF vom 18.11.2003, Nr. 19 (Pkt. 16) und des Obersten Arbitragegerichts der RF vom 20.11.2003, Nr. 20, VVAS 2004, Nr. 1, in: Datenbank Konsultant; zum Ganzen, siehe auch *Fischer* Das System der Kapitalaufbringung und Kapitalerhaltung der Aktiengesellschaft und Gesellschaft mit beschränkter Haftung, S. 283 ff.

1439 Art. 76 Pkt. 1 AktG RF.

1440 Art. 76 Pkt. 2 AktG RF.

1441 Beschluss des Föderalen Arbitragegerichts des Nord-West-Bezirks vom 15.4.2002, Nr. A52-3405/01-1, in: Datenbank Garant; Beschluss des Föderalen Arbitragegerichts des Zentralbezirks vom 18.11.2003, Nr. A48-2261/03-10, in: Datenbank Garant; vgl. auch *Fischer* Das System der Kapitalaufbringung und Kapitalerhaltung der Aktiengesellschaft und Gesellschaft mit beschränkter Haftung, S. 287; vgl. zur Frage, ob überhaupt ein Wirtschaftsprüfer zur Wertbestimmung zu bestellen ist *Heeg* Finanz- und Haftungsverfassung russischer Kapitalgesellschaften, S. 233 f. m.w.N.

1442 Art. 76 Pkt. 4 AktG RF.

1443 *Fischer* Das System der Kapitalaufbringung und Kapitalerhaltung der Aktiengesellschaft und Gesellschaft mit beschränkter Haftung, S. 287.

1444 Art. 75 AktG RF; *Fischer* Das System der Kapitalaufbringung und Kapitalerhaltung der Aktiengesellschaft und Gesellschaft mit beschränkter Haftung, S. 287.

(5) Rechtsfolge des Rückkaufs eigener Aktien

Die Gesellschaft erwirbt durch den Rückkauf der Aktien Eigentum an den Aktien. Sie verleihen der Gesellschaft aber weder ein Stimmrecht auf der Hauptversammlung noch einen Anspruch auf Auszahlung einer Dividende.[1445]

Die Aktien müssen innerhalb eines Jahres wieder veräußert werden, ansonsten sind sie im Rahmen einer Kapitalherabsetzung bzw. einer entsprechenden Erhöhung des Nennwerts der verbleibenden Aktien zu löschen.[1446] Ein Verkauf der Aktien nach der Jahresfrist ändert nichts an der Wirksamkeit des Kaufvertrags.[1447] Konsequenzen, die eine Fristwahrung erforderlich machen sind lediglich im Rahmen einer Kapitalherabsetzung durch berechtigte staatliche Organe gemäß Art. 35 Pkt. 6 AktG RF denkbar, soweit diese vor Veräußerung der Aktien nach Ablauf der Jahresfrist erfolgt.

11. Fazit

Im russischen Recht existieren verschiedene Arten von Wertpapieren; dies sind Aktien, Obligationen, Wandelschuldverschreibungen und variabel verzinsliche Anleihen.

Aktien werden in zwei Gattungen unterschieden: Stamm- und Vorzugsaktien. Es besteht die Möglichkeit, diese Aktiengattungen in Typen zu untergliedern, indem sie mit verschiedenen Rechten ausgestattet werden.

Aktien werden in Russland ausschließlich in nichtdokumentärer Form ausgegeben, sodass ein körperlicher Anteilsschein nicht existiert. Ein Aktienzertifikat verbrieft die Inhaberschaft auch mehrerer Aktien, wobei es sich hierbei nicht um eine Urkunde im technischen Sinne handelt. Die Registereintragung hat somit quasidinglichen Charakter. In der russischen Wissenschaft wird rege über die Sachqualität einer Aktie diskutiert. Damit einhergehend ist auch die Möglichkeit der Vindikation einer Aktie umstritten.

Aktien werden grundsätzlich als Namensaktien ausgegeben; Inhaberpapiere existieren im russischen Recht nicht. Die Aktionäre sind namentlich in einem Aktionärsregister zu führen, der bei einer AG mit mehr als 50 Gesellschaftern

---

1445 Art. 76 Pkt. 6 AktG RF.

1446 Im Einzelnen, s.o. E.VI.6.d)(1), S. 159.

1447 Lange Zeit umstritten, dann aber höchstrichterlich entschieden, vgl. Beschluss des Föderalen Arbitragegerichts der RF vom 1.2.2000, Nr. 5784/99, in: Datenbank Garant; später auch Beschluss des Föderalen Arbitragegerichts des Wolga-Bezirks vom 16.10.2001, Nr. A12-7556/00-S13, in: Datenbank Garant; zum Ganzen *Fischer* Das System der Kapitalaufbringung und Kapitalerhaltung der Aktiengesellschaft und der Gesellschaft mit beschränkter Haftung, S. 278 f.

zwingend durch einen (professionellen) Registrator aufzubewahren ist. Für Aktien ist weder ein Mindestnennbetrag noch eine bestimmte Stückelung erforderlich.

Eine Stammaktie, die nicht von der Gesellschaft selbst gehalten wird, verleiht anders als die Vorzugsaktie Stimmrecht in der Hauptversammlung und berechtigt zum Bezug einer Dividende. Zum Schutz der (Stamm-) Aktionäre sind umfangreiche Andienungsrechte gesetzlich normiert. Durch die Normierung einer realistischen Abfindungszahlung im Falle der Andienung soll der Minderheitsgesellschafter vor einschneidenden (Geschäftsführungs-) Maßnahmen geschützt werden, die nicht in seinem Interesse sind.

Vorzugsaktien sind entsprechend dem jeweiligen Typ mit einem Vorrecht auf Gewinnausschüttung bzw. Bezug der Dividende oder des Abwicklungserlöses ausgestattet, verleihen aber grundsätzlich kein Stimmrecht in der Hauptversammlung. Es lässt sich hierdurch Kapital durch Eigenfinanzierung akquirieren ohne Abstimmungsverhältnisse zu ändern. Durch eine Beschränkung auf 25 % des Satzungskapitals soll die Möglichkeit eines beherrschenden Einflusses mit lediglich geringem Kapitalanteil verhindert werden.

Inhaber von Vorzugsaktien können Stimmberechtigung erlangen, wenn Interessen der Vorzugsaktionäre unmittelbar betroffen sind bzw. die Existenz der Gesellschaft gefährdet ist oder wenn die satzungsmäßig festgelegte Dividende nicht durch die Hauptversammlung festgesetzt oder sonstige Vorzüge nicht gewährt werden. Anders als im deutschen Recht ergibt sich dieses Aufleben des vollen Stimmrechts schon, wenn die Gesellschaft mit der ersten Dividendenzahlung säumig ist. Die *kumulative Vorzugsaktie* ermöglicht es, das Aufleben des Stimmrechts mangels Dividendenzahlung bis zu einem satzungsmäßig bestimmten Datum vertraglich auszuschließen. Das Aufleben des Stimmrechts kann demnach von einer längeren Nichtzahlung der Dividende abhängen. Zum Schutz vor ungewollter Mitbestimmung durch Inhaber von Vorzugsaktien sieht das Gesetz die Möglichkeit vor, einen vom sonstigen Gesellschaftsvermögen abgegrenzten Fonds zu bilden, welcher lediglich der Dividendenausschüttung an Vorzugsaktionäre dienen soll. Ohnehin erscheint eine Beherrschung der Gesellschaft durch blockierende Vorzugsaktionäre relativ unwahrscheinlich, da die Vorzugsaktien auf 25 % des Satzungskapitals begrenzt sind. Lediglich denkbar erscheint, dass ein Vorzugsaktionär, der Inhaber von Stammaktien ist, die vollständige Auszahlung der Dividende in der nächsten Hauptversammlung zu verhindert sucht, um auf diesem Wege weiterhin die Stimmrechte eines Stammaktionärs zu genießen.

Die Umwandlung einer Vorzugs- in eine Stammaktie kann satzungsmäßig vorgesehen sein oder im Falle der Umwandlung der Gesellschaft erfolgen. Der Zeitpunkt der Umwandlung kann satzungsmäßig an Voraussetzungen wie eine

Ausübungsfrist oder die Zahlung einer Umtauschprämie gebunden sein. Liegt die Umwandlung im Ermessen des Vorzugsaktionärs, handelt es sich bei der Vorzugsaktie faktisch um eine Option.

Der Anlegerschutz erfordert ab einem gewissen Volumen die Herausgabe eines Emissionsprospekts durch den Emittenten, um dem Markt eine Risikoeinschätzung zu ermöglichen. Verschuldete Fehlinformation kann zur Rückabwicklung des Wertpapiererwerbs und zu Schadensersatzforderungen führen. Neben dem Emittenten haften bei Verschulden Unterzeichner, Gutachter und Wirtschaftsprüfer gegenüber dem Geschädigten Anleger und der Gesellschaft.

Die Dividende ist unbedingtes und unentziehbares Gesellschafterrecht. Es handelt sich um einen Teil des jährlich erwirtschafteten Reingewinns, der unter den Aktionären proportional zur Anzahl und unter Berücksichtigung der Gattung der ihnen gehörenden Aktien verteilt wird.

Die Auszahlung der Dividende wird nicht mittels eines durchsetzbaren Anspruchs gewährleistet, sondern steht hinter den Interessen der Gesellschaftsgläubiger, der Vorzugsaktionäre und der Gesellschaft an sich zurück. Erst der Auszahlungsbeschluss begründet einen durchsetzbaren (Dividenden-) Auszahlungsanspruch. Da selbst bei Vorliegen eines ausreichenden Jahresgewinnes keine Verpflichtung der Gesellschaft, eine Dividendenausschüttung zu beschließen, besteht, liegt eine direkte Einflussnahmemöglichkeit der Gesellschafter auf die Gewinnverwendungspolitik nur bedingt vor. Darüber hinaus ist in einigen Fällen die Gewinnausschüttung ausgeschlossen. Dies kann auch trotz Vorliegen eines Auszahlungsbeschluss gelten. Das Bezugsrecht richtet sich nach der Teilnahmeberechtigung an der Hauptversammlung. Entsprechende Beschlussfassung erfolgt durch die Hauptversammlung mit einfacher Mehrheit auf Empfehlung des Aufsichtsrats hin. Der Auszahlungsbeschluss der Hauptversammlung darf – anders als im deutschen Recht – nach unten hin von der Empfehlung des Aufsichtsrats abweichen. Die Hauptversammlung hat in einer festgelegten Reihenfolge zunächst über Dividendenzahlung auf Vorzugsaktien und nachrangig auf Stammaktien zu beschließen.

Die Auszahlung der Dividende erfolgt in der Regel jährlich, kann aber auch – anders als im deutschen Recht – halb- oder vierteljährlich erfolgen. Hierbei handelt es sich nicht um Zwischendividenden auf zukünftige Gewinne, sondern um Zahlungen auf Grundlage der Reinaktiva des jeweils abgelaufenen Quartals. Die Auszahlung erfolgt durch Geldzahlungen oder – soweit satzungsmäßig vorgesehen – durch Ausgabe sonstigen (Sach-) Vermögens. Aus praktischen Gründen wird allerdings von einer Auszahlung der Dividende mittels sonstigen (Sach-) Vermögens abgeraten. Eine Auszahlung mittels der Ausgabe neuer Aktien oder anderer Wertpapiere ist nicht möglich. Eine Auszahlungsfrist, die 60 Tage nicht überschreiten darf, ist in der Satzung festzulegen oder mit Auszahlung zu beschließen.

Nicht (fristgerechte) Auszahlung der Dividende stellt eine Pflichtverletzung dar, die zu Schadensersatzansprüchen gegenüber der Gesellschaft und den entsprechenden Organen führen kann. Zur Vorbeugung eines Auszahlungsverzuges wird empfohlen, darüber hinaus Vertragstrafen für den Fall nicht (fristgerechter) Auszahlung zu vereinbaren.

Vorzugsaktionäre haben vor einem Auszahlungsbeschluss keinen Auszahlungsanspruch, sondern eine Art „unselbstständiges Nachzahlungsrecht", wobei es sich ausschließlich um ein Mitgliedschaftsrecht handelt. Eine Umwandlung in einen selbstständigen Anspruch ist nicht möglich. Es kann demnach ohne Auszahlungsbeschluss keine – dem deutschen Recht vergleichbare – verkehrsfähige Forderung gegenüber der Gesellschaft entstehen. Diese Unabdingbarkeit bedeutet auch, dass eine Abschlagszahlung auf den voraussichtlichen Bilanzgewinn an die Aktionäre unzulässig ist.

Entsprechend dem Grundsatz der Fungibilität ist es im russischen Recht möglich, frei über Aktien zu verfügen. Der gutgläubige Erwerb von Aktien vom Nichtberechtigten ist möglich, wenn Eintragung und Wirklichkeit auseinanderfallen und der Erwerber beim Erwerb gutgläubig ist.

Eine der Vinkulierung von Namensaktien entsprechende Regelung ist im russischen Recht nicht vorgesehen. Daneben existiert die Möglichkeit, den Aktienbestand einzelner Gesellschafter satzungsmäßig zu Begrenzen, um eine Machtkonzentration zu verhindern bzw. zu perpetuieren. So kann gewährleistet werden, dass kein Gesellschafter Mehrheitsaktionär wird bzw. ein bestimmter Gesellschafter Mehrheitsaktionär bleibt. Ein Verstoß gegen entsprechende Regelungen führt nicht zur schwebenden Unwirksamkeit, sondern zur Anfechtbarkeit nach den allgemeinen Vorschriften und einem Schadensersatzanspruch gegenüber dem unlauteren Aktionär. Sodass bei einem nicht satzungsgemäßen Erwerb einer Aktie, dem Erwerbenden zunächst alle damit verbundenen Rechte zustehen. Es besteht somit durchaus die Gefahr, dass ein unlauterer Aktionär durch satzungswidrig erworbene Stellung unerwünschte Beschlüsse der Hauptversammlung herbeiführt oder die Anteile weiterveräußert.

Um entsprechenden Problematiken entgegenzuwirken, bietet das russische Aktienrecht – im Widerspruch zum Grundsatz der Stimmrechtsverteilung nach Aktien – die Möglichkeit, die Anzahl an Stimmen, die einem Gesellschafter gewährt werden, einheitlich entsprechend der jeweiligen Beteiligung zu begrenzen. Über diese Grenze hinausgehenden Stammaktien berechtigen lediglich zu einer höheren Dividende bzw. höheren Liquidationsquote. Es kann daher ratsam sein, eine Begrenzung der Maximalstimmrechtsfähigkeit im Vorfeld vorzunehmen, wenn den Gründungsgesellschaftern daran gelegen ist, die Stimmenverteilung innerhalb der Gesellschaft zu perpetuieren. Nicht eindeutig ist, ob eine

„qualifizierte" bzw. gestaffelte Stimmrechtsbegrenzung in Russland möglich ist. Von einer entsprechenden satzungsmäßigen Regelung ist daher abzuraten.

In Abweichung vom Aufrechnungsverbot ist im russischen Recht ein *Dept-to-Equity-Swap* im Falle der Kapitalerhöhung mittels Ausgabe zusätzlicher Aktien im Rahmen einer geschlossenen Zeichnung möglich.

Regelungen, die vor Insiderhandel und Kursmanipulation schützen sollen, existieren. Die Wirksamkeit dürfte allerdings auch in Zukunft gering bleiben.

Erwirbt ein Aktionär mehr als 30 % bzw. 50 % bzw. 75 % der Stammaktien muss er ein Pflichtangebot, in Höhe des aktuellen Aktienkurses, an die übrigen Aktionäre abgeben, welches eine Bankgarantie über entsprechende Bonität erfordert. Erwerb heißt auch das Ausüben der Kontrolle auf andere Art, worunter etwa Konzernstrukturen oder personelle Verflechtungen zählen; Kontrolle mittels vertraglicher Vereinbarung (sog. *acting in concert)* ist hingegen nicht eingeschlossen. Da bei Überschreiten mehrere Grenzwerte gleichzeitig, die Abgabe eines erneuten Pflichtangebots entbehrlich ist, kann sich ein Bieter mittels Abgabe eines frühzeitigen (freiwilligen) Angebots, dass den Anforderungen an ein Pflichtangebot entspricht, von der späteren Verpflichtung zur Abgabe eines Pflichtangebots befreien. Das Verfahren und die formellen Voraussetzungen einer Übernahme sind im AktG RF im Einzelnen geregelt. Insbesondere gilt es zu beachten, dass eine Sicherheit im Wert aller Anteile, die der Bieter nicht selbst besitzt, zu stellen ist. Sicherheit kann eine 100 Tage gültige Garantie einer russischen Bank sein. Unabhängig von der Annahme des Angebots verursacht dies erhebliche Kosten. Bei einem Angebot unterliegen die Organe der Gesellschaft nicht der Neutralitätspflicht. Der Aufsichtsrat hat mittels Stellungnahme zu reagieren. Als Verteidigungsmöglichkeiten kommen *poison pill*, Erwerb der *crown jewels*, Erwerb eigener Aktien, *golden parachutes* oder *market check* und *window dressing* in Frage. Während dem gesamten Verfahren ist ein Konkurrenzangebot zulässig, wobei die Mitteilungspflichten diesbzgl. unberührt bleiben.

Ein Aktionär, der direkt oder indirekt min. 95 % der Anteile der AG hält, hat auch ohne vorangehenden Beschluss der Hauptversammlung das Recht, die übrigen Aktien gegen Barabfindung zu erwerben (sog. *Squeeze-out*). Eine Verzögerung durch Anfechtung des Hauptversammlungsbeschlusses kann demnach nicht eintreten. Voraussetzung für einen *Squeeze-out* ist, dass innerhalb der vorangehenden sechs Monate mindestens 10 % der Anteile nach freiwilligem Angebot oder Pflichtangebot übernommen wurden. Dies schließt einen *Squeeze-out* für immer aus, sobald eine Beteiligung von 90 % erreicht wurde und die Sechsmonatsfrist verstrichen ist.

Neben dem Erwerb eigener Aktien zum Zweck der Kapitalherabsetzung und dem Übergang von Aktien mangels fristgerechter Einlageleistung ist der

Erwerb von untergebrachten Aktien, der freiwillig auf Initiative der Gesellschaft hin erfolgt, und der Rückkauf eigener Aktien, soweit von einem Andienungsrecht Gebrauch gemacht wird, möglich. Bei der Übernahme eigener Aktien ist zu beachten, dass die Kapitalerhaltungsvorschriften nicht durch Leistung der Gesellschaft an einen Gesellschafter unterlaufen werden und dass die Kontrolle der Gesellschaft durch sich selbst nicht zur Umgehung der Kompetenzenabgrenzung zwischen den einzelnen Organen führt.

Der Erwerb eigener Aktien, dient regelmäßig der Regulieren des Aktienkurses bzw. der Einflussnahme auf die Aktionärszusammensetzung. Erforderlich ist ein Beschluss der Hauptversammlung mit ¾-Mehrheit oder – soweit satzungsmäßig Vorgesehen – ein Beschluss des Aufsichtsrats mit einfacher Mehrheit. Im Anschluss ist eine Benachrichtigung an alle Aktionäre des entsprechenden Aktientyps der Aktiengattung erforderlich, welche gleichzeitig ein Angebot i.S.d. Art. 435 Pkt. 1 ZGB RF darstellt.

Der Rückkauf eigener Aktien erfolgt sobald ein Aktionär von einem bestehenden Andienungsrecht Gebrauch macht. Dies setzt – nicht satzungsmäßig modifizierbar – voraus, dass gegen den Willen des andienenden stimmberechtigten Aktionärs ein Beschluss über die Reorganisation, die Genehmigung eines *Großgeschäfts*, eine Aktionärsechte einschränkende Satzungsänderung oder eine Satzungsergänzung erfolgte.

Verfahrens- und Formfehler führen zur Nichtigkeit des Erwerbs- bzw. Rückkaufgeschäfts. Erworbene oder zurückgekaufte Aktien verleihen weder Stimmrecht noch ein Recht auf Dividende und sind innerhalb eines Jahres zu veräußern oder in Verbindung mit einer Kapitalherabsetzung bzw. Anpassung des Aktiennennwerts zu löschen. Restriktionen sind für eine Säumnis nicht vorgesehen, lediglich besteht die Möglichkeit einer Kapitalherabsetzung durch berechtigte staatliche Organe. Zum Schutz der Kompetenzenabgrenzung zwischen den einzelnen Organen darf die Gesellschaft nicht mehr als 10 % ihrer (Stamm-) Aktien auf einmal halten.

VIII. Rechtsgeschäftliches Handeln der Gesellschaft

1. Allgemeines

Nach außen handelt die Gesellschaft durch ihre Organe – in der Regel durch die Geschäftsführung.[1448] Daneben ist es möglich, einzelne Rechte auf weitere (natürliche oder juristische) Personen zu übertragen.[1449]

1448 *Arzinger/Galander* Russisches Wirtschaftsrecht, 2. Aufl. 2002, S. 44.
1449 *Arzinger/Galander* Russisches Wirtschaftsrecht, 2. Aufl. 2002, S. 44.

2. Organschaftliche Vertretungsmacht

a) Allgemeines

Die Geschäftsführung der AG ist gesetzlicher Vertreter der Gesellschaft, sie vertritt die AG im allgemeinen Rechtsverkehr und vor Gericht.[1450] Die Geschäftsführung kann aus einem Einzelorgan (Einzelgeschäftsführer) oder einem Kollegialorgan (Vorstand) bestehen. Die Geschäftsführung in Form des Einzelexekutivorgans der Gesellschaft ist originär und unbeschränkt (allein-) vertretungsberechtigt.[1451] Bisher existierte die Geschäftsführung in Form eines Kollegialorgans lediglich als Ergänzung zum Einzelgeschäftsführer, der bei Existenz eines Kollegialorgans als dessen Vorsitzender nach wie vor originär und unbeschränkt alleinvertretungsberechtigt war.[1452] Die Vereinbarung einer Gesamtvertretung war nicht vorgesehen und daher nicht möglich.[1453] Daher konnte die Vertretungsmacht den übrigen Vorstandsmitgliedern bislang nur im Rahmen einer einfachen rechtsgeschäftlichen Vollmacht erteilt werden.[1454] Das Vier-Augen-Prinzip wurde hierdurch gänzlich vereitelt. Die ZGB RF-Novelle sieht nunmehr auch die Ausübung der Geschäftsführung durch mehrere Geschäftsführer vor; wobei noch unklar ist, ob die einzelnen Geschäftsführer Einzelvertretungsberechtigt sind oder als Kollegialorgan der Zustimmung der anderen Geschäftsführer unterliegen.[1455]

Bisher wurden dem Einzelgeschäftsführer somit erhebliche Vertretungsbefugnisse eingeräumt, die aus deutscher Sicht einer Kontrolle bedürfen. Empfehlenswert war es daher stets, eine inhaltliche Begrenzung dieser Vertretungsmacht zu vereinbaren.

b) Umfang der originären Vertretungsmacht

Die Vertretungsmacht des Einzelgeschäftsführers umfasste bislang jene Geschäfte, die dem Geschäftsführer obliegen, d.h. die nicht gesetzlich oder satzungsmäßig

1450 Art. 69 Pkt. 2 Abs. 3 AktG RF.

1451 Art. 69 Pkt. 2 Abs. 3 AktG RF.

1452 *Solotych* Hdb Wirtschaft und Recht in Osteuropa, EL 53 2003, RUS Kapitel D.I., Rn. 181.

1453 *Solotych* Hdb Wirtschaft und Recht in Osteuropa, EL 53 2003, RUS Kapitel D.I., Rn. 182.

1454 *Solotych* Hdb Wirtschaft und Recht in Osteuropa, EL 53 2003, RUS Kapitel D.I., Rn. 182.

1455 Teilgesetzentwurfs Nr. 47538-6/2.

der Hauptversammlung[1456] oder dem Aufsichtsrat[1457] zugewiesen sind.[1458] Gesetzlich zustimmungsbedürftig und somit nicht von der originären Einzelvertretung umfasst sind zunächst *Großgeschäfte* und *Interessiertheitsgeschäfte*.[1459]

Eine inhaltliche Begrenzung dieser Vertretungsmacht ist über das gesetzliche Maß hinaus möglich, allerdings nur insoweit nach außen Wirksam, wie sie dem Vertragspartner bekannt war bzw. bekannt sein musste.[1460] Sodass für eine Wirksame Beschränkung der Vertretungsmacht nach außen zumindest erforderlich ist, dass sie vertraglich mit dem Geschäftsführer vereinbart wurde und die Beschränkung auch in die Satzung oder andere die Tätigkeit der Gesellschaft regelnde Dokumente aufgenommen und im Handelsregister eingetragen wurde.[1461]

Aus diesen Gründen kommt der Prüfung des Vertretungsumfangs eine hohe Bedeutung zu. Hierzu sind Satzung einzusehen und Berechtigung zur Erteilung der Vollmacht zu prüfen.[1462] Aufgrund dieser aufwendigen und trotzdem nicht sicheren Prüfungserfordernisse wird in Zweifelsfällen empfohlen, den Unterzeichner per Hauptversammlungsbeschluss zu beauftragen, das entsprechende Rechtsgeschäft abzuschließen.[1463]

c) *Einschränkung der originären Vertretungsmacht*

Zur Begrenzung der originären Vertretungsmacht des Einzelgeschäftsführers wurde bislang empfohlen, eine anfängliche Beschränkung der Kompetenzen des Geschäftsführers zu Gunsten der Hauptversammlung bzw. des Aufsichtsrats zu statuieren.[1464] Damit einhergehend können diese Kompetenzen auf alle

---

1456 S.o. Kapitel E.IV.2.c), S. 81.

1457 S.o. Kapitel E.IV.3.d), S. 94.

1458 *Micheler* WiRO 1996, S. 81, 85.

1459 S.o. Kapitel E.IV.2.c)(5), S. 98 ff.

1460 Wobei die Kenntnis vom Anfechtenden zu belegen ist und ein bloßer Hinweis auf die Satzung nicht mehr ausreichend ist, vgl. *Solotych* Hdb Wirtschaft und Recht in Osteuropa, EL 53 2003, RUS Kapitel D.I., Rn. 182, 91; *vWistinghausen/Wilke* Investitionen in Russland, 2008, S. 20; zu den gleichen Anforderungen bei der GmbH *Heidemann* GmbHR 2002, 732, 735; *Boës* Die Gesellschaft mit beschränkter Haftung im russischen und deutschen Recht, 2007, 149 ff.

1461 Art. 174 Pkt. 1 ZGB RF; *Arzinger/Galander* Russisches Wirtschaftsrecht, 2. Aufl. 2002, S. 45.

1462 Zum Ganzen eingehend bzgl. der GmbH, *Grub* WiRO 1999, 281, 283.

1463 Zur GmbH *Grub* WiRO 1999, 281, 283.

1464 Zur GmbH *Grub* WiRO 1999, 281, 283.

oder einzelne Mitglieder des Kollegialorgans mittels der Erteilung von Vertretungsmacht übertragen werden. Hierdurch könnte ein Gegengewicht zur Macht des Geschäftsführers geschaffen werden. Denkbar erschien etwa die Bestellung eines Finanzvorstandes bzw. Schatzmeisters, der die ausschließliche Kompetenz hat, Gelder zu verwalten.[1465] Im Außenverhältnis kann der Umfang der Vertretungsmacht vertraglich und satzungsmäßig eingeschränkt werden, um die mit der Unabdingbarkeit der Einzellvertretung einhergehende Missbrauchsgefahr zu minimieren.[1466]

Eine weitere Beschränkung der Kompetenzen des Geschäftsführers erfolgt durch die Normierung bzgl. *Interessiertheits-*[1467] und *Großgeschäften.*[1468] In beiden Fällen ist für die Abgabe einer rechtsverbindlichen Willenserklärung die Zustimmung der Hauptversammlung bzw. des Aufsichtsrats erforderlich.

Daneben ist es durch satzungsmäßige Normierung möglich, weitere Rechtsgeschäfte, die keine *Großgeschäfte* sind, dem Zustimmungserfordernis von Art. 78 f. AktG RF zu unterwerfen.[1469] Dies wurde stets begrüßt, da auch auf diese Art die Machtfülle des Einzelgeschäftsführers beschränkt werden kann.[1470]

d) Eintragungserfordernis der Vertretungsmacht

Die organschaftliche Vertretungsmacht im Rahmen der Geschäftsführung bedarf der Eintragung im staatlichen Register. Publizitätswirkung kommt dieser Eintragung allerdings nur zu, soweit der Gutgläubige – im Falle des gutgläubigen Erwerbes – seine Sorgfalt belegt hat.[1471] Dies umfasst zumindest die Pflicht, sich

---

1465 Die Position des Hauptbuchhalters ist an sich auch gesetzlich vorgesehen, vgl. Art. 7 des Föderalen Gesetzes „Über die buchhalterische Rechnungslegung" (RechnungslegungsG RF) vom 21.11.1996, Nr. 129-FZ, SZ RF 25.11.1996, Nr. 48, Pos. 5369; normiert ist hier, dass der Hauptbuchhalter alle Verpflichtungen zu unterzeichnen hat, die finanzielle Verpflichtungen und Kreditverpflichtungen enthalten. Wirkungskraft dieser Vorschrift ist allerdings unklar, da der Hauptbuchhalter an sich nicht schon kraft seiner Stellung zur Vertretung befugt ist. Es besteht somit ein Widerspruch zur zivil- und gesellschaftsrechtlichen Gesetzgebung, vgl. hierzu zur GmbH *Grub* WiRO 1999, 281, 282.

1466 *Arzinger/Galander* Russisches Wirtschaftsrecht, 2. Aufl. 2002, S. 45.

1467 Zum *Interessiertheitsgeschäft,* s.o. Kapitel E.IV.2.c)(6), S. 85.

1468 Zum *Großgeschäft,* s.o. Kapitel E.IV.2.c)(5), S. 83.

1469 Art. 78 Pkt. 1 Abs. 1 AktG RF.

1470 Vgl. zur GmbH *Göckeritz/Wedde* GmbH Recht, S. 30.

1471 *Micheler* Hdb Wirtschaft und Recht in Osteuropa, RUS Kapitel C, Rn. 27 m.w.N.; *Solotych* Hdb Wirtschaft und Recht in Osteuropa, EL 53 2003, RUS Kapitel D.I., Rn. 182 und 89.

über Beschränkungen oder Zustimmungspflichten bzgl. einer Vertretungsberechtigung zu informieren.[1472] Zu beachten ist in diesem Zusammenhang, dass die Beschränkung der Vertretungsmacht nicht in das Register eingetragen wird. Daher ist aus Sicherheitsgründen zu empfehlen, sich bei Vertragsschluss mit einer russischen Gesellschaft gegebenenfalls die Satzung zeigen zu lassen, die die Vertretungsberechtigung der Geschäftsführung regelt.[1473]

Aus deutscher Sicht handelt es sich somit um eine umgedrehte Beweispflicht, welche die dem deutschen Recht vergleichbaren Gutglaubensvorschriften zumindest erschwert.

Im Ergebnis ist ein gutgläubiger Erwerb aber zumindest dann möglich, soweit der Gutgläubige die tatsächliche Einsichtnahme belegt und die Eintragung im Handelsregister fehlerhaft war.[1474]

Der gute Glaube liegt jedenfalls dann nicht vor, wenn die Gegenseite Einsicht in die Satzung hatte oder von positivem wissen auszugehen ist – so etwa bei leitenden Angestellten der Gesellschaft.[1475]

e) Rechtsfolgen von Handeln ohne Vertretungsmacht

Ein nicht von der Vertretungsmacht des Einzelgeschäftsführers umfasstes Rechtsgeschäft ist durch die Gesellschaft oder einen Gesellschafter anzufechten und durch Gerichtsentscheidung für unwirksam zu erklären,[1476] soweit der Vertragspartner die fehlende Vertretungsmacht kannte oder kennen musste.[1477] Aus diesen Gründen kommt der Prüfung des Vertretungsumfangs in der Praxis eine hohe Bedeutung zu. Da eine Beschränkung der Vertretungsmacht zumindest

---

1472 *Solotych* Hdb Wirtschaft und Recht in Osteuropa, EL 53 2003, RUS Kapitel D.I., Rn. 182 und 89.

1473 *Schmitt/Melnikov* Hdb Wirtschaft und Recht in Osteuropa, RUS Kap. D.I Rn. 81 f.

1474 Vgl. zum gutgläubigen Erwerb im russischen Recht im Allgemeinen *Allenhöfer/Plagemann* Das Eigentum im Recht der Russischen Föderation, 2007, S. 109 ff.

1475 Beschluss des Föderalen Arbitragegerichts des Urals vom 20.2.2007, Nr. V09-605/07-S6, in: Datenbank Konsultant; Beschluss des Obersten Arbitragegerichts der RF vom 9.6.1998, Nr. 1225/98, Datenbank Konsultant; Beschluss des Obersten Arbitragegerichts der RF vom 6.4.1999, Nr. 329/99, in: Datenbank Konsultant; siehe auch *Schmitt/Melnikov* Hdb Wirtschaft und Recht in Osteuropa, RUS Kap. D.I Rn. 82 und 180.

1476 Zur Unwirksamkeit und damit einhergehenden Unterscheidung zwischen Anfechtbarkeit und Nichtigkeit gem. Art. 166 ff. ZGB; s.o. Kapitel E.V.6.f)(4), S. 125.

1477 Wobei die Kenntnis vom Anfechtenden zu belegen ist und ein bloßer Hinweis auf die Satzung nicht mehr ausreichend ist, *Solotych* Hdb Wirtschaft und Recht in Osteuropa, EL 53 2003, RUS Kapitel D.I., Rn. 182 und 91.

dann Wirksamkeit nach außen entfaltet, wenn sie vertraglich mit dem Geschäftsführer vereinbart wurde, die Beschränkung auch in die Satzung aufgenommen wurde und der Vertrag einen Hinweis auf die Satzung beinhaltet,[1478] sind Satzung einzusehen und Berechtigung zur Erteilung der Vollmacht zu prüfen.[1479] Aufgrund dieser Aufwendigen und trotzdem nicht sicheren Prüfungserfordernisse wird in Zweifelsfällen empfohlen, den Unterzeichner per Gesellschafterbeschluss zu beauftragen, das entsprechende Rechtsgeschäft abzuschließen.[1480]

3. Vertragliche Vertretungsmacht

Im Rahmen von Vollmachten ist es möglich, zusätzlich zum Geschäftsführer weitere Personen zu berechtigen, im Namen der Gesellschaft rechtsverbindlich zu handeln. Vollmacht wird durch den Geschäftsführer erteilt, der berechtigt ist, Untervollmacht zu erteilen.[1481] Hiervon abweichend kann auch von den Gründungsgesellschaftern bzw. der Hauptversammlung per Satzungsbeschluss Vollmacht erteilt werden, welche die Vorstandsmitglieder berechtigt, im Namen der Gesellschaft zu handeln.[1482] Eine Vollmacht kann auch das Recht beinhalten, Untervollmacht zu erteilen.

Die Erteilung einer Vollmacht bedarf der Schriftform und Unterschrift des berechtigten Vertreters.[1483] Darüber hinaus ist notarielle Beurkundung erforderlich, soweit die Vollmacht solche Rechtsgeschäfte umfasst, die selber der notariellen Beurkundung bedürfen.[1484] Die Vollmacht bedarf nicht der Eintragung in das staatliche Register.

Eine vertragliche Vollmacht kann seit der ZGB RF-Novelle nunmehr auch zeitlich unbeschränkt erteilt werden.[1485] Soweit eine Laufzeit nicht vereinbart wird, ist die Vollmacht für ein Jahr ab Ausstellung wirksam.[1486]

1478 *Schmitt/Melnikov* Hdb Wirtschaft und Recht in Osteuropa, RUS Kap. D.I Rn. 82; *Arzinger/Galander* Russisches Wirtschaftsrecht, 2. Aufl. 2002, S. 45.

1479 Zum Ganzen bzgl. der GmbH (es ergeben sich hier keine Unterschiede) eingehend *Grub* WiRO 1999, 281, 283.

1480 *Grub* WiRO 1999, 281, 283, zur GmbH (es ergeben sich hier keine Unterschiede).

1481 Art. 69 Pkt. 2 Abs. 3 AktG RF; *Arzinger/Galander* Russisches Wirtschaftsrecht, 2. Aufl. 2002, S. 44.

1482 Art. 70 AktG RF; *Arzinger/Galander* Russisches Wirtschaftsrecht, 2. Aufl. 2002, S. 109, 110.

1483 Art. 185.1 ZGB RF.

1484 Art. 185 Pkt. 2; 187 Pkt. 3 ZGB RF.

1485 Umkehrschluss aus Art. 186 Pkt. 1 ZGB RF n.F.

1486 Art. 186 Pkt. 1 ZGB RF.

Ein der deutschen Prokura vergleichbares Rechtsinstitut einer weitestgehend unbeschränkten Vollmacht existiert im russischen Recht nicht.[1487] Allerdings ist gem. Art. 188.1 ZGB RF nunmehr die Erteilung einer unwiderruflichen Vollmacht zur Erfüllung Unternehmerischer Pflichten vorgesehen. Ein Widerruf setzt die Erfüllung der jeweiligen unternehmerischen Pflicht, das Laufzeitende oder missbräuchliches Verhalten voraus.[1488]

4. Rechtsfolgen bei Handeln ohne Vertretungsmacht

Handeln ohne Vertretungsmacht kann zur Anfechtbarkeit oder zur Nichtigkeit von Rechtsgeschäften gem. Art. 166 Pkt. 1 1. Alt. oder 2. Alt. ZGB RF führen. So sind Rechtsgeschäfte, die die Voraussetzungen von *Großgeschäften*[1489] oder *Interessiertheitsgeschäften*[1490] erfüllen und trotzdem ohne vorangehende Genehmigung durch die Hauptversammlung abgeschlossen wurden, stets nichtig. Rechtsgeschäfte, die nicht *Groß-* oder *Interessiertheitsgeschäft* sind, zu dessen Abschluss der Vertreter seine vertraglich zugebilligte Vertretungsmacht überschritten hat, sind anfechtbar. Art. 174 ZGB RF regelt die Rechtsfolgen des Überschreitens der Vertretungsmacht, wenn die nach äußerem Anschein bestehende Vertretungsmacht intern (z.B. durch die Gründungsdokumente einer juristischen Person) beschränkt war.[1491]

Die Anfechtung[1492] eines entsprechenden Rechtsgeschäfts erfolgt durch Anfechtungsklage, die durch die Gesellschaft oder einen Gesellschafter geltend zu machen ist. Die Anfechtung steht in deren Ermessen und ist innerhalb eines Jahres ab Kennen oder Kennenmüssen der zur Anfechtung berechtigenden Tatsachen geltend zu machen.[1493] Sie setzt voraus, dass der Vertreter zum Schaden der Gesellschaft handelte oder der Geschäftspartner die fehlende Berechtigung kannte oder hätte kennen müssen. Kennmüssen liegt vor, soweit sich eine Kompetenzbeschränkung aus Dokumenten (nicht lediglich die Satzung!) ergibt, die die Tätigkeit der Gesellschaft regeln.[1494]

1487 *Micheler* Hdb Wirtschaft und Recht in Osteuropa, RUS Kapitel C, Rn. 24 m.w.N.

1488 Art. 188 Pkt. 1 ZGB RF.

1489 S.o. E.IV.2.c)(5), S. 83.

1490 S.o. Kapitel E.IV.2.c)(6), S. 85.

1491 *Ries* Der Minderheitenschutz im russischen Kapitalgesellschaftsrecht im Vergleich zum deutschen Recht, 2001, S. 154 f.

1492 Art. 174 ZGB RF.

1493 Beschlusses des Obersten Arbitragegerichts der RF vom 21.10.2003, Nr. 10030/03, in: Datenbank Konsultant.

1494 Art. 174 ZGB RF.

Solange keine Anfechtung erfolgt, ist das Rechtsgeschäft wirksam.[1495] Vertragspartner oder sonstige Dritte sind nicht anfechtungsberechtigt.[1496] Die Anfechtung erfordert die Verletzung der eigenen Rechte des Anfechtenden.[1497]

Die Genehmigung eines anfechtbaren Rechtsgeschäftes ist grundsätzlich möglich. Sie kann ausdrücklich oder konkludent erfolgen.[1498] Hierfür ist die Erfüllung des anfechtbaren Rechtsgeschäftes schon ausreichend.[1499]

5. Fazit

Die russische AG handelt durch ihre Geschäftsführung. Organschaftlich vertretungsberechtigt ist zunächst ausschließlich der Einzelgeschäftsführer. Er war bislang in jedem Fall und unabdingbar Alleinvertretungsberechtigt. Die ZGB RF-Novelle sieht nunmehr auch die Ausübung der Geschäftsführung durch mehrere organschaftlich vertretungsberechtigte Geschäftsführer vor. Daneben kann weiteren Personen – u.a. anderen Vorstandsmitgliedern – auch rechtsgeschäftlich Vollmacht erteilt werden; die Erteilung der Vollmacht bedarf der Schriftform, änderte aber bislang nichts an der Alleinvertretungsberechtigung des Einzelgeschäftsführers.

Inhaltlich ist die Vertretungsmacht auf solche Geschäfte beschränkt, die im Geschäfts- und Pflichtenkreis des Vertreters liegen. Dies betrifft sowohl den organschaftlichen Vertreter als auch rechtgeschäftlich bevollmächtigte Vertreter. Daher ist zu empfehlen den Handlungsspielraum des (Einzel-) Geschäftsführers zu Gunsten der Hauptversammlung zu beschränken. Diese kann daraufhin andere Vorstandsmitglieder rechtsgeschäftlich bevollmächtigen. Hierdurch kann die Umfassende Vertretungsmacht des Einzelgeschäftsführers etwas abgeschwächt werden.

Eine satzungsmäßige Beschränkung der organschaftlichen Vertretungsmacht ist möglich, entfaltet aber nur Wirksamkeit, soweit sie dem Vertragspartner bekannt war bzw. bekannt sein musste. Die Eintragung der Beschränkung entfaltet Publizitätswirkung, sodass die Prüfung der Registerunterlagen vor entsprechenden Rechtsgeschäften zu empfehlen ist. Der sicherste Weg die Vertretungsmacht

1495 *Boës* RIW 2008, 841, 844.

1496 *Boës* RIW 2008, 841, 844.

1497 Beschlusses des Obersten Arbitragegerichts der RF vom 12.11.2002, Nr. 6288/02, in: Datenbank Garant.

1498 Beschlusses des Obersten Arbitragegerichts der RF vom 21.5.2002, Nr. 12419/01, in: Datenbank Garant.

1499 M.w.N. *Boës* RIW 2008, 841, 844 f.

zu belegen ist einen Beschluss der Hauptversammlung über die Bevollmächtigung zu dem entsprechenden Geschäft anzustrengen und bei Vertragsabschluss vorlegen zu lassen. Eine Vertretungsbefugnis ist dann in jedem Fall gegeben.

Bzgl. eines gutgläubigen Erwerbes entfaltet die Eintragung im staatlichen Register keine Publizitätswirkung, ohne dass der Gutgläubige seine Sorgfalt belegt hat. Dies beinhaltet eine Informationspflicht über Beschränkungen oder Zustimmungspflichten bzgl. einer Vertretungsberechtigung. Aus deutscher Sicht handelt es sich hierbei um eine umgedrehte Beweispflicht.

Eine gesetzliche Beschränkung der originären (Vertretungs-) Macht des Einzelgeschäftsführers bringt die Normierung bzgl. *Groß-* und *Interessiertheitsgeschäften* mit sich, da sie eine Zustimmung durch die Hauptversammlung erfordern. Daneben können auch weitere Geschäfte diesen Erfordernissen unterworfen werden.

Ein Handeln außerhalb der gesetzlichen Grenzen der Vertretungsmacht führt zur Nichtigkeit des entsprechenden Rechtsgeschäfts. Überschreitung der vertraglich festgelegten Grenzen der Vertretungsmacht führt zur Anfechtbarkeit des entsprechenden Rechtsgeschäftes.

Nach wie vor existiert im russischen Recht nicht die Möglichkeit, eine Prokura mittels rechtsgeschäftlicher Vereinbarung zu erteilen.

IX. Haftung

1. Haftung der Gesellschaft

a) Haftung gegenüber Dritten

Die Aktiengesellschaft haftet grundsätzlich gegenüber Dritten für Verbindlichkeiten mit ihrem gesamten Vermögen,[1500] nicht aber für Verbindlichkeiten ihrer Aktionäre.[1501] Die Gesellschaft haftet – als juristische Person[1502] – für jegliches Handeln ihrer Organe gegenüber dem Rechtsverkehr wie für eigenes Handeln.[1503]

1500 Art. 3 Pkt. 1 AktG RF; *Tichomirova* Kommentar zum Föderalen Gesetz „Über die Aktiengesellschaft“ Konsultant 2009, Art. 3, Nr. 1; *vWistinghausen/Wilke* Investitionen in Russland, 2008, S. 26.

1501 Art. 2 Pkt. 1 Abs. 2 AktG RF; Art. 96 Pkt. 1 ZGB RF; *Becker* Gesellschaftsrecht in Russland, 1998, S. 50.

1502 Art. 56 Pkt. 1 ZGB RF.

1503 *Solotych*, Das Zivilgesetzbuch der Russischen Föderation – Erster Teil, 2. Aufl. 1997, Baden-Baden: Nomos Verlagsgruppe, S. 33.

Hieraus folgt die Deliktsfähigkeit in Gestalt der Organe.[1504] Diese Haftung wurde auf Grundlage der sog. *Kollektivtheorie* sogar auf sämtliche Mitarbeiter einer Aktiengesellschaft ausgedehnt,[1505] soweit der Tatbestand in Ausübung der dienstlichen Obliegenheiten erfüllt wird.[1506]

b) Haftung gegenüber Gesellschaftern

Gegenüber den Aktionären haftet die Gesellschaft lediglich im Falle von Pflichtverletzungen. Dies können etwa Verletzungen von Publizitätspflichten und die Prospekthaftung sein. Sie werden u.a. durch das WpMG RF und das Föderales Gesetz *über den Schutz der Rechte und gesetzlichen Interessen der Investoren am Wertpapiermarkt*[1507] geregelt. Gem. Art. 26, 51 WpMG RF haftet der Emittent bei Verstößen gegen die Emissionsvorschriften gegenüber den Anlegern.[1508] Daneben kann die Ausgabe für ungültig erklärt werden,[1509] was zur Rückabwicklungspflicht nach den allgemeinen Vorschriften führt.[1510]

2. Haftung der Gesellschafter

Die Gesellschafter haften grundsätzlich nicht für Ansprüche gegenüber der Gesellschaft.[1511] Der Umfang der Haftung beschränkt sich auf den Wert ihrer Anteile.[1512] Eine Durchgriffshaftung auf den Gesellschafter bzw. sein Vermögen

1504 *Solotych*, Das Zivilgesetzbuch der Russischen Föderation – Erster Teil, 2. Aufl. 1997, Baden-Baden: Nomos Verlagsgruppe, S. 33.

1505 *Solotych*, Das Zivilgesetzbuch der Russischen Föderation – Erster Teil, 2. Aufl. 1997, Baden-Baden: Nomos Verlagsgruppe, S. 33; zum Ganzen, vgl. *Genkin* Sowjetisches Zivilrecht, Moskau 1950, Bd. 1, S. 158; *Suchanov* Zivilrecht in zwei Bänden, Bd. 1, Moskau 1993, S. 80 f.

1506 *Solotych*, Das Zivilgesetzbuch der Russischen Föderation – Erster Teil, 2. Aufl. 1997, Baden-Baden: Nomos Verlagsgruppe, S. 33; *Suchanov* Zivilrecht in zwei Bänden, Bd. 2, Moskau 1993, S. 395.

1507 Föderales Gesetz „Über den Schutz der Rechte und gesetzlichen Interessen der Investoren am Wertpapiermarkt" vom 5.3.1999, Nr. 46-FZ, SZ RF 1999, Nr. 10, Pos. 1163.

1508 *Solotych* Hdb Wirtschaft und Recht in Osteuropa, EL 53 2003, RUS Kapitel D.I Rn. 144.

1509 *Solotych* Hdb Wirtschaft und Recht in Osteuropa, EL 53 2003, RUS Kapitel D.I Rn. 144.

1510 Vgl. die bereicherungsrechtlichen Regelungen gem. Art. 1102 ff. ZGB RF.

1511 Art. 2 Pkt. 1 Abs. 2 AktG RF; Art. 96 Pkt. 1 ZGB RF.

1512 Art. 2 Pkt. 1 Abs. 2 AktG RF; Art. 96 Pkt. 1 ZGB RF.

erfolgt nur, soweit er seine Einlagen noch nicht eingebracht hat.[1513] Diese Haftung für den säumigen Gesellschafter, der seinen Mindesteinlage nicht innerhalb von drei Monaten bzw. einem Jahr eingebracht hat, beschränkt sich auf seinen säumigen Anteil.[1514] Er haftet gesamtschuldnerisch mit der Gesellschaft und den übrigen säumigen Gesellschaftern.[1515]

Eine darüber hinausgehende Durchgriffshaftung eines Gesellschafters ist dann möglich, wenn er die Zahlungsunfähigkeit der Gesellschaft in vorwerfbarer Weise herbeigeführt hat.[1516] Die Vorwerfbarkeit setzt voraus, dass die Zahlungsunfähigkeit vorsätzlich durch Tun oder Unterlassung herbeigeführt wurde und der betreffende Gesellschafter in der Lage ist, der AG Weisungen zu erteilen oder ihre Handlung zu bestimmen.[1517] Dies kann etwa den einen Aufsichtsrat entsendenden Gesellschafter treffen, soweit der Aufsichtsrat durch pflichtwidriges Verhalten der Gesellschaft einen Schaden verursacht hat.[1518] Hierbei handelt es sich im Außenverhältnis um eine subsidiäre Haftung, die hinter der Gesellschaftshaftung zurücktritt.[1519]

Daneben haften die Gesellschafter persönlich und gesamtschuldnerisch für alle solche Verbindlichkeiten, die im Zusammenhang mit der Gründung der AG stehen und schon vor ihrer Eintragung und Einlagenleistung i.H.v. 50 % des Satzungskapitals begründet wurden.[1520]

Zuletzt ist ein Haftungsdurchgriff im Konzernverband denkbar, wenn ein Tochterunternehmen durch ursächliches Handeln eines Gesellschafters Insolvent gegangen ist.[1521]

3. Haftung der Gesellschaftsorgane und ihrer Mitglieder

Mitglieder des Aufsichtsrats, der Geschäftsführung und der Revisionskommission haften der Gesellschaft gegenüber für Verluste der Gesellschaft, die sie

1513 *vWistinghausen/Wilke* Investitionen in Russland, 2008, S. 26.

1514 *Heeg* Finanz- und Haftungsverfassung russischer Kapitalgesellschaften, 2003, S. 313, 314.

1515 *vWistinghausen/Wilke* Investitionen in Russland, 2008, S. 26.

1516 *Becker* Gesellschaftsrecht in Russland, 1998, S. 50.

1517 *Becker* Gesellschaftsrecht in Russland, 1998, S. 50.

1518 *Schmitt/Melnikov* Hdb Wirtschaft und Recht in Osteuropa, RUS Kap. D.I Rn. 174.

1519 *Becker* Gesellschaftsrecht in Russland, 1998, S. 50.

1520 *Becker* Gesellschaftsrecht in Russland, 1998, S. 50; *Solotych* Hdb Wirtschaft und Recht in Osteuropa, EL 53 2003, RUS Kapitel D.I Rn. 144.

1521 S.u. Kapitel E.IX.4, S. 217 ff.

schuldhaft verursacht haben.[1522] Allerdings wird das Institut der Organhaftung als unterentwickelt bewertet, woran auch die Möglichkeit der Aktionärsklage bisher nichts geändert hat.[1523] Die Nichtanwendung der Organhaftung ist auf die Lückenhaftigkeit der existierenden Regelungen und die damit einhergehende Rechtsunsicherheit zurückzuführen.[1524]

Im Sinne des allgemeinen Teils des ZGB RF erfordert Verschulden Vorsatz oder zumindest Fahrlässigkeit.[1525] Das Verschulden richtet sich vorliegend nach Art. 71 Pkt. 1 AktG RF, welcher eine gewissenhafte und angemessene Ausübung der Rechte und Erfüllung der Pflichten statuiert. Rechtmäßigkeit liegt zumindest dann vor, wenn das Handeln vernünftigerweise ihm Rahmen des unternehmerischen Risikos erfolgte.[1526]

Eine Exkulpation ist möglich, wenn das entsprechende Mitglied darlegt, dass es bei der Entscheidungsfindung gegen den ursächlichen Beschluss des betreffenden Organs votiert bzw. an der Beschlussfassung nicht teilgenommen hat.[1527]

Eine Haftung kann außerdem dadurch ausgeschlossen sein, dass das entsprechende Mitglied des Organs eine juristische Person ist, deren Gesellschafter nur beschränkt haften, etwa eine GmbH & Co. KG, eine GmbH oder eine AG.[1528] In einem solchen Fall ist aber wiederum eine Durchgriffshaftung auf die Organe und die Gesellschafter der geschäftsführenden Gesellschaft unter den genannten Voraussetzungen möglich.

4. Haftungsdurchgriff im Konzernverband

a) Allgemeines

Die oben dargestellte Haftung kann – im Fall einer mehrstufigen Unternehmensstruktur[1529] – zu einer gesamtschuldnerischen Haftung der Gesellschaft,

1522 Art. 71 Pkt. 2 Abs. 1 AktG RF; *Becker* Gesellschaftsrecht in Russland, 1998, S. 50.

1523 *Chanturia* WiRO 2009, 97, 100.

1524 *Chanturia* WiRO 2009, 97, 100.

1525 Art. 401 Pkt. 1 Abs. 1 ZGB RF.

1526 Beschluss des Föderalen Arbitragegerichts des Ostsibirischen Bezirks vom 14.2.2008, Nr. A19-11027/07-F02-218/08, in: Datenbank Konsultant oder Beschluss des Föderalen Arbitragegerichts des Westsibirischen Bezirks vom 14.10.2010, Nr. A45-26588/2009, in: Datenbank Konsultant; siehe zu den Voraussetzungen auch *Schmitt/Melnikov* Hdb Wirtschaft und Recht in Osteuropa, RUS Kap. D.I Rn. 178.

1527 *Becker* Gesellschaftsrecht in Russland, 1998, S. 50.

1528 Zur Möglichkeit eine juristische Person als Organmitglied einer AG zu bestellen, s.o. Kapitel E.IV.4, S. 97.

1529 Zum russischen Konzernrecht eingehend *Telke* Russisches Konzernrecht.

der Gesellschafter oder der Gesellschaftsorgane einer Muttergesellschaft mit einer Tochtergesellschaft führen.[1530] Das diese Haftung nicht für ausländische Muttergesellschaften gelten soll ist nicht erkennbar,[1531] sodass ausländische Investoren entsprechende Vorkehrungen treffen sollten.[1532]

b) Haftungsdurchgriff auf die Muttergesellschaft

(1) Allgemeines

Die Haftung einer Muttergesellschaft für eine Tochtergesellschaft ist im russischen Recht in verschiedenen Fällen vorgesehen. Zentrale Vorschrift ist Art. 105 ZGB RF. Daneben liegt mit Art. 6 Pkt. 2 und 3 AktG RF auch eine spezialgesetzliche Regelung vor.

Ein Haftungsdurchgriff auf eine Muttergesellschaft in diesem Sinne kommt in Frage, wenn Ansprüche gegenüber der Tochtergesellschaft aus einem Rechtsgeschäft resultieren, auf dessen Abschluss die Muttergesellschaft hingewirkt hat, wenn die Insolvenz einer Tochtergesellschaft durch Anweisungen der Muttergesellschaft verursacht wird oder soweit bei der Tochtergesellschaft durch schuldhaftes Handeln der Muttergesellschaft ein Schaden entsteht. Im Gegensatz zu ZGB RF und GmbHG RF sehen die Haftungsvorschriften des AktG RF ein zusätzliches subjektives Element vor. Eine Exkulpation wird hierdurch regelmäßig erleichtert.[1533]

Stets erforderlich ist, dass ein Beherrschungsverhältnis im Sinne eines Mutter Tochter Verhältnisses vorliegt. Ein dem deutschen Recht entsprechendes Konzernrecht existiert allerdings in Russland nicht.[1534] Lediglich die Finanz-Industriellen Gruppen[1535] sind mit dem deutschen Konzern vergleichbar. Diese (fehlende) Begrifflichkeit hat allerdings keine Auswirkung auf das vorliegend erforderliche Mutter Tochter Verhältnis.[1536]

1530 Zum Ganzen eingehend vgl. *Mereminskaja* Durchbrechung der Haftungsbeschränkung eines GmbH-Gesellschafters; *Rabensdorf* Die Durchgriffshaftung im deutschen und russischen Recht der Kapitalgesellschaften; *Telke* OsteuropaR 2011, 294.

1531 *Arzinger/Galander* Russisches Wirtschaftsrecht, 2. Aufl. 2002, S. 53 f.; *Micheler* Hdb Wirtschaft und Recht in Osteuropa, RUS Kapitel C, Rn. 73 ff.

1532 *Arzinger/Galander* Russisches Wirtschaftsrecht, 2. Aufl. 2002, S. 54 f.

1533 *Heeg* Finanz- und Haftungsverfassung russischer Kapitalgesellschaften, 2003, S. 279 f.

1534 *Mereminskaja* Durchbrechung der Haftungsbeschränkung eines GmbH-Gesellschafters, S. 58; Im russischen ist daher von Ober- bzw. Hauptgesellschaft die Rede (*wörtl. osnovnoe*) im Folgenden ist aufgrund der besseren Übertragbarkeit trotzdem von Mutter- und Tochtergesellschaft die Rede.

1535 Hierzu s.o. *Zielke/Zielke* WiRO 1999, 124 ff.; *Krüßmann* WiRO 1996, 447 ff.

1536 Vgl. auch *Heeg* WiRO 2000, 1.

Im Allgemeinen werden diese Haftungsrisiken unterschiedlich bewertet.[1537] Einerseits wird in der russischen Kommentarliteratur teilweise von einer geringen Bedeutung dieser Haftungsregelung ausgegangen,[1538] wohingegen in der deutschen Literatur von nicht überschaubaren Haftungsrisiken gesprochen wird.[1539]

Die Rechtsprechung hat sich nicht eindeutig hierzu geäußert. Es wurde zunächst unterlassen, den Anwendungsbereich der haftungsbegründenden Normierung mittels restriktiver Auslegung einzugrenzen.[1540] Später wurde der Anwendungsbereich zumindest in Bezug auf die AG eingeschränkt,[1541] was dem etwas engeren Wortlaut des Art. 6 Pkt. 2 und 3 AktG RF im Vergleich zum Art. 105 ZGB RF entspricht.[1542]

(2) Mutter Tochter Verhältnis

Das Mutter Tochter Verhältnis ist kein rechtliches Subordinationsverhältnis, sondern Folge von wirtschaftlich-rechtlichen Verflechtungen.[1543] Die Tochtergesellschaft ist ein rechtlich eigenständiges aber wirtschaftlich abhängiges Unternehmen.[1544] Insoweit handelt es sich um einen unbestimmten Rechtsbegriff, da die erforderliche Beherrschung nicht legaldefiniert ist.[1545]

Von einem solchen Mutter Tochter Verhältnis ist in drei gesetzlich vorgesehenen Fällen auszugehen: Es kann ein Beherrschung mittels entsprechend hoher Beteiligung am Satzungskapital der Gesellschaft vorliegen (1), eine vertragliche Vereinbarung kann ein Ober-/Unterordnungsverhältnis begründen (2) oder eine Einflussnahme kann auf andere Weise möglich sein (3).[1546] Zentrales

---

1537 *Micheler* Hdb Wirtschaft und Recht in Osteuropa, RUS Kapitel C, Rn. 78.

1538 *Suchanov* ChiP 1998, Nr. 5.

1539 *Arzinger/Galander* Russisches Wirtschaftsrecht, 2. Aufl. 2002, S. 53; vgl. auch zur gesamtschuldnerischen Haftung im Falle der GmbH kritisch *Mereminskaja* Durchbrechung der Haftungsbeschränkung eines GmbH-Gesellschafters, S. 90.

1540 Beschluss des Plenums des Obersten Gerichts der RF vom 1.7.1996, Nr. 6 und des Obersten Arbitragegerichts der RF Nr. 8 (Pkt. 12), VVAS RF 1996, Nr. 9, in: Datenbank Konsultant, m.Anm. *Solotych* WiRO 1996, 437.

1541 Beschluss des Plenums des Obersten Gerichts der RF vom 2.4.1997, Nr. 4 und des Obersten Arbitragegerichts der RF Nr. 8, Nr. 6, deutsche Übersetzung von *Göckeritz*, WOS Bd. II/1, Abtlg. III 3 a) 2.).

1542 *Heeg* WiRO 2000, 1.

1543 *Heeg* WiRO 2000, 1, 2.

1544 *Heeg* WiRO 2000, 1, 2.

1545 *Heeg* WiRO 2000, 1, 2.

1546 Art. 105 Pkt. 1 ZGB RF.

Element ist die Beherrschungsmöglichkeit, die durch die verschiedenen Varianten begründet worden sein muss. Ob eine solche Beherrschungsmöglichkeit vorliegt, ist mittels gerichtlicher Einzelfallprüfung zu ermitteln; Rechtssicherheit wird mangels Bestimmbarkeit hierdurch nicht gefördert.

Die Anforderungen an das Beherrschungskriterium mittels entsprechend hoher Beteiligung sind umstritten. Im Ergebnis ist ab einer Beteiligung von ca. 20 % der stimmberechtigten Aktien von einer Beherrschung auszugehen,[1547] wobei mitunter auch schon eine Beteiligung deutlich darunter ausreichend sein soll.[1548]

Bei einer vertraglichen Vereinbarung, die ein Ober-/Unterordnungsverhältnis begründet, wird es sich in der Regel um Kredit- oder Lizenzverträge handeln, mittels welcher sich der Vertragspartner Zustimmungs- oder Entscheidungsrechte bezüglich der Gesellschaft abbedingt.[1549] Daneben sind auch Geschäftsführungs- und Verwaltungsverträge mit anderen Unternehmen[1550] geeignet, ein Mutter Tochter Verhältnis zu begründen.[1551]

Zuletzt kann eine Einflussnahme auf andere Weise möglich sein. Es handelt sich um einen Auffangtatbestand, der einer gerichtlichen Kontrolle entsprechenden Interpretationsspielraum einräumt,[1552] mithin der Rechtssicherheit nicht zuträglich ist. Literaturbeispiel für eine Einflussnahmemöglichkeit auf andere Weise ist die satzungsmäßige Statuierung von Weisungsrechten.[1553] Auch sollen schon rein faktische – somit auch lediglich wirtschaftliche – Verbindungen ausreichen, eine Beherrschung und mithin einen Haftungsdurchgriff zu begründen.[1554] Darunter fällt neben der Entsendung von Vertretern in den Aufsichtsrat oder der Gewährung von Darlehen auch die Ausübung von Druck oder

---

1547 *Balayan* WiRO 1995, 313, 314; *Heeg* WiRO 2000, 1, 2.

1548 Zum Ganzen m.w.N. *Heeg* WiRO 2000, 1, 2, wobei teilweise auch eine Beteiligung von 50 % gefordert wird; eine Beherrschung mittels einer überwiegenden Beteiligung bzgl. der GmbH gänzlich ablehnend *Mereminskaja* Durchbrechung der Haftungsbeschränkung eines GmbH-Gesellschafters, S. 85; siehe schon oben Kapitel C.V.2.b)(2), S. 42.

1549 *Balayan* WiRO 1995, 313, 314.

1550 Zur Übertragbarkeit der Geschäftsführung s.o. Kapitel E.IV.4, S. 97.

1551 *Heeg* WiRO 2000, 1, 2; siehe schon oben Kapitel C.V.2.b)(3), S. 42.

1552 *Balayan* WiRO 1995, 313, 314.

1553 *Heeg* WiRO 2000, 1, 2 f.

1554 *Balayan* WiRO 1995, 313, 314.

Drohung.[1555] Die Beweislast, dass eine Beherrschung vorliegt, trifft den Kläger.[1556] Nach dem Gesetzeswortlaut des Art. 6 Pkt. 3 Abs. 2 und 3 AktG RF begründet ein solches Mutter Tochter Verhältnis allerdings keine Haftung, da hier eindeutig eine vertragliche Beziehung oder eine satzungsmäßige Regelung erforderlich ist. Mit der h.Lit. ist allerdings davon auszugehen, dass der weite Tatbestand des Art. 105 Pkt. 2 ZGB RF nicht durch den engeren Art. 6 Pkt. 3 AktG RF eingeschränkt wird. Aufgrund des Vorrangs des ZGB RF vor spezialgesetzlicher Regelung,[1557] ist davon auszugehen, dass auch für russische Aktiengesellschaften der Auffangtatbestand der Einflussnahmemöglichkeit auf andere Weise existiert.[1558]

(3) Gesamtschuldnerische Haftung

Den Gläubigern der Tochtergesellschaft gegenüber haften Mutter- und Tochtergesellschaft gesamtschuldnerisch für Ansprüche, die durch Weisung bzw. Einflussnahme der Muttergesellschaft schuldhaft verursacht wurden.[1559] Das Verschulden setzt gem. Art. 6 Pkt. 3 Abs. 2 AktG RF – anders als im Fall der subsidiären Insolvenzhaftung[1560] – entsprechend den allgemeinen zivilrechtlichen Vorschriften Vorsatz oder Fahrlässigkeit voraus.[1561]

Die Haftung der (Mutter-) Gesellschaft kommt in Frage, soweit sie als weisungsbefugte (Ober-) Gesellschaft gegenüber der Tochtergesellschaft eine entsprechende Weisung erteilt hat; Beweispflicht trifft den Kläger bzw. die Tochtergesellschaft.[1562]

Außerdem muss die Weisung ursächlich für Ansprüche gegenüber der Tochtergesellschaft gewesen sein.[1563] Dies erfordert zwar, dass die Weisung zum Abschluss eines entsprechenden Rechtsgeschäftes geführt hat, setzt aber nicht voraus, dass

---

1555 M.w.N. *Heeg* WiRO 2000, 1, 3; vgl. zur GmbH, *Mereminskaja* Durchbrechung der Haftungsbeschränkung eines GmbH-Gesellschafters, S. 87 f.

1556 *Heeg* WiRO 2000, 1, 3.

1557 S.o. Kapitel B.I.2, S. 8.

1558 Zum Ganzen m.w.N. *Heeg* WiRO 2000, 1, 3; *Micheler* Hdb Wirtschaft und Recht in Osteuropa, RUS Kapitel C, Rn. 75; siehe schon oben Kapitel C.V.2.b)(4), S. 43.

1559 Art. 105 Pkt. 2 Abs. 2 ZGB RF i.V.m. Art. 6 Pkt. 3 Abs. 2 AktG RF; *Micheler* Hdb Wirtschaft und Recht in Osteuropa, RUS Kapitel C, Rn. 75; vgl. auch *Mereminskaja* Durchbrechung der Haftungsbeschränkung eines GmbH-Gesellschafters, S. 84 ff.

1560 S.u. Kapitel E.IX.4.b)(4), S. 222.

1561 *Micheler* Hdb Wirtschaft und Recht in Osteuropa, RUS Kapitel C, Rn. 75.

1562 *Heeg* WiRO 2000, 1, 3.

1563 Vgl. Art. 6 Pkt. 3 AktG RF; *Micheler* Hdb Wirtschaft und Recht in Osteuropa, RUS Kapitel C, Rn. 73; *vWistinghausen/Wilke* Investitionen in Russland, 2008, S. 26.

der Anspruch direkte Rechtsfolge des abgeschlossenen Rechtsgeschäfts ist.[1564] Vielmehr reicht auch aus, dass als Folge des Rechtsgeschäfts mittelbar Forderungen gegenüber der Gesellschaft entstanden sind.[1565]

(4) Subsidiäre Haftung bei Insolvenz der Tochtergesellschaft

Daneben ist eine subsidiäre Haftung der Muttergesellschaft für den Fall der Zahlungsunfähigkeit der Tochtergesellschaft vorgesehen.[1566] Die Subsidiarität richtet sich nach den allgemeinen zivilrechtlichen Vorschriften.[1567] Es handelt sich um eine Ausfallhaftung, die voraussetzt, dass der Schuldner seine Forderung zunächst gegenüber der Tochtergesellschaft geltend macht.[1568]

Eine solche Haftung setzt voraus, dass die Insolvenz der Tochtergesellschaft gerichtlich festgestellt wurde.

Daneben muss die Insolvenz durch ein Verhalten der Muttergesellschaft verschuldet worden sein.[1569] Das Verschulden richtet sich nicht nach den allgemeinen zivilrechtlichen Vorschriften; es erfordert gem. Art. 6 Pkt. 3 Abs. 3, Art. 3 Pkt. 3 AktG RF vielmehr eine wissentliche – sprich: Vorsätzliche – Schädigung.[1570] Hierbei handelt es sich um eine wesentliche Haftungseinschränkung gegenüber den Vorschriften des ZGB RF und der entsprechenden GmbH-rechtlichen Normierung.[1571]

Das schuldhafte Verhalten muss ursächlich für die Insolvenz gewesen sein. Erforderlich ist demnach ein Kausalzusammenhangs zwischen Handlung und Insolvenz.

1564 Vgl. zur GmbH, *Mereminskaja* Durchbrechung der Haftungsbeschränkung eines GmbH-Gesellschafters, S. 87 f.

1565 Vgl. zur GmbH, *Mereminskaja* Durchbrechung der Haftungsbeschränkung eines GmbH-Gesellschafters, S. 87 f.

1566 Art. 105 Pkt. 2 Abs. 3 ZGB RF i.V.m. Art. 6 Pkt. 3 Abs. 3 AktG RF.

1567 Art. 399 ZGB RF.

1568 Im Einzelnen *Mereminskaja* Durchbrechung der Haftungsbeschränkung eines GmbH-Gesellschafters, S. 72 f.

1569 *Holloch,* Das neue russische Wirtschaftsrecht in: *Schröder, Christian* (Hg.) Die neuen Kodifikationen in Russland, Berlin-Verlag Spitz, Berlin, 2. Aufl., 1999, S. 76; *Micheler* Hdb Wirtschaft und Recht in Osteuropa, RUS Kapitel C, Rn. 76; *vWistinghausen/Wilke* Investitionen in Russland, 2008, S. 26.

1570 *Micheler* Hdb Wirtschaft und Recht in Osteuropa, RUS Kapitel C, Rn. 75; *Heeg* WiRO 2000, 1, 3; vgl. auch *Mereminskaja* Durchbrechung der Haftungsbeschränkung eines GmbH-Gesellschafters, S. 84 ff.

1571 *Heeg* Finanz- und Haftungsverfassung russischer Kapitalgesellschaften, 2003, S. 295 f.

Spezielle Beweispflichten sind nicht normiert, sodass sich die Beweispflichtigkeit nach den allgemeinen Grundsätzen richtet.[1572] Soweit eine ursächliche Handlung vorliegt, wird das Verschulden vermutet.[1573] Der Muttergesellschaft obliegt es demnach, darzulegen, dass sie die im Verkehr erforderliche Sorgfalt und Umsicht hat walten lassen.[1574]

(5) Verschuldensabhängige Haftung gegenüber den Gesellschaftern der Tochtergesellschaft

Zuletzt ist auch eine Haftung der Muttergesellschaft gegenüber den Gesellschaftern der Tochtergesellschaft vorgesehen.[1575] Diese Haftung dient dem Minderheitenschutz der Aktionäre, die keinen Einfluss auf die Geschäftsführung haben.[1576]

Der Schaden muss durch ein Verhalten der Muttergesellschaft bzw. deren Organe verschuldet worden sein.[1577] Wie auch im Fall der subsidiären Insolvenzhaftung richtet sich das Verschulden nicht nach den allgemeinen zivilrechtlichen Vorschriften; es setzt gem. Art. 6 Pkt. 3 Abs. 3, Art. 3 Pkt. 3 AktG RF vielmehr eine wissentliche - sprich: Vorsätzliche - Schädigung voraus.[1578]

Anders als bei ähnlichen Schadensersatzansprüchen gegenüber Organmitgliedern der Gesellschaft,[1579] ist die Klagebefugnis nicht an eine Beteiligung in einer bestimmten Mindesthöhe gebunden.[1580] Daneben hat im vorliegenden Fall die (Tochter-) Gesellschaft selbst kein Klagerecht.[1581] Wohl möglich ist aber die Geltendmachung des Anspruchs zu Gunsten der (Tochter-) Gesellschaft durch die Aktionäre.[1582]

1572 *Heeg* WiRO 2000, 1, 4; zur GmbH, *Mereminskaja* Durchbrechung der Haftungsbeschränkung eines GmbH-Gesellschafters, S. 83.

1573 Art. 401 Pkt. 2 ZGB RF; s.o. Kapitel E.VI.2.e)(4), S. 147.

1574 *Heeg* WiRO 2000, 1, 4.

1575 Art. 105 Pkt. 3 ZGB RF i.V.m. Art. 6 Pkt. 3 Abs. 4 AktG RF.

1576 *Heeg* WiRO 2000, 1, 4.

1577 *Holloch,* Das neue russische Wirtschaftsrecht in: *Schröder, Christian* (Hg.) Die neuen Kodifikationen in Russland, Berlin-Verlag Spitz, Berlin, 2. Aufl. 1999, S. 76; *Micheler* Hdb Wirtschaft und Recht in Osteuropa, RUS Kapitel C, Rn. 76; *von Wistinghausen/Wilke* Investitionen in Russland, 2008, S. 26.

1578 *Micheler* Hdb Wirtschaft und Recht in Osteuropa, RUS Kapitel C, Rn. 75; *Heeg* WiRO 2000, 1, 4; vgl. auch *Mereminskaja* Durchbrechung der Haftungsbeschränkung eines GmbH-Gesellschafters, S. 84 ff.

1579 Art. 71 Pkt. 5 und 44 Pkt. 5 AktG RF; s.o. Kapitel E.IX.3, S. 216.

1580 *Heeg* WiRO 2000, 1, 4.

1581 *Heeg* WiRO 2000, 1, 4.

1582 *Heeg* WiRO 2000, 1, 4.

c) *Haftungsdurchgriff auf die Gesellschafter der Muttergesellschaft*

Zuletzt ist eine Haftung der Gesellschafter der Muttergesellschaft möglich, soweit diese mitursächlich – etwa durch Gesellschafterbeschluss – für den Eintritt der Insolvenz der Tochtergesellschaft waren.[1583] Es kann zu einer entsprechenden Durchgriffshaftung kommen, soweit ein Gesellschafter der (Mutter-) Gesellschaft durch eine Handlung die Insolvenz einer Tochtergesellschaft verursacht hat. Dies kann durch verschiedene Handlungen erfolgt sein:

- Beschluss über die Kapitalerhöhung bzw. -herabsetzung der Gesellschaft; Beschluss über die Emission von Schuldverschreibungen;
- Beschluss über eine Umwandlung; oder
- Beschluss über Abschluss oder Nichtabschluss sog. *Großgeschäfte.*[1584]

Auch für den Fall des Haftungsdurchgriffs auf die Gesellschafter der beherrschenden Gesellschaft sind Beherrschung (-smöglichkeit) und schuldhafte Ursächlichkeit der Handlung für die Insolvenz der Tochtergesellschaft erforderlich.[1585] Zu beachten ist allerdings, dass bzgl. der Aktiengesellschaft – anders als im Fall der GmbH – der Haftungsmaßstab spezialgesetzlich geregelt ist.[1586] Demnach ist wissentliches und zielgerichtetes Handeln erforderlich[1587] und bloße Fahrlässigkeit – anders als bei der GmbH[1588] – reicht nicht aus.[1589] Auch hier zeigt sich die wesentliche Haftungseinschränkung gegenüber ZGB RF und GmbHG RF.[1590]

Gem. Art. 56 Pkt. 3 Abs. 2 ZGB RF handelt es sich bei dieser Haftung um eine Kann-Vorschrift, sodass dem entscheidenden Gericht entsprechender

1583 Art. 3 Pkt. 3 GmbHG RF i.V.m. Art. 56 Pkt. 3 ZGB RF.

1584 *Tichomirov* Jurinformzentrum-Kommentar zum GmbHG, 35; *Heeg* Durchgriffshaftung im russischen Recht der Kapitalgesellschaften, WiRO 2000, 1, 5; zum sog. *Großgeschäft,* s.u. Kapitel E.IV.2.c)(5)83.

1585 S.o. Kapitel E.IX.4.b)(4), S. 222.

1586 Vgl. Art. 3 Pkt. 3 Abs. 2 AktG RF i.V.m. Ukaz des Präsidenten der RF „Über Maßnahmen zur Sicherung der Aktionärsrechte" vom 31.7.1995, Pkt. 10, SZ RF 31.7.1995, Nr. 31, Pos. 3101.

1587 *Heeg* WiRO 2000, 1. 4; *Mereminskaja* WiRO 2001, 369, 371.

1588 *Heeg* Finanz- und Haftungsverfassung russischer Kapitalgesellschaften, 2003, S. 279 f.; *Mereminskaja* WiRO 2001, S. 105.

1589 *Heeg* WiRO 2000, 1, 4; *Shapkina* Beck-Kommentar zum AktG, 25 f.

1590 *Heeg* Finanz- und Haftungsverfassung russischer Kapitalgesellschaften, 2003, S. 279 f.

Ermessenspielraum zukommt.[1591] Aufgrund dieses erheblichen Ermessensspielraums, wurde die praktische Anwendung dieser subsidiären Haftung in Frage gestellt.[1592] Der Rechtssicherheit ist eine solche Unwägbarkeit nicht zuträglich.

d) Haftungsdurchgriff auf die Gesellschaftsorgane der Muttergesellschaft

Auch ein handelndes Organ der (Mutter-) Aktiengesellschaft kann als „andere Person" eine Haftung im Fall der Insolvenz einer Tochtergesellschaft treffen.[1593] Die Voraussetzungen entsprechen den Anforderungen, die an einen Haftungsdurchgriff auf Gesellschafter der Muttergesellschaft zu stellen sind.[1594]

5. Fazit

Die Haftung für Ansprüche gegenüber einer russischen AG ist auf die Gesellschaft als eigenständigen Rechtsträger beschränkt. Gesellschafter haften regelmäßig nur in Höhe ihrer Einlagen.

Lediglich kommt eine Haftung von Gesellschaftern in Frage, wenn durch ihre Weisung die Gesellschaft einen Dritten geschädigt hat oder vorsätzlich die Insolvenz der Gesellschaft herbeigeführt wurde.

Handeln der Gesellschaftsorgane muss sich die Gesellschaft gegenüber Dritten zurechnen lassen. Für eine schuldhafte Schädigung der Gesellschaft haften die Organmitglieder persönlich gegenüber den Gesellschaftern. Wobei das Institut der Organhaftung aufgrund von Lückenhaftigkeit als unterentwickelt bewertet wird.

Im russischen Recht ist ein Haftungsdurchgriff auf eine beherrschende Muttergesellschaft und auf deren Organe oder Gesellschafter vorgesehen, wenn eine Beherrschung in Form einer entsprechend hohen Beteiligung am Satzungskapital der Gesellschaft, einer vertraglichen Vereinbarung über ein Weisungsrecht oder in Form einer Einflussnahmemöglichkeit auf andere Weise vorliegt. Die Muttergesellschaft haftet gesamtschuldnerisch mit der Tochtergesellschaft für Ansprüche Dritter gegenüber der Tochtergesellschaft aus einem Rechtsgeschäft, auf dessen Abschluss die Muttergesellschaft hingewirkt hat. Daneben haften die Muttergesellschaft, deren Gesellschafter oder deren Organe subsidiär, wenn die Insolvenz einer Tochtergesellschaft durch Anweisungen der Muttergesellschaft

1591 *Heeg* WiRO 2000, 1, 5; *Borisov* Kommentar zum Föderalen Gesetz „Über die Gesellschaften mit beschränkter Haftung", Konsultant, Art. 6, Nr. 3.

1592 *Mereminskaja* WiRO 2001, 369, 371; *Heeg* WiRO 2000, 1, 5.

1593 Vgl. Art. 3 Pkt. 3 AktG RF i.V.m. Art. 56 Pkt. 3 Abs. 2 ZGB RF.

1594 S.o. Kapitel E.IX.4.c), S. 224.

verursacht wurde. Darüber hinaus entsteht eine Haftung gegenüber den Gesellschaftern oder den Organmitgliedern der Muttergesellschaft, soweit bei der Tochtergesellschaft durch schuldhaftes Handeln der Muttergesellschaft ein Schaden eingetreten ist, der vorsätzlich herbeigeführt wurde. Anders als die allgemeine Normierung des ZGB RF und die Normierung bzgl. der GmbH sehen die Haftungsvorschriften des AktG RF ein zusätzliches subjektives Element vor, was eine Exkulpation regelmäßig erleichtern wird. Beweispflicht bzgl. eines Verschuldens trifft in allen drei Fällen die Muttergesellschaft, die darzulegen hat, dass sie die erforderliche Sorgfalt nicht verletzt hat.

Der Beschriebene Haftungsdurchgriff in Konzernstrukturen führt relativ schnell zu einer Haftung der Muttergesellschaft oder deren Gesellschaftern und Organmitgliedern für Forderungen gegenüber der Tochtergesellschaft. Daher wird es der Haftungsdurchgriff regelmäßig erforderlich machen, eine weitere Gesellschaft zwischenzuschalten oder die Beteiligung an der Tochtergesellschaft aufzuspalten. In jedem Fall sind die vertraglichen und tatsächlichen Beziehungen stets genau zu prüfen. Neben der Zwischenschaltung einer weiteren Gesellschaft wird auch das Einschalten außenstehender Berater vorgeschlagen, um ein Verschulden weitestgehend auszuschließen.

X. Gesellschaftsdauer

1. Allgemeines

Eine AG wird grundsätzlich unbefristet gegründet. Die Satzung kann eine Zweckerreichung bzw. zeitliche Befristung vorsehen, wobei auch dies keine formgerechte Abwicklung ersetzen kann. Die AG kann entweder im Rahmen einer Umwandlung in eine andere Gesellschaft umgestaltet werden oder durch eine Liquidation vollständig gelöscht werden.

2. Umwandlung einer Aktiengesellschaft

Wie auch im deutschen Recht besteht im russischen Recht die Möglichkeit, eine Kapitalgesellschaft in eine andere Gesellschaftsform umzuwandeln (*reorganizacija* – wörtl. Reorganisation).[1595] Die Umwandlung erfolgt auf Grundlage von Art. 104 ZGB RF i.V.m. Art. 15 ff. AktG RF.[1596] Sie ist in Form einer Verschmelzung

1595 Zur Umwandlung im russischen Recht, *Sparfeld/Wagner*, in: Widmann/Mayer, Umwandlungsrecht, 2003, Anhang 3 (Ausländische Umwandlungsrecht und Umwandlungssteuerrecht).

1596 Zum Verfahren auch *Wedde* VDRW-Mitteilungen 33–34/2007, 40, 45.

mit einer anderen Gesellschaft, einer Fusion bzw. eines Anschlusses an eine andere Gesellschaft, einer Spaltung in mehrere Gesellschaften durch Teilung gem. Art. 18 AktG RF oder Abtrennung gem. Art. 19 AktG RF und zuletzt auch in Form eines Rechtsformwechsels gem. Art. 20 AktG RF möglich.

Im Rahmen eines Rechtsformwechsels kann eine russische AG in eine GmbH, eine Produktionsgenossenschaft oder eine gewerbliche Partnerschaft[1597] umgewandelt werden.[1598] Eine durch Privatisierung entstandene AG, an der die öffentliche Hand beteiligt ist, kann nicht umgewandelt werden.[1599]

Die Umwandlung und das Umwandlungsverfahren im Einzelnen sind in den Art. 57 ff. ZGB RF geregelt. Demnach bedarf es eines Beschlusses der Hauptversammlung. Darüber hinaus kann die Beteiligung staatlicher Organe im Einzelfall erforderlich sein. So können Fusion, Anschluss und Umwandlung kraft Gesetz insbesondere von der Zustimmung der Antimonopolbehörde abhängen.[1600] Auch kann eine Teilung oder eine Abtretung durch ein staatliches Organ angeordnet werden.[1601] Erfolgt die angeordnete Teilung bzw. Abtretung nicht in der vorgegebenen Frist, kann ein externer Verwalter mit der Umwandlung durch die zuständige staatliche Stelle beauftragt werden. Dieser übernimmt dann die Geschäftsführung und Vertretung der Gesellschaft vor Gericht.

Erforderlich für eine Umwandlung sind die Erstellung einer Spaltungsbilanz und die Einreichung der Gründungsunterlagen der neu entstehenden Gesellschaft. Bis auf den Fall der Aufnahme[1602] ist die Umwandlung durchgeführt, sobald die Registrierung der Umwandlung erfolgt ist.

1597 Dies erst seit der Änderung des AktG RF durch Föderales Gesetz „Über die Eintragung von Änderungen und Ergänzungen in das Föderale Gesetz ‚Über Aktiengesellschaften'" vom 7.8.2001, Nr. 120-FZ, SZ RF 2001, Pos. 3423; vgl. *Solotych* Hdb Wirtschaft und Recht in Osteuropa, EL 53 2003, RUS Kapitel D.I., Rn. 246.

1598 *Resch* Unternehmensrecht in Russland, 2005, S. 120.

1599 *Solotych* Hdb Wirtschaft und Recht in Osteuropa, EL 53 2003, RUS Kapitel D.I., Rn. 246.

1600 Vgl. Art. 57 Pkt. 3 ZGB RF i.V.m. Art. 27 Föderalen Gesetzes „Über den Wettbewerbsschutz" (WettbG RF) vom 26.7.2006, Nr. 135-FZ, SZ RF 2006, Nr. 31, Pos. 3434, deutsche Übersetzung von *Kleinbub* Hdb Wirtschaft und Recht in Osteuropa, RUS 400; zum russischen Fusionskontrollrecht im Einzelnen, *Knaul/Tscherenew* WiRO 2006, 267 ff.; *Rogojine* RiW 2007, 441, 442.

1601 Vgl. Art. 57 Pkt. 2 Abs. 1 ZGB RF i.V.m. Art. 28 WettbG RF; im Einzelnen zur zwangsweisen Teilung, vgl. *Totev* Konkurentnoe pravo, S. 81.

1602 Im Fall der Aufnahme ist die Umwandlung gem. Art. 57 Pkt. 4 Abs. 2 ZGB RF erfolgt, sobald das Erlöschen der aufgenommenen AG im einheitlichen staatlichen Register eingetragen ist.

Der Gläubigerschutz im Falle einer Umwandlung setzt voraus, dass den Gläubigern der umzuwandelnden AG die Umwandlung schriftlich angezeigt wird, woraufhin die Gläubiger die Aufhebung des Schuldverhältnisses oder frühzeitige Erfüllung ihrer Forderungen und daneben Schadensersatz verlangen können.[1603]

Bestehen trotz oder wegen der Spaltungsbilanz Unklarheiten über die Rechtsnachfolge im Zuge einer Umwandlung, geht der Anspruch der Gläubiger auf die neu entstandenen juristischen Personen über, welche dann gesamtschuldnerisch haften.[1604]

3. Liquidation einer Aktiengesellschaft

a) Allgemeines

Die Liquidation bzw. Abwicklung einer AG basiert auf den Art. 21 bis 24 AktG RF. Für eine AG mit ausländischer Beteiligung ist darüber hinaus Art. 19 AuslInvG RF einschlägig. Hiernach wird zwischen freiwilliger und unfreiwilliger Liquidation unterschieden.

b) Freiwillige Liquidation

Die freiwillige Liquidation erfolgt auf Vorschlag des Aufsichtsrats[1605] durch Beschluss – erforderlich ist eine ¾-Mehrheit – der Hauptversammlung.[1606] Besondere Gründe oder Voraussetzungen für eine Liquidation sind nicht zwingender Bestandteil der Satzung und nicht erforderlich, um eine Liquidation einzuleiten.[1607] Abgeschlossen ist die Liquidation erst mit Eintragung im einheitlichen staatlichen Register.[1608] Bis zu diesem Zeitpunkt nimmt die AG am Rechtsverkehr teil und ihr gegenüber können Ansprüche entstehen.[1609]

1603 Art. 60 Pkt. 2 ZGB RF.

1604 Art. 60 Pkt. 3 ZGB RF.

1605 Hierin besteht wohl das Initiativrecht, welches teilweise vermisst wird, vgl. *Resch* Unternehmensrecht in Russland, 2005, S. 120; tatsächlich offen bleibt allerdings die Variante, dass eine Liquidation von der Allgemeinen Versammlung gegen den Willen des Direktorenrates vorgeschlagen wird. Realistisch scheint eine Weisung durch die Allgemeine Versammlung möglich, welche den Aufsichtsrat verpflichtet, die Liquidation vorzuschlagen.

1606 Art. 21 Pkt. 2 AktG RF; *Becker* Gesellschaftsrecht in Russland, 1998, S. 51.

1607 *Resch* Unternehmensrecht in Russland, 2005, S. 120

1608 Art. 24 AktG RF; *Becker* Gesellschaftsrecht in Russland, 1998, S. 51.

1609 Art. 63 Pkt. 8 ZGB RF.

Im Falle einer freiwilligen Liquidation muss die Hauptversammlung – ebenfalls auf Vorschlag des Aufsichtsrats – neben dem Beschluss über die Liquidation auch eine Liquidationskommission bestimmen.[1610] Dieser werden mit Bestimmung alle Vollmachten zur Geschäftsführung übertragen.

c) Unfreiwillige Liquidation

Die unfreiwillige Liquidation erfolgt gegen den Willen der Gesellschaft, etwa auf Verlangen einzelner Gesellschafter bzw. eines Gesellschafters oder Dritter (Gläubiger). Dies ist möglich, soweit die Gesellschaft ein Missverhältnis zwischen Reinaktiva und Satzungskapital aufweist, welches die gesetzliche Mindestkapitalgrenze unterschreitet, die Hauptversammlung aber gleichwohl keinen Auflösungsbeschluss fasst.[1611] Hierdurch ist der einzelne Gesellschafter zumindest in der Hinsicht geschützt, als dass er ohne einen Käufer für seinen Anteil finden zu müssen, möglicherweise einen Teil seines Investments zurückerlangen kann.[1612] Das gleiche Recht haben in einem solchen Fall Gläubiger der Gesellschaft. Die Auflösung erfolgt dann durch die zuständigen staatlichen Registerbehörden oder Organe der örtlichen Selbstverwaltung.

Im ZGB RF sollen nun einzelne gerichtliche und außergerichtliche Liquidationsgründe definiert.[1613] So sind die Behörden etwa berechtigt, die Liquidation einer Gesellschaft durchzuführen, die innerhalb der letzten 12 Monate keine Bankgeschäfte getätigt hat und keine Steuererklärung abgegeben hat. Der Behörde steht hier ein Ermessen zu.

d) Folgen der Liquidationsentscheidung

Nach Übertragung der Vollmachten zur Geschäftsführung hat die Liquidationskommission die Liquidation zu Publizieren und den Gläubigern eine Frist zur Geltendmachung ihrer Forderungen zu setzen, welche zwei Monate ab Bekanntmachung der Liquidation nicht unterschreiten darf.[1614] Mit Ablauf der Zweimonatsfrist ist eine Liquidationsbilanz anzufertigen und der Hauptversammlung vorzulegen. In der Bilanz sind die vorhandenen Mittel den bestehenden Verbindlichkeiten gegenüberzustellen. Reichen die liquiden Mittel nicht zur

1610 Art. 24 Pkt. 2 AktG RF; *Becker* Gesellschaftsrecht in Russland, 1998, S. 51.

1611 Art. 35 Pkt. 6 AktG RF.

1612 *Ries* Der Minderheitenschutz im russischen Kapitalgesellschaftsrecht im Vergleich zum deutschen Recht, 2001, S. 167.

1613 Teilgesetzentwurfs Nr. 47538-6/2.

1614 Art. 22 Pkt. 1 AktG RF; *Becker* Gesellschaftsrecht in Russland, 1998, S. 52.

Befriedigung der Verbindlichkeiten aus, muss weiteres Vermögen im Rahmen von öffentlichen Versteigerungen, nach dem für die Vollstreckung von gerichtlichen Entscheidungen festgelegten Verfahren,[1615] verwertet werden.[1616] Die Rangfolge der zu befriedigenden Gläubiger richtet sich dabei nach der in Art. 64 ZGB RF festgelegten Rangfolge.[1617]

Nach Befriedigung aller Gläubiger ist das verbleibende Vermögen gem. Art. 23 AktG RF zu verteilen. Zunächst sind Zahlungen auf Aktien vorzunehmen, welche gem. 75 AktG RF aufgrund Andienungsrechts aufzukaufen sind,[1618] daraufhin sind noch nicht ausgezahlte Dividenden auf Vorzugsaktien auszuzahlen und zuletzt ist das verbleibende Vermögen entsprechend den Anteilen an die verbleibenden Inhaber der Stammaktien zu verteilen.[1619] Abschließend ist die Schlussverteilung mitsamt der Liquidationsbilanz im staatlichen Register zu vermerken. Diese Eintragung hat zur Folge, dass die Liquidation abgeschlossen ist und die AG nicht mehr existiert.[1620]

Im Falle einer unwirksamen Reorganisationsentscheidung kommt u.a. die Unwirksamkeit der Umwandlung *ex tunc* in Frage.[1621]

4. Fazit

Eine russische AG ist unbefristet, soweit keine Zweckerreichung bzw. zeitliche Befristung satzungsmäßig bestimmt wird. Zur Beendigung kann die Gesellschaft umgewandelt oder liquidiert werden.

Die Umwandlung erfolgt in Form von Verschmelzung, Fusion bzw. Anschluss, Spaltung bzw. Abtrennung oder Rechtsformwechsel. Bei einer Umwandlung gehen Gläubigerforderungen auf den neuen Rechtsträger über. Eine Umwandlung ist den Gläubigern anzuzeigen; diese haben daraufhin einen Anspruch auf umgehenden Ausgleich der bestehenden Forderungen.

Eine Liquidation kann freiwillig oder unfreiwillig erfolgen. Der Liquidationsbeschluss bzw. ein entsprechendes Urteil haben eine Liquidationskommission zu bestimmen, welcher die Aufgaben der Geschäftsführung übertragen werden.

1615 *Sotbarn* WiRO 2007, 7 ff.; *Arzinger/Galander* Russisches Wirtschaftsrecht, 2. Aufl. 2002, S. 342 und 358 ff.

1616 Art. 22 AktG RF; *Becker* Gesellschaftsrecht in Russland, 1998, S. 52.

1617 Im Einzelnen zur Rangfolge gem. Art. 64 ZGB RF, *Becker* Gesellschaftsrecht in Russland, 1998, S. 20.

1618 Im Einzelnen zu Art. 75 AktG RF, s.o. Kapitel E.V.8.c), S. 131.

1619 *Becker* Gesellschaftsrecht in Russland, 1998, S. 52.

1620 Art. 24 AktG RF; *Becker* Gesellschaftsrecht in Russland, 1998, S. 52.

1621 Art. 104 Pkt. 1 ZGB RF, Art. 20 AktG RF.

Die Liquidation ist bekanntzugeben und nach Geltendmachung der Forderungen durch die Gläubiger ist eine Liquidations-Bilanz zu erstellen, die die Gläubiger entsprechend ihrer Forderungen bedenkt. Ein Anspruch auf Liquidation besteht im Falle einer Unterbilanz

Umwandlung und Liquidation entfalten mit Eintragung Wirksamkeit. Für die Eintragung kann eine Zustimmung bestimmter Behörden erforderlich sein.

XI. Buchhalterische Rechnungslegung

1. Allgemeines

Die russischen buchhalterischen Rechnungslegungsvorschriften unterliegen vorwiegend dem Föderalen Gesetz *über die Buchhalterische Rechnungslegung* (RechnungslegungsG RF).[1622] Dieses Gesetz findet Anwendung auf alle juristischen Personen russischen Rechts sowie auf alle Repräsentanzen oder Zweigniederlassungen ausländischer Unternehmen.[1623]

Demnach hat jedes Unternehmen einen Jahresabschluss aufzustellen[1624] und regelmäßig eine Inventur der Vermögensgegenstände und Schulden durchzuführen.[1625]

2. Bewertung der Reinaktiva der Gesellschaft

Die Bewertung der Reinaktiva hat in verschiedenen Zusammenhängen eine erhebliche Bedeutung. Insbesondere bzgl. der Feststellung einer Unterbilanz ist die Bewertung der Reinaktiva wesentliches Element.

Die Berechnung der Reinaktiva ist trotz dieser Bedeutung (noch) nicht gesetzlich geregelt. Ebenso wenig existiert eine einheitliche Regelung bzw. Verordnung, die auf alle kommerziellen Organisationen Anwendung finden könnte.[1626]

1622 Föderales Gesetz „Über die buchhalterische Rechnungslegung“ (RechnungslegungsG RF) vom 21.11.1996, Nr. 129-FZ, SZ RF 25.11.1996, Nr. 48, Pos. 5369; zum Ganzen, vgl. *Zielke/Ozerov* WiRO 2000, 161 ff. und 206 ff.

1623 *Zielke/Ozerov* WiRO 2000, 161, 162 f.

1624 *Zielke/Ozerov* WiRO 2000, 161, 163 ff.

1625 *Zielke/Ozerov* WiRO 2000, 161, 163 f.; vgl. auch das Föderale Gesetz „Über die Bewertungstätigkeit“ (BewertungsG RF) vom 29.7.1998, Nr. 135-FZ, SZ RF 1998, Nr. 31, Pos. 3813; deutsche Übersetzung von *Michels* WiRO 2003, 48; zu den Grundzügen der russischen Rechnungslegung vgl. auch *Lewina/Zielke* WiRO 1997, 411 ff.

1626 *Fischer* Das System der Kapitalaufbringung und Kapitalerhaltung der Aktiengesellschaft und Gesellschaft mit beschränkter Haftung, S. 224; *Zielke/Ozerov* WiRO 2000, 221.

Allgemein handelt es sich bei der Reinaktiva um das bilanzielle Aktivvermögen der Gesellschaft nach Abzug aller Verbindlichkeiten (Passiva) – somit das real vorhandene Vermögen der Gesellschaft.[1627]

Im Einzelnen ist der Rechtsverkehr auf Verordnungen der zuständigen Behörden angewiesen. Bzgl. der AG handelt es sich um die AG BewertungsO RF[1628] aus dem Jahre 2003. Demnach bestimmt sich die Bewertung der Reinaktiva ausgehend von der Summe der durch die buchhalterische Rechnungslegung ausgewiesenen Gesellschaftsaktiva. Hiervon sind die Gesamtverbindlichkeiten der Gesellschaft abzuziehen.[1629]

1627 *Fischer* Das System der Kapitalaufbringung und Kapitalerhaltung der Aktiengesellschaft und Gesellschaft mit beschränkter Haftung, S. 224; *Zielke/Ozerov* WiRO 2000, 221 m.w.N.

1628 Beschluss des Finanzministeriums der RF und der Föderalen Kommission für den Wertpapiermarkt „Über die Verabschiedung der Ordnung und Bewertung der Reinaktiva von Aktiengesellschaften" vom 29.1.2003, Nr. 10n, 03-6/pz, RG 19.3.2003, Nr. 51.

1629 *Fischer* Das System der Kapitalaufbringung und Kapitalerhaltung der Aktiengesellschaft und Gesellschaft mit beschränkter Haftung, S. 224.

F. Résumé

I. Allgemeines

Das russische Gesellschaftsrecht bietet ausreichend Rechtssicherheit für ausländische Investoren in Russland. Es ist aber darauf hinzuweisen, dass daneben außerhalb der gesellschaftsrechtlichen Problempunkte weitere wichtige Aspekte (z.B. IP-, Steuer-, Verwaltungs-, Prozess-, Wettbewerbsrecht und praktische soziokulturelle Fragen) mit in die Planung und Durchführung einer Investition in Russland einzubeziehen sind.

Einige neuralgische Punkte gilt es zu beachten bzw. zu kennen. Durch satzungsmäßige oder einzelvertragliche Regulierung lassen sich diese Problempunkte aber im Interesse aller beteiligten Parteien weitestgehend neutralisieren.

II. Gesetzesgrundlagen

Das russische Zivilrecht einschließlich des Aktienrechts befindet sich in der Phase der Novellierung. Die Reform des ZGB RF wurde in separate Blöcke aufgespalten, von denen die erste drei Änderungs-Blöcke und Änderungen im Bereich des IPR schon in Kraft getreten sind. Noch verhandelt wird der besonders umstrittene Teilgesetzentwurf Nr. 47538-6/2 der ZGB RF-Novelle betreffend die Grundzüge des Gesellschaftsrechts.

Die allgemein zivilrechtliche Gesetzgebung, einschließlich der gesellschaftsrechtlichen Gesetzgebung, entspricht westlichen Standards; wobei es insbesondere in Bezug auf das russische Aktienrecht unterlassen wurde, sich für das kontinentaleuropäische oder das US-amerikanische Modell zu entscheiden.

Zu beachten ist stets der positivistische Ansatz in Bezug auf die Vertragsautonomie. Es ist lediglich das möglich, was gesetzlich erlaubt ist, alles andere ist verboten. Dementsprechend handelt es sich beim Kapitalgesellschaftsrecht weitestgehend um zwingendes Recht, dessen Flexibilität vom Vorliegen gesetzlicher Öffnungsklauseln abhängt.

Die spezialgesetzliche Normierung in Bezug auf Investitionen und insbesondere bzgl. ausländischer Investitionen ist dem Investitionsklima nach wie vor nicht dienlich. Unbestimmte Rechtsbegriffe sowie Gerichten und Behörden eingeräumte Ermessensspielräume führen zu Rechtsunsicherheit. Erleichterungen bzgl. der Registrierungspflicht für einige Investoren sind zu verzeichnen; diese gelten allerdings meist nur für Prioritätsinvestitionsvorhaben bzw. große Unternehmen. Der ausländische Mittelstand scheint für den russischen Gesetzgeber als Investor nach wie vor wenig von Interesse zu sein. Die entsprechende

Gesetzgebung scheint insgesamt nicht den Interessen ausländischer Investoren, sondern denen des russischen Staates dienen soll.

III. Investitionsformen

Als unternehmerisches Engagement in Russland kommen direkte vertragliche Beziehungen mit Abnehmern in Russland, die Errichtung einer Repräsentanz oder Niederlassung oder ein Auftreten mittels Tochtergesellschaft in Frage.

Für einen ausländischen Investor mit langfristigem Investitionshorizont bietet sich die Gründung einer russischen Tochtergesellschaft an. Hierbei ist der Investor auf die normierten russischen Gesellschaftsformen beschränkt.

Eine Tochtergesellschaft nach russischer Vorstellung liegt dann vor, wenn eine Gesellschaft durch eine Muttergesellschaft beherrscht wird. Diese Beherrschung kann in Form einer Beteiligung an der Tochtergesellschaft, durch vertragliche Bindungen oder in sonstiger Weise vorliegen.

Die Errichtung eines Gemeinschaftsunternehmens wurde als Kapitalisierungsinstrument nach Öffnung der mittel- und osteuropäischen Märkte zunächst sehr häufig genutzt. In jüngerer Zeit hat die wirtschaftliche Bedeutung von Gemeinschaftsunternehmen insbesondere unter Teilnahme eines ausländischen und eines russischen Investors allerdings stark abgenommen. Ein Gemeinschaftsunternehmen ist demnach nicht vorbehaltlos zu empfehlen. Erforderliche Partnerschaften für ausländische Unternehmer sind auch durch einzelvertragliche Vereinbarungen zu erreichen. Im Zweifel bürgen politische, soziale und kulturelle Unterschiede zu viel Konfliktpotential. Ausnahmen gelten, soweit Lizenzen erforderlich sind, die nicht durch russische Tochtergesellschaften zu erlangen sind, die im (Allein-) Eigentum eines ausländischen Investors stehen.

IV. Gesellschaftsformen

Für ein Unternehmen eines ausländischen Investors, welches gewinnorientiert wirtschaften und eigenständig nach außen hin auftreten soll, bieten sich nur wenige (russische) Gesellschaftsformen an. Schon aus Gründen der Haftungsbeschränkung kommen ausschließlich die russische GmbH oder AG in Frage. Gegen die Rechtsform der AG sprechen der formalistische Eintragungs- bzw. Anmeldungsprozess, Satzungsstrenge und die Weisungsabhängigkeit der Geschäftsführung sowie erhöhte Publikationspflichten einer AG. Daneben sind Gesellschafterbeschlüsse in der GmbH regelmäßig im Umlaufverfahren möglich und die Einberufungs- und Durchführungsbestimmungen für die Hauptversammlung sind weniger umständlich. Andererseits berechnet sich die Mehrheit bei Gesellschafterbeschlüssen innerhalb der GmbH nach der Gesamtzahl der Gesellschafter und eine Reihe von Beschlüssen ist ausschließlich einstimmig unter Mitwirkung aller(!) Gesellschafter möglich, sodass sich die Entscheidungsfindung bei mehreren Beteiligten mit verschiedenen Interessen durchaus kompliziert gestalten kann. Daneben kann auch die strategische Ausrichtung hin zu einem größeren Gesellschafterkreis für eine AG ausschlaggebend sein. Insbesondere soweit der Gesellschafterkreis zunächst nur wenige Teilhaber umfassen soll, später aber durch Hinzutreten neuer Gesellschafter weiteres Kapital akquiriert werden soll, bietet sich die AG an. Da ansonsten eine Aufwendige Umwandlung der GmbH in eine AG erforderlich ist.

V. Die Aktiengesellschaft

1. Gründung

Im Gründungsverfahren der russischen AG ist zu beachten, dass bestimmte Hoheitsbezeichnungen als Teil der Firma einer Genehmigungspflichtig unterliegen und dass Einpersonengesellschaften nur möglich sind, sofern der einzige Gesellschafter nicht selbst eine Einpersonengesellschaft ist.

Eine Vor-Gesellschaft als Rechtsträger existiert vor Eintragung nicht und Rechtsfähigkeit erlangt die Gesellschaft erst mit Leistung von mindestens 50 % der Einlagen. Die Aufnahme des Geschäftsbetriebs sollte daher erst nach Registrierung und Einlagenleistung erfolgen.

Die Gesellschaft ist grundsätzlich voll rechtsfähig. Die Rechtsfähigkeit kann satzungsmäßig beschränkt werden, um wirtschaftliche Risiken zu minimieren.

Für die Registrierung ist lediglich die Satzung bzw. der Gründungsvertrag als ein Gründungsdokument erforderlich. Dies soll das frühere Erfordernis von vergleichbar vielen Unterlagen abschaffen.

Registern in Russland kommt nunmehr Publizitätswirkung zu. Die Registerbehörden selbst prüfen das Vorliegen der Anforderungen und sind berechtigt, eine Eintragung aus materiellen Gründen zu untersagen.

2. Organisationsverfassung

Neben den zwingenden Organen Hauptversammlung, Geschäftsführung und Revisionskommission können in der russischen AG auch ein Aufsichtsrat und ein externer Wirtschaftsprüfer erforderlich sein. Bei der interorganschaftlichen Kompetenzverteilung handelt es sich weder um ein monistisches noch um ein dualistisches Modell. Die zwingende gesetzliche Kompetenzzuweisung lässt abweichende satzungsmäßige Zuweisungen nur in gesetzlich vorgesehen Fällen zu. Personelle Unvereinbarkeit der Organe ist im russischen Recht nicht umfassend gesetzlich vorgeschrieben. Aufsichtsratsvorsitzender und Einzelgeschäftsführer dürfen nicht personenidentisch sein und der Aufsichtsrat darf nicht zu mehr als einem Viertel aus Mitgliedern des Vorstands bestehen.

Die Hauptversammlung ist oberstes Leitungsorgan der Gesellschaft. Ihre Beschlusskompetenz ist in einigen bedeutenden Fragen nicht übertragbar. Es wird kritisiert, dass eine Beschlussfassung in manchen Fragen schon mit knapp über 25 % der stimmberechtigten Aktien herbeizuführen ist, da hierdurch die Stabilität einer Gesellschaft mit weit gestreutem Aktienbesitz gefährdet ist. Stimmrechtsbeschränkungen sind vorgesehen und dem Minderheitsgesellschafter werden verschiedene Mittel zur Verfügung gestellt, um Einfluss auf die strategische Ausrichtung der Gesellschaft zu nehmen. Es ist nicht möglich, höhere Mehrheitserfordernisse satzungsmäßig zu vereinbaren, soweit dies nicht gesetzlich vorgesehen ist, wodurch der Minderheitenschutz empfindlich beeinträchtigt wird.

Der Aufsichtsrat einer russischen AG ist sowohl Kontroll- als auch Leitungsorgan. Er wird durch die Hauptversammlung – satzungsmäßig statuierbar – mittels kumulativer Wahl bestellt und abberufen. Die Aufsichtsratsmitglieder müssen entweder selber als Gesellschafter an der AG beteiligt sein oder müssen als Vertreter im Namen von juristischen Personen handeln, die als Gesellschafter an der AG beteiligt sind.

Der Geschäftsführung einer russischen AG obliegt die laufende Geschäftsführung, die im Sinne der Hauptversammlung und des Aufsichtsrats zu erfolgen hat. Zwingend originäres Alleinvertretungsorgan der Gesellschaft ist der Einzelgeschäftsführer. Daneben kann weiteren Vorstandsmitgliedern Einzelvollmacht erteilt werden. Eine etwaige gegenseitige Kontrolle wird hierdurch unterlaufen. Es ist möglich, die Geschäftsführung auf eine juristische Person zu übertragen, was insbesondere unter haftungstechnischen Gesichtspunkten von Interesse sein kann.

Neben einer Revisionskommission kann ein externer Wirtschaftsprüfer als zusätzliches Kontrollgremium erforderlich sein.

Corporate Compliance ist im Recht der russischen AG noch vergleichsweise wenig entwickelt. Die aktuelle ZGB RF-Novelle sieht allerdings Änderungen in diesem Bereich vor. So ist u.a. die Einführung eines *Compliance Officers* beabsichtigt.

3. Gesellschafter

Einpersonengesellschaften sind möglich, allerdings nur, soweit die Muttergesellschaft nicht selbst eine Einpersonengesellschaft ist.

Satzungsmäßige Regelungen empfehlen sich insbesondere in Bezug auf Informationsrechte in Vorbereitung der Hauptversammlung und Rederechte während der Hauptversammlung. Auch empfiehlt sich eine satzungsmäßige Regelung bzgl. der Kostentragung des gesellschafterlichen Sonderprüfungsrechts. Mittels Anfechtungsklage kann ein Gesellschafter gegen rechtswidrig zustande gekommene Beschlüsse der Hauptversammlung und des Aufsichtsrats und gegen rechtswidrig zustande gekommene *Interessiertheits-* und *Großgeschäfte* vorgehen. Ob dem Minderheitenschutz hier gerecht wird, bleibt allerdings fraglich, da insbesondere bzgl. der Anfechtung von Hauptversammlungsbeschlüssen relativ hohe Anforderungen an eine Aktionärsklage gestellt werden. Allgemeine Veröffentlichungspflichten bzgl. wesentlicher Geschäftsdaten bestehen auch gegenüber einzelnen Gesellschaftern, sodass eine Ausnutzung dieser Rechte gegenüber der Gesellschaftsführung stets zu befürchten ist. Weitreichende Informationspflichten der Gesellschaft in Bezug auf die Einladung zur Hauptversammlung machen Entscheidungen der Hauptversammlung angreifbar.

Ein Gesellschafter kann im Rahmen einer indirekten Aktionärsklage Schadensersatzansprüche der Gesellschaft und eigene Ansprüche gegenüber Organen geltend machen. Daneben sind die Gesellschafter grundsätzlich ständig berechtigt – in einigen Fällen auch mittels Andienung gegenüber der Gesellschaft – ihre Aktien zu veräußern.

Möglich und prinzipiell auch empfehlenswert ist der Abschluss von Gesellschaftervereinbarungen. Hierdurch können die Interessen der einzelnen Gesellschafter zum Ausdruck gebracht werden und Aufgaben und Pflichten innerhalb der Gesellschaft entsprechend den Vorstellungen der Gesellschafter verteilt werden. Auch die Einbeziehung Dritter in Gesellschaftervereinbarungen soll möglich sein.

4. Gesellschaftskapital

Im russischen Recht existiert trotz Grundsatz der realen Kapitalaufbringung und Kapitalsicherungsvorschriften keine Unterkapitalisierungshaftung. Das gesetzliche Mindestsatzungskapital (ca. EUR 2.350,-) bemisst sich mittels eines dynamischen Verweismodels nach dem gesetzlichen Mindestlohn. Hierdurch wird die Mindestkapitalgrenze zumindest teilweise von der hohen Inflationsrate in Russland entkoppelt.

Die Einlagenleistung hat, mit Ausnahme eines maximal 10 %-igen Abschlags auf junge Aktien für Altgesellschafter, zum Nennbetrag zu erfolgen. Die Einlagenleistung kann in Form einer Geld-, Sach- oder Mischeinlagen erbracht werden, wobei von einem Vorrang der Bargründung vor der Sachgründung auszugehen ist. Übersteigt der Wert der Sacheinlage die durch den Gesellschafter zu leistende Einlage, besteht – anders als im Fall der deutschen „gemischten Sacheinlage" – kein Anspruch auf Rückzahlung des Überschussbetrages.

In Ermangelung einer rechtsfähigen Vor-Gesellschaft und mithin eines Rechtsträgers, der vor Eintragung der Gesellschaft die Einlage empfangen könnte, kann die Einlage grundsätzlich erst nach Gründung an die Gesellschaft übertragen werden. Alternativ ist es möglich, ein Ansparkonto einzurichten, welches das Vorhandensein des Mindestkapitals zum Zeitpunkt der Gründung sicherstellt, über das vor Eintragung aber nicht verfügt werden kann.

Zu erheblicher Rechtsunsicherheit führt, dass die Gesellschaft Rechtsfähigkeit erst nach Leistung von 50 % des Satzungskapitals erlangt und entsprechende Erklärungen – abgesehen von Gründungsgeschäften – nichtig sind. Ein potentieller Vertragspartner kann trotz Eintragung nicht auf die Wirksamkeit einer Willenserklärung der Gesellschaft vertrauen, sodass von vertraglichen Vereinbarungen mit Aktiengesellschaften innerhalb von drei Monaten nach Eintragung abzuraten ist oder ein entsprechender Nachweis der Einlagenerbringung verlangt werden sollte. Auch ist eine Übertragung von Aktien erst nach vollständiger Einlagenleistung aller Gesellschafter möglich; vorherige Rechtsgeschäfte über nicht eingezahlte Aktien sind stets nichtig.

Dem russischen Aktienrecht ist der Grundsatz der realen Kapitalaufbringung immanent. Demnach muss es sich bei der Einlagenleistung bilanziell um einen Aktivenaustausch handeln. Daher sind grundsätzlich weder die Befreiung von der Einlagenleistung oder die Leistung an einen dritten Gesellschaftsgläubiger noch eine Aufrechnung mit Forderungen gegenüber der Gesellschaft möglich.

Eine Sacheinlage ist auf Aktien in Form von Wertpapieren, sonstigen Sachen bzw. Vermögensrechten oder anderen Rechten, denen ein in Geld zu beziffernder Wert innewohnt und die verkehrsfähig sind, möglich, wobei der Grundsatz der realen Kapitalaufbringung stets eine realistische Bewertung gebietet. Eine Werthaltigkeitsprüfung durch staatliche Register findet nicht statt. Rechtsfolgen einer Überbewertung sind nicht gesetzlich geregelt, sodass auf allgemeine Vorschriften bzw. die Vorschriften des GmbH-Rechts in analoger Anwendung zurückzugreifen ist. Beteiligte an einer Überbewertung trifft eine Schadensersatzpflicht, wobei Beweispflicht bzgl. der Überbewertung der Sacheinlage und deren Ursächlichkeit für einen entstandenen Schaden den Geschädigten trifft.

Die verdeckten Sacheinlage und ein Verbot der Einlagenrückgewähr sind im russischen (Aktien-) Recht nicht geregelt. Abhilfe schaffen lediglich das Aufrechnungsverbot und die Kapitalerhaltungsvorschriften.

Das Vermögen der russischen AG wird einer starken Bindung an das ausgewiesene Kapital unterworfen. So führt etwa der Ausweis einer Unterbilanz zum Jahresabschluss zur gesetzlich vorgeschriebenen Kapitalherabsetzung, welche wiederum als Gläubigerrecht das Recht auf vorzeitige Befriedigung auslöst. Diese weitreichenden Konsequenzen gilt es bei der Ausgestaltung der Kapitalverfassung der Gesellschaft stets zu beachten.

Anzahl und Wert der Aktien sind in der Satzung der Gesellschaft genau zu bezeichnen. Neu auszugebende Aktien sind durch Gesellschafterbeschluss mit ¾-Mehrheit anzukündigen; es handelt sich um eine Art Vorratsaktien, die für die Ausgabe zur Verfügung stehen.

Effektive wie auch nominelle Kapitalerhöhungen erfolgen auf Vorschlag des Aufsichtsrats, wobei dieses Vorschlagsrecht satzungsmäßig auf andere Gesellschaftsorgane übertragbar ist. Beschlussfassung über eine effektive Kapitalerhöhung erfolgt mit einfacher Mehrheit bzw. mit ¾-Mehrheit, soweit die Kapitalerhöhung vom Umfang her 25 % des bisherigen Satzungskapitals übersteigt oder es sich um eine Kapitalerhöhung im Rahmen einer geschlossenen Zeichnung handelt. Satzungsmäßig kann der Beschluss über die Ausgabe neuer Aktien im Rahmen schon angekündigter Aktien auch einstimmig durch den Aufsichtsrat erfolgen, was die Kapitalbeschaffung flexibilisiert. Da Beschlussfähigkeit schon mit einem Quorum von 50 % der tatsächlichen Stimmen erreicht ist und hiervon lediglich 50 % für eine Kapitalerhöhung zu stimmen brauchen, reichen im Einzelfall knapp über 25 % der Stimmen aus, um eine Kapitalerhöhung herbeizuführen. Vorkehrungen im Rahmen einer satzungsmäßigen Erhöhung des erforderlichen Quorums sind vor dem Hintergrund des Art. 49 Pkt. 2 AktG RF nicht möglich. Einziger Schutz ist, dass sich die Kapitalerhöhung lediglich im Rahmen der angekündigten Aktien halten kann, deren Anzahl durch einen Beschluss der Hauptversammlung mit ¾-Mehrheit festzulegen ist.

Eine Kapitalherabsetzung ist auf Initiative des Aufsichtsrats auch durch staatliche Organe möglich, soweit eine zwingend erforderliche Kapitalherabsetzung nicht durch die Hauptversammlung beschlossen wird. Eine effektive Kapitalherabsetzung muss satzungsmäßig vorgesehen sein und bedarf eines Hauptversammlungsbeschlusses mit einfacher Mehrheit oder – soweit satzungsmäßig vorgesehen – eines Aufsichtsratsbeschlusses. Der Erwerb hat zum Marktpreis zu erfolgen, wobei es sich hierbei um einen Richtwert handelt, von dem in gewissem Maße abgewichen werden kann. Bei Verletzung von Verfahrens- und Formvorschriften sind einzelne Erwerbsgeschäfte mit den Gesellschaftern nichtig. Eine nominelle Kapitalherabsetzung erfolgt ausschließlich und unabdingbar auf Vorschlag des Aufsichtsrats durch Beschluss der Hauptversammlung über die Herabsetzung mit einfacher Mehrheit und über die entsprechend erforderliche Satzungsänderung mit einer ¾-Mehrheit. Eine Kapitalherabsetzung berechtigt die Gläubiger, Aufhebung des Schuldverhältnisses oder frühzeitige Erfüllung ihrer Forderungen und daneben Schadensersatz zu verlangen, soweit ihre Forderungen nicht ausreichend gesichert sind.

5. Wertpapiere

Im russischen Recht existieren verschiedene Arten von Wertpapieren; dies sind zunächst Aktien, daneben existieren Obligationen, Wandelschuldverschreibungen oder variabel verzinsliche Anleihen.

Aktien, die ausschließlich in nichtdokumentärer Form und ausschließlich als Namensaktien ausgegeben werden, sind in zwei Gattungen zu unterscheiden: Stamm- und Vorzugsaktien, die darüber hinaus jeweils mit unterschiedlichen Rechten ausgestattet werden können. Durch die nichtdokumentäre Form kommt der Registereintragung quasidinglicher Charakter zu. In diesem Zusammenhang wird rege über die Sachqualität und mithin die Vindikationsmöglichkeit einer Aktie diskutiert.

Vorzugsaktien sind auf 25 % des Satzungskapitals beschränkt. Eine *kumulative Vorzugsaktie* ermöglicht es, das Aufleben des Stimmrechts mangels Dividendenzahlung bis zu einem satzungsmäßig bestimmten Datum vertraglich auszuschließen, sodass das Aufleben des Stimmrechts von einer längeren Nichtzahlung abhängt.

Die Gewinnausschüttung in Form einer Dividende hat ganz-, halb- oder vierteljährlich in Folge eines Auszahlungsbeschlusses, auf den kein durchsetzbarer Anspruch besteht, innerhalb von maximal 60 Tagen zu erfolgen.

Weder Stamm- noch Vorzugsaktionären steht vor Auszahlungsbeschluss ein Auszahlungsanspruch, sondern lediglich ein „unselbstständiges Nachzahlungsrecht" zu, das nicht in einen selbstständigen Anspruch umzuwandeln ist. Es kann demnach ohne Auszahlungsbeschluss keine verkehrsfähige Forderung gegenüber der Gesellschaft entstehen. Somit ist auch eine Abschlagszahlung auf den voraussichtlichen Bilanzgewinn an die Aktionäre unzulässig.

Im russischen Aktienrecht gilt der Grundsatz der Fungibilität. Der gutgläubige Erwerb von Aktien ist bei Gutgläubigkeit möglich. Eine Vinkulierung ist hingegen ausgeschlossen. Möglich ist es aber, den Aktienbestand einzelner Gesellschafter satzungsmäßig zu begrenzen, wobei ein Verstoß nicht zur schwebenden Unwirksamkeit, sondern lediglich zur Anfechtbarkeit führt. Auch ist – im Widerspruch zum Grundsatz der Stimmrechtsverteilung nach Aktien – die Anzahl an Stimmen, die einem Gesellschafter gewährt werden, beschränkbar. Mangels eindeutiger Rechtslage ist von solchen qualifizierten bzw. gestaffelten Stimmrechtsbegrenzungen jedoch abzuraten.

In Abweichung vom Aufrechnungsverbot ist im russischen Recht ein Dept-to-Equity-Swap im Falle der Kapitalerhöhung mittels Ausgabe zusätzlicher Aktien im Rahmen einer geschlossenen Zeichnung möglich.

Ein Pflichtangebot in Höhe des aktuellen Aktienkurses ist bei einer Beteiligung von 30 %, 50 % oder 75 % der Stammaktien erforderlich, wobei ein Konkurrenzangebot zulässig ist. *Sell-* und *Squeeze-out* sind ab einer Beteiligung von 95 % Aktien auch ohne vorangehenden Beschluss der Hauptversammlung möglich, sodass keine Verzögerung durch Anfechtung des Hauptversammlungsbeschlusses zu befürchten ist.

Der Erwerb eigener Aktien durch die Gesellschaft dient regelmäßig der Regulierung des Aktienkurses bzw. der Einflussnahme auf die Aktionärszusammensetzung. Erforderlich ist ein Beschluss der Hauptversammlung mit ¾-Mehrheit oder – soweit satzungsmäßig Vorgesehen – ein Beschluss des Aufsichtsrats mit einfacher Mehrheit. Im Anschluss ist eine Benachrichtigung an alle Aktionäre des entsprechenden Aktientyps der entsprechenden Gattung erforderlich, welche gleichzeitig ein Angebot i.S.d. Art. 435 Pkt. 1 ZGB RF darstellt. Der Rückkauf eigener Aktien erfolgt sobald ein Aktionär von einem bestehenden Andienungsrecht gebrauch macht. Dies setzt – nicht satzungsmäßig modifizierbar – voraus, dass gegen den Willen des andienenden stimmberechtigten Aktionärs ein Beschluss über die Reorganisation, die Genehmigung eines *Großgeschäfts*, eine Aktionärsechte einschränkende Satzungsänderung oder -ergänzung erfolgte. Verfahrens- und Formfehler führen zur Nichtigkeit des Erwerbs- bzw. Rückkaufgeschäfts. Erworbene oder zurückgekaufte Aktien verleihen weder Stimmrecht noch ein Recht auf Dividende und sind innerhalb eines Jahres zu veräußern oder in Verbindung mit einer Kapitalherabsetzung bzw. Anpassung des Aktiennennwerts zu löschen. Restriktionen sind für ein Säumnis nicht vorgesehen, lediglich besteht die Möglichkeit einer Kapitalherabsetzung durch berechtigte staatliche Organe. Zum Schutz der Kompetenzenabgrenzung zwischen den einzelnen Organen darf die Gesellschaft nicht mehr als 10 % ihrer (Stamm-) Aktien zu einem Zeitpunkt halten.

6. Rechtsgeschäftliches Handeln der Gesellschaft

Die russische AG handelt durch ihren organschaftlich einzelvertretungsberechtigten Einzelgeschäftsführer oder durch sonstige rechtsgeschäftlich bevollmächtigte Personen. Die ZGB RF-Novelle sieht nunmehr auch die Ausübung der Geschäftsführung durch mehrere organschaftlich vertretungsberechtigte Geschäftsführer vor.

Prokura existiert im Recht der russischen AG nicht. Die Vertretungsmacht ist auf solche Geschäfte beschränkt, die im Geschäfts- und Pflichtenkreis des jeweiligen Vertreters liegen. Daneben ist auch satzungsmäßige Beschränkung möglich, die allerdings einer Publizitätswirkung entfaltenden Eintragung bedarf. Es wird empfohlen den Handlungsspielraum des (Einzel-) Geschäftsführers zu Gunsten der Hauptversammlung bzw. anderer Vorstandsmitglieder zu beschränken. Der Abschluss von *Interessiertheits-* und *Großgeschäften* bedarf stets der Zustimmung durch die Hauptversammlung.

Handeln ohne Vertretungsmacht führt zur Anfechtbarkeit des entsprechenden Rechtsgeschäftes. Ein gutgläubiger Erwerb vom Nichtberechtigten setzt voraus, dass der Gutgläubige seine Sorgfalt belegt hat. Aus deutscher Sicht handelt es sich hierbei um eine umgedrehte Beweispflicht.

7. Haftung

Eine persönliche Haftung der Gesellschafter einer AG kommt nur dann in Frage, wenn durch ihre Weisung die Gesellschaft einen Dritten geschädigt hat oder vorsätzlich die Insolvenz der Gesellschaft herbeigeführt wurde.

Handeln der Gesellschaftsorgane muss sich die Gesellschaft gegenüber Dritten zurechnen lassen. Trotz Haftung der Organmitglieder für schuldhafte Schädigung der Gesellschaft, ist die Organhaftung aufgrund von Lückenhaftigkeit unterentwickelt.

Mittels Haftungsdurchgriffs auf eine beherrschende Muttergesellschaft und auf deren Organe oder Gesellschafter kann es zu einer gesamtschuldnerischen Haftung mit der Tochtergesellschaft für rechtsgeschäftliche Ansprüche gegenüber der Tochtergesellschaft kommen. Daneben ist eine subsidiäre Haftung der Muttergesellschaft, ihrer Gesellschafter oder ihrer Organmitglieder bei durch Anweisungen der Muttergesellschaft verursachter Insolvenz der Tochtergesellschaft vorgesehen. Zuletzt haften Gesellschafter oder Organmitglieder der Muttergesellschaft, soweit diese vorsätzlich die Tochtergesellschaft geschädigt haben. Anders als die allgemeine Normierung des ZGB RF und die Normierung bzgl. der GmbH sehen die Haftungsvorschriften des AktG RF ein zusätzliches subjektives Element vor, was eine Exkulpation regelmäßig erleichtern wird. Beweispflichtig, dass die erforderliche Sorgfalt nicht verletzt wurde, sind die Muttergesellschaft sowie deren Organe und Gesellschafter.

Der beschriebene Haftungsdurchgriff in Konzernstrukturen führt relativ schnell zu einer Haftung der Muttergesellschaft bzw. von Gesellschaftern und Organen für Forderungen gegenüber der Tochtergesellschaft. Daher wird es der Haftungsdurchgriff regelmäßig erforderlich machen, eine weitere Gesellschaft zwischenzuschalten oder die Beteiligung an der Tochtergesellschaft aufzuspalten. In jedem Fall sind die vertraglichen und tatsächlichen Beziehungen stets genau zu prüfen. Neben der Zwischenschaltung einer weiteren Gesellschaft wird auch das Einschalten außenstehender Berater vorgeschlagen, um ein Verschulden weitestgehend auszuschließen.

8. Gesellschaftsdauer

Eine unbefristete Gesellschaft kann mittels Umwandlung oder Liquidation beendet werden. Bei einer Umwandlung gehen Gläubigerforderungen im Zweifel auf den neuen Rechtsträger über. Vorher besteht die Möglichkeit, Ausgleich der bestehenden Forderungen zu verlangen. Eine Liquidation kann freiwillig oder unfreiwillig erfolgen. Die Liquidation wird durch eine Liquidationskommission durchgeführt, die auch die Liquidationsbilanz anzufertigen hat. Umwandlung und Liquidation entfalten mit Eintragung Wirksamkeit. Für die Eintragung kann eine Zustimmung bestimmter Behörden erforderlich sein.

VI. Ergebnis

Im Ergebnis zeigt sich, dass das russische Gesellschaftsrecht einen soliden gesetzlichen Rahmen für eine ausländische Investition in Gestalt einer russischen Aktiengesellschaft darstellt.

Es sind einige Unsicherheiten zu beanstanden, die in der Regel Folge eines unverständlich hohen Ermessensspielraums der Behörden oder der Gerichte sind.

Der positivistische Ansatz des russischen Rechts bzgl. der Vertragsautonomie bedeutet nicht die Unmöglichkeit einer flexiblen vertraglichen Gestaltung. Bis auf wenige Ausnahmen ist in den entscheidenden Fällen eine satzungsmäßige Regelung möglich, die den Interessen der Beteiligten dient.

In diesem Sinne ist es möglich, mittels satzungsmäßiger Gestaltung und einzelvertraglicher Nebenabrede gegenseitige Verpflichtungen zu schaffen, die ein Engagement in Bezug auf die gesellschaftsrechtlichen Regelungen weitestgehend kalkulierbar machen.

G. Zusammenfassende Thesen

1. Entsprechend dem positivistischen Ansatz gilt in Russland (nicht nur im russischen Aktienrecht) Vertragsautonomie, soweit dies gesetzlich ausdrücklich vorgesehen ist. In allen anderen Fällen sind die gesetzlichen Regelungen unabdingbar.
2. Bei Gründung einer Tochtergesellschaft auf russischem Hoheitsgebiet ist der ausländische Investor auf die russischen Gesellschaftsformen beschränkt. Hier bieten sich als Gesellschaftsformen für Unternehmen eines ausländischen Investors lediglich die GmbH sowie die AG an.
3. Eine Vor-Gesellschaft als Rechtsträger existiert im russischen Recht nicht. Rechtsfähigkeit erlangt die Gesellschaft erst nach Leistung von 50 % des Satzungskapitals. Daher sollte ein Ansparkonto eingerichtet werden, um die Einlagenleistung schon vor Eintragung zu ermöglichen. Gleichzeitig sollte der Geschäftsbetrieb erst nach Registrierung und Einlagenleistung aufgenommen werden. Die Gesellschaft ist grundsätzlich voll rechtsfähig. Die Rechtsfähigkeit kann aber satzungsmäßig beschränkt werden, um wirtschaftliche Risiken zu minimieren.
4. Organe der russischen AG sind Hauptversammlung, Geschäftsführung und Revisionskommission sowie ggf. ein Aufsichtsrat; hinzu kommt ein externer Wirtschaftsprüfer. Bei der interorganschaftlichen Kompetenzverteilung handelt es sich weder um ein monistisches noch um ein dualistisches Modell. Von gesetzlichen Kompetenzzuweisungen abweichende satzungsmäßige Regelungen sind nur in gesetzlich vorgesehen Fällen zulässig.
5. Personelle Unvereinbarkeit der Mitgliedschaft in verschiedenen Organen ist im russischen Recht nicht umfassend gesetzlich vorgeschrieben.
6. Beschlussfassung der Hauptversammlung ist bei einigen bedeutenden Fragen unabänderbar mit knapp über 25 % der Stimmberechtigten Aktien herbeizuführen, wodurch die Stabilität einer Gesellschaft mit weit gestreutem Aktienbesitz gefährdet ist.
7. An der Verwaltung der Gesellschaft durch den Aufsichtsrat können ausschließlich Gesellschafter bzw. Vertreter von Gesellschaftern (juristische Person) partizipieren.
8. Die russische AG handelt durch ihren organschaftlich einzelvertretungsberechtigten Einzelgeschäftsführer oder durch sonstige rechtsgeschäftlich bevollmächtigte Personen. Die ZGB RF-Novelle sieht nunmehr auch die Ausübung der Geschäftsführung durch mehrere organschaftlich vertretungsberechtigte Geschäftsführer vor.

9. Es ist möglich, die Geschäftsführung auf eine juristische Person zu übertragen, was insbesondere unter haftungstechnischen Gesichtspunkten von Interesse sein kann.
10. Ein gutgläubiger Erwerb vom nichtberechtigten Vertreter der Gesellschaft setzt voraus, dass der Gutgläubige seine Sorgfalt belegt hat. Aus deutscher Sicht handelt es sich hierbei um eine umgedrehte Beweispflicht.
11. Weitreichende Informationspflichten der Gesellschaft machen Entscheidungen der Hauptversammlung und des Aufsichtsrats aufgrund formeller Mängel oder einer möglicherweise nachteiliger Entwicklung angreifbar und bergen die Gefahr missbräuchlicher Informationsbegehren.
12. Trotz Grundsatz der realen Kapitalaufbringung und Kapitalsicherungsvorschriften existiert keine Unterkapitalisierungshaftung. Das Mindestsatzungskapital bemisst sich mittels eines dynamischen Verweismodels nach dem gesetzlichen Mindestlohn.
13. Zu erheblicher Rechtsunsicherheit führt, dass die Gesellschaft Rechtsfähigkeit erst nach Leistung von 50 % des Satzungskapitals erlangt und zeitlich frühere Erklärungen – abgesehen von Gründungsgeschäften – nichtig sind. Daneben ist eine Übertragung von Aktien erst nach vollständiger Einlagenleistung aller Gesellschafter möglich; vorherige Rechtsgeschäfte über nicht eingezahlte Aktien sind untersagt und stets nichtig.
14. Dem russischen Aktienrecht ist der Grundsatz der realen Kapitalaufbringung immanent. Es muss sich bei der Einlagenleistung bilanziell um einen Aktivenaustausch handeln. Daher sind grundsätzlich weder die Befreiung von der Einlagenleistung oder die Leistung an einen dritten Gesellschaftsgläubiger noch eine Aufrechnung mit Forderungen gegenüber der Gesellschaft möglich.
15. Verdeckte Sacheinlage und Verbot der Einlagenrückgewähr sind im russischen (Aktien-) Recht nicht geregelt. Abhilfe schaffen lediglich das Aufrechnungsverbot und die Kapitalerhaltungsvorschriften.
16. Das Vermögen der Gesellschaften wird einer starken Bindung an das ausgewiesene Kapital unterworfen. So führt etwa der Ausweis einer Unterbilanz zum Jahresabschluss zur gesetzlich vorgeschriebenen Kapitalherabsetzung, welche aufgrund des Gläubigerschutzes zu einem Recht auf vorzeitige Befriedigung führt.
17. Anzahl und Wert der Aktien sind in der Satzung der Gesellschaft genau zu bezeichnen. Neu auszugebende Aktien sind durch Gesellschafterbeschluss mit ¾-Mehrheit anzukündigen; es handelt sich um eine Art Vorratsaktien, die für die Ausgabe zur Verfügung stehen. Dies ist von Bedeutung, da

Beschlussfähigkeit bzgl. einer Kapitalerhöhung mittels Ausgabe neuer schon angekündigter Aktien mit einem Quorum von 50 % der anwesenden Stimmen erreicht ist und hiervon lediglich 50 % für eine Kapitalerhöhung zu stimmen brauchen.

18. Satzungsmäßig kann der Beschluss über die Ausgabe neuer Aktien im Rahmen schon angekündigter Aktien auch einstimmig durch den Aufsichtsrat erfolgen, was die Kapitalbeschaffung flexibilisiert.
19. Weder Vorzugsaktionären noch Stammaktionären steht vor Auszahlungsbeschluss ein Auszahlungsanspruch, sondern lediglich ein „unselbstständiges Nachzahlungsrecht" zu, das nicht in einen selbstständigen Anspruch umzuwandeln ist.
20. Im russischen Aktienrecht gilt der Grundsatz der Fungibilität. Eine Vinkulierung ist ausgeschlossen. Der Aktienbestand einzelner Gesellschafter kann satzungsmäßig begrenzt werden, wobei ein Verstoß lediglich zur Anfechtbarkeit führt. Daneben kann die Anzahl der Stimmen eines Gesellschafters in der Hauptversammlung beschränkt werden.
21. Eine persönliche Haftung der Gesellschafter einer AG kommt nur dann in Frage, wenn durch ihre Weisung die Gesellschaft einen Dritten geschädigt hat oder vorsätzlich die Insolvenz der Gesellschaft herbeigeführt wurde.
22. Ein Haftungsdurchgriff auf eine beherrschende Muttergesellschaft und auf deren Organe oder Gesellschafter ist vorgesehen, soweit durch Anweisungen der Muttergesellschaft Ansprüche entstanden sind, die Insolvenz der Tochtergesellschaft verursacht wurde oder die Tochtergesellschaft geschädigt wurde. Anders als die allgemeine Normierung des ZGB RF und die Normierung bzgl. der GmbH sehen die Haftungsvorschriften des AktG RF ein zusätzliches subjektives Element vor, was eine Exkulpation regelmäßig erleichtern wird.

Studien des Instituts für Ostrecht München

Begründet von Professor Dr. Reinhart Maurach
Herausgegeben von Professor Dr. Friedrich-Christian Schroeder,
Dr. h.c. (Breslau), Regensburg

Band 41 Manfred Gratzl: Die Reform der tschechischen Strafprozeßordnung nach 1989. Im Spannungsfeld von Rechtsstaatlichkeit, Verfahrensökonomie und Effizienz. 2002.

Band 42 Thomas Paintner: Die Insolvenz des Unternehmers in Polen. 2003.

Band 43 Niels von Redecker (Hrsg.): Deutsch-Estnische Rechtsfragen. 2003.

Band 44 Niels von Redecker: Die polnischen Vertreibungsdekrete und die offenen Vermögensfragen zwischen Deutschland und Polen. 2003. 2., durchgesehene Auflage 2004.

Band 45 Niels von Redecker: Das polnische Beamtenrecht. Entwicklung und Stand beim Beitritt Polens zur Europäischen Gemeinschaft. 2003.

Band 46 Cornelia Stefanie Wölk: Das Deliktsrecht Rußlands nach dem neuen Zivilgesetzbuch. 2003.

Band 47 Petr Bohata: Untersuchungshaft im deutschen und tschechischen Recht. 2003.

Band 48 Attila Széchényi: Das neue ungarische Strafprozessrecht im Spannungsverhältnis zwischen Rechtsstaatsprinzip, Verfahrensökonomie und Effizienz. 2003.

Band 49 Agnes Balawejder: Das polnische Telekommunikationsrecht. Umsetzungsbemühungen und -stand des telekommunikationsrechtlichen acquis communautaire im polnischen TK-Recht vor dem Unionsbeitritt Polens. 2004.

Band 50 Sven I. Oksaar / Niels von Redecker (Hrsg.): Deutsch-Estnische Rechtsvergleichung und Europa. 2004.

Band 51 Friedrich-Christian Schroeder (Hrsg.): Justizreform in Osteuropa. 2004.

Band 52 Herbert Küpper: Kollektive Rechte in der Wiedergutmachung von Systemunrecht. Teil I und Teil II. 2004.

Band 53 Sören Langner: Der GmbH-Geschäftsführer im tschechischen Recht. Organstellung und Anstellung im Rechtsvergleich. 2005.

Band 54 Herbert Küpper: Einführung in die Rechtsgeschichte Osteuropas. 2005.

Band 55 Anja Spitzweg: Das russische föderale Gesetz „Über Investmentfonds“. 2007.

Band 56 Herbert Küpper: Die ungarische Verfassung nach zwei Jahrzehnten des Übergangs. Einführung mit Textübersetzung. 2007.

Band 57 Axel Boës: Die Gesellschaft mit beschränkter Haftung im russischen und deutschen Recht. 2007.

Band 58 Katrin Heinritz: „Defekte Demokratisierung“ – ein Weg zur Diktatur? Turkmenistan und die Republik Sacha (Jakutien) in der Russischen Förderation nach dem Ende der Sowjetunion. 2007.

Band 59 Stefan Hülshörster: Recht im Umbruch. Die Transformation des Rechtssystems in der Ukraine unter ausländischer Beratung. 2008.

Band 60 Carsten Dewald-Werner: Versicherungsmarkt und Versicherungsaufsicht in der Russischen Föderation. 2008.

Band 61 Oleksiy Feliv: Die Hypothek im deutschen und ukrainischen Recht. Der systematische Vergleich des Hypothekenrechts in Deutschland und der Ukraine einschließlich der rechtstheoretischen Grundlagen und der Ausblicke für das gemeinsame Hypothekenrecht. 2009.

Band 62 Christoph Kurzböck: Die Abwicklung deutsch-tschechischer Erbfälle. 2010.

Band 63 Friedrich-Christian Schroeder / Herbert Küpper (Hrsg.): Die rechtliche Aufarbeitung der kommunistischen Vergangenheit in Osteuropa. 2010.

Band 64 Herbert Küpper / Wolfgang Brenn (Hrsg.): Rechtstransfer und internationale rechtliche Zusammenarbeit. Deutsche und japanische Erfahrungen bei der Kooperation mit Osteuropa und Zentralasien. 2010.

Band 65 Daniela Horner / Dragan Bataveljić: Grundeigentum und Registrierung von Liegenschaften in Serbien. Eigentumsschutz in der Praxis. 2010.

Band 66 Nail Mammadov: Die Straffreistellungsgründe im russischen und aserbaidschanischen Strafrecht im Vergleich zur deutschen Strafrechtsdogmatik. 2010.

Band 67 Matthias Farian: Dingliche Nutzungsrechte an fremden Grundstücken im russischen Recht. 2010.

Band 68 Manuchehr Kudratov: Die Straftatausschließungsgründe nach tadschikischem Strafrecht. Eine Analyse aus deutscher Perspektive. 2011.

Band 69 Michael Holland: Die Staatsanwaltschaft im russischen Strafprozess. 2012.

Band 70 Herbert Küpper: Ungarns Verfassung vom 25. April 2011. Einführung – Übersetzung – Materialien. 2012.

Band 71 Friedrich-Christian Schroeder / Manuchehr Kudratov (Hrsg.): Das strafprozessuale Vorverfahren in Zentralasien zwischen inquisitorischem und adversatorischem Modell. 2012.

Band 72 Tina de Vries (Hrsg.): Mediation als Verfahren konsensualer Streitbeilegung. Die deutsche, polnische und ukrainische Perspektive. 2012.

Band 73 Monika Lipińska: Die Sexualstraftaten im polnischen Strafkodex im Vergleich zum deutschen Strafgesetzbuch. 2013.

Band 74 Mirona Marisch: Das System der Arbeitnehmervertretung und des Sozialen Dialogs im rumänischen Recht im Vergleich zum deutschen Recht. 2013.

Band 75 Friedrich-Christian Schroeder / Manuchehr Kudratov (Hrsg.): Die strafprozessuale Hauptverhandlung zwischen inquisitorischem und adversatorischem Modell. Eine rechtsvergleichende Analyse am Beispiel des deutschen und des zentralasiatischen Strafprozessrechts. 2014.

Band 76 Evren Somer: Direct Democracy in the Baltic States. Institutions, Procedures and Practice in Estonia, Latvia and Lithuania. 2014.

Band 77 Florian Plagemann: Die russische Aktiengesellschaft. Darstellung aus Sicht des ausländischen Investors. 2014.

www.peterlang.com